铁路职工岗位培训教材

制动钳工（车辆）

铁路职工岗位培训教材编审委员会

中国铁道出版社有限公司

2023年·北 京

内 容 简 介

本书为制动钳工(车辆)岗位培训教材,全书分为基本知识和职业技能两部分。基本知识部分包括概述、客车制动机、货车制动机、理论与计算、机械制图、钳工基础、量具的使用等内容。职业技能分为初级工、中级工、高级工、技师和高级技师等五部分。书中列有复习思考题,书后附有参考答案。

本书针对铁路职工岗位培训、职业技能鉴定进行编写,是各单位组织职工进行岗位培训、技能鉴定的必备用书,对各类职业学校师生也有重要的参考价值。

本书内容如有不符最新规章标准之处,以最新规章标准为准。

图书在版编目(CIP)数据

制动钳工:车辆/铁路职工岗位培训教材编审委员会编.—北京:中国铁道出版社,2010.12(2023.3 重印)
铁路职工岗位培训教材
ISBN 978-7-113-12196-9

Ⅰ.①制… Ⅱ.①铁… Ⅲ.①车辆制动-钳工-技术培训-教材 Ⅳ.①U270.35

中国版本图书馆 CIP 数据核字(2010)第 230628 号

书　　名: 制动钳工(车辆)
作　　者: 铁路职工岗位培训教材编审委员会

责任编辑: 王明容　**编辑部电话:** (010) 51873138　**电子邮箱:** jiliang@tdpress.com
封面设计: 薛小卉
责任校对: 孙　玫
责任印制: 赵星辰

出版发行: 中国铁道出版社有限公司 (100054,北京市西城区右安门西街 8 号)
网　　址: http://www.tdpress.com
印　　刷: 北京市泰锐印刷有限责任公司
版　　次: 2010 年 12 月第 1 版　2023 年 3 月第 6 次印刷
开　　本: 787 mm×1 092 mm　1/16　**印张:** 22.5　**字数:** 552 千
书　　号: ISBN 978-7-113-12196-9
定　　价: 75.00 元

前 言

党的十六大以来，铁路事业蓬勃发展，大规模铁路建设全面展开，技术装备现代化实现重大跨越，尤其在高原铁路、机车车辆装备、客运专线、既有线提速和重载运输技术方面达到了世界先进水平。铁路职工队伍素质得到了相应提高，但距离铁路现代化发展的要求还有一定差距，铁路人才队伍建设和职工教育培训工作任重道远。

教材是劳动者终身教育和职业生涯发展的重要学习工具，教材建设是职业教育培训工作的重要组成部分，是提高教育培训质量的关键。加快铁路职工岗位培训教材建设，已成为加强和改进铁路职工教育培训工作的当务之急。为适应铁路现代化发展对技能人才队伍建设的需要，加快铁路职工岗位培训教材建设，铁道部决定按照铁道行业特有职业（工种）国家职业标准，结合铁路现代化发展的实际，组织开发铁路职工岗位培训教材。

本套教材由铁道部劳动和卫生司、运输局共同牵头组织，相关铁路局分工负责，集中各业务部门的专家和优秀工程技术人员编写及审定，多方合作，共同完成，涵盖了铁路运输（车务、客运、货运、装卸）、机务、车辆、工务、电务部门的77个铁路特有职业。教材坚持继承与创新相结合，充分体现了近几年来铁路新技术、新设备的大量运用及其发展趋势，特别是动车组系列教材填补了教材建设的空白，为动车组司机和机械师等铁路新职业员工提供了岗位培训教材；教材坚持科学性与规范性，依据铁道行业国家职业标准中的基本要求和工作要求编写，力争准确体现国家职业标准和有关作业标准、安全操作等规章、规范的要求;教材坚持实用可行的原则,重点突出实作技能、应急处理和新技术、新设备、新规章、新工艺等四新知识,对职业技能部分按照技能等级分层编写,便于现场职工的培训与自学。

本套教材适用于工人新职、转职(岗)、晋升的岗位资格性培训,也适用于各类岗位适应性培训,同时为职业技能鉴定提供参考。

《制动钳工(车辆)》一书由上海铁路局负责主编,主编人员:袁朝,参加编写人员:马荣军、高彪、齐鉴妙。主要审定人员:黄毅、白正方、曹玉乐、郭乃哲、闻新刚、任广鑫、杨春燕。本书在编写、审定过程中得到了有关单位的大力支持,在此一并表示感谢。

铁路职工岗位培训教材编审委员会

2009 年 8 月

目　录

基本知识

第一章　概　　述 …… 3
第一节　制动的基本概念 …… 3
第二节　自动空气制动机的基本作用原理 …… 3
第三节　我国车辆制动机的应用概况 …… 4
第二章　客车制动机 …… 5
第一节　104 型空气制动机 …… 5
第二节　104 型电空制动机 …… 22
第三节　104 集成式电空制动机 …… 25
第四节　F8 型电空制动机 …… 28
第五节　手制动机及基础制动装置 …… 40
第六节　ST1-600 型双向闸瓦间隙自动调整器(简称闸调器) …… 46
第六节　25 型客车制动新技术 …… 53
第七节　客车制动试验设备 …… 74
复习思考题 …… 90
第三章　货车制动机 …… 92
第一节　各型空气制动机的组成特点 …… 92
第二节　空气制动机的附属部件 …… 93
第三节　GK 型三通阀 …… 97
第四节　103 型分配阀 …… 98
第五节　120 型控制阀 …… 110
第六节　空重车自动调整装置 …… 128
第七节　人力制动机 …… 139
第八节　基础制动装置 …… 143
第九节　闸瓦间隙自动调整器 …… 150
第十节　铁路货车脱轨自动制动装置 …… 150
第十一节　货车制动试验装置 …… 152
复习思考题 …… 160
第四章　理论与计算 …… 162
第一节　空气压力和容积的关系 …… 162

第二节　列车管减压与制动缸的压力关系 …… 163
第三节　制动倍率 …… 165
第四节　基础制动机装置的传动效率 …… 165
第五节　闸瓦摩擦因数和闸瓦(片)压力 …… 166
第六节　制 动 率 …… 167
第七节　黏着力和车轮滑行 …… 167
复习思考题 …… 168

第五章　机械制图 …… 169

第一节　投影法的基本概念 …… 169
第二节　视　　图 …… 169
第三节　公差配合的基本知识 …… 173
第四节　形状公差和位置公差 …… 176
第五节　零 件 图 …… 177
第六节　装 配 图 …… 178
复习思考题 …… 180

第六章　钳工基础 …… 181

第一节　锉　　削 …… 181
第二节　锯　　割 …… 184
第三节　钻　　孔 …… 185
第四节　攻丝、套扣 …… 189
第五节　研　　磨 …… 192
第六节　装　　配 …… 193
复习思考题 …… 201

第七章　量具的使用 …… 202

第一节　基本概念 …… 202
第二节　钢尺及使用方法 …… 203
第三节　游标卡尺及使用方法 …… 203
第四节　千分尺及使用方法 …… 205
第五节　百分表及使用方法 …… 207
第六节　万能角度尺及使用方法 …… 209
第七节　万用表及其使用方法 …… 210
第八节　兆欧表及其使用方法 …… 212
第九节　钳形电流表及其使用方法 …… 213
第十节　使用和维护量具的注意事项 …… 213
复习思考题 …… 214

职 业 技 能

第八章　初 级 工 …… 217

第一节　通用部分:钳工制作技能 …… 217

一、方孔定位板制作 …… 217
二、直角定位块制作 …… 218
三、锉削、錾削、锯割、铰孔组合基本操作 …… 218
第二节　客车制动 …… 220
一、现车拆装分配阀 …… 220
二、104 分配阀配件超声波清洗 …… 221
三、检查、试验制动软管总成 …… 222
四、检修、试验缓解阀或球芯塞门 …… 223
第三节　货车制动 …… 224
一、软管检查及试验 …… 224
二、塞门检修及试验 …… 226
三、缓解阀检修及试验 …… 227
四、更换软管 …… 228

第九章　中 级 工 …… 230

第一节　通用部分:钳工制作技能 …… 230
一、制作限位块 …… 230
二、锉、铰孔、攻螺纹组合凸形块操作 …… 230
三、燕尾块制作 …… 232
第二节　客车制动 …… 234
一、组装、试验 104 型分配阀 …… 234
二、检修、试验单元制动缸 …… 237
二、校验单车试验器机能 …… 240
四、校验 705 试验台机能 …… 241
五、分析、处理 104 型分配阀故障 …… 243
六、分析、处理 F8 型分配阀故障 …… 246
七、用试验台试验 ST1-600 型闸调器性能 …… 247
第三节　货车制动 …… 248
一、安全阀检修及试验 …… 248
二、GK 阀检修 …… 249
三、103 阀检修 …… 252
四、更换 120/120-1 阀 …… 254
五、研磨滑阀座、滑阀 …… 255
六、KZW 系列空重车调整阀检修 …… 256
七、TWG-1 型传感阀和调整阀检修 …… 257

第十章　高 级 工 …… 260

第一节　通用部分:钳工制作技能 …… 260
一、角度样板制作 …… 260
二、异形板制作 …… 261

三、制作方形组合 …… 262
第二节 客车制动 …… 264
一、处理单车试验器机械故障 …… 264
二、检修、试验差压阀 …… 265
三、检修、试验高度调整阀 …… 267
四、检修、试验空重车阀 …… 269
五、现车试验电子防滑器 …… 271
六、对非电空制动客车制动系统进行单车试验 …… 273
第三节 货车制动 …… 276
一、103 阀 705 试验台试验 …… 276
二、120/120-1 阀检修 …… 279
三、120/120-1 阀试验台试验 …… 281
四、TWG-1 型空重车自动调整装置的传感阀和调整阀试验 …… 285
五、KZW 系列空重车自动调整装置的传感阀和调整阀试验 …… 287
六、人力制动机及基础制动装置检查 …… 288

第十一章 技　　师 …… 291

第一节 通用部分:钳工制作技能 …… 291
一、制作四方换位相配 …… 291
二、燕尾圆弧对配 …… 292
三、制作凸凹直槽间接配 …… 293
第二节 客车制动 …… 294
一、分析、处理制动系统故障 …… 294
二、检修、试验电子防滑器,根据电子防滑器单车试验故障代码处理故障 …… 298
三、分析闸调器故障的原因并提出防止措施 …… 301
第三节 货车制动 …… 301
一、单车试验器机能检查 …… 301
二、701 试验台机能检查 …… 302
三、705 试验台机能检查 …… 305
四、脱轨自动制动阀组装 …… 308
五、120/120-1 阀试验台试验中故障分析处理 …… 310

第十二章 高级技师 …… 313

第一节 通用部分:钳工制作技能 …… 313
一、制作双三角间接配 …… 313
二、制作六角双件嵌配 …… 314
三、制作五方公母套 …… 315
第二节 客车制动 …… 316
一、检查、处理集成电空制动系统故障 …… 316
二、全面诊断微控试验设备故障 …… 319

第三节 货车制动 …… 320
一、空重车调整阀单车试验 …… 320
二、103 型空气制动机单车试验 …… 323
三、120/120-1 型空气制动机单车试验 …… 327
四、制动机故障分析、判断及处理 …… 333
五、脱轨自动制动阀常见故障及处理方法 …… 333

复习思考题参考答案 …… 335

基本知识

第一章 概 述

第一节 制动的基本概念

使运动中的物体停止运动或减低其速度,以及防止静止中的物体发生移动所采取的措施,都叫制动。制动就是给物体施加一种人为阻力,去阻止物体的运动或运动趋势,这个阻力便是制动力。用以产生制动力的装置称为制动机。

铁路车辆上都装有制动机,为了施行制动而在车辆上装设的由一整套零部件组成的装置,称为制动装置。

列车由施行制动开始,到完全停车为止,中间所行驶的距离称为制动距离。列车在速度一定的正常情况下,制动力愈大,制动距离愈短。

目前车辆产生制动力的方法主要有闸瓦(踏面)制动和盘形制动两大类。

第二节 自动空气制动机的基本作用原理

我国现有各种车辆上都采用自动空气制动机,这种空气制动机的特点是:向列车管充气增压时,制动机逐渐呈缓解状态;列车管减至定压及以下时,则呈制动状态。这种作用依靠制动阀(三通阀、分配阀、控制阀)及副风缸等制动系统来完成,无论制动机总体结构如何,这种制动机的基本作用原理都一样。以下通过三通阀的三个作用位置,说明自动空气制动机的基本原理。

1. 充气缓解位[图 1-1(a)]

司机通过操纵制动阀,将压力空气送入列车管并进入三通阀,三通阀内活塞及活塞杆带动节制阀及滑阀一起右移至极端位,充气沟 i 露出,压力空气经充气沟充入副风缸,直到副风缸内的压力与列车管压力平衡时,充气过程自然停止。此时,制动缸经滑阀上的联络槽 n 与三通阀排气口 EX 相通,可使制动缸压力得到缓解。

2. 制动位[图 1-1(b)]

司机通过操纵制动阀,将列车管的压力排出一部分,称为“减压”。减压时,三通阀活塞两侧形成压力差,活塞在此压力差作用下左移,首先关闭充气沟,同时带动节制阀、滑阀一起左移至极端位,使副风缸经滑阀上的 z 孔与制动缸孔 r 相通,副风缸中的压力空气充入制动缸。此时,制动缸活塞克服缓解弹簧力而右移,使闸瓦压紧车轮踏面,呈制动状态。

3. 中立位[图 1-1(c)]

当列车管减压发生制动作用后,若操纵制动阀停止减压,由于三通阀原来已处于制动位置,故副风缸仍继续向制动缸充气,而其压力逐渐下降。待副风缸压力稍低于列车管压力时,活塞随即右移,带动节制阀右移一个间隙距离(滑阀不动),节制阀遮住 z 孔,副风缸中的压力停止下降,活塞两侧不能形成更大的压力差,此时三通阀形成中立位置,制动缸呈保压状态。

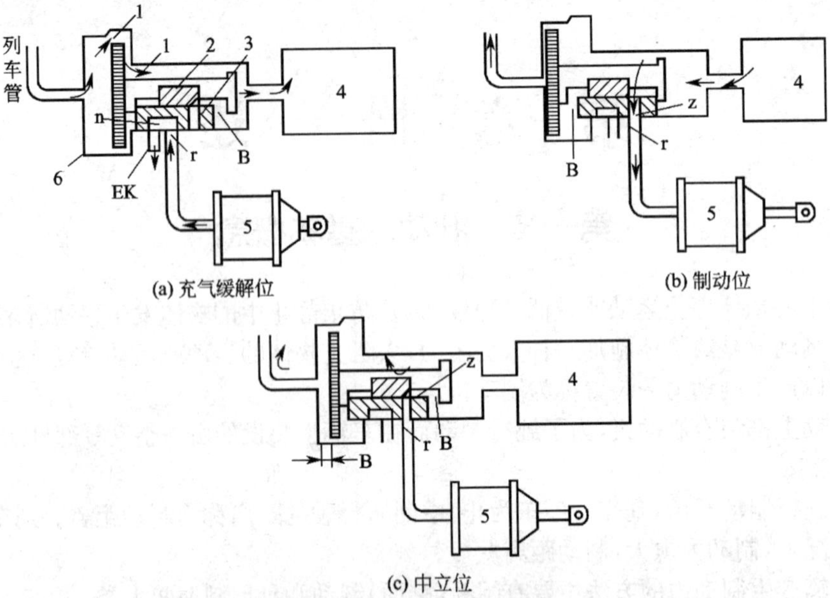

图 1-1　二压力机构阀作用原理

1—活塞及活塞杆；2—节制阀；3—滑阀；4—副风缸；
5—制动缸；6—三通阀；i—充气沟；B—间隙

第三节　我国车辆制动机的应用概况

随着铁路运输事业的不断发展，我国车辆制动机正在不断改进，也日趋完善。尤其是近年来，已把发展高速旅客列车及重载货物列车运输，列为一项重要的技术政策。因此对机车制动机的性能，提出了更高的要求。

目前，我国客车主要采用了 104、F8 型等制动机；货车主要采用了 GK 型、103 型及 120/120-1 型等制动机。

第二章　客车制动机

第一节　104 型空气制动机

一、104 型空气制动机的组成

104 型制动机主要是由制动软管、折角塞门、列车制动主管、制动支管、截断塞门、远心集尘器、104 型分配阀、副风缸、工作风缸、制动缸等组成。如图 2-1 所示。

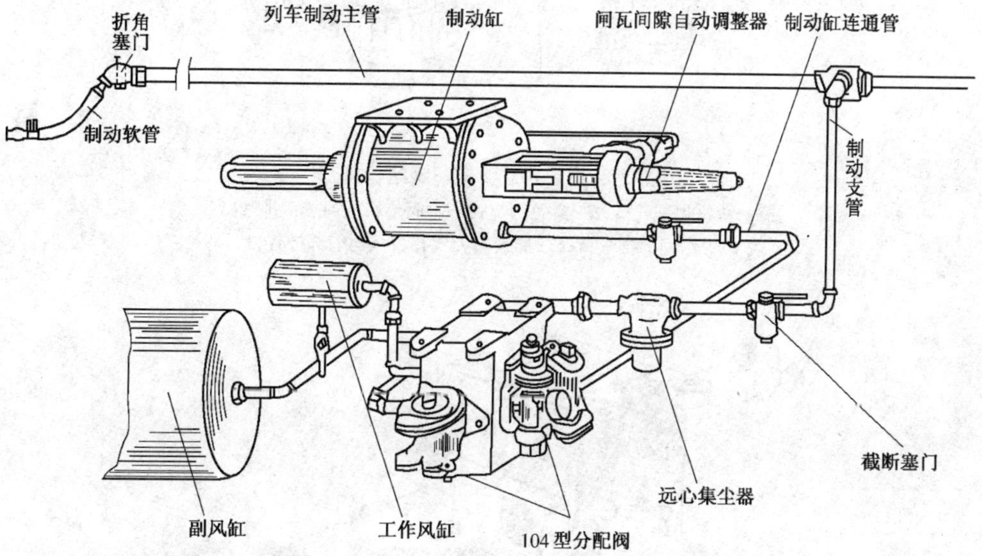

图 2-1　104 型空气制动机

二、104 型分配阀

104 型空气分配阀由主阀、紧急阀和中间体三部分组成，其组成如图 2-2 所示。

(一)中　间　体

1. 用途　安装主阀、紧急阀，并装于车体底架上。

2. 构造　中间体是分配阀的主要部件之一，它用铸铁制成长方体结构，如图 2-3 所示。中间体内有三个空腔，靠紧急阀安装座侧的上角部为容积 1.5 L 的紧急室 J，下角部为容积 0.6 L 的局减室 Ju，另一个是占中间体很大容积 3.8 L 的容积室 R。

(二)主　　阀

1. 用途　根据制动主管的压力变化控制制动机的充气、缓解、制动、保压等作用。

2. 组成　由充气部、作用部、均衡部、局减阀和增压阀等五部分组成，如图 2-4 所示。

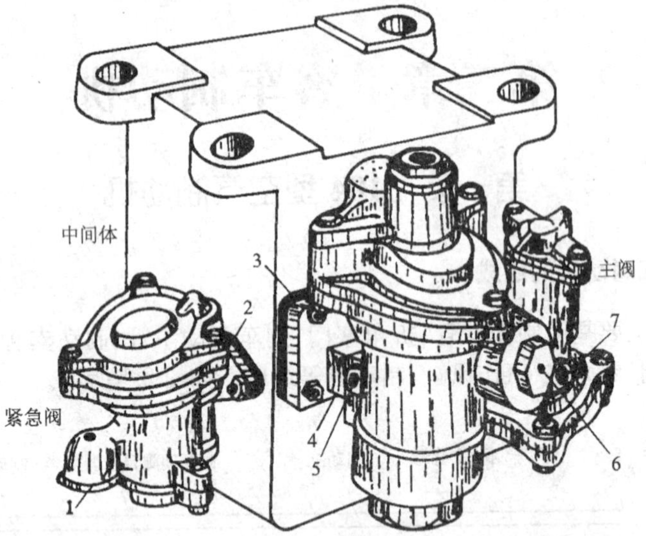

图 2-2(a)　104 型分配阀结构外形

1—紧急阀排气口;2—紧急阀垫;3—主阀垫;4—局减室排气口;
5—作用部排气口;6—局减阀大气孔;7—均衡部排气口

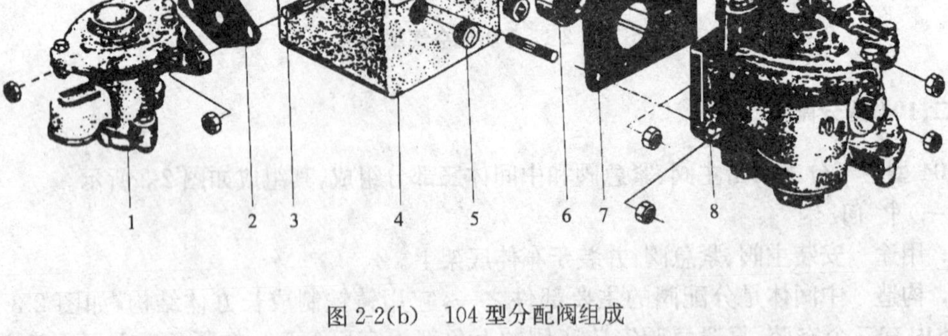

图 2-2(b)　104 型分配阀组成

1—紧急阀;2—紧急阀垫;3—双头螺栓;4—中间体;
5—螺堵;6—滤尘器;7—主阀垫;8—主阀

(1)充气部

① 用途　控制副风缸充气。

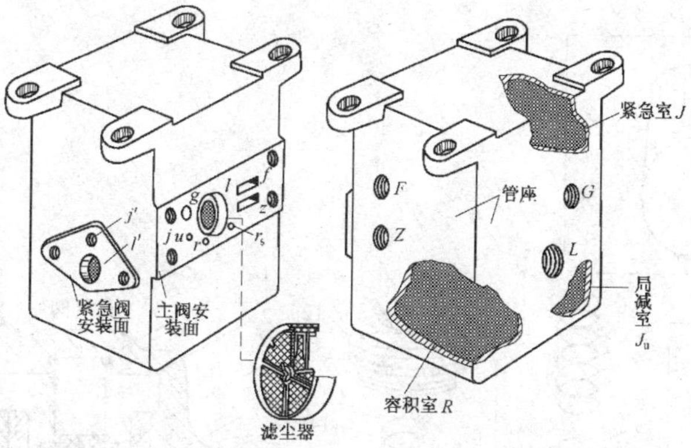

图 2-3 中间体

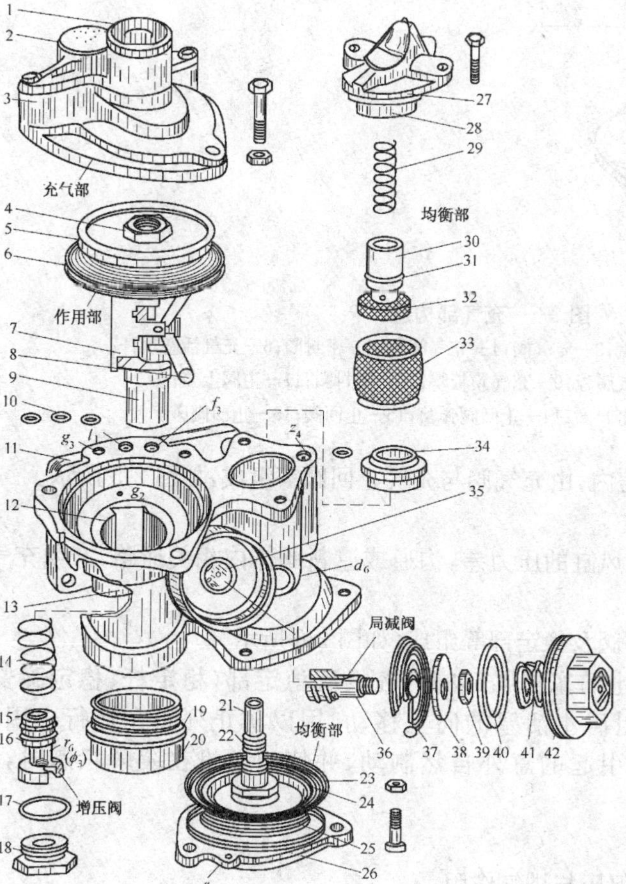

1—止回阀盖；2—充气阀体；
3—主阀上盖；4—主活塞压板螺母；
5—主活塞压板；6—主活塞模板；
7—滑阀；8—滑阀弹簧；
9—主活塞杆；10—密封圈；
11—主阀体；12—滑阀套；
13—增压阀套；14—增压阀弹簧；
15—增压阀；16—密封圈；
17 密封圈；18—增压阀盖；
19—密封圈；20—主阀下盖；
21—均衡活塞杆；22—密封圈；
23—均衡膜板；24—均衡活塞；
25—均衡活塞压板；26—均衡部下盖；
27—均衡部上盖；28—均衡阀套；
30—均衡阀弹簧杆；31—密封圈；
32—均衡阀；33—滤尘套；
34—均衡阀座；35—局减阀套；
36—局减阀；37—局减膜板；
38—局减活塞；39—螺母；
40—压圈；41—局减阀弹簧；
42—局减阀盖；g_2、g_3—通工作风缸；
l_1—通制动主管（即制动主管）；
f_3—通副风缸；
46—均衡部排气口；
r_3、r_4、r_5—通容积室；
z_4—通制动缸

图 2-4 104 型分配阀主阀

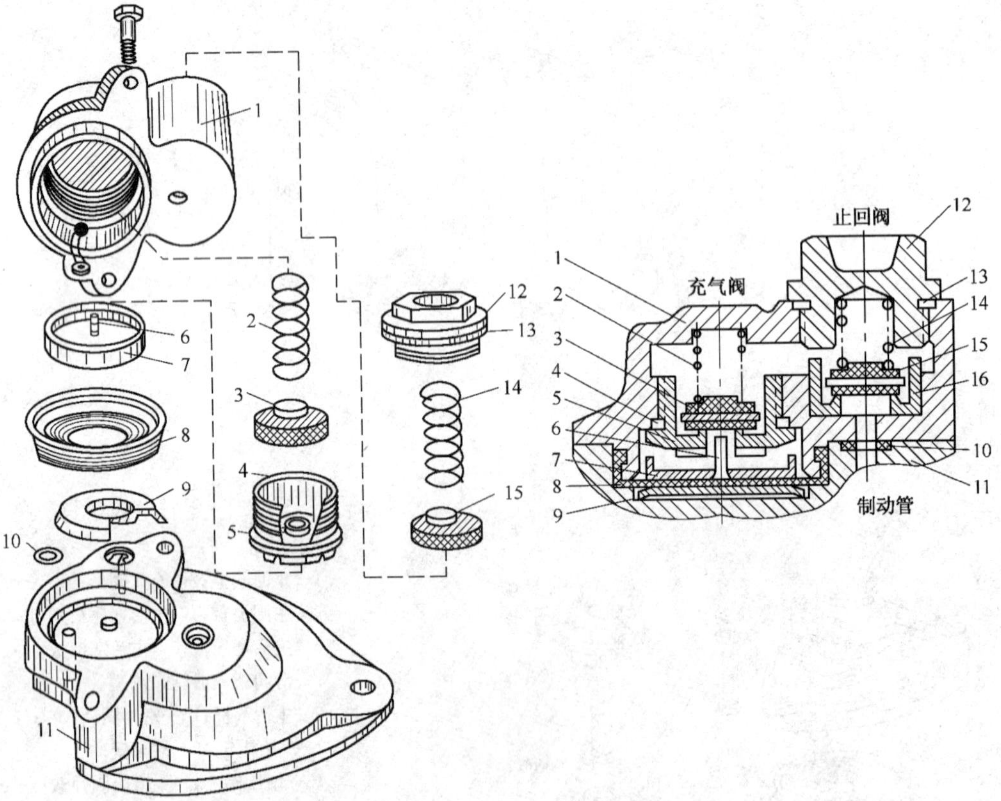

图 2-5　充气部构造

1—充气阀体;2—充气阀弹簧;3—充气阀;4—充气阀座;5—密封圈;6—充气活塞顶杆;7—充气活塞;8—充气膜板;9—充气膜板垫;10—密封圈;11—主阀上盖;12—止回阀盖;13—密封圈;14—止回阀弹簧;15—止回阀;16—止回阀座

② 构造　充气部在主阀的上盖内,由充气阀与充气止回阀等组成,如图 2-5 所示。

(2)作用部

①用途　利用制动主管与工作风缸的压力差,沟通或遮断阀体内相关通路,产生充气、局减、制动、保压、缓解等作用。

②构造　由主活塞、滑阀、节制阀及稳定部等组成,如图 2-6 所示。

③稳定部的构造和用途　在主活塞杆尾部的内腔设有稳定部(稳定杆、稳定弹簧、稳定簧座及挡圈)。在一定程度上阻碍主活塞的向上移动,用以防止列车在运行中因列车制动管的轻微漏泄或压力波动而引起的意外自然制动,并使制动机在缓解状态时,具有一定的稳定性。

(3)均衡部

①用途　控制制动缸的充气、保压与排气作用。

②构造　均衡部位于作用部旁。它由上部的作用阀部、下部的作用活塞部以及 0.8 铜质缩孔堵Ⅱ组成,均衡部的构造如图 2-7 所示。

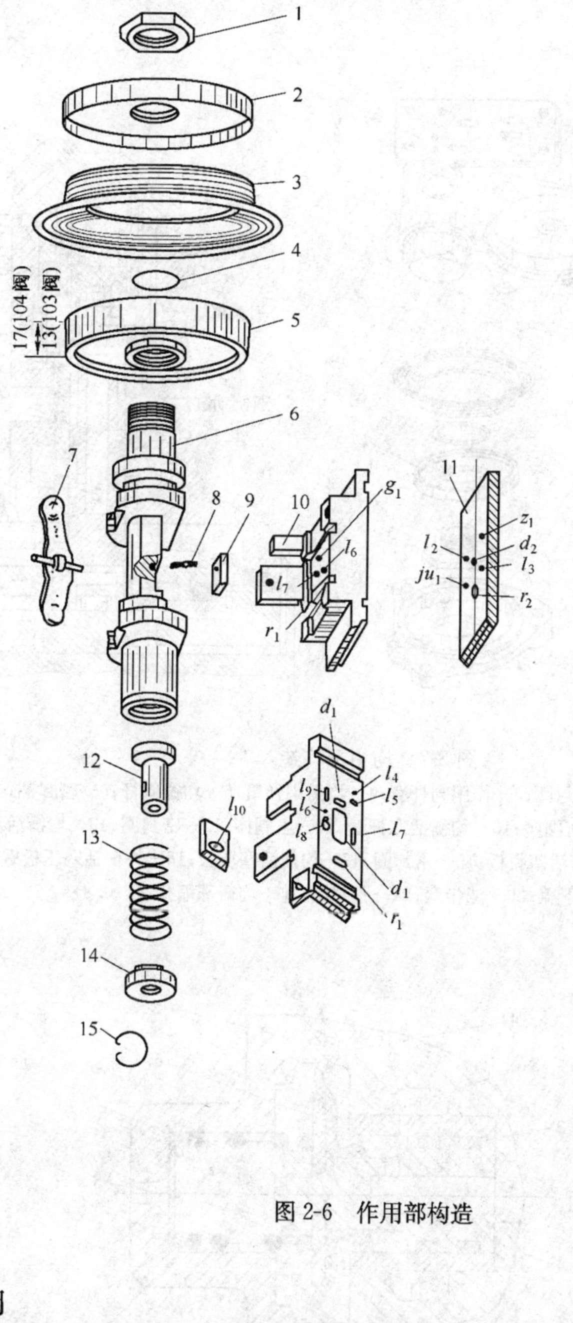

1—主活塞压板螺母；
2—主活塞压板；
3—主活塞膜板；
4—密封圈；
5—主活塞；
6—主活塞杆；
7—滑阀弹簧及销；
8—节制阀弹簧；
9—节制阀；
10—滑阀；
11—滑阀座；
12—稳定杆；
13—稳定弹簧；
14—稳定弹簧座；
15—弹簧挡圈

图 2-6　作用部构造

(4)局减阀

①用途　在第二阶段局减时，将制动主管的压缩空气送入制动缸，使制动主管产生局减作用，可提高制动波速，并在制动初期使制动缸获得一个压力的初跃升，可减小在制动时闸瓦冲击车轮。

②构造　局减阀在主阀体内作用部与均衡部之间。由局减阀、局减活塞、局减膜板、压圈及局减阀弹簧等组成，如图 2-8 所示。

(5)增压阀

① 用途　在紧急制动时提高制动缸压力，以获得更大的制动力。

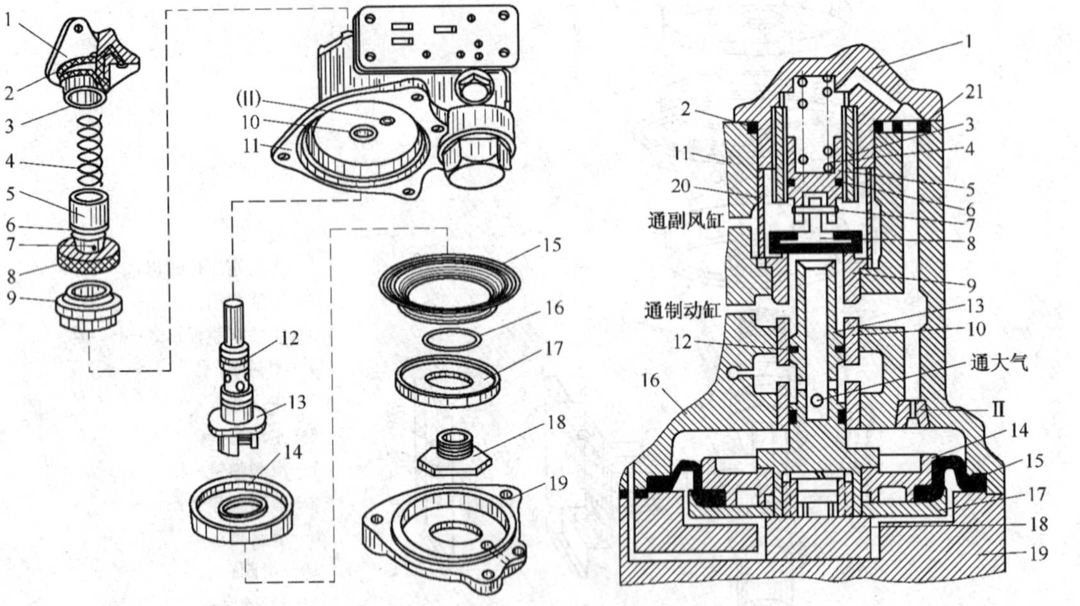

图 2-7　均衡部构造

1—均衡上盖；2—密封圈；3—作用阀杆套；4—均衡阀弹簧；5—均衡阀杆；6—密封圈；
7—销；8—均衡阀；9—均衡阀座；10—均衡活塞杆套；11—主阀体；12—密封圈；13—均衡活塞杆；
14—均衡活塞；15—均衡活塞膜板；16—密封圈；17—均衡活塞压板；18—均衡活塞压板螺母；
19—均衡阀下盖；20—滤尘套；21—密封圈；Ⅱ—均衡部缩孔堵(ϕ0.8)

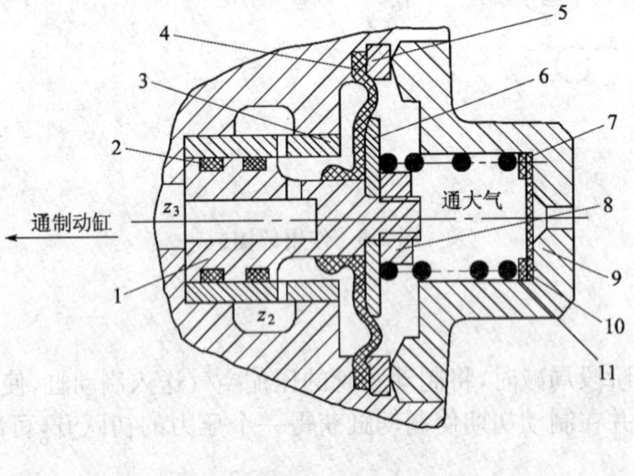

图 2-8　局减阀

1—局减阀；2—密封圈；3—局减阀套；4—局减膜板；
5—压圈；6—局减膜板压板；7—层减阀弹簧；
8—螺母；9—局减阀盖；10—毛毡；11—局减弹簧垫

② 构造　在 104 型分配阀的主阀内设增压阀。它由增压阀弹簧、增压阀、增压阀套和密封圈等零件组成,如图 2-9 所示。

(6)紧急阀

①用途　在紧急制动时加快制动主管的排风,提高制动速度。

②构造　由上部的紧急活塞、安定弹簧、下部的放风阀部以及紧急阀盖和密封圈等组成,其构造示意和零件的外形与组装如图 2-10 所示。

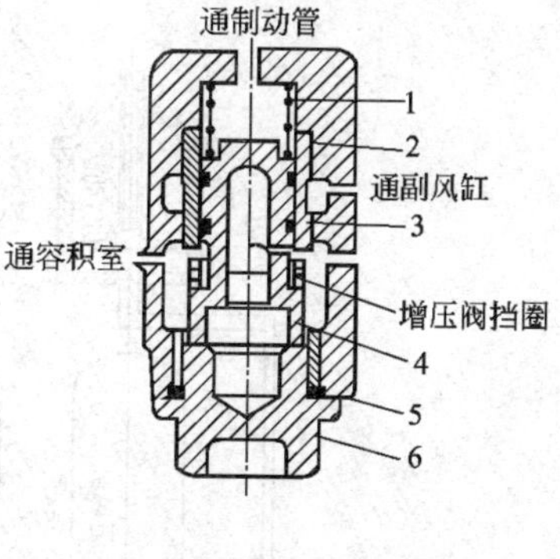

图 2-9　增压阀(安装挡圈)

1—增压阀弹簧;2—增压阀套;3—ϕ24 密封圈;4—增压阀;5—40 密封圈;6—增压阀盖

三、104 型分配阀的作用

104 型分配阀具有充气缓解、常用制动、保压和紧急制动四个作用位置。

1. 充气及缓解位及稳定性(图 2-11)

初充气和制动后缓解时,104 型分配阀均处于此位置。初充气是指客车制动机的工作风缸、副风缸、紧急室中都无压缩空气,制动主管向这三方面充气。若制动机制动后再缓解时,以上三个容器都剩有一定量的压缩空气,在这种情况下的充气称为再充气。在再充气的同时,容

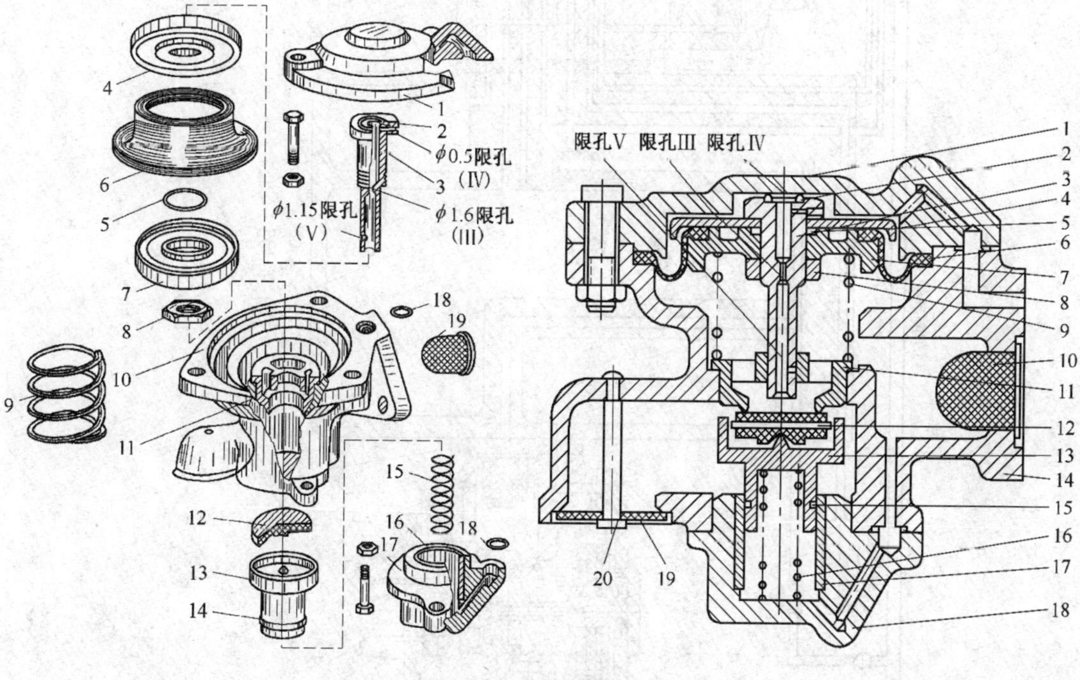

图 2-10　紧急阀

1—紧急阀上盖;2—密封圈;3—紧急活塞杆;4—紧急活塞;5—密封圈;6—紧急活塞膜板;7—紧急活塞压板;8—压板螺母;9—安定弹簧;10—滤尘网;11—放风阀座;12—放风阀;13—放风阀导向杆;14—紧急阀体;15—密封圈;16—放风阀弹簧;17—放风阀套;18—紧急阀下盖;19—排气保护罩垫;20—排气垫铆钉;21—密封圈;限孔Ⅲ—ϕ1.6 限孔;Ⅳ—ϕ0.5 限孔;Ⅴ—ϕ1.15 膜孔

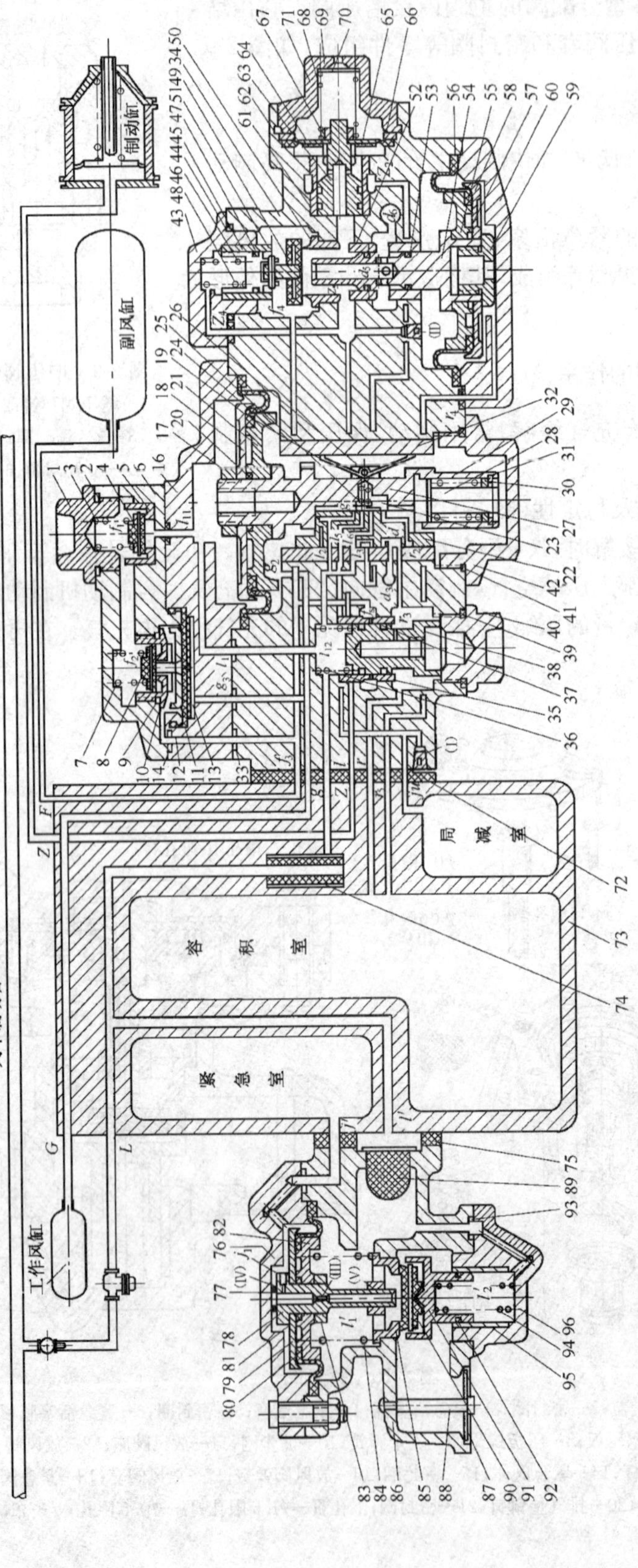

图 2-11 充气缓解位

积室、制动缸向大气排气，达到缓解的作用。

初充气时，制动主管压力空气进入中间体内分为两路。

一路给紧急室充风。进入紧急阀的紧急活塞下方和紧急放风阀及其导向杆的下方，并通过中空的紧急活塞杆，有紧急阀上盖内的通路返回中间体内的紧急室。此时紧急活塞被安定弹簧顶在上极端，紧急放风阀被放风阀弹簧顶紧在放风阀座上。

另一路由中间体进入主阀的增压阀上方增压，由此再分为两路。一路经过滑阀座和滑阀的充气限孔进入滑阀室，向工作风缸充风；另一路往上到主活塞的上方，顶开充气部止回阀，进入充气阀上方，当工作风缸空气压强上升到足以顶开充气阀时，制动主管压力空气便由充气阀口返回中间体进入副风缸。

如果是再充气缓解时，各车辆 104 阀主活塞向下移动，滑阀与座上的各充气缓解孔相连通，中间体内容积室的压力空气将经过增压阀下半部外围空腔和滑阀上缓解槽，由作用部排气孔排向大气。均衡活塞下落至下端位置（均衡阀缓解位），制动缸压力空气由中间体转入均衡活塞杆上部外围空腔，再由该杆中心孔、径向孔和均衡部排气口排往大气。当制动缸空气压强降到 50～70 kPa 以下时，局减阀在局减弹簧作用下移至左极端位置。

在制动主管缓慢减压（轻微漏泄）时，制动机不发生制动作用的性能，叫制动机的稳定性。104 型空气分配阀的稳定性是通过下述两个措施来实现的。

(1)工作风缸压缩空气向制动主管逆流。

(2)主活塞尾部腔内所设的稳定弹簧以及其他阻力的作用。

2. 常用制动位及其安定性

列车制动主管以常用制动减压，使主活塞先带动节制阀、后带动滑阀向上移动到制动位置，产生制动作用，其作用过程如下：

(1)第一阶段局部减压（图 2-12）

当主活塞两侧形成一定的压力差后，主活塞首先压缩其尾部的稳定弹簧，带动节制阀向上移动。此时由于滑阀与滑阀座之间的最大静摩擦力大于压缩稳定弹簧所需之力，而且活塞杆尾部与滑阀下肩有 4 mm 间隙，故滑阀暂时不动，仅为主活塞杆带动节制阀上移 4 mm，此时制动主管压缩空气→滑阀座上的 13→滑阀上的 16→节制阀上的 110→滑阀上的 17→滑阀座上 $ju1$→主阀安装面上的 ju 孔→中间体内局减室 Ju；再经主阀安装面上 0.8 缩孔 I 沿胶垫上的槽路排向大气，完成第一阶段局部减压作用。第一阶段局部减压可使主活塞上下的压力差增大，加快主活塞上移速度。提高常用制动灵敏性。

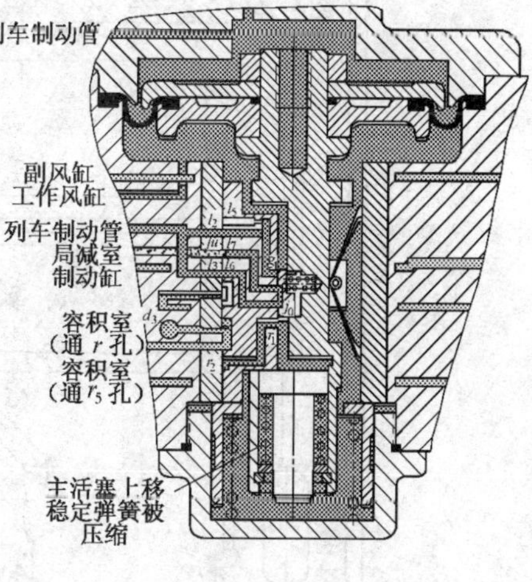

图 2-12 制动位（第一段局部减压）

第一阶段局部减压后，使主活塞两侧的压力差骤增，主活塞进一步上移，带动滑阀到制动位，这时制动主管同局减室的通路被滑阀切断，第一阶段局部减压作用结束，接着产生了下述作用。

(2)第二阶段局部减压（图 2-13）

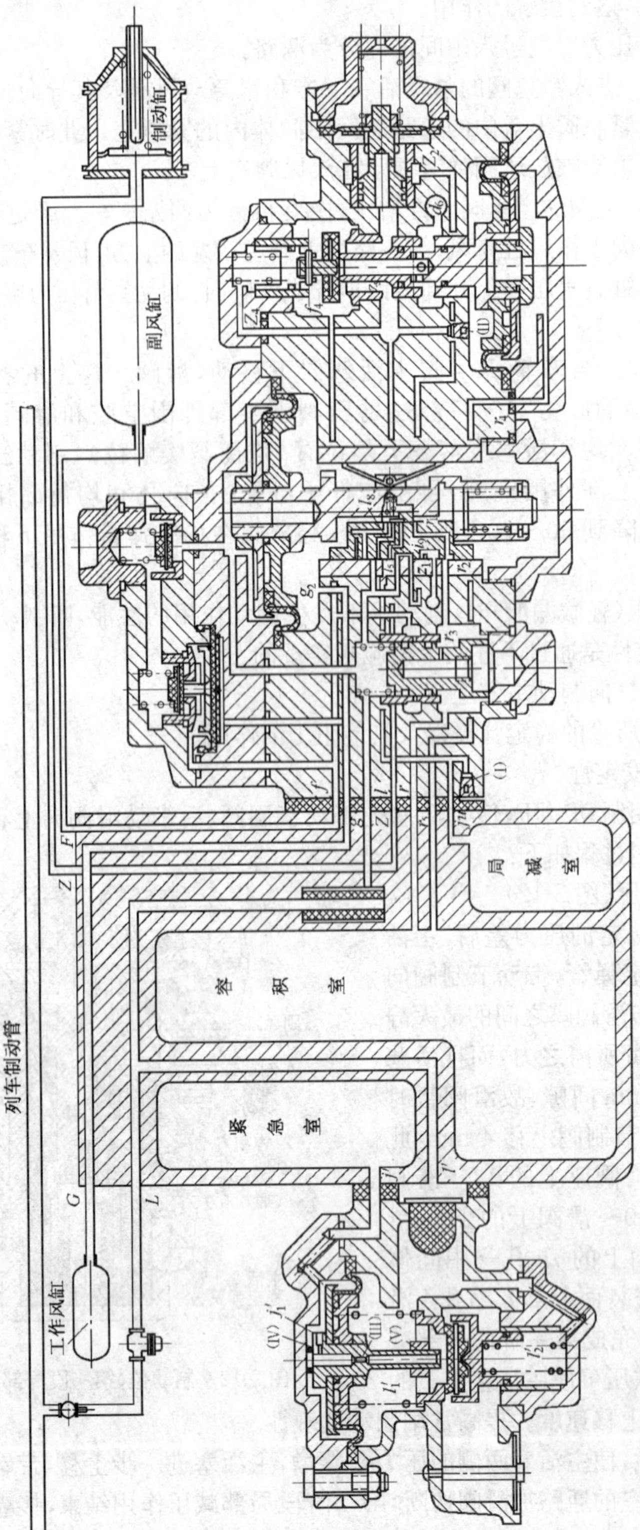

图 2-13　第二阶段局部减压

制动主管的压缩空气→制动缸 Z，从而使一部分的制动主管压缩空气进入制动缸，叫做第二阶段局部减压作用。当制动缸风压达到 50～70 kPa 时，局减阀关闭，第二阶段局部减压作用结束。此作用可保证列车尾部车辆在列车制动主管少量减压时也能具有一定的制动力。

(3)容积室充气

工作风缸的压缩空气→中间体内的容积室 R。

(4)制动缸充气

由于容积室与作用活塞下侧是连通的，这时容积室的压缩空气经主阀安装面孔 r_5→主阀体内暗道 r_4→作用活塞下侧，推着作用活塞向上移动，顶开作用阀。

此时从副风缸来到作用阀上侧 f_4 的压缩空气→制动缸，使制动缸风压继续增加。

(5)常用制动安定性

安定性是指在制动主管常用制动减压时制动机不发生紧急制动作用的性能。

当施行常用制动时，紧急阀的紧急活塞下侧的制动主管压力随着下降，紧急室的压缩空气经紧急活塞杆缩孔(Ⅳ)、(Ⅲ)向制动主管逆流，故紧急活塞两侧不会形成足以压缩安定弹簧的压力差。同时由于紧急阀内部的阻力作用，因此可保证其安定性。

3. 制动保压位

在施行常用制动后，当压力表(风表)显示出制动主管达到所要求的减压量时，将自动制动阀或单车试验器手把移到保压位置，停止制动主管减压，这时分配阀就处在保压位置，如图 2-14 所示。此时，如果制动缸存在漏泄故障，使副风缸压力降到一定程度时，制动主管将对副风缸进行补风，主管压力将下降。

4. 紧急制动作用

列车制动主管以紧急制动减压，104 型分配阀即相应的发生紧急制动作用，如图 2-15 所示。紧急制动时，主阀的作用除了增压阀外，都同常用制动一样，只是动作更加迅速。

(1)紧急制动放风作用

由于制动主管减压速度快，所以在紧急活塞上下形成很大的压力差，使紧急活塞下移，顶开放风阀，使制动主管的压缩空气直接从开启了的放风阀口排向大气，形成紧急制动放风作用。

(2)104 型分配阀的增压作用

当客车 104 型分配阀发生紧急制动时，由于制动主管压缩空气迅速排出，故主阀增压阀上侧的制动主管压力急剧下降，而增压阀下侧的容积室压力即迅速上升。当容积室压力达到能克服增压阀弹簧的弹力和较小的制动主管剩余压力时，增压阀压缩弹簧向上移动，于是增压阀套径向小孔开放，副风缸与容积室的通路被连通，此时等候在增压阀套径向小孔外侧空穴 f_5 处的副风缸压缩空气，迅速流到增压阀下部周向通道，并流入容积室，直到副风缸压力与容积室压力相平衡时为止。这时，副风缸、容积室、工作风缸与制动缸四个容器相通，压力互相平衡。容积室压力比常用制动时的最大压力高 10%～15%(与副风缸容积有关)，制动缸压力及制动力也随之增大。由于 104 型制动机在增压阀开放施行紧急制动时易引起车轮滑行，故现在已关闭增压阀。

5. 常用制动转紧急制动作用

由于 104 型分配阀专设有紧急阀，当在常用制动后转为紧急制动时，仍能通过每辆车的紧急阀将制动主管的压缩空气直接排向大气，使制动波速加快，在极短的时间内，使全列车发生最大的制动力，以缩短制动距离。

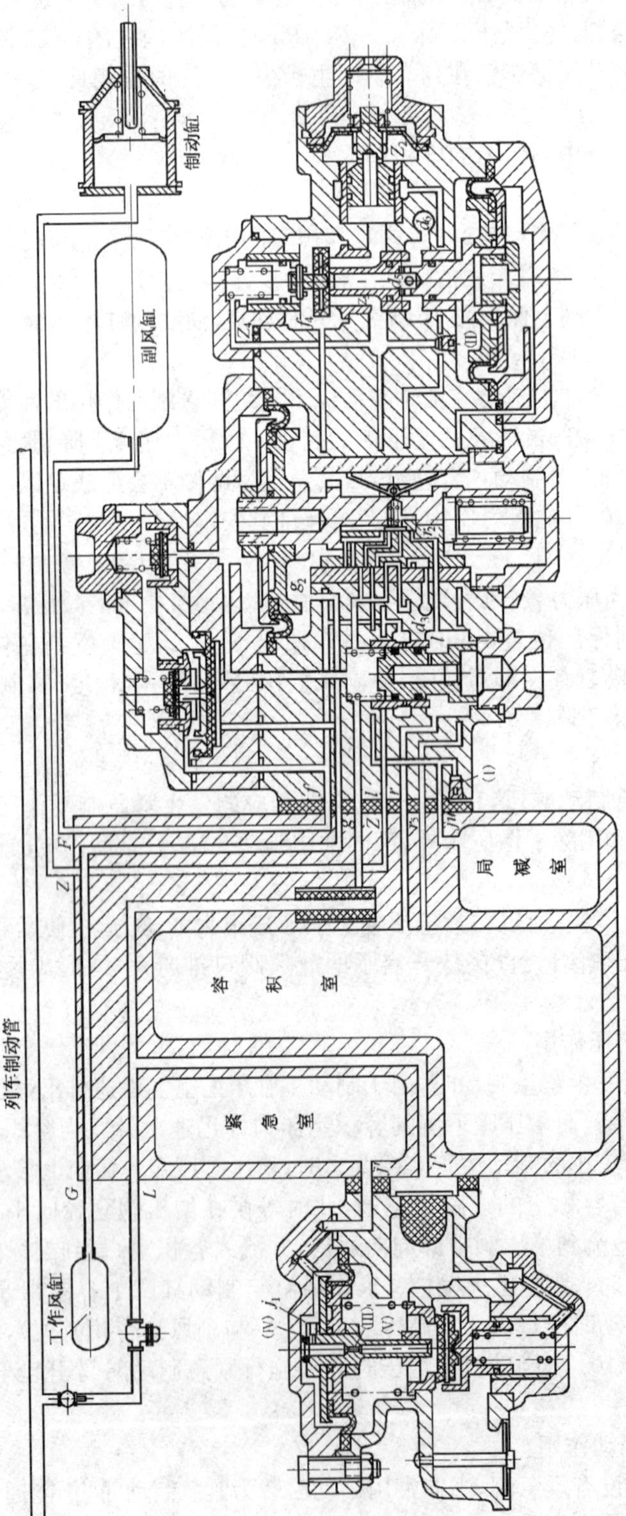

图 2-14　制动保压位

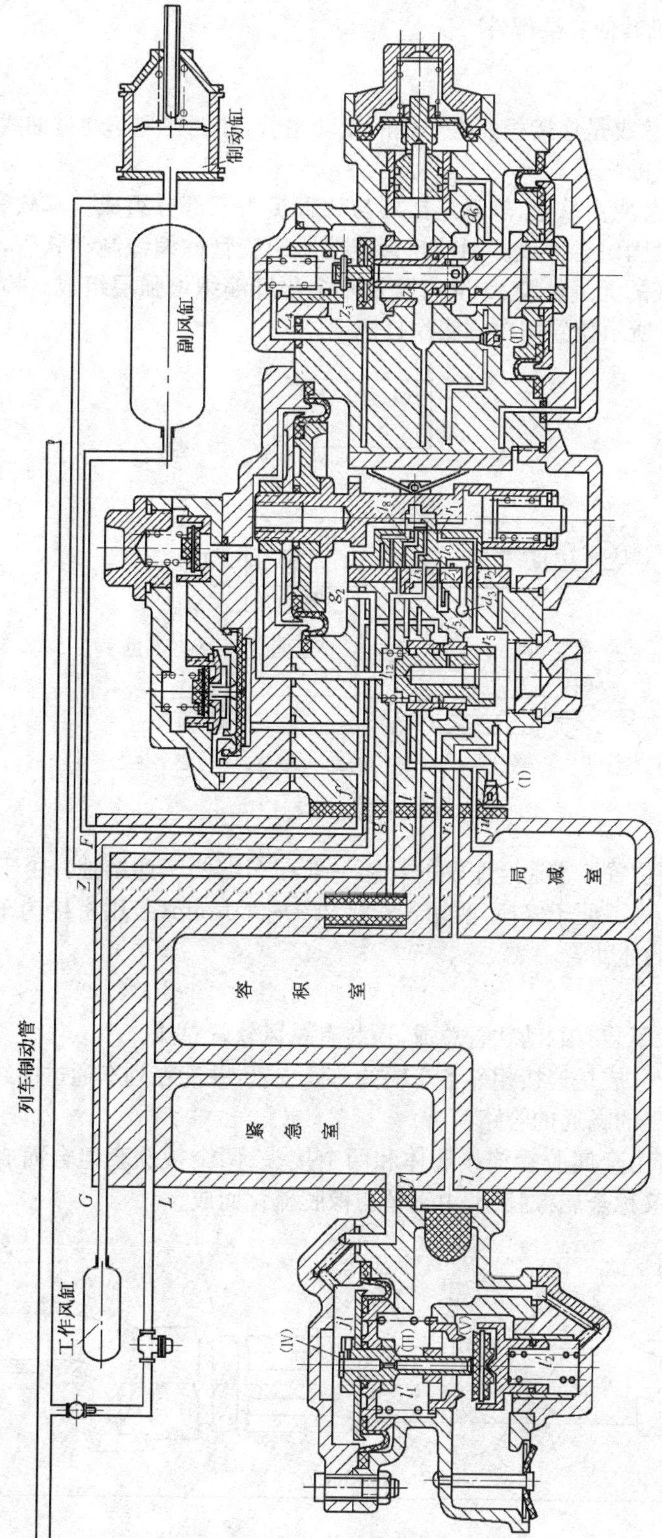

图 2-15 紧急制动作用

四、104 型空气制动机其他主要部件

1. 制动软管总成

(1)用途　制动软管总成是连接相邻各车辆的制动主管,并能在列车通过曲线或各车辆互相伸缩时不妨碍压力空气的畅通。

(2)构造　制动软管总成由软管、软管连接器与软管接头三部分组成。其软管接头、软管连接器与软管采用压套紧固组合而成。制动软管连接器的胶管称编织制动软管,软管由三元乙丙橡胶为基础材料制成的无缝外胶、无缝内胶及三个化纤编织增强层组成。检修良好的制动软管总成,应按图 2-16 所示位置用白磁漆涂打标记。

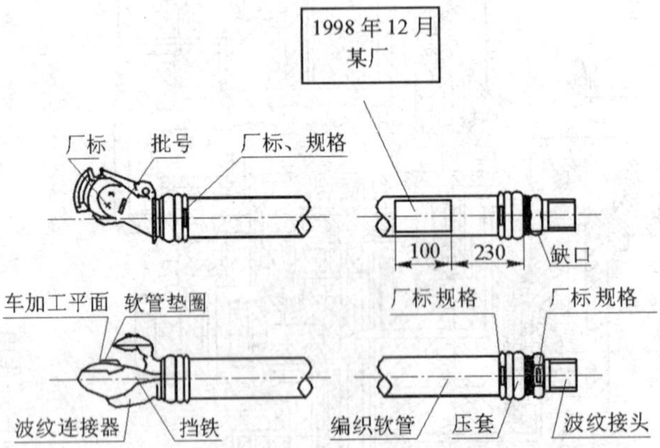

图 2-16　制动软管总成标记

(3)在车辆上的安装位置　贯通全车辆的管路一般在车端两车连结处。由于使用中制动主管两端部分腐蚀较多,为了便于修换,两端各安接 250～300 mm(装用密接钩车辆补助管长度为:300～360 mm)长的补助管。

2. 总风软管总成

在双管制车辆上,除了装有制动软管总成,还装有总风软管总成。

(1)用途　总风软管总成是连接相邻各车辆的总风主管,并能在列车通过曲线或各车辆互相伸缩时不妨碍压力空气的畅通的管路。

(2)构造　总风软管由金属胶管连接器体和两个接头、两个接头套组合而成。如图 2-17 所示。总风软管的胶管又称金属橡胶管,由钢丝与橡胶硫化而成。

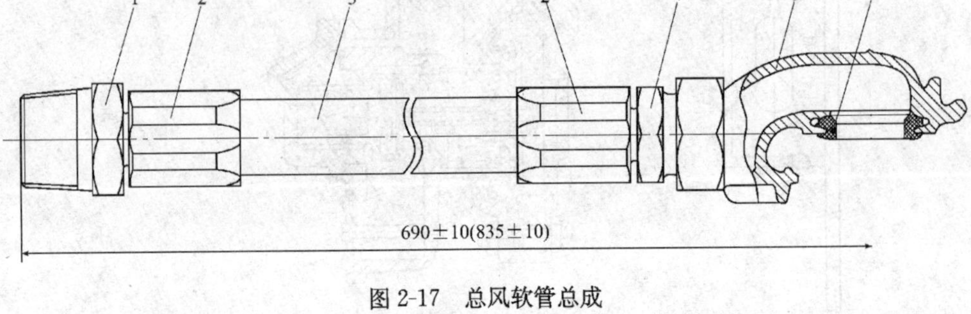

图 2-17　总风软管总成

1—接头(R114);2—接头管;3—钢编胶管;4—接头(R1);5—连接器体;6—密封圈

(3)安装位置　在双管制车辆上制动软管总成和总风软管总成的设置位置是:制动软管在上方,总风软管在下方。

(4)标记的涂打位置要求与制动软管总成标记相同。

(5)装用于密接钩客车上的总风软管总成和制动软管总成,其长度比普通总成要长。

3. 塞门

(1)塞门用于开关空气的通路。

(2)种类与构造　根据安装位置和用途的不同,塞门可分为折角塞门、截断塞门、排水塞门和制动缸缓解塞门等。各种塞门的结构如图 2-18 所示。

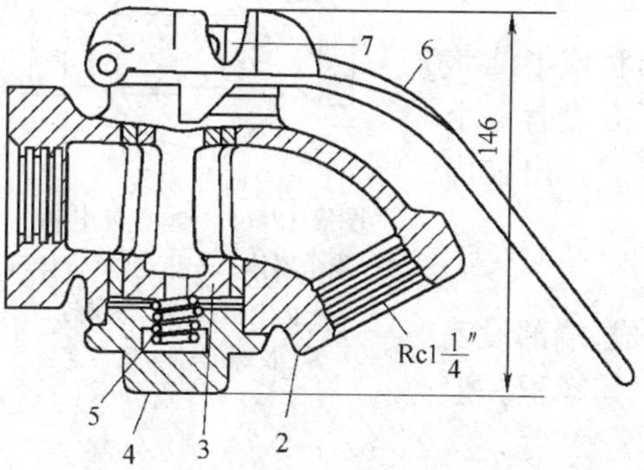

图 2-18(a)　锥芯式折角塞门

2—塞门体;3—塞门芯;4—弹簧托盖;5—弹簧;6—手把;7—手把套口

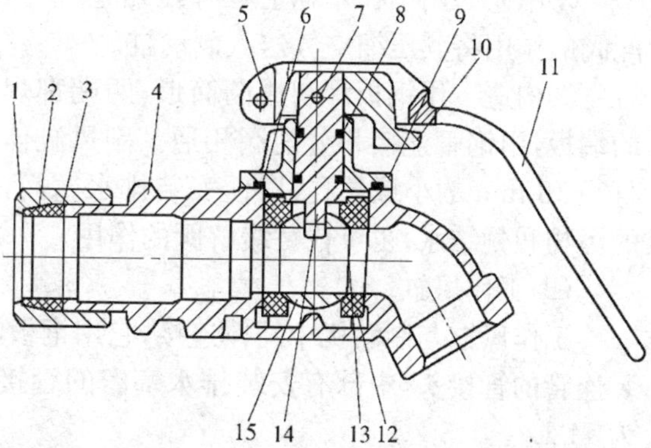

图 2-18(b)　球芯式折角塞门

1—锁紧螺母;2—压圈;3—压紧圈;4—塞门体;5—销;6—密封垫;7—铆钉;8—密封圈;9　盖;10—套口;11—手把;12—密封座;13—垫圈;14—拔芯轴;15—球芯

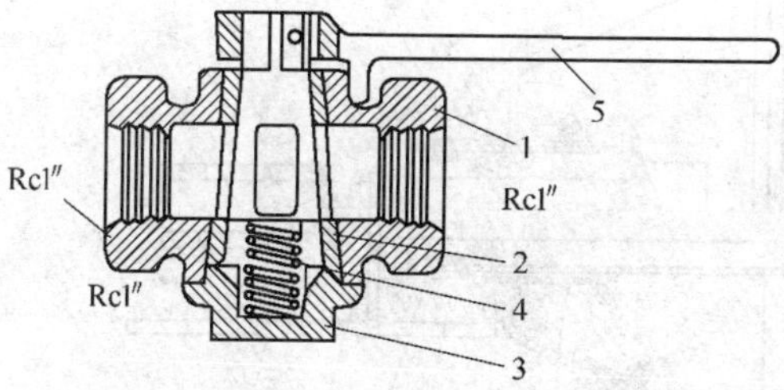

图 2-18(c)　锥芯独立式截断塞门

1—塞门体;2—塞门芯;3—弹簧托盖;4—弹簧;5—手把

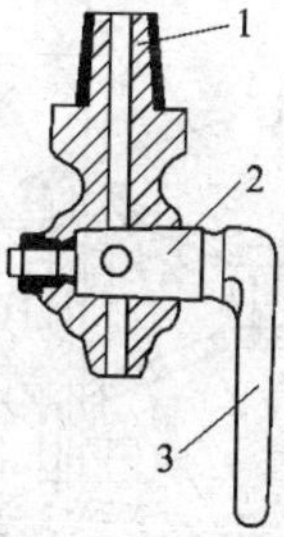

图 2-18(d)　排水塞门

1—塞门体;2—塞门芯;3—手把

4. 远心集尘器

(1)用途　用于收集由制动主管压缩空气中带来的砂土、水分、锈垢等不洁物质,保证分配阀的正常作用。

(2)安装位置　远心集尘器安装在制动支管上截断塞门与分配阀之间,通常是在距分配阀 600 mm 以内。

(3)种类与构造　远心集尘器有组合式与独立式两种不同形式。组合式是远心集尘器与截断塞门铸造为一体,独立式为单一远心集尘器,其构造如图2-18(e)所示。

远心集尘器集尘盒内有一垂直的固定杆,杆的顶端安放一止尘伞,可以自由摆动。

(4)注意事项　安装远心集尘器时,应注意方向不要装反,集尘器体表面箭头应指向分配阀,安装时还应保持垂直位置。

5. 风缸

(1)副风缸

①用途　用于在车辆上贮存压缩空气。在制动时,借助分配阀的作用将其压缩空气送入制动缸。

②构造　用钢板焊制成圆筒形,两端都焊以凸状或半凸状的端板,用钢管连接和分配阀相通。副风缸体的下方设有一个直径13 mm的小螺丝孔,以便安装排水塞门,能及时排出缸内的污物和凝结水,也可代替缓解阀的作用。

(2)工作风缸

工作风缸与制动机中间体连接,它用钢板焊制成,端部设安装连管的管接头,中部有安装排水塞门的管接头。其容积一般为11 L。

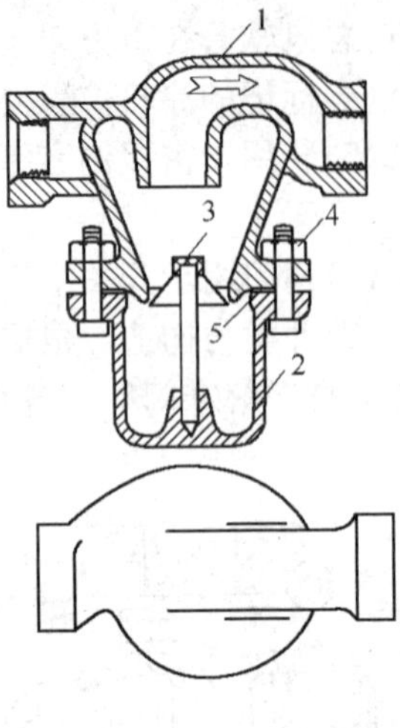

图2-18(e)　远心集电器

1—集尘器体;2—止尘伞(带杆);3—止尘伞;4—T形螺栓及螺母;5—垫

6. 制动缸

(1)用途　通过分配阀的作用,接受副风缸送来的压缩空气,并变空气压力为杠杆推力。

(2)种类与构造　目前客车用的制动缸有N型、104型旋压密封式和单元制动缸。旋压密封式制动缸的结构如图2-19所示。

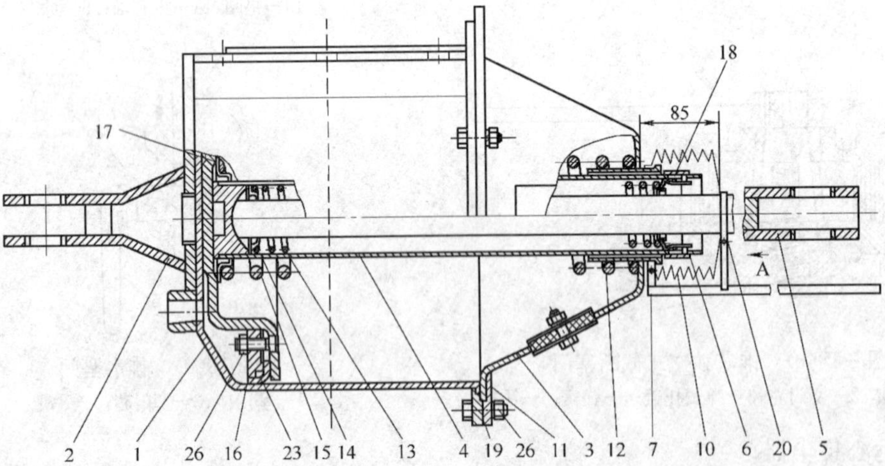

图2-19　旋压密封式制动缸

1—缸体组成;2—托架组成;3—前盖组成;4—活塞组成;5—活塞杆组成;6—止挡夹;7—防尘套卡组成;10—防尘套;11—压环;12—缓解弹簧;13—内缓解弹簧;14,17,18—弹簧托;15—挡销;16—皮碗压板;19—O形密封圈;20—防尘套卡;23—皮碗;26—螺母

制动缸主要由制动缸体、制动缸盖、活塞、活塞杆及缓解弹簧等组成。

在普通铸铁制动缸后盖进风口处的缸壁顶端设有漏风沟，当制动主管有轻微漏泄或制动阀有故障时可避免产生自然制动。

(3)作用过程　制动时，副风缸送入制动缸的压缩空气，进入制动缸后盖及活塞之间，推动活塞，发生制动作用。缓解时，制动缸压缩空气由分配阀排气口排向大气后，活塞借缓解弹簧的弹力推回原位，发生缓解作用。

7. 紧急制动阀

(1)用途　在列车运行途中，遇有紧急情况，需要立即停车时。

(2)构造　客车紧急制动阀安装在客车车厢内的支管上，其构造如图2-20所示，由阀座、阀体、手把、偏心轴、阀(带杆)等组成。

(3)在安装紧急制动阀处涂打有"危险请勿动"标记。

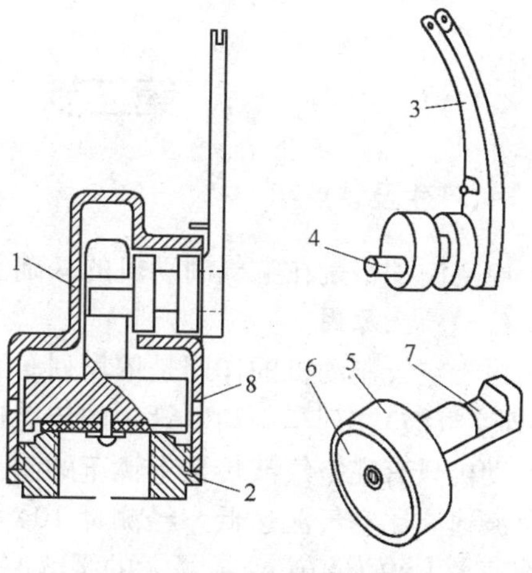

图2-20　客车紧急制动阀

1—阀体；2—阀座；3—手把；4—偏心轴；5—阀；6—胶垫；7—阀杆缺口；8—排气孔

8. 压力表(又称风表)

(1)用途　显示制动主管内的空气压力。

(2)安装位置与构造　压力表安装在客车内，一般都和紧急制动阀连接在一起，其构造如图2-21所示。压力表与支管间装有一个小塞门(又称压力表塞门)，以便修换压力表时可切断空气通路。压力表内部为一条圆弧形的扁铜管，一端和制动支管连接，另一端扁管尖端连接连杆、杠杆和扇形齿轮，表中央部分安装一个小齿轮，和扇形齿轮吻合，小齿轮中央有固定轴，轴上安压力表指针，指针和小齿轮间设有一块带有刻度和字码的表盘。

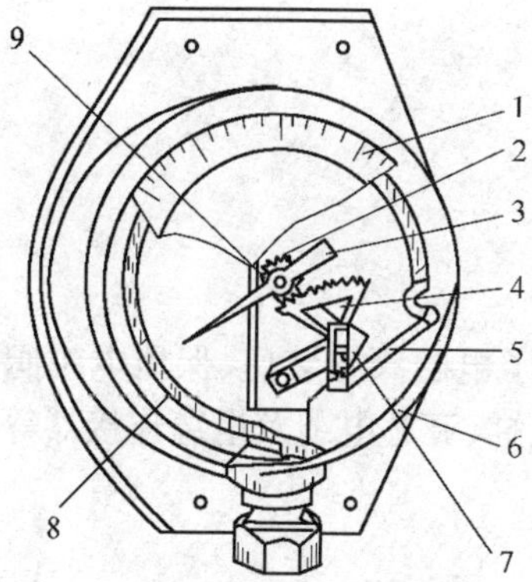

图2-21　压力表

1—刻度盘；2—小齿轮；3—指针；4—扇形齿轮；5—连杆；6—压力表框；7—杠杆；8—扁铜管；9—弹簧

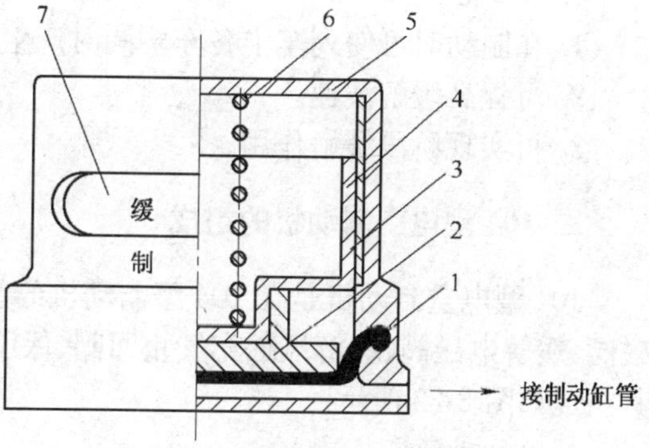

图2-22　制动缓解指示器

1—膜板；2—活塞；3—护罩玻璃；4—指示标志座；5—护罩；6—弹簧；7—窗口

9. 制动缓解指示器

装用盘形制动的客车，在其空气制动机制动时，因其单元制动缸活塞杆最大伸出量(行程)仅 15 mm 左右，加之单元制动缸的位置也不便于检查，为此一般在客车的底架的侧梁中央部分两侧附近下方各安设有制动缓解指示器。

制动缓解指示器由安装座、护罩、下体、护罩玻璃、膜板、弹簧标志座等组成。其构造如图 2-22 所示。

第二节　104 型电空制动机

一、产生及特点

电空制动机是在空气制动机的基础上，加装电气控制元件而构成的。

(一)产生原因

由于空气制动机的作用是依靠列车制动主管的压力变化来实现的，而压缩空气的压力波动(即空气波)在列车制动主管中的传播速度是有限的，一般为 330 m/s 左右。列车中各车辆的制动机只有在空气波传至本辆车的制动支管后才开始产生作用，因此列车制动机的制动或缓解波速要比空气波速低。经测算 104 型分配阀的常用制动波速最大约为 180 m/s，紧急制动波速最大约为 210 m/s，最大的缓解波速约为 150 m/s。所以采用空气制动机的列车在制动时就不可避免地要产生较大的纵向冲动，同时产生空走时间而延长制动距离。对于高速列车而言，在制动时产生的列车纵向冲动就更大，且可能超过规定的制动距离。

(二)作用实质

快速旅客列车一般采用电空制动机。电空制动机的实质是在车辆的制动支管及制动缸的通路上加装电磁阀，通过电气连线与机车自动制动阀实行联控，在制动时，使各车辆制动支管上的电磁阀得电打开，排出制动主管中的压缩空气而产生制动作用；缓解时，使各车辆制动缸通路上的电磁阀得电打开，排出制动缸内的压缩空气而缓解。由于电波的波速接近光速，故可使全列车实现同时制动或缓解，从而减小列车在制动或缓解时的纵向冲动，缩短制动距离。

(三)性能特点

1. 在制动时可使列车中各车辆同时产生制动作用。
2. 可提高缓解波速。
3. 可实现阶段缓解作用。

二、104 型电空制动机的组成

104 型电空制动机是在 104 型制动机的基础上增加了电磁阀安装座、保压电磁阀、制动电磁阀、缓解电磁阀、缓解风缸充气止回阀、保压管、缓解风缸、五芯电缆及电缆连接器等零部件。其组成如图 2-23 所示。

(一)电磁阀安装座

用于安装其他零件及作为空气的通道。其结构如图 2-24 所示。

(二)制动电磁阀

装在制动主管与大气的通路上，平时制动电磁阀失电关闭，遮断制动主管与大气的通路。在制动时，制动电磁阀得电打开，开通制动主管与大气的通路，使制动主管排气而产生制动作用。

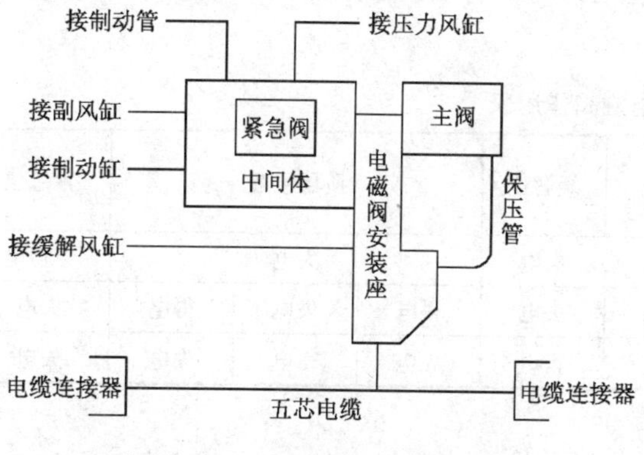

图 2-23　104 型电空制动机组成

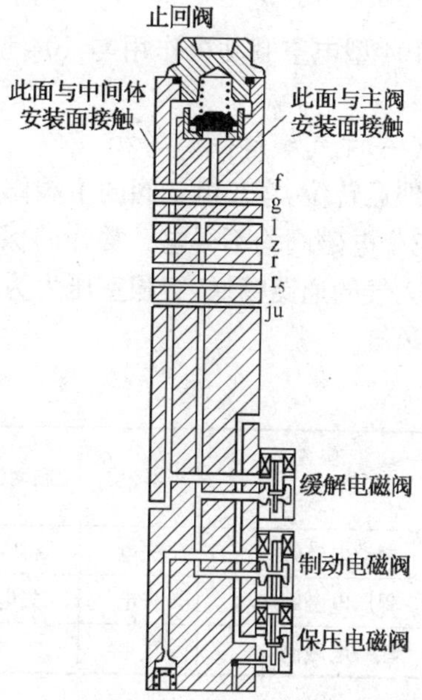

图 2-24　电磁阀安装座

(三)缓解电磁阀

装于缓解风缸与制动主管的通路上，平时缓解电磁阀失电关闭，遮断缓解风缸与制动主管的通路。在制动后的充气缓解位时，缓解电磁阀得电打开，开通缓解风缸与制动主管的通路，使缓解风缸内的压缩空气流向制动主管，可提高制动机的缓解灵敏度与波速。

(四)保压电磁阀

装于 104 主阀作用部排气孔(即容积室排气孔)与大气之间的通路上，平时保压电磁阀失电打开。开通主阀作用部排气孔与大气的通路。在制动后的保压位时，保压电磁阀得电关闭，遮断主阀作用部排气孔到大气的通路，可防止因制动主管压力波动及分配阀的故障而引起自然缓解；在缓解位时保压电磁阀间断得失电，可使容积室内的压缩空气分几次排向大气而使制动机实现阶段缓解作用。

(五)缓解风缸充气止回阀

其作用是在充气时，副风缸的压缩空气把止回阀顶开向缓解风缸内充气；在制动时，由于副风缸压力下降，止回阀被弹簧及缓解风缸的压力压下而关闭，可防止缓解风缸内的压缩空气向副风缸回流。

(六)五芯电缆

由五根电线组成。其中 1 根 2.5 mm 2 的电缆为 4 号，用于检查。另 4 根 4 mm 2 的为：1 号接制动电磁阀，2 号接缓解电磁阀，3 号接保压电磁阀，5 号为回线。接线简图如图 2-25 所示。

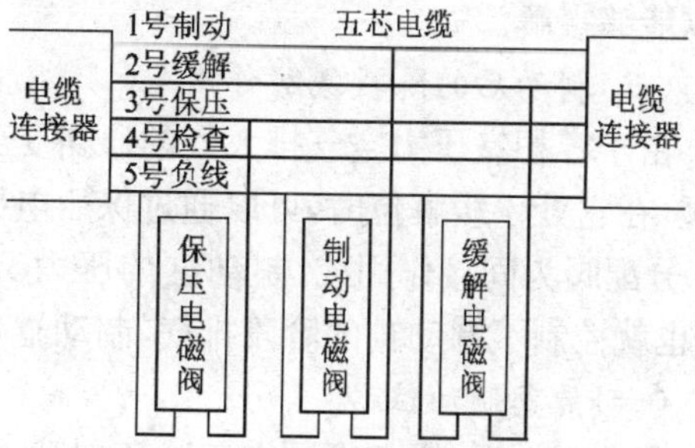

图 2-25　104 型电空制动机配线简图

三、104型电空制动机的作用

104型电空制动机作用与104型空气制动机作用的主要不同是三个电磁阀的作用,见表2-1。

(一)充气缓解位

即运转位,客车电空阀的主阀作用与104分配阀的作用完全相同,主阀此时处于充气缓解位,三个电磁阀均不得电。常开的保压电磁阀通路保障着:容积室→d_3→保压管→保压电磁阀→大气的通路畅通,容积室压力为零,制动缸压力为零;同时制动主管压力空气→副风缸→缓解风缸。

表2-1　电磁阀作用表

名称＼位置	运转位	制动位	保压位	缓解位	阶段缓解			紧急位
制动电磁阀	失电	得电	失电	失电	失电			得电
保压电磁阀	失电	失电	得电	失电	得电	失电	得电	失电
缓解电磁阀	失电	失电	失电	得电	失电	得电	失电	失电

(二)常用制动位

此时客车电空阀的制动电磁阀得电,制动主管的压力空气可经制动电磁阀排向大气。同时,另有少量制动主管压力空气由机车中继阀或操纵阀排出,104分配阀处于常用制动位,副风缸向制动缸充气,制动缸升压。如果不考虑机车中继阀的排风作用,那么制动电磁阀得电时间的长短决定着制动主管减压量的大小。当控制制动电磁阀间断得失电时,也就得到了阶段制动的作用。

(三)保 压 位

此时制动电磁阀失电,制动主管停止排气,待稳定后分配阀处于正常保压位置,副风缸停止向制动缸充气;且保压电磁阀得电,容积室排气口经保压电磁阀通大气的通路被关断,保持容积室压力,也就使得制动缸压力保持不变。

(四)制动后的缓解位

此位置仅缓解电磁阀得电,打开缓解电磁阀中缓解风缸与制动主管的通路,使缓解风缸的压力空气经电磁阀注入制动主管,加快制动主管的充气,迅速使主阀处于缓解位。同时由于保压电磁阀失电,使容积室至大气的通路畅通,容积室压力空气经保压电磁阀排入大气,制动缸得以能够缓解。

(五)制动后的阶段缓解作用

由于容积室压力空气排大气的通路受到保压电磁阀的控制,所以尽管分配阀是一次性缓解阀,在它处于缓解位时,可以通过保压电磁阀的间断得失电,控制着容积室的阶段性排气,而104分配阀为间接作用式,制动缸的压力又受容积室压力的控制,故保压电磁阀的间断得失电,也就控制了制动缸的阶段排气,制动缸得以阶段缓解。

(六)紧急制动位

紧急制动时,紧急阀同空气紧急制动一样作用,同时制动电磁阀得电,使制动主管压力迅速降到零,制动缸快速升压。

第三节　104集成式电空制动机

新型客车(25T)及部分新造客车采用了104集成式电空制动机。该系统是在104电空制动机系统基础上改进而来,主要不同在于采用了104集成式电空阀、气路控制箱(餐车没有)、增设一个总风缸(餐车没有),如图2-26所示。

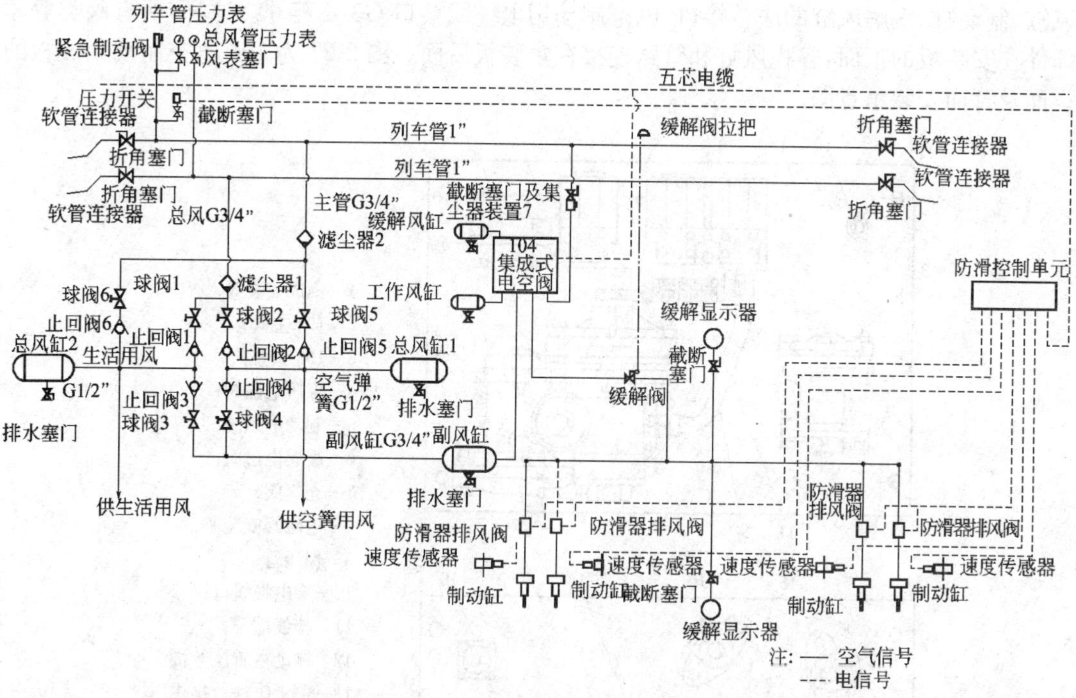

图2-26　带气路控制箱电空制动系统原理图

一、主要技术参数

制动主管、总风管压力	600 kPa
副风缸容积	234 L
工作风缸容积	11 L
紧急制动时制动缸压力	(420±10)kPa(104集成式电空阀)
总风缸1、总风缸2容积	120 L(餐车没有总风缸2)
缓解风缸容积	40 L

二、结构及特点

1. 列车纵向管路采用整体管排上车,使得车下管路布置整齐有序,固定牢靠,安装方便,为实现纵向管路车下组装、整体吊装提供了有利的条件。

2. 生活用风(塞拉门和集便器)与空簧用风采用两路独立的辅助供风系统,互不影响,提高了供风质量。

3. 采用104集成式电空制动机,增设了防护罩,能更有效地防水、防尘,便于维护和检修,并提高了车辆高速运行时的防石击能力。

4. 装有气路控制箱,便于操作和维护,其全封闭结构能有效地提高防石击能力。

5. 在制动主管和制动缸管路中设有压力传感器测试点,为行车安全监测装置提供压力信号。

104 电空制动机的集成化研究,就是将电空制动机的所有零部件集中安装在一块集成板子上,并有外罩把这些部件罩住,外罩的作用主要是为了防尘和密封,取消了 104 制动机的中间体。在集成板上,正面装有 104 主阀,紧急阀,充气阀,电磁阀,电磁阀安装座等;集成板背面有容积室组合,包括容积室(3.85 L),紧急室(1.5 L),局减室(0.6 L),制动主管、副风缸、工作风缸、制动缸、缓解风缸的法兰接口,电空制动用电缆线接口 G3/4 英寸。这样,所有阀类等零部件在安装板的正面,容积风缸和管路连接在集装板后面。图 2-27 为 104 电空制动集成板的正面及背面安装示意图。

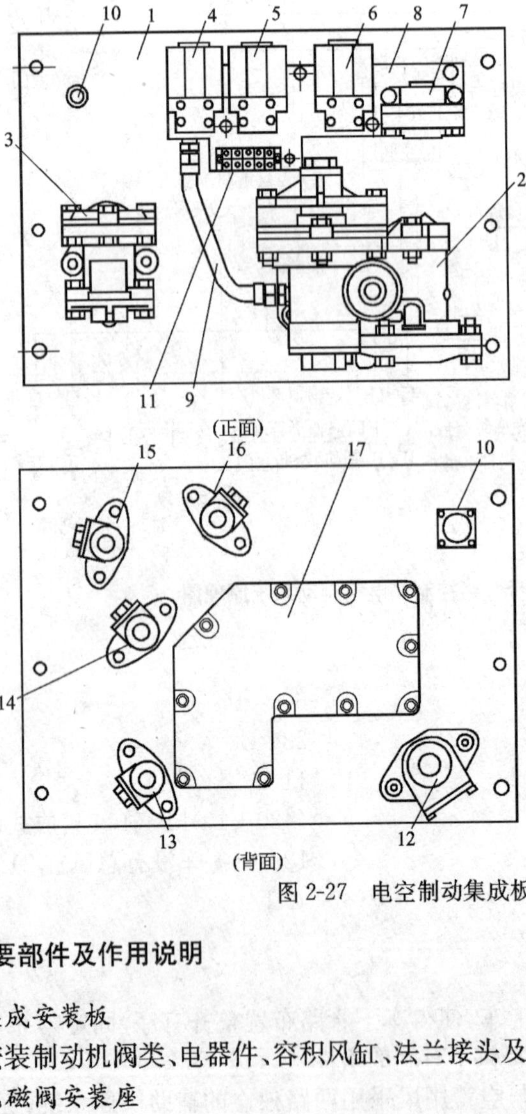

1—集成安装板;
2—104 主阀;
3—104 紧急阀;
4—保压电磁阀;
5—制动电磁阀;
6—缓解电磁阀;
7—充气阀;
8—电磁阀安装座;
9—保压管;
10—穿电缆线口;
11—接线端子;
12—制动主管法兰接头;
13—制动缸法兰接头;
14—副风缸法兰接头;
15—缓解风缸法兰接头;
16—工作风缸法兰接头;
17—容积室组合

图 2-27 电空制动集成板

三、主要部件及作用说明

(一)集成安装板

用来安装制动机阀类、电器件、容积风缸、法兰接头及其他部件。

(二)电磁阀安装座

用来安装各电磁阀、充气阀及接线端子等,可以整体拆下,方便检修。

(三)充 气 阀

充气阀相当于原 104 电空制动机电磁阀安装座上的充气止回阀,只是结构有所变化,缓解风缸的压力空气可以由副风缸通过该充气阀充风。如果将副风缸换成总风缸，也可以满足缓解风缸的充风要求，并且缓解风缸的压力空气不能向副风缸或总风缸逆流。

(四)保 压 管

连接 104 主阀容积室排气口与电磁阀安装座，容积室的压力可由保压电磁阀控制。

(五)容积室组合

容积室组合与安装板采用法兰连接，包含有容积室、紧急室和局减室。

(六)风缸和空气管路接口

共有五个风缸和空气管路接口，都采用法兰连接的方式，分别为制动主管(连接车辆的制动主管支管)、制动缸、副风缸(或总风缸)、工作风缸、缓解风缸等法兰接头。

(七)QD-K 气路控制箱

QD-K 型气路控制箱是将车下管路上的各种阀类集成安装在一个气路板上，其结构紧凑，安装方便，维护简单，其气路原理如图 2-28 所示。

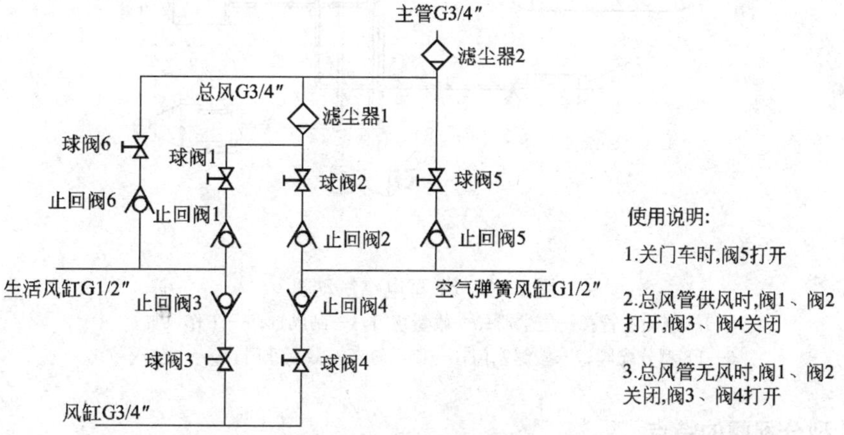

图 2-28 气路原理图

阀类正面布置如图 2-29 所示。

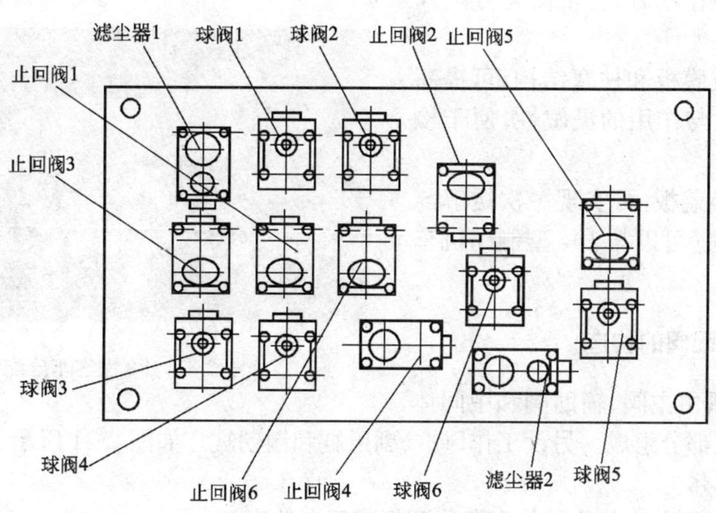

图 2-29 阀类正面布置图

第四节　F8 型电空制动机

一、F8 型电空制动机的组成

F8 型电空制动机是为了适应铁路客车提速和扩大列车编组的需要而设计的新型客车制动机。F8 型电空制动机包括空气制动和电空制动两部分。如图 2-30 所示。

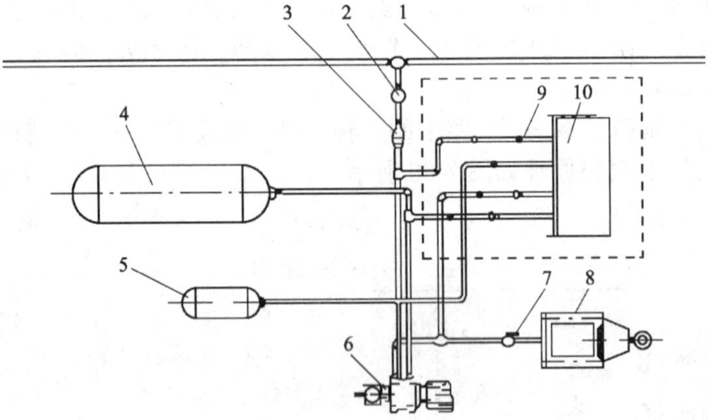

图 2-30　F8 型电空制动机

1—制动主管;2—集尘器;3—截断塞门;4—副风缸;5—工作风缸;
6—F8 型分配阀;7—缓解塞门;8—制动缸;9—截断塞门;10—电空阀箱

二、F8 型分配阀的特点

1. 采用三、二压力机构,可实现分配阀的自动补风作用,并可提高缓解波速。

2. 采用直接作用方式,可简化分配阀的结构。

3. 采用橡胶膜板和柱塞结构,可提高分配阀的密封性与作用的灵敏性,便于检修。

4. 设有转换盖板,可实现一次缓解与阶段缓解的转换。可以与 104 型制动机车辆混编。

图 2-31　F8 型客车分配阀

三、F8 型分配阀的构造

F8 型分配阀由主阀、辅助阀和中间体(也称管座)等三部分组成。另设工作风缸、副风缸和制动缸。如图 2-31 所示。

(一)中　间　体

1. 用途　用于安装其他零件和把分配阀装于车体底架。

2. 构造　中间体用铸铁制成长方体结构,中间体的构造如图 2-32 所示。中间体内设有两个空腔，一个是容积为 0.8 L 的局减室，一个是容积为 3 L 的辅助室。

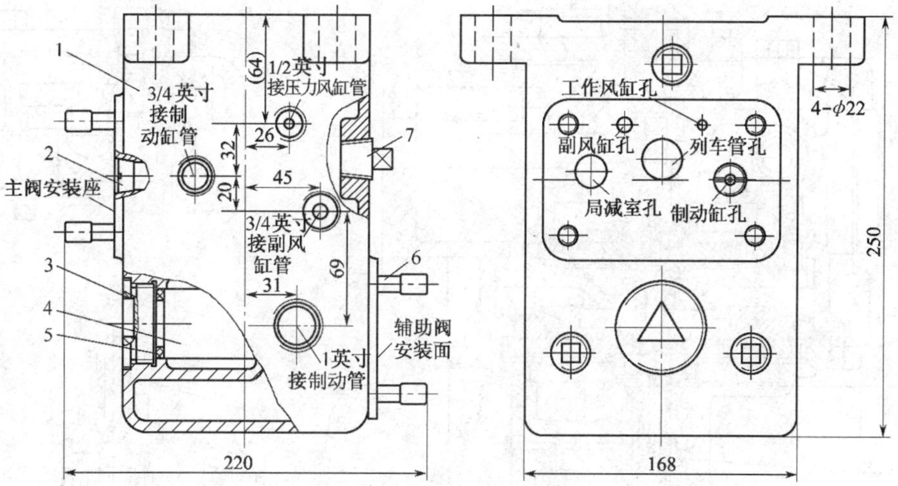

图 2-32 F8 型分配阀中间体组成

1—中间体；2—螺堵(制动缸压力限制堵)；3—螺盖；
4—滤尘器；5—防尘垫；6—双头螺栓；7—螺堵

(二)主阀部分

F8 型分配阀的主阀部分是由主阀、充气阀、限压阀、副风缸充气止回阀、局减阀、转换盖板等组成。如图 2-33 所示。

1. 主阀

(1)用途　根据制动主管压缩空气压力的变化，通过制动主管、工作风缸、制动缸三者压力的平衡作用产生制动机的制动、缓解、保压等基本作用。

(2)构造　主要由平衡阀组成 4、主阀杆 11、小活塞 17、小膜板 18、主活塞 20、大膜板 21、缓解阀套 36、缓解柱塞 37、制动弹簧 39、缓解阀 33 等组成。

2. 充气阀

(1)用途　用于在充气缓解时把制动主管的压缩空气充入工作风缸、把局减室的压缩空气排向大气；在制动第一阶段局减时把制动主管的压缩空气经局减阀、充气阀套排向大气。

(2)构造　主要由充气阀盖 42、充气阀膜板托 34、充气阀膜板 43、充气阀膜板压板 44、充气阀弹簧 45、充气柱塞 48、充气阀套 49 等组成。

3. 限压阀

(1)用途　用于限制常用制动和紧急制动时的制动缸最高压力值。

(2)构造　主要由限压阀盖 59、限压阀套 61、限压阀套 O 形密封圈 60、大缩堵 53、限压阀弹簧 54、限压阀 55、调整螺柱 57、螺母 58 等组成。

4. 副风缸充气止回阀

(1)用途　用于使制动主管向副风缸充气并防止副风缸压缩空气向制动主管逆流。

(2)构造　主要由止回阀套 62、缩堵 63、螺堵 15、止回阀弹簧、止回阀等组成。

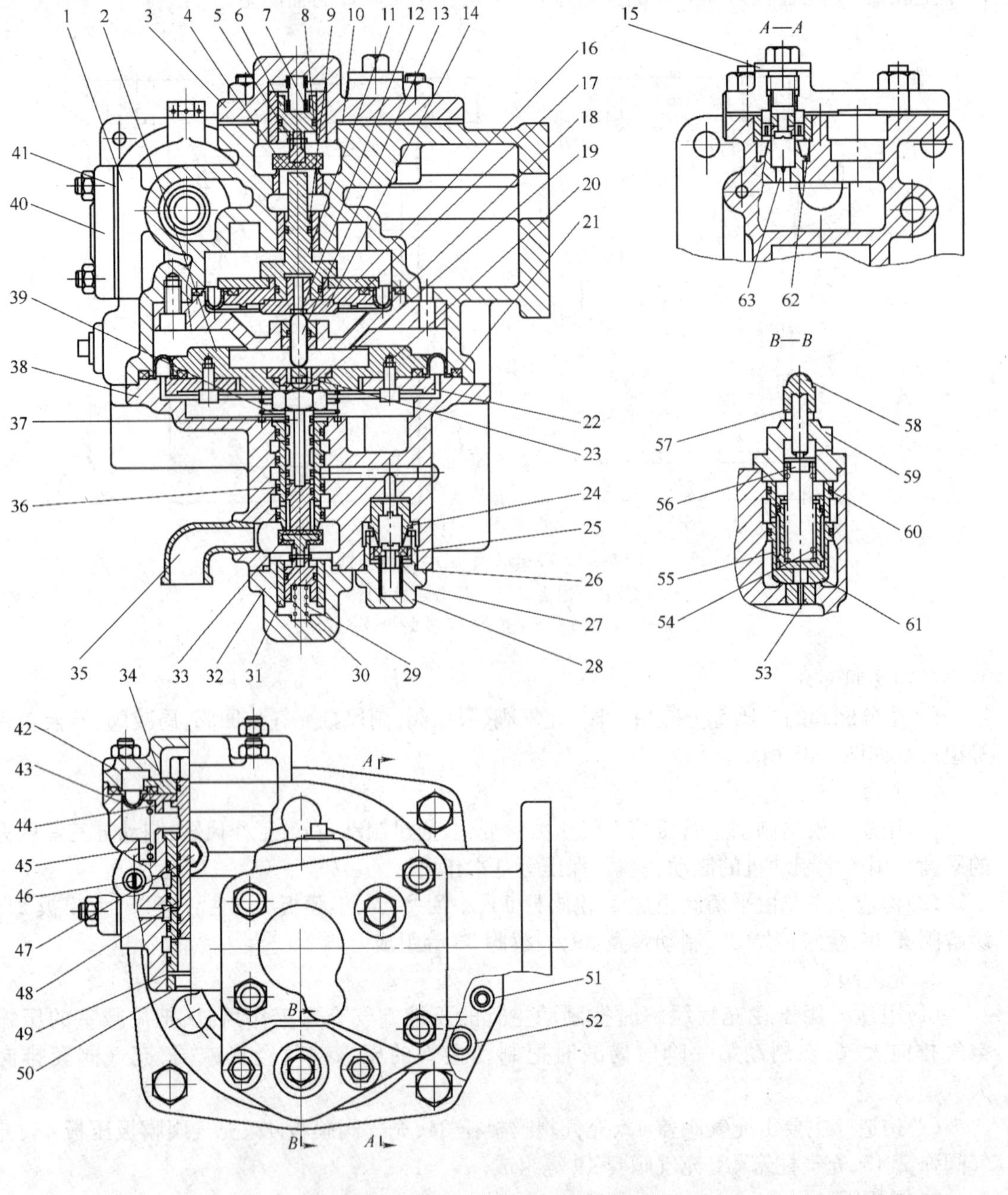

图 2-33　F8 型分配阀的主阀部分

1—主阀体组成；2—中体组成；3—主阀上盖组成；4—平衡阀；5—固定销；6—导杆；7—平衡阀弹簧；8—套用 O 形密封圈；9—O 形密封圈；10—主阀上盖垫；11—主阀杆；12—顶块；13—顶杆；14—压帽；15—螺堵；16—压板；17—小活塞；18—小膜板；19—排风阀 O 形密封圈；20—主活塞；21—大膜板；22—压板；23—硬心；24—弹簧；25—止回阀橡胶垫；26—止回阀；27—止回阀弹簧；28—螺盖；29—保压弹簧；30—导杆；31—O 形密封圈；32—缓解阀盖；33—缓解阀组成；34—膜板托；35—放风弯头；36—缓解阀套；37—缓解柱塞；38—主阀下体；39—制动弹簧；40—转换盖板；41—转换盖板垫；42—充气阀盖；43—充气阀膜板；44—压板；45—充气阀弹簧；46—缩堵；47—排气堵；48—充气柱塞；49—充气阀套；50—排气罩；51—大胶垫；52—胶垫；53—大缩堵；54—限压阀弹簧；55—限压阀；56—弹簧托；57—调整螺柱；58—螺母；59—限压阀盖；60—限压阀套 O 形密封圈；61—限压阀套；62—止回阀套；63—缩堵

5. 局减阀

(1)用途 用于在主阀产生局减作用时，制动主管压缩空气经局减阀向局减室充气，并防止局减室压缩空气向制动主管逆流。

(2)构造 局减阀主要由止回阀 26、止回阀弹簧 27、螺盖 28 等组成。

6. 转换盖板

(1)用途 可使分配阀实现一次缓解与阶段缓解的转换。

(2)构造 转换盖板装于充气阀旁，内有通道，外有箭头。当箭头向上安装时通道连通充气阀体的通路使 F8 阀产生一次缓解作用；当箭头向下安装时通道断开充气阀体的通路使 F8 阀产生阶段缓解作用。

(三)辅助阀部分

1. 用途 用于根据制动主管和辅助室的压力差使辅助活塞上下移动，在充气时工作风缸向辅助室充气；在常用制动时使辅助室的压缩空气从常用排气限制堵排气；在紧急制动时打开放风阀使制动主管排气及辅助室的压缩空气从常用和紧急排气限制堵排气。

2. 构造 主要由辅助阀活塞 8、辅助阀套 10、O 形密封圈 11 和 12、辅助阀杆 5、常用排气限制堵 13、紧急排风堵 14、紧急放风阀组成 1 等组成。如图 2-34 所示。

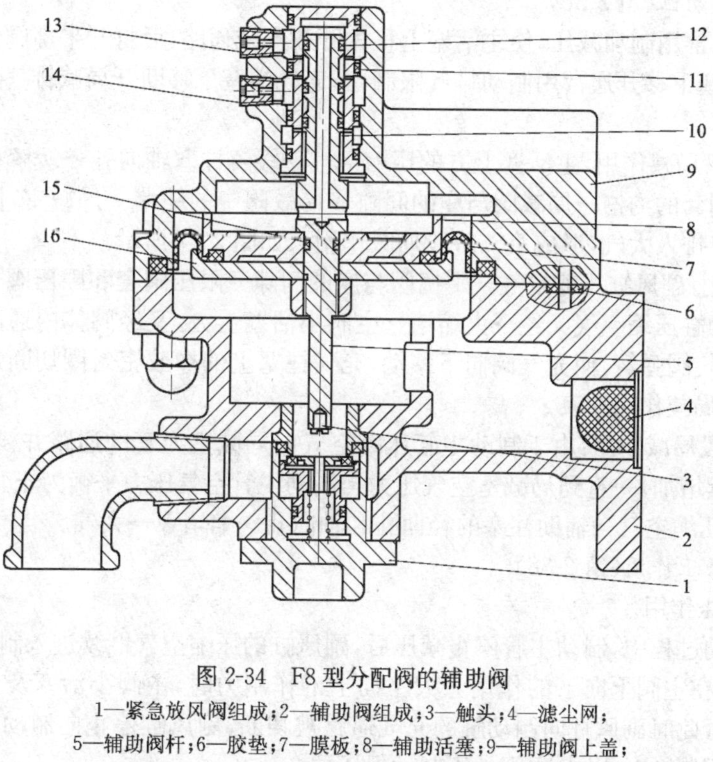

图 2-34 F8 型分配阀的辅助阀

1—紧急放风阀组成；2—辅助阀组成；3—触头；4—滤尘网；
5—辅助阀杆；6—胶垫；7—膜板；8—辅助活塞；9—辅助阀上盖；
10—辅助阀盖；11—排风阀 O 形密封圈；12—阀杆 O 形密封圈；
13—常用排气限制堵；14—紧急排气限制堵；
15—柱塞 O 形密封圈；16—活塞压板

辅助阀采用二压力平衡机构，辅助阀活塞上方通辅助室，下方通制动主管。

四、F8型分配阀的作用

F8型分配阀的作用有:充气缓解位、常用制动位、制动保压位、阶段缓解位、紧急制动位等五个作用位置。

(一)充气缓解位(图2-35)

1. 充气时制动主管压力上升,使副风缸充气止回阀打开、主活塞下移顶开缓解阀、充气活塞上移、辅助活塞上移。引出下列空气通路:制动主管的压缩空气经副风缸充气止回阀向副风缸充气;另一路进入主阀平衡阀上部。

2. 制动主管的压缩空气经主活塞上部→充气阀杆→转换盖板凹槽→缩堵→下阀体通路→缓解阀套工作风缸孔→缓解柱塞凹槽→主活塞下方→上阀体通路→中间体通路→工作风缸。

3. 制动主管压缩空气向辅助活塞下方充气。

4. 工作风缸的压缩空气→辅助阀套工作风缸孔→辅助阀杆凹槽→辅助阀活塞上方→辅助室。

5. 制动缸的压缩空气→缓解阀与座的间隙→缓解阀排气口→大气。

6. 局减室压缩空气经局减阀套的局减孔排向大气。

(二)常用制动位(图2-36)

制动主管以常用制动减压,使主活塞上移先开放局减通路,后打开平衡阀使副风缸向制动缸充气;辅助活塞下移开通常用制动排气限制堵;充气活塞下移断开局减排气孔。引出下列空气通路。

1. 第一阶段局减作用:主活塞上方的压缩空气→缓解柱塞轴向孔→缓解柱塞径向孔→缓解柱塞与缓解阀套的沟槽→局减阀与座的间隙→局减阀中的缩堵→局减室,同时经阀体通路到充气阀排气口排入大气,形成第一阶段局减作用。如图2-37所示。

2. 制动作用:副风缸压缩空气→平衡阀与座的间隙→限压阀套和限压阀→阀体通路→制动缸。同时制动缸压缩空气又经→大缩堵→主阀小活塞上方,又经阀体内通路→充气阀活塞的上侧,压缩充气阀弹簧,使充气阀向下移动,充气柱塞上的橡胶密封圈切断局减阀通大气的通路,第一阶段局减作用结束。

3. 第二阶段局减作用:由于制动主管压缩空气向局减室充气的通路并没有切断,局减室压气压力将继续增加,一直到局减室空气压力与制动主管空气压力平衡为止。

4. 辅助室压缩空气→辅助柱塞的径向孔和轴向孔→缩堵V→大气。

(三)制动保压作用(图2-38)

1. 制动保压作用

在常用制动过程中,制动主管停止减压后,副风缸的压缩空气继续进入制动缸及小活塞上方空间,当作用在主阀上向下的作用力大于向上的作用力时,主阀小活塞及主活塞一起向下移,平衡阀关闭,此时副风缸向制动缸的充气通路被切断,副风缸停止向制动缸供气。主阀的其他通路与常用制动时相同,主阀处于制动保压位。

制动主管停止减压后,辅助室的压缩空气继续排入大气。当辅助阀活塞上侧的压力低于下侧压力时,辅助活塞带动辅助柱塞向上移动,关闭辅助室与大气的通路,辅助室停止排气,辅助阀也处于保压位状态。

2. 制动缸自动补风作用

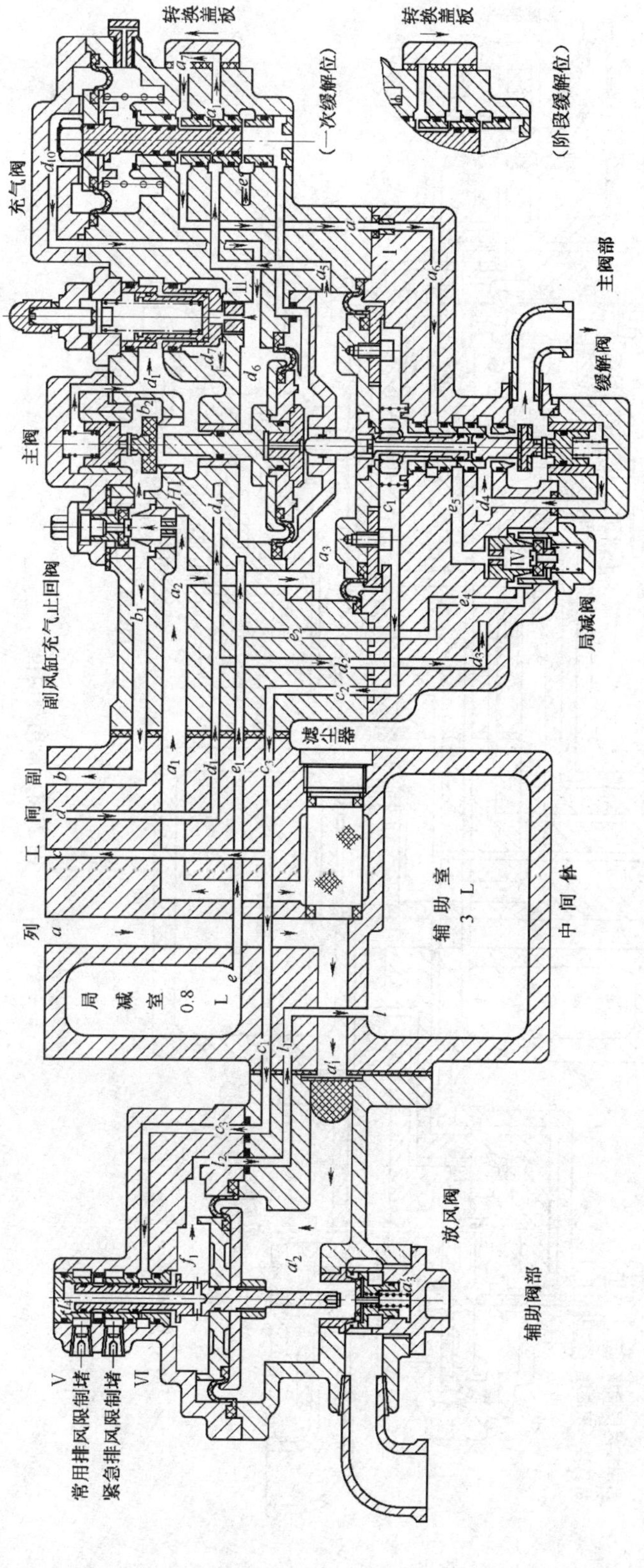
转换盖板
（一次缓解位）
转换盖板
（阶段缓解位）
充气阀
限压阀
主阀
副风缸充气止回阀
列
工
间
副
局减室
0.8 L
辅助室
3 L
滤尘器
中间体
主阀部
缓解阀
局减阀
常用排风限制堵
紧急排风限制堵
放风阀
辅助阀部

图 2-35　充气缓解位

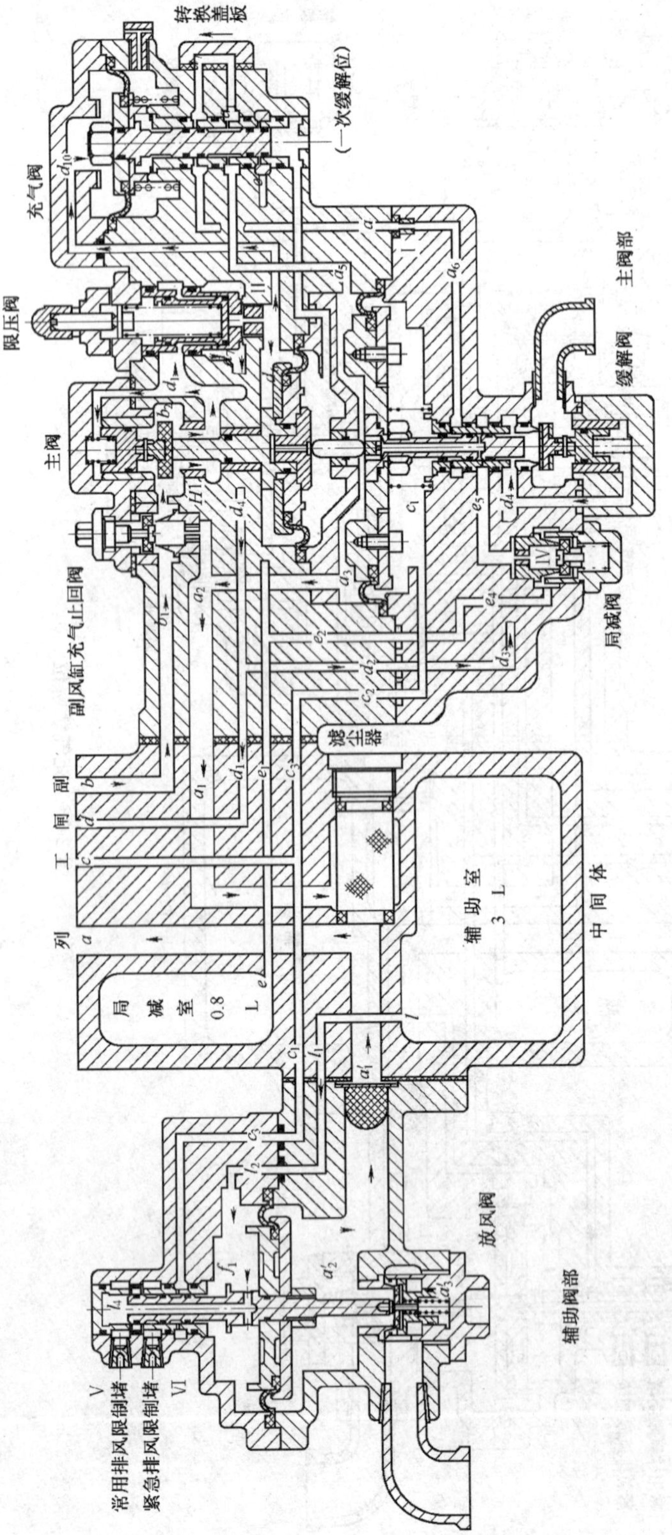

转换盖板
（一次缓解位）
充气阀
限压阀
主阀
副风缸充气止回阀
列 工 间 副
局减室 0.8 L
滤尘器
辅助室 3 L
中间体
主阀部
缓解阀
局减阀
放风阀
辅助阀部
常用排风限制堵 V
紧急排风限制堵 VI

图 2-36 常用制动位

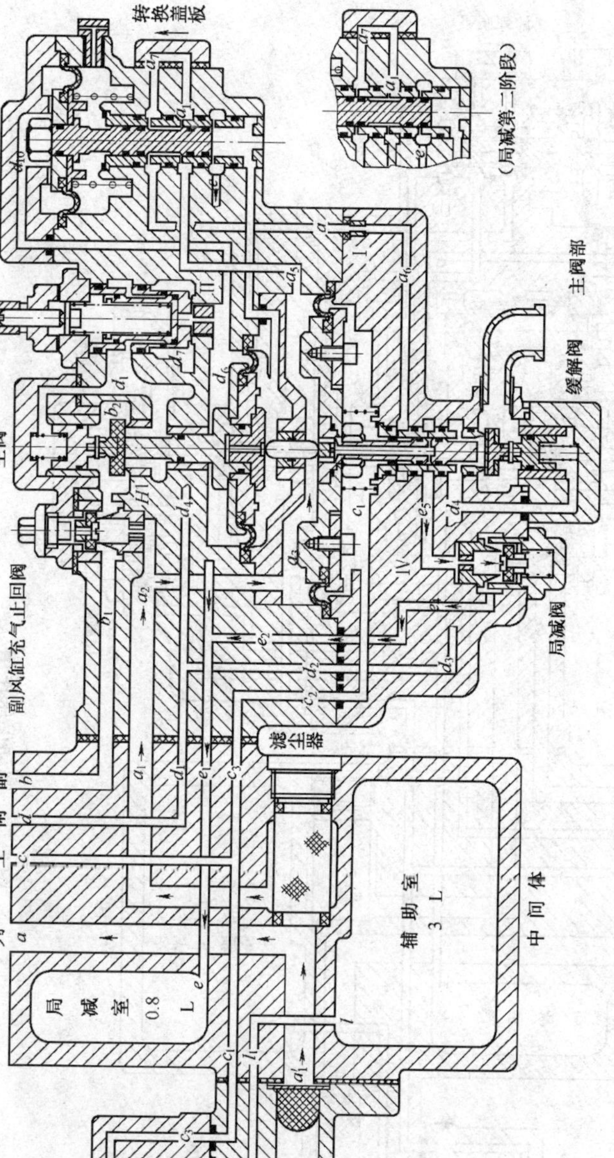

图 2-37 第一阶段局减作用

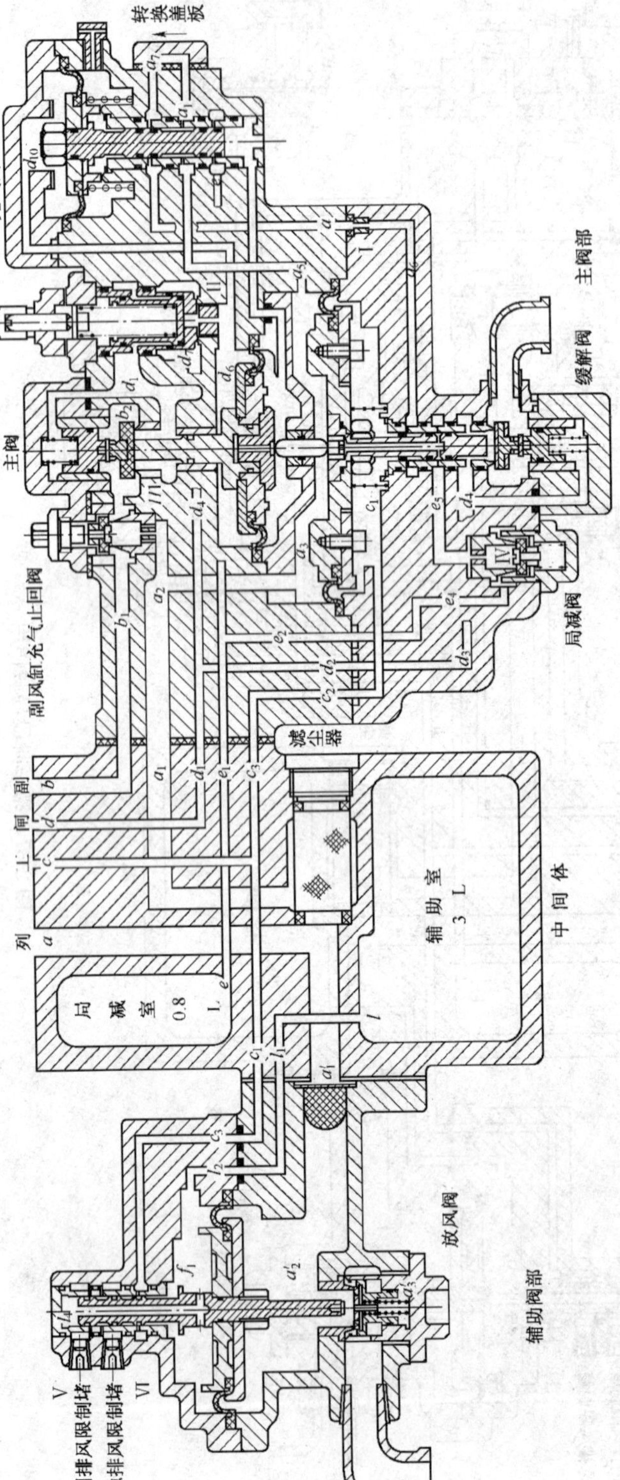
转换盖板
充气阀
限压阀
主阀
副风缸充气止回阀
列
工
闸
副
局减室
0.8 L
辅助室
3 L
中间体
滤尘器
主阀部
缓解阀
局减阀
放风阀
辅助阀部
常用排风限制堵
紧急排风限制堵
V
VI

图 2-38　制动保压作用

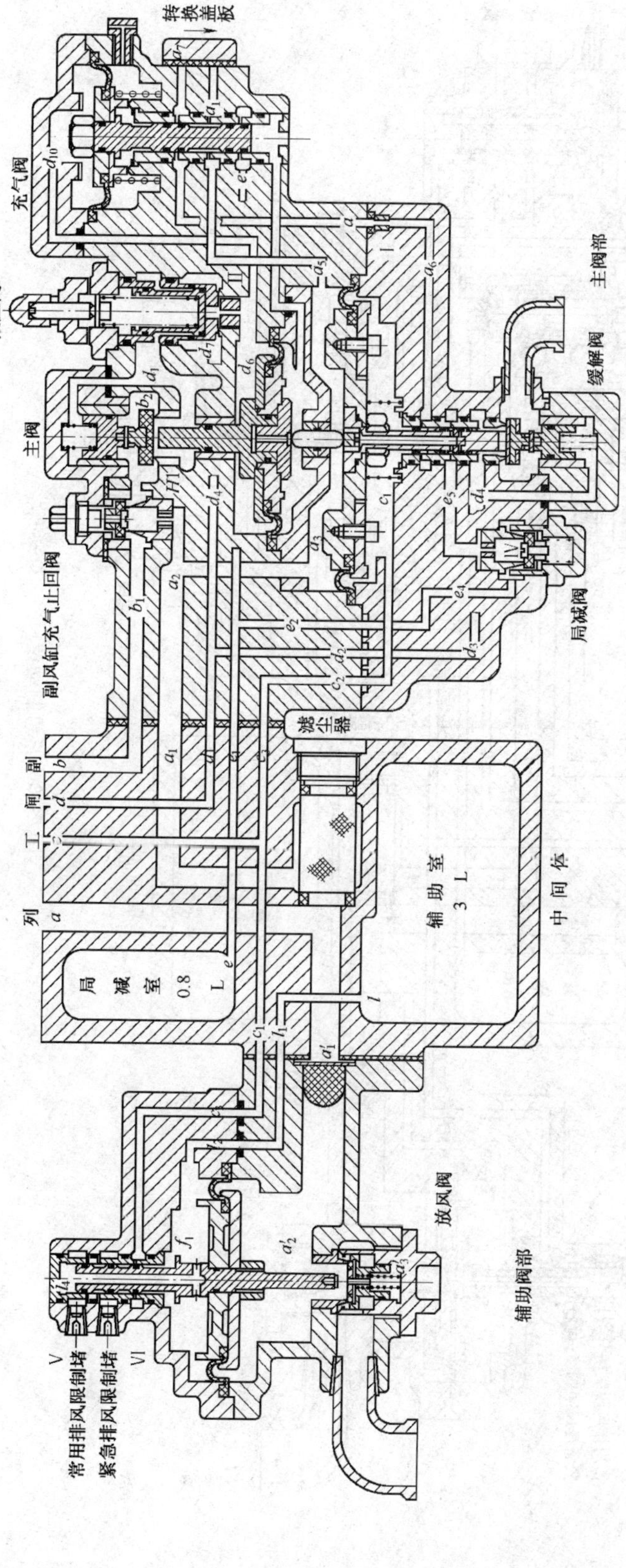
转换盖板
充气阀
限压阀
主阀
副风缸充气止回阀
列
工
闸
副
局减室 0.8 L
滤尘器
辅助室 3 L
中间体
主阀部
缓解阀
局减阀
放风阀
辅助阀部
常用排风限制堵
紧急排风限制堵

图 2-39　阶段缓解位

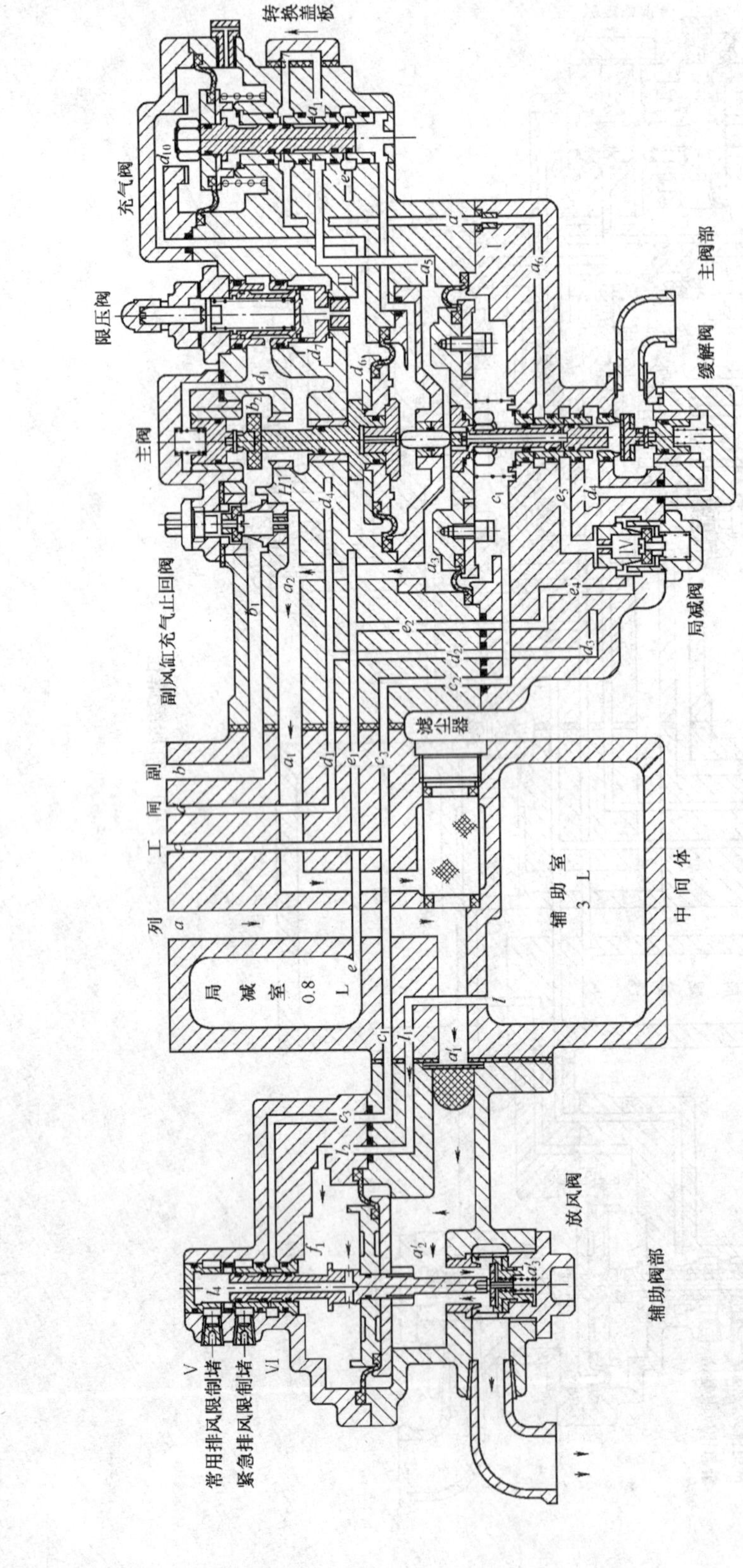
转换盖板
充气阀
限压阀
主阀
副风缸充气止回阀
列
工
闸
副
局
减
室
0.8
L
滤尘器
辅助室
3 L
中间体
主阀部
缓解阀
局减阀
放风阀
辅助阀部
V
VI
常用排风限制堵
紧急排风限制堵

图 2-40　紧急制动位

在制动保压作用位，如果制动缸发生漏泄或持续制动使制动缸活塞行程伸长时，制动缸空气压力下降，使小活塞上方的压力也随之下降，而制动主管和工作风缸的空气压力不变。此时，作用在主活塞上向上的作用力大于向下的作用力，主活塞则向上移动，主阀杆顶开平衡阀，使副风缸的压缩空气经平衡阀口进入制动缸，直到恢复原来的制动缸压力，作用在主活塞上向上的作用力与向下的作用力平衡为止。这就称为“自动补风作用”，可以在制动保压过程中使制动缸的空气压力维持不变，实现车辆的制动力不衰减。

（四）阶段缓解位（图 2-39）

当转换盖板置于阶段缓解位置（即箭头向下）时，F8 型分配阀具有阶段缓解作用，就是在充气缓解时制动主管停止增压，制动缸压力也相应的停止向大气排气，实现制动机的阶段性缓解动作。

转换盖板置于阶段缓解位，由于转换盖板切断了工作风缸与制动主管的直接联络通路，主阀处于缓解位时，工作风缸的压缩空气就不能直接向制动主管逆流，其空气压力基本保持不变。当制动主管停止增压，而作用在小活塞上方的制动缸压力与作用在主活塞上方的制动主管压力的合力小于工作风缸空气向上的作用力时，主活塞向上移动，使制动主管、制动缸和工作风缸三者压力维持平衡状态。此时，主活塞带动缓解柱塞向上移动，缓解阀关闭，切断了制动缸向大气的排气通路，主阀从充气缓解状态进入阶段缓解保压位。反复施行充气、保压，即可实现阶段缓解作用。

（五）紧急制动位（图 2-40）

紧急制动时，主阀的动作与常用制动时相同，只是由于制动主管的减压速度比常用制动时快，主阀的动作更迅速。另外，主活塞上下两侧形成的压力差也比常用制动时大的多，所以平衡阀处于全开状态，副风缸的压缩空气迅速进入制动缸，制动缸的压力迅速上升。

同时，由于制动主管紧急减压，辅助活塞下方的空气压力骤降，辅助活塞的上下两侧形成较大的压力差，辅助活塞迅速向下移动，辅助阀杆压缩放风阀弹簧，顶开紧急放风阀，使制动主管的压缩空气从放风阀迅速排入大气，达到紧急排风的目的。此时，辅助室的压缩空气除经常用制动排气限制堵排大气外，辅助室与紧急排气限制堵的联络通路也被打开，辅助室的压缩空气经两路同时排入大气。

当制动缸空气压力超过限压阀弹簧的预紧力时，限压阀向上移动，关闭副风缸向制动缸的充气通路，此时，虽然主阀处于紧急制动状态，但制动缸的空气压力不能继续上升，制动缸的最高压力值受限压阀的控制。限压阀的限压值可根据不同的要求进行调整。

紧急制动时，制动主管的空气压力迅速降至 0 后，辅助室的压缩空气继续由两路排入大气，大约需经 10～15 s 降至 0，在此过程中，放风阀一直处于开放状态，制动主管无法施行再充气。因此，紧急制动后，必须保持 15 s 以后，才能施行充气缓解作用。

五、电空阀箱

电空阀箱内有常用制动电空阀、缓解电空阀、紧急电空阀、放大阀、紧急限压阀、过渡板及连接电路。F8 型电空制动机的电空制动采用五线制，即常用制动线、缓解线、保压线（备用）、紧急制动线和零线。F8 型电空制动机的电空阀箱的结构如图 2-41 所示。主要组成部分的用途如下。

1. 常用制动电磁阀　是在电空常用制动时，提高制动主管的压缩空气减压速度，加速电

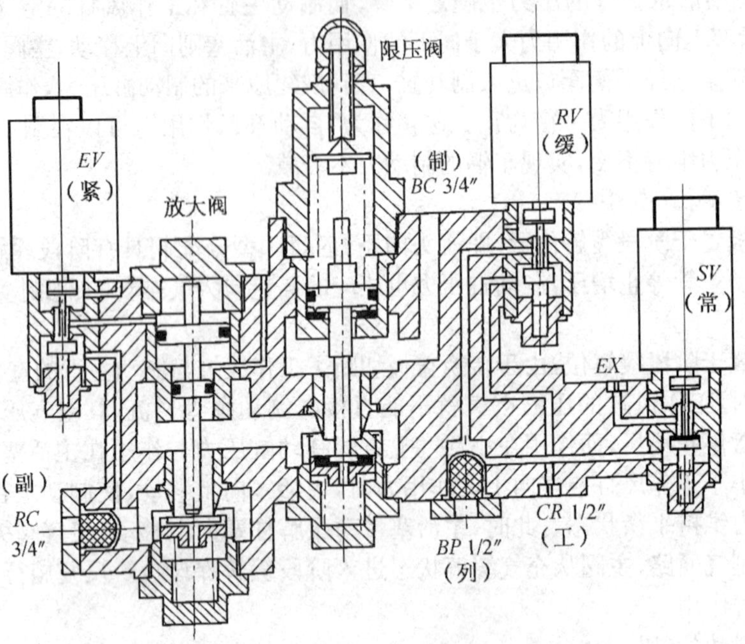

图 2-41　F8 型电空制动机的电空阀箱结构

空制动作用。

2. 缓解电磁阀　是在初充气时，沟通工作风缸与制动主管的空气通路，提高工作风缸初充气的速度；在再充气时，加速工作风缸压缩空气向制动主管的逆流速度，达到迅速缓解的目的。

3. 紧急电磁阀　是在电空紧急制动时，控制放大阀的作用。

4. 放大阀　是在电空紧急制动时，放大副风缸至制动缸的压缩空气通路截面，提高电空紧急制动时副风缸压缩空气向制动缸的充气速度，改善电空紧急制动性能，同时，使制动主管与大气相通，产生电空紧急制动附加排风。

5. 限压阀　是在电空紧急制动时，限制制动缸的最高压力值。

第五节　手制动机及基础制动装置

一、手制动机

(一)用　　途

用人力转动手轮或手把，带动基础制动装置，使闸瓦(片)压紧车轮(制动盘)产生制动作用。

(二)安装与构造

目前我国客车上一般采用蜗轮蜗杆式手制动机。一般安装于车厢一位端。其构造如图 2-42 所示。

(三)作用过程

转动摇把即带动蜗轮 3、主轴 4、锥形链轮 5 转动，把链条 6 卷绕在锥形链轮上，拉动手制动拉杆，带动基础制动装置，发生制动作用。停止转动摇把时，依蜗杆的自锁作用，使手制动机保持制动而不会自动缓解。反向转动摇把时，锥形链轮也反向转动，使链条松开，并借转向架缓解弹簧的作用，使基础制动装置缓解。

二、基础制动装置

基础制动装置是最终产生制动作用的装置，它与空气制动机及手制动机相连形成整套车辆制动机，它是由制动缸活塞杆至闸瓦或闸片间所包含的一整套杠杆拉杆，制动梁，闸瓦或闸片所组成的力的传动装置。

（一）用　　途

利用杠杆原理，传递和放大制动力。

（二）种　　类

目前我国客车上的基础制动装置的形式主要有以下两种：双闸瓦式基础制动装置和盘形制动装置。

1. 双闸瓦式基础制动装置

这种基础制动装置是我国客车上传统的摩擦制动方式，但随着客车构造速度的不断提高，这种方式已不能满足客车发展的需要。因为闸瓦的摩擦因数会随车辆运行速度的提高而降低，同时其耐磨性能较差，制动时易损伤轮对踏面，因此它只能用于构造速度140km/h以下的普通客车上。其构造与作用如图2-43所示。

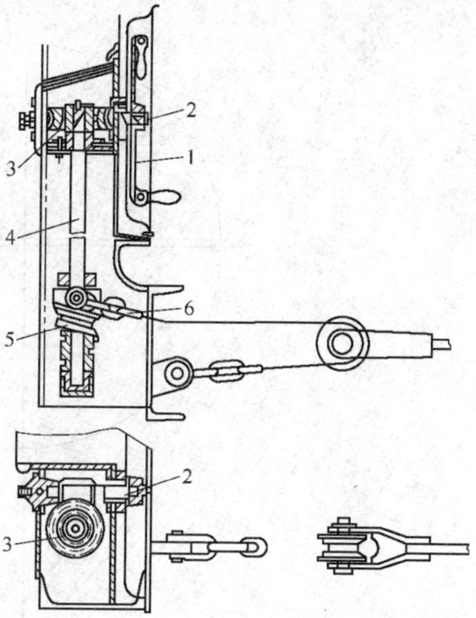

图2-42　蜗轮蜗杆式手制动机

1—摇把；2—蜗杆；3—蜗轮；4—主轴；5—锥形链轮；6—制动链

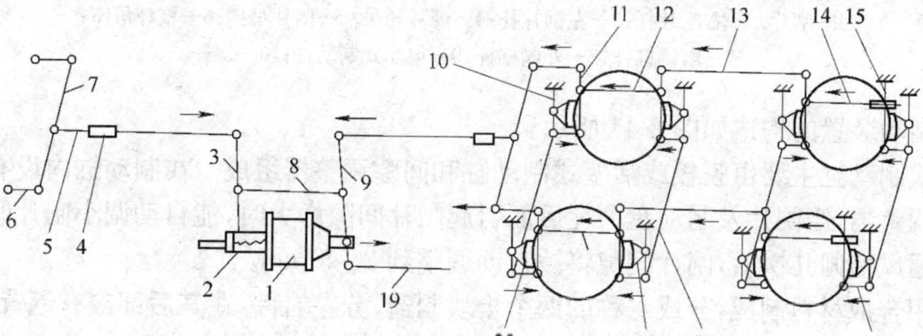

图2-43　客车双闸瓦式基础制动装置构造与作用示意图

1—制动缸；2—闸瓦间隙调整器；3—制动缸后杠杆；4—调整丝套；5—均衡杠杆拉杆；6—均衡拉杆；7—均衡杠杆；8—连接拉杆；9—制动缸前杠杆；10—闸瓦托吊；11—移动杠杆；12—移动杠杆拉杠；13—移动杠杆上拉杆；14—固定杠杆拉杠；15—固定杠杆；16—拉环；17—制动梁；18—闸瓦托；19—手制动拉杆；20—闸瓦

2. 盘形制动装置

(1)盘形制动装置构造

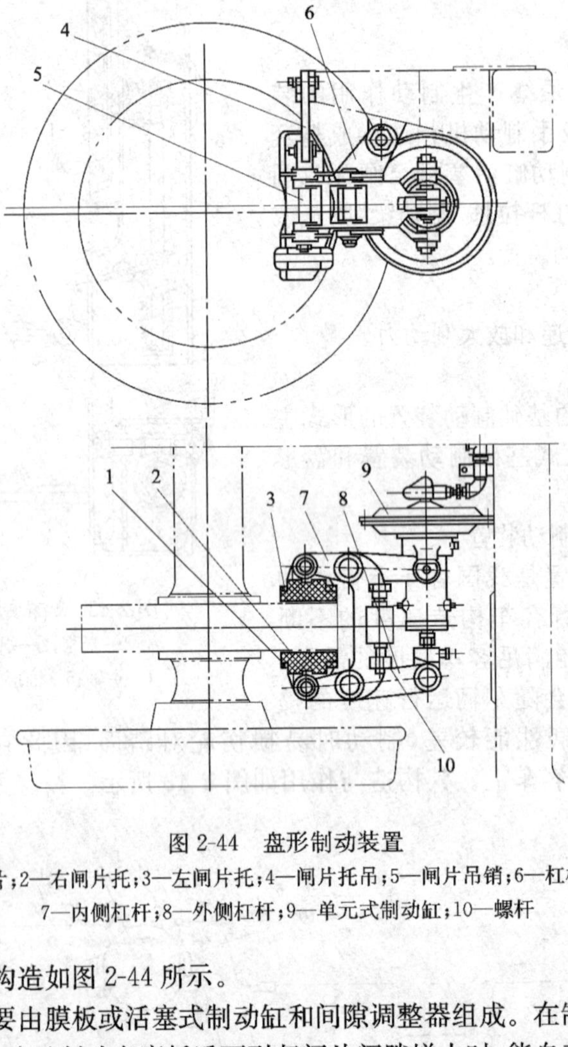

图 2-44 盘形制动装置

1—闸片;2—右闸片托;3—左闸片托;4—闸片托吊;5—闸片吊销;6—杠杆吊座;7—内侧杠杆;8—外侧杠杆;9—单元式制动缸;10—螺杆

盘形制动装置的构造如图 2-44 所示。

单元式制动缸主要由膜板或活塞式制动缸和间隙调整器组成。在制动缸内设有单向闸片间隙自动调整器,当闸片及制动盘磨耗后而引起闸片间隙增大时,能自动调小闸片间隙至正常范围。当通风抱闸几次后,闸片间隙将被自动调整到 3～5 mm。

闸片用合成材料制成,分成对称的两个半块制造,分左右件,在其后部镶有钢背,钢背上的燕尾凸榫和闸片托的燕尾槽配合。其原型厚度为 28 mm。

闸片托组成由闸片托和锁铁等零件组成,闸片托为铸钢件,并分左右件。闸片托装上闸片后,将锁铁锁住,即可防止闸片脱落。

(2)盘形制动装置的作用

制动时,制动缸内充入压缩空气,活塞及杆外移,使制动缸前杠杆发生倾斜,通过连杆使制动缸后杠杆也产生倾斜,带动闸片移动,最终使闸片压紧制动盘而产生制动作用。

缓解时,制动缸排气,制动缸内的缓解弹簧使活塞及杆内移,杠杆、连杆的移动过程与制动时相反,使闸片离开制动盘而缓解。

(三)基础制动装置主要部件

1. 制动缸活塞杆

(1)用途 用于推动制动缸前杠杆并便于手制动机的作用。

(2)构造 客车用制动缸活塞杆的结构如图2-45所示。

2. 杠杆

(1)用途 用于传递和扩大制动力。

(2)种类与构造 客车所采用的各种杠杆,根据安装部位和作用的不同,其名称也不相同,如制动缸杠杆、均衡杠杆、移动杠杆、固定杠杆等。但从形式上来看,主要有下列四种:杠杆有四个圆销孔的,多用于制动缸杠杆;杠杆有3个圆销孔,其孔距A与B大小不同,多用于固定杠杆、制动杠杆等;杠杆有三个圆销孔距相等,多用于均衡杠杆等;双片杠杆,为焊接成一体的双片结构,用于206型及209型转向架的移动杠杆和固定杠杆。各种杠杆的形状大体相同,如图2-46所示。杠杆中部因受力较大,故其断面尺寸较大,两端稍窄,构成鱼腹形。

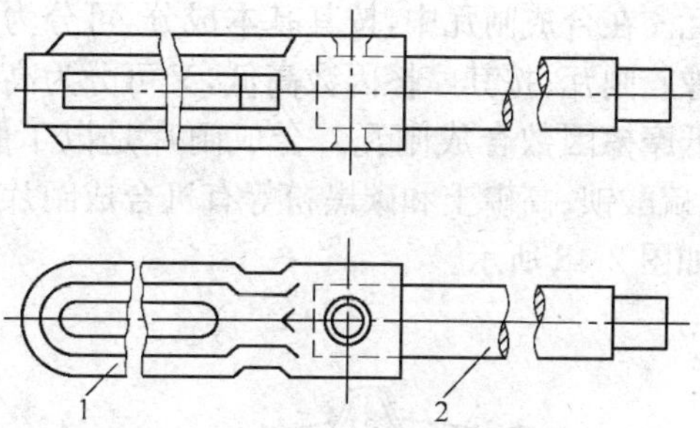

图2-45 客车用制动缸活塞杆

1—十字头导框;2—活塞杆

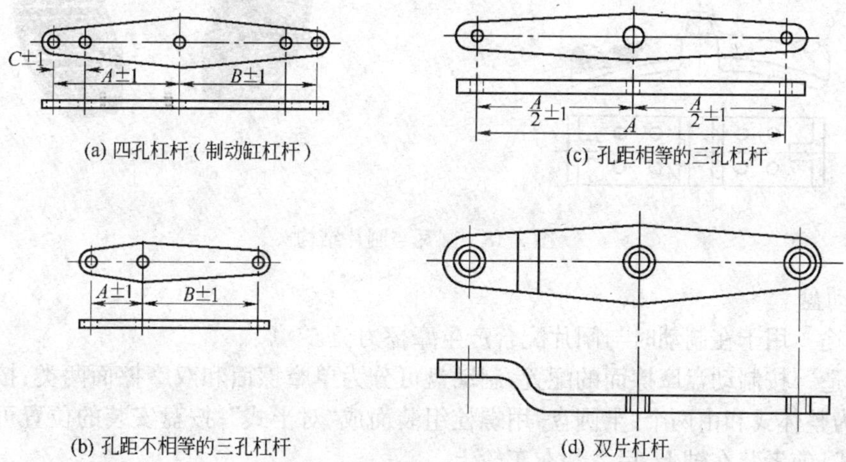

(a) 四孔杠杆(制动缸杠杆)

(c) 孔距相等的三孔杠杆

(b) 孔距不相等的三孔杠杆

(d) 双片杠杆

图2-46 各型杠杆图

3. 制动梁

(1)用途 用于在制动时承受各杠杆扩大后的负荷,将闸瓦压紧车轮产生制动作用。

(2)构造 客车用制动梁为型钢制动梁,梁体用扁钢轧制或型钢焊接而成,并焊接上制动梁拉杆座。其结构如图2-47所示。

4. 闸瓦托与闸片托

(1)用途 用于安装闸瓦与闸片。

(2)构造 闸瓦托直接安装在制动梁端部,并用闸瓦托吊挂在转向架构架上。闸片托安装在杠杆端部,并用闸片托吊挂在转向架构架上。闸片托分左右件,装上闸片后,用锁铁锁住,可防止闸片脱落。

5. 闸瓦与闸片

(1)用途　用于在制动时直接压紧车轮或制动盘,产生摩擦力。

(2)种类与构造　车辆使用的闸瓦可分为两大类:铸铁闸瓦和合成闸瓦。在铸铁闸瓦中又可分为中磷铸铁闸瓦和高磷铸铁闸瓦。在合成闸瓦中,按其基本成分,可分为合成树脂闸瓦和石棉橡胶闸瓦;按其摩擦因数高低,又可分为高摩擦因数合成闸瓦和低摩擦因数合成闸瓦。合成闸片是以丁腈胶、钢纤维、硅灰棉、硫酸钡、高磷土和碳黑粉等有机合成闸片。闸瓦与闸片的结构如图 2-48 所示。

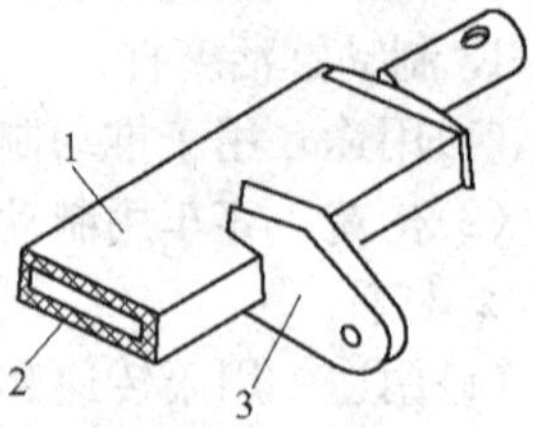

图 2-47　客车槽钢制动梁
1—槽钢梁体;2—盖板;
3—制动梁拉杆座

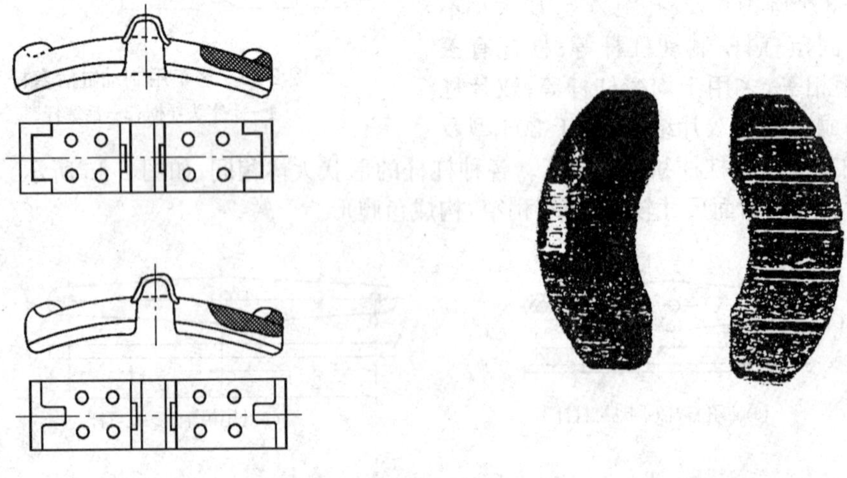

图 2-48　闸瓦与闸片结构

6. 制动盘

(1)用途　用于在制动时与闸片配合产生摩擦力。

(2)构造　按制动盘摩擦面的配置,制动盘可分为单摩擦面和双摩擦面两类;按盘本身的结构可分为整体式和由两个"半圆盘"用螺栓组装而成"对半式";按盘安装的位置可分为轴盘式和轮盘式,前者装在轴上,后者装在车轮上。

我国目前铁路客车轮对制动盘均采用轴盘式双摩擦面制动盘,主要生产厂家及产品型式见表 2-2。

表 2-2　制动盘生产厂家及产品型式

顺号	单 位 名 称	标记	型　式
1	四方机车车辆厂	SF	整体式、对半式
2	戚墅堰机车车辆工艺研究所	QY	整体式、对半式
3	铁科院机辆所	TD	对半式
4	沈阳铁道制动机厂	SZ	整体式、对半式

(3)各型制动盘结构特点

制动盘主要由盘毂、摩擦环及组装零件构成，如图 2-49、图 2-50、图 2-51、图 2-52 所示，结构特点如表 2-3 所示。

表 2-3　各型制动盘结构特点

序号	制动盘形式	散热筋片形式	盘毂与摩擦环螺栓连接形式	备　注
1	沈阳 SZP1 型	散热片	轴向	散热片中部铸有一周加强筋
2	铁科院 H300 型	散热片	径向	
3	戚野堰 QY 型	散热筋	轴向	
4	四方 SFBD-1 型	散热筋	轴向	

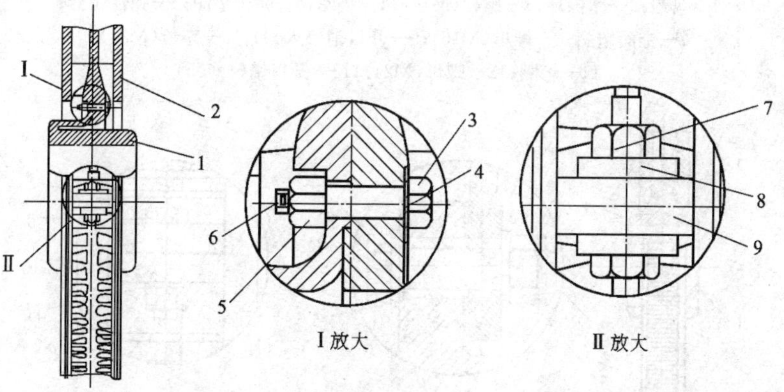

图 2-49　SZP1 型制动盘结构简图

1—盘毂；2—摩擦环；3—螺栓(M16)；4—弹簧垫圈；5—螺母(M16)；
6—开口销(5×40)；7—螺母(M24)；8—垫圈；9—螺栓(M24)

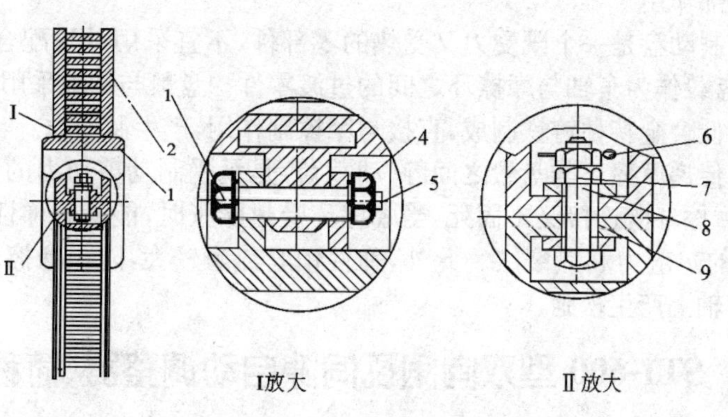

图 2-50　QY 型制动盘结构简图

1—盘毂；2—摩擦环；3—螺栓(M16)；4—弹簧垫圈；5—螺母(M16)；
6—开口销(5×40)；7—螺母(M24)；8—垫圈；9—螺栓(M24)

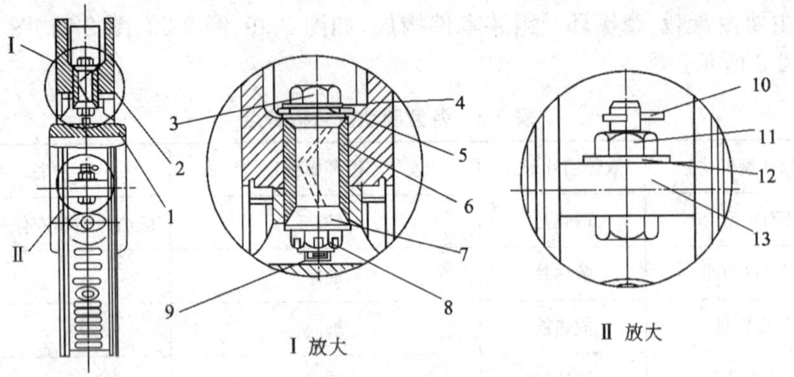

图 2-51　TD型制动盘结构简图

1—盘毂;2—摩擦环;3—螺栓(M16);4—垫圈;5—弹簧垫圈;6—弹性销套;
7—锥面垫圈;8—螺母(M16);9—开口销(5×40);10—螺栓(M24);
11—垫圈;12—螺母(M24);13—开口销(4×35)

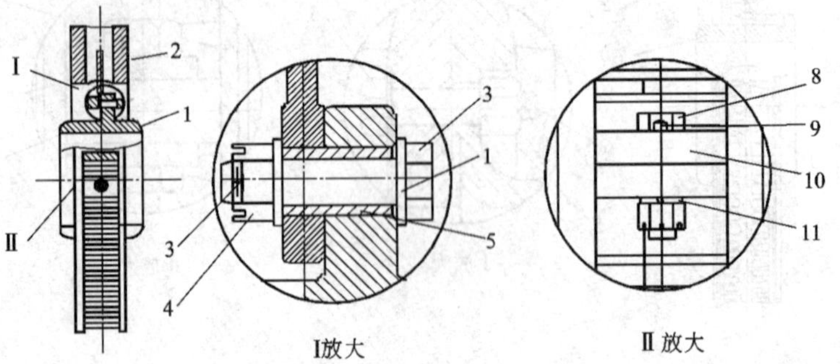

图 2-52　SF 型制动盘结构简图

1—盘毂;2—摩擦环;3—螺栓(M16);4—垫圈;5—弹性销套;6—螺母(M16);
7—开口销;8—螺栓(M24);9—定位销;10—垫圈;11—螺母(M24)

(4)制动盘各部作用

①盘毂:由于制动盘是一个既受力又受热的零部件,不宜采用过盈配合直接装到车轴上,所以要采用锻钢盘毂作为车轴与摩擦环之间的过渡零件。盘毂与车轴采用冷压过盈配合。

②摩擦环:由低合金特种铸铁制成,直接与摩擦副作用,产生制动力。

③弹性销套:传递摩擦环与盘毂之间静、动载荷,是承受制动剪切力的主要零部件。弹性销套可使盘毂与摩擦环既连接又不固死,当摩擦环受热膨胀时,能沿着弹性销套自由膨胀,可有效减轻摩擦环的热应力和热裂纹。此外,弹性销套热阻较大,防止摩擦环的热量向盘毂传递,避免盘毂在车轴上产生松弛。

第六节　ST1-600 型双向闸瓦间隙自动调整器(简称闸调器)

一、概　　述

(一)调整制动缸活塞行程的理由

1. 车辆经过长时间的运用,由于磨耗,使闸瓦间隙增大。

2. 若闸瓦间隙过大，则在制动时要使制动缸活塞行程变长，从而使制动缸压力降低，因制动力不足而延长制动距离，使列车的行车安全得不到保证。

3. 闸瓦磨耗到限时要更换新闸瓦，使闸瓦间隙减小，从而使制动活塞行程变短，若制动缸活塞行程过小，则在制动时就可能由于闸瓦压力过大而使闸瓦抱死车轮，车轮就会在钢轨上滑行而擦伤车轮踏面，同样也会延长制动距离。

4. 若同一列车中的各车辆制动缸活塞行程大小相差过大，则不但会使各车辆的制动力相差过大，而且会引起各车辆的制动与缓解时间的不一致，从而增大列车的纵向冲动。

5. 因此要对制动缸活塞行程规定一个范围，若超限则必须进行调整。

(二)闸瓦间隙自动调整器的优点

1. 能根据闸瓦与车轮踏面间隙的变化，使制动缸活塞行程自动地保持在规定的范围内，保证车辆具有足够的制动力。

2. 在同一列车中能使各车辆的制动缸活塞行程自动地保持一致，减小列车制动时的纵向冲动。

3. 取消了人工调整制动缸活塞行程，可减轻列检人员的体力劳动及缩短列车的技检作业时间。

4. 节省列车压缩空气的消耗。

二、ST1-600 型双向闸瓦间隙自动调整器的主要技术参数与结构特点

(一)主要技术参数如表 2-4 所示。

表 2-4

最大调整长度(螺杆工作长度)	螺杆一次最大伸长量	螺杆一次最大缩短量	螺杆螺距	螺杆导程	许用负荷	最大长度	最小长度	外体直径	本体部分重量
600 mm	30 mm	135 mm	7 mm	28 mm	78.4 kN	2 566 mm	1 966 mm	100 mm	33 kg

(二)结构特点

采用四头梯形非自锁螺纹、双向调整结构。

(三)安装位置与组成

客车用的闸调器由本体部分和控制部分组成，本体部分作为一位均衡杠杆拉杆的一部分，其长度可根据需要自动伸缩，控制部分为推杆式。其结构如图 2-53 所示。

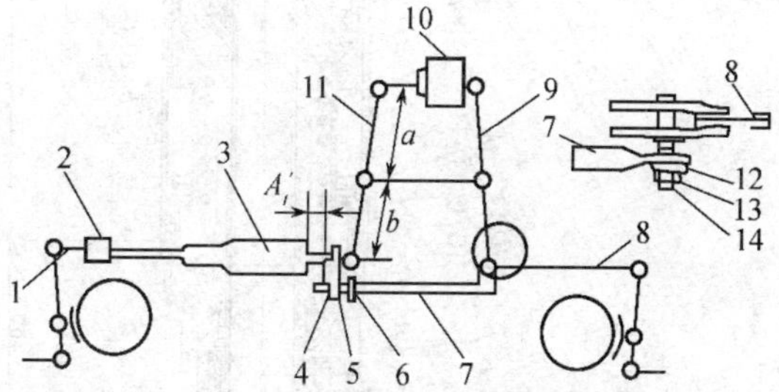

图 2-53 闸调器在车辆上的安装

1—一位均衡杠杆拉杆；2—连接螺母；3—闸调器；4—控制杆头；5—弹簧垫圈；6—锁紧螺母；7—控制杆；8—二位均衡杠杆拉杆；9—制动缸后杠杆；10—制动缸；11—制动缸前杠杆；12—垫圈；13—螺母；14—开口销；A—控制距离

(四)闸调器的构造

1. 本体部分的构造

闸调器本体部分的结构如图 2-54 和图 2-55 所示。

ST1-600 型闸调器主要由引导部分、调整部分、压紧部分、主弹簧部分及拉杆和螺杆等组成。

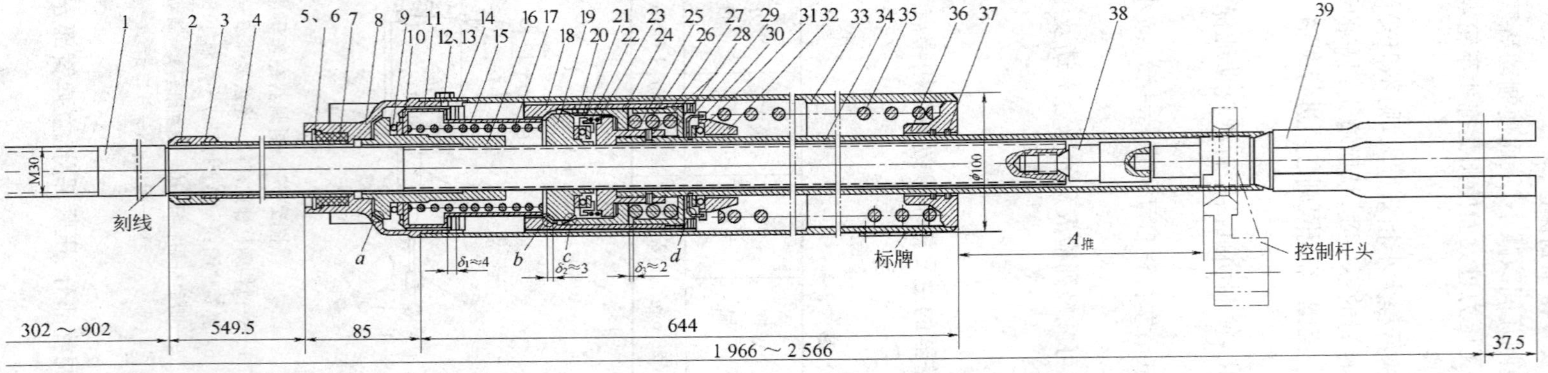

图 2-54　ST1-600 型闸调器的结构

1—螺杆；2—密封圈；3—护管头；4—护管；5—孔用弹性挡圈；6—垫圈；7—橡胶密封圈；8—前盖；9—轴承；10—弹簧盒盖；11—弹簧盒中节；12—螺钉；13—外齿弹性垫圈；14—孔用弹性挡圈；15—弹簧盒座；16—引导螺母；17—引导螺母弹簧；18—套筒体；19—调整螺母；20—导向螺钉；21—小弹簧座；22—轴承；23—小弹簧；24—活动套；25—拉杆端头；26—压紧弹簧；27—套筒盖；28—弹性圆柱销；29—离合片；30—轴用弹性挡圈；31—轴承；32—主弹簧座；33—外体；34—拉杆；35—主弹簧；36—后盖；37—密封圈；38—防脱螺钉；39—拉杆头

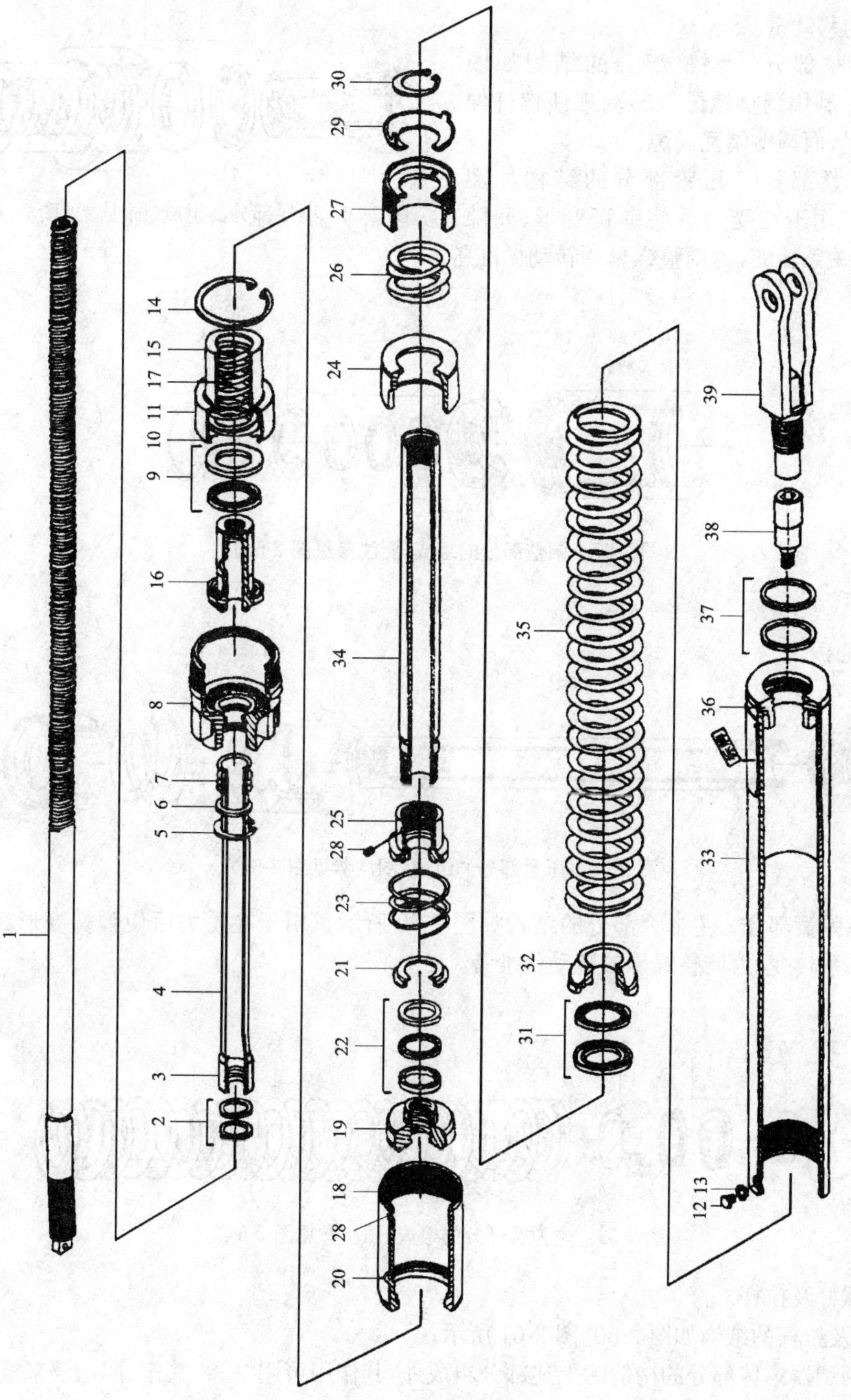

图 2-55 部分零件图(图注参见图 2-54)

(1)引导部分　引导部分的结构如图2-56所示。用于引导调整螺母的旋转方向与相对螺杆的移动量。

(2)调整部分　调整部分的结构如图2-57所示。利用调整螺母的转动来使螺杆伸长或缩短,从而调整闸瓦间隙。

(3)压紧部分　压紧部分的结构如图2-58所示。用于在受力后使弹簧变形、间隙转移、离合关系转变,为调整螺母的转动做准备。

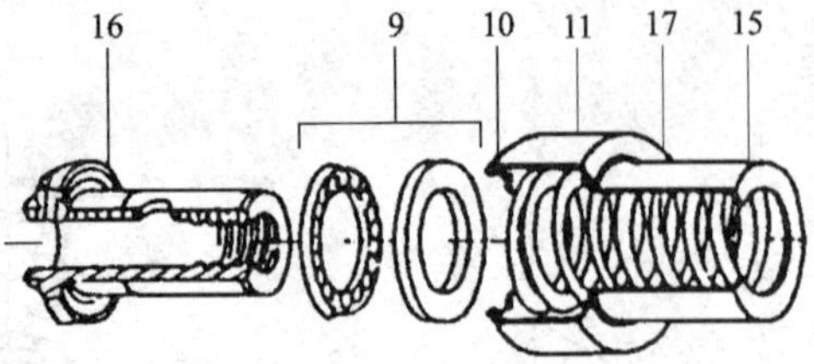

图2-56　引导部分的组成(图注参见图2-54)

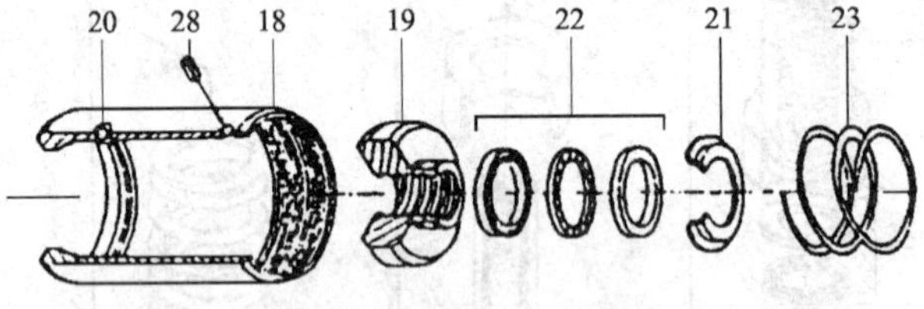

图2-57　调整部分的组成(图注参见图2-54)

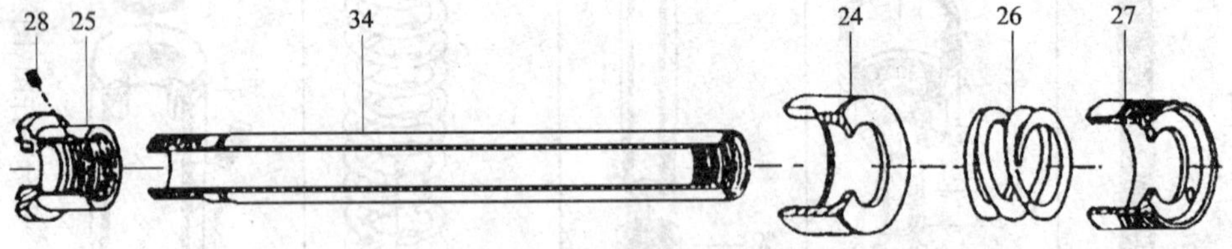

图2-58　压紧部分的组成(图注参见图2-54)

(4)主弹簧部分　主弹簧部分的结构如图2-59所示。用于在受力后使弹簧变形、间隙转移、离合关系转变,为调整螺母的转动作准备。

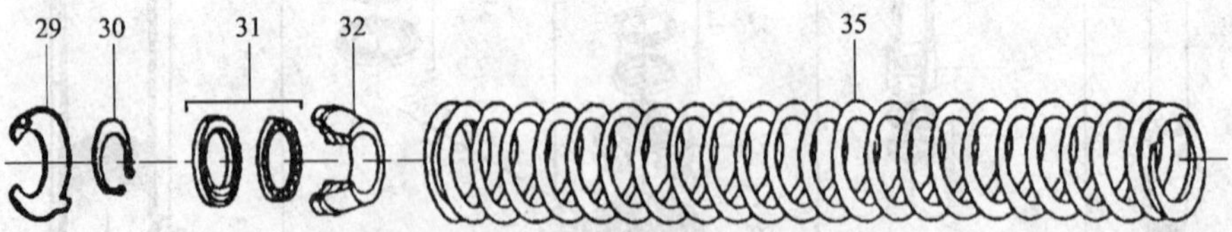

图2-59　主弹簧部分的组成(图注参见图2-54)

(5)螺杆及拉杆

螺杆及拉杆的结构如图2-60、图2-61所示。

(6)闸调器本体部分的构造除上述部分组成外,其作用可用“一、二、三、四、五”来概括。

①“一”是指一根螺杆,螺杆伸缩可改变闸瓦间隙。

②“二”是指二只螺母,其中调整螺母旋转可使螺杆伸缩。

图 2-60 螺杆的结构(图注参见图 2-54)

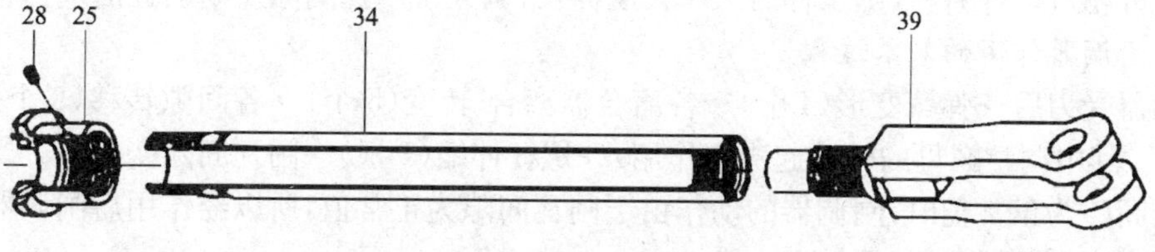

图 2-61 拉杆的结构(图注参见图 2-54)

③“三”是指三个间隙,间隙转移可改变离合器的离合关系。

④“四”是指四个弹簧,弹簧受力后伸缩可使间隙转移。

⑤“五”是指五个离合器,离合器的离合关系转变可使螺母在弹簧的推动下旋转。

(7)原始状态下闸调器内部各离合器的离合情况见表 2-5。

表 2-5

离合器	存在位置	状态
a	前盖内侧面与引导螺母左外侧面之间	接合
b	套筒体左内侧面与调整螺母左侧面之间	脱开
c	调整螺母右侧面与活动套左壁端面之间	接合
d	拉杆端头右外侧面与活动套右内侧面之间	永远接合
e	套筒盖外侧面与离合片左侧面之间	接合

(8)各弹簧的预压力情况

压紧弹簧 26 的预压力(2 363 N)＞主弹簧 35 的预压力(1 637 N)＞引导螺母弹簧 17 的预压力(539 N)＞调整螺母弹簧 23 的预压力(239 N)。

2. 控制部分的构造

(1)用途 用于在制动时控制闸调器外体的右移。

(2)构造 推杆式控制机构的结构如图 2-62 所示。

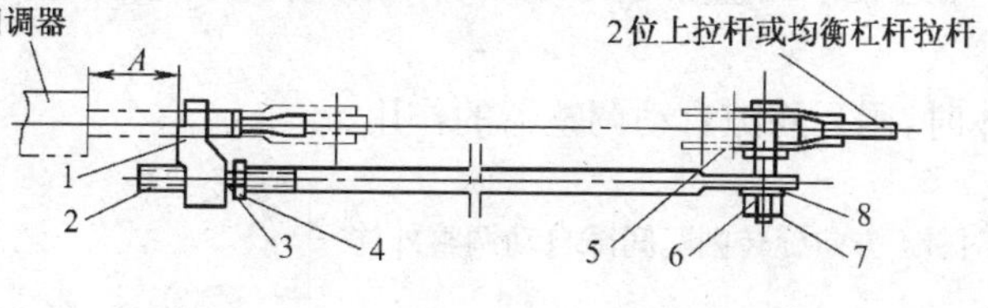

图 2-62 推杆式控制机构的组成

1—控制杆头;2—控制杆;3—弹簧垫圈;4—锁紧螺母;
5—圆销;6—螺母;7—开口销;8—垫圈

三、闸调器的作用

(一)闸调器作用的实质

只有当调整螺母在螺杆上旋转并相对螺杆移动,才能在制动循环结束时使闸调器螺杆的工作长度发生变化。

若调整螺母相对螺杆左移,则螺杆的工作长度缩短,调小了闸瓦间隙及制动缸活塞行程,若调整螺母相对螺杆右移,则螺杆的工作长度伸长,调大了闸瓦间隙及制动缸活塞行程。

(二)闸调器作用的基本过程

闸调器受力后→弹簧变形(4 个)→各离合器离合-转变(5 个)→各间隙转移(3 个)→螺母转动(2 只,其中调整螺母的转动起决定作用)→螺杆伸缩(1 根)→闸瓦间隙变化。

闸瓦间隙为正常值时,闸调器的动作由于闸瓦间隙为正常值,所以经作用后闸调器的螺杆工作长度不变,即调整螺母不转动。

制动时,制动缸活塞杆渐渐向左伸出,通过制动缸前、后杠杆的转动,要使闸调器本体向右移动,控制杆及控制杆头向左移动,当控制杆头接触闸调器的后盖时,闸瓦也刚好接触车轮踏面。以后随着制动拉力的增大,首先要使闸调器内部的零件移动弹簧受压缩、离合器的离合情况发生变化,间隙要转移,其次要使基础制动装置中各杠拉杆产生弹性变形。

1. 闸瓦间隙大于正常值时,闸调器的动作

由于闸瓦间隙大于正常值,所以在作用后要使螺杆的工作长度缩短,即调整螺母和引导螺母要相对螺杆旋转并左移。

缓解时,引导螺母带动外体旋转并相对螺杆右移,调整螺母相对螺杆旋转并左移,从而使螺杆缩短,调小闸瓦间隙至正常值。

2. 闸瓦间隙小于正常值时,闸调器的动作

由于闸瓦间隙小于正常值,所以在作用后要使螺杆的工作长度伸长,即调整螺母要相对螺杆旋转并右移。但由于受调整螺母旋转条件的限制,所以需要经二次制动循环才能调整到位。

在第一次制动作用过程中引导螺母带动外体旋转并相对螺杆右移,引导螺母旋转并相对螺杆左移。

在第一次缓解作用过程中,引导螺母带动外体旋转并相对螺杆右移,由于调整螺母所受弹力的方向与离合器的离合转化方向相反,所以在此过程中调整螺母不能转动。第一次制动循环结束时,闸调器的状态与原始状态相比,闸调器后盖与控制杆头的距离比原始状态减小,主弹簧比原始状态伸长,引导螺母弹簧经原始状态缩短,螺杆工作长度比原始状态伸长,但闸调器总长度不变,即闸调器到此还未起调整作用。

在第二次制动作用过程中调整螺母旋转并相对螺杆右移,从而使螺杆伸长,调大闸瓦间隙至正常值。

3. 手动旋转外体时,闸瓦间隙自动调整器的作用

手动顺时针(或逆时针)方向旋转闸瓦间隙自动调整外体—┬→(接①)
└→(接②)

→①通过前盖、离合器 a 使引导螺母顺时针(或逆时针)方向旋转→(接③)

→②通过主弹簧,主弹簧座使离合片顺时针(或逆时针)方向旋转→(接④)

→③引导螺母相对螺杆左(或右)移→(接⑤)

→④通过离合器 e的接合摩擦力使套筒体、活动套(需克服离合器 d的接合摩擦力)顺时针(或逆时针)方向旋转→通过离合器 c的接合摩擦力使调整螺母顺时针(或逆时针)方向旋转→调整螺母相对螺杆左(或右)移→(接⑤)→⑤使螺杆的工作长度缩短(或伸长),从而可调小(或调大)闸瓦与车轮踏面之间的间隙。

第六节 25型客车制动新技术

一、快速客车制动系统

(一)普通双层客车的制动系统

普通双层客车的制动系统有两种形式,即一套制动系统配置和两套制动系统配置的方式。其组成如图2-63和图2-64所示。

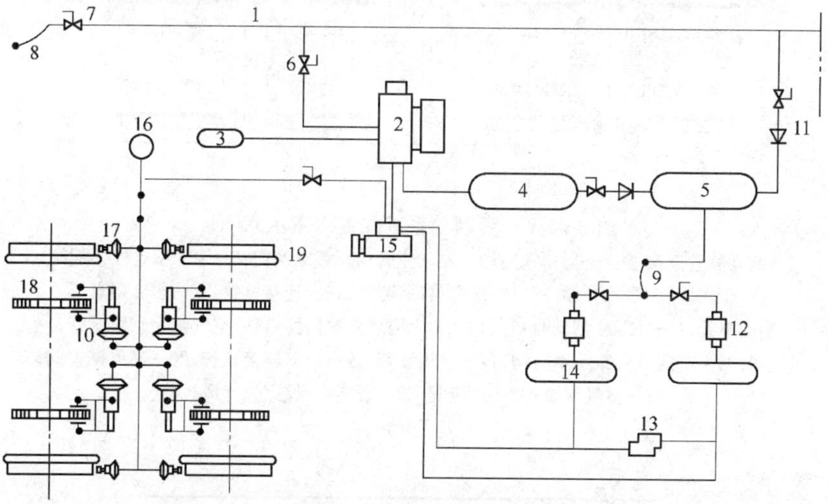

图2-63 两套制动系统配置方案的半辆车示意图

1—制动主管;2—104型空气分配阀;3—工作风缸;4—副风缸;5—空气弹簧风缸;6—截断塞门;7—折角塞门;8—制动软管连接器;9—连接软管;10—SP2型盘形制动单元;11—单向阀;12—高度调整阀;13—差压阀;14—空气弹簧;15—空重车自动调整阀;16—压力表;17—SP4型踏面清扫器;18—H300制动盘;19—轮对

(二)快速客车制动系统

1. 快速双层客车制动系统(图2-65)。
2. 104型电空制动机的双管供风制动系统(图2-66)。
3. F8电空制动机的双管供风制动系统(图2-67)。

二、单元制动缸

(一)特点及种类

单元制动缸与传统的制动缸的主要区别是采用小行程的橡胶膜板式或皮碗活塞式,同时把闸瓦或闸片间隙调整器装于制动缸内,其结构小而紧凑。目前我国铁路客车上使用的膜板式单元制动缸型式及性能特点见表2-6、表2-7。

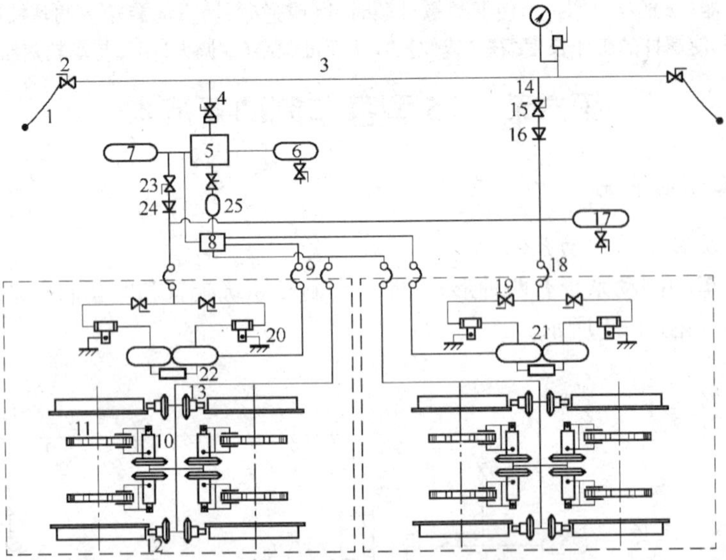

图 2-64　一套制动系统配置方案示意图

1—制动软管连接器;2—折角塞门;3—制动主管;4—截断塞门;5—104 型空气分配阀;6—工作风缸;7—副风缸;8—空重车自动调整阀;9—连接软管;10—SP2 型盘形制动单元;11—H300 制动盘;12、13—SP4 型踏面清扫器;14—空气弹簧管路支管;15、19、23—塞门;16、24—单向阀;17—空气弹簧风缸;18—连接软管;20—高度调整阀;21—空气弹簧;22—差压阀;25—缓冲小风缸(先导风缸)

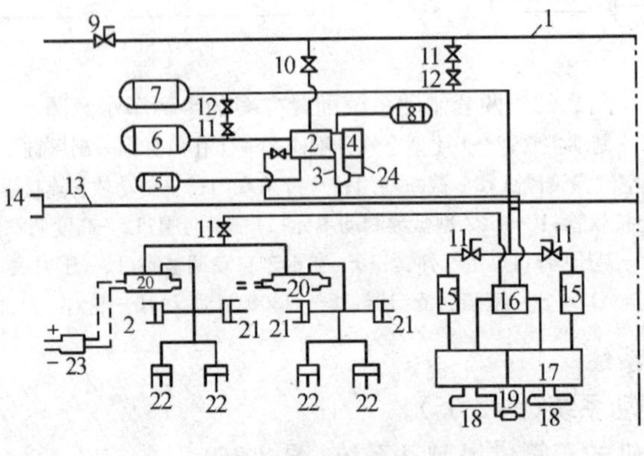

图 2-65　快速双层客车制动系统示意图

1—制动主管;2—104 型分配阀中间体;3—电磁阀安装座;4—104 型分配阀主阀;5—工作风缸;6—副风缸;7—空气弹簧风缸;8—加速缓解风缸;9—折角塞门;10—组合式集尘器;11—截断塞门;12—止回阀;13—五芯电缆;14—电缆连接器;15—高度调整阀;16—空重车自动调整阀;17—摇枕;18—空气弹簧;19—差压阀;20—排气阀;21、22—单元制动缸;23—电子防滑器;24—保压管

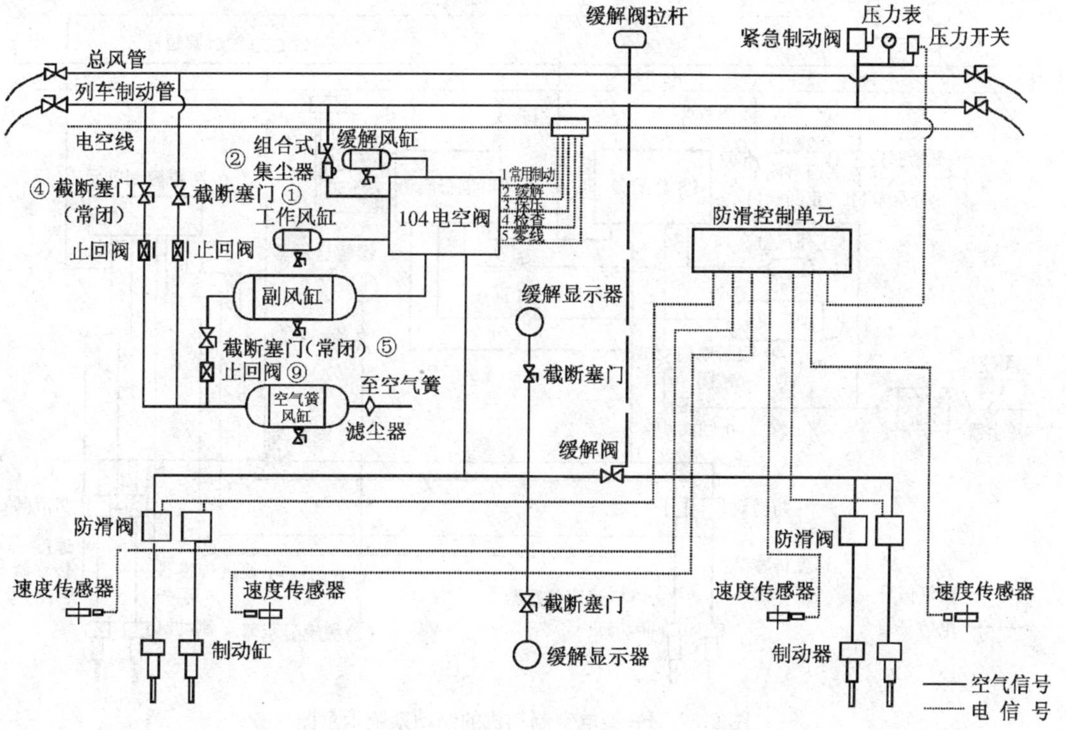

图 2-66 104 型电空制动机的双管制动系统示意图

表 2-6 单位:mm

型 号	SP2	SP13	SP4	SP12	SP14
缓解簧径	8	8	8	8	8
缓解簧自由高±3	160	160	102	102	102

表 2-7 单位:mm

型号	鞲鞴行程	一次最大调整量	调整范围
SP2	⩾28(28~30)	⩾7(8~14)	95~100
SP13	⩾25	⩾7	95~100
SP16	⩾17(18~20)	⩾3(4~8)	75~80
SP19	⩾17(18~20)	⩾3(4~8)	75~80
SP4	⩾17(14~16)	⩾4(5~7)	75~80
SP12	⩾13	⩾3	75~80
SP14	⩾25	⩾7	95~100

皮碗活塞式单元制动缸有 SYSZ(PDZ)型、STG 型以及 DAKOBZ8(进口)等(SYSZ 型与 PDZ 型结构相同,仅制动缸后盖材质有所不同,前者为冲压加工成型,后者为铸造加工成型),膜板式和皮碗活塞式两种单元制动缸的构造虽略有差异但其作用基本相同。型式及性能特点见表 2-8、表 2-9。

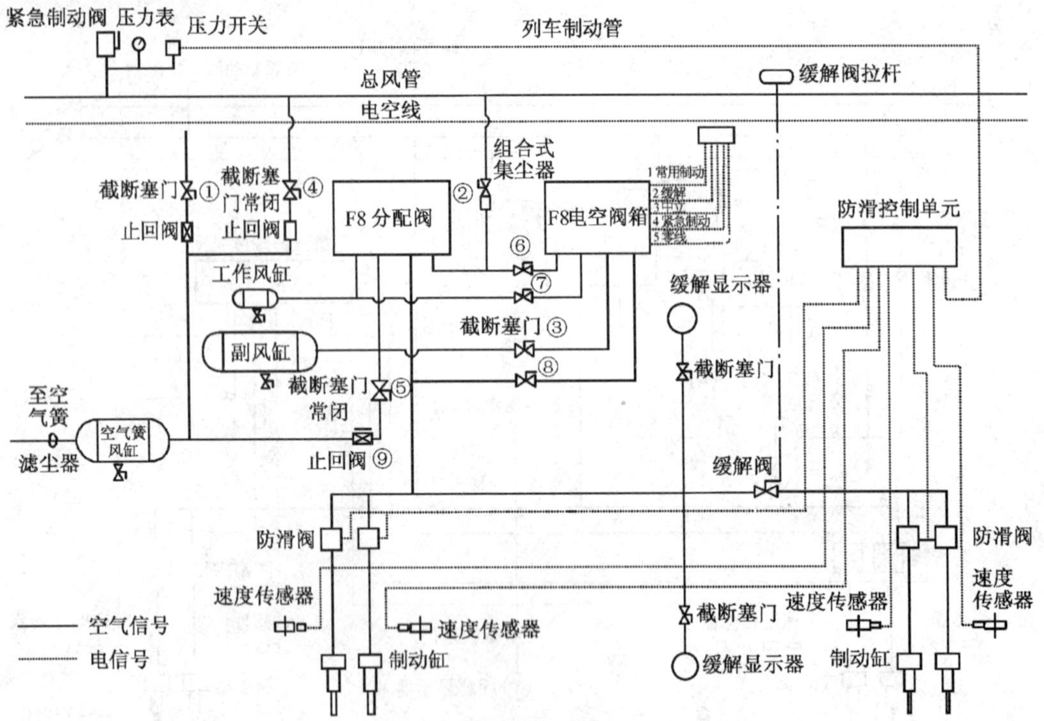

图 2-67　F8 型电空制动机的制动系统示意图

表 2-8　　单位:mm

型号	SYSZ6	SYSZ7	SYSZ8	SYSZ10	STG1	STG2	STG3	STG4
缓解簧径	6.5	6.5	6.5	7	8	8	8	8
缓解簧 自由高±3	90 (120)	135 (165)	135 (165)	165	112	165	110	164

表 2-9　　单位:mm

制动缸类型	型号	鞲鞴行程	一次最大调整量	调整范围
盘型制动缸	STG2	28～32	≥10	≥90(90～100)
	STG4	22～26	≥8	≥90(90～100)
踏面清扫器	STG1	16～20	≥5	≥80
	STG3	16～20	≥5	≥80
盘型制动缸	SYSZ8	20～24	≥8	≥100(100～110)
	SYSZ10	28～30	≥8	≥100(100～110)
踏面清扫器	SYSZ6	20～24	≥8	≥90(100～110)
	SYSZ7	20～24	≥8	100～110
盘型制动缸	PDZ8	20～22	≥8	≥90
	PDZ10	20～22	≥8	≥90
踏面清扫器	PDZ6	20～22	≥8	≥90

SP2 型单元制动缸结构如图 2-68(a)所示;SYSZ(PDZ)型单元制动缸结构如图 2-68(b)所示;STG 型单元制动缸结构如图 2-68(c)所示。

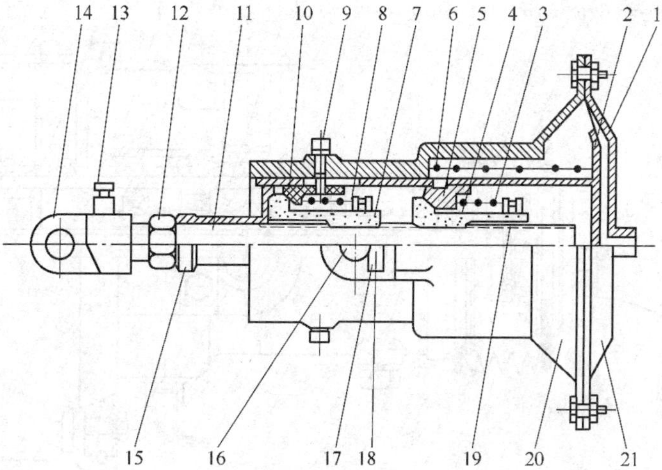

图 2-68(a) SP2 型单元制动缸

1—橡胶膜板；2—活塞及杆；3—引导弹簧；4—引导螺母；5—引导挡铁；6—缓解弹簧；7—调整螺母；8—调整弹簧；9—导向螺栓；10—调整挡铁；11—螺杆；12—回程螺母；13—定位销；14—螺杆鼻子；15—护管；16—吊销；17—压板；18—螺栓；19—推力轴承；20—缸体；21—制动缸盖

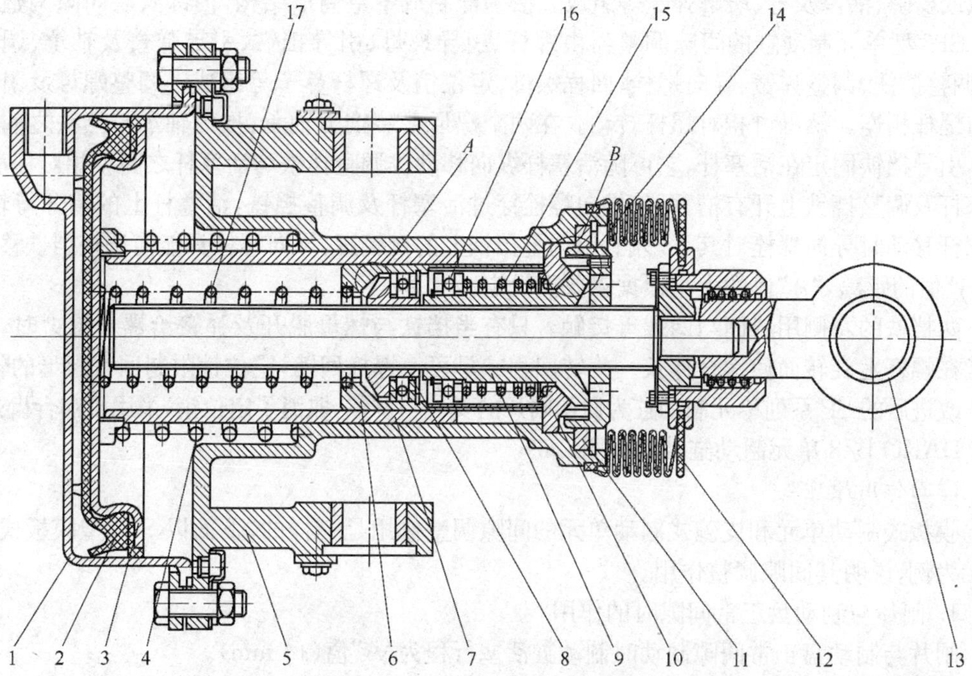

图 2-68(b) SYSZ(PDZ)型单元制动缸

1—后盖；2—皮碗；3—活塞组成；4—缓解弹簧；5—前体；6—后调整螺母座；7—前套筒；8—后调整螺母；9—前调整螺母；10—前齿环；11—止环；12—防尘套；13—丝杠组成；14—前挡圈；15—前调整弹簧；16—轴承；17—后调整弹簧

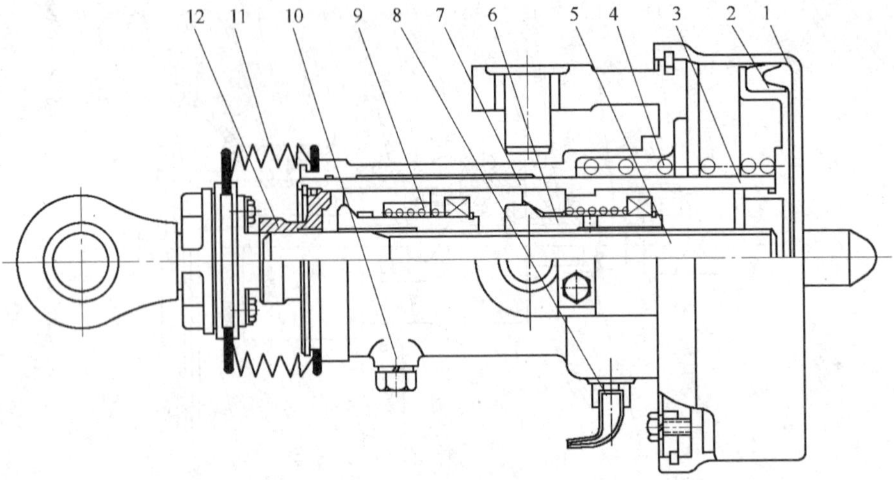

图 2-68(c)　STG 型单元制动缸

1—缸体组成;2—活塞体组成;3—活塞杆组成;4—缓解弹簧;
5—丝杠组成;6—引导螺母组成;7—缸盖体组成;8—气孔堵组成;
9—调整螺母组成;10—止挡螺丝;11—防尘套;12—导向套组成

上述三种单元制动缸均由制动缸和间隙调整器两部分组成。制动缸由缸体(前体)、后盖、膜板或皮碗、活塞及杆、缓解弹簧等组成。活塞杆制成中空筒形结构,内部安装间隙调整器部分。SP2 型单元制动缸的间隙调整器由螺杆、引导螺母、引导挡铁、引导弹簧及轴承、调整螺母、调整挡铁、调整弹簧、导向螺栓、回程螺母、定位销及螺杆鼻子等组成。调整螺母及引导螺母与螺杆相连。螺母可相对螺杆转动。在两个螺母上装推力轴承,推力轴承与挡铁之间装弹簧。引导挡铁固定在活塞杆,它可随活塞杆纵向移动。调整挡铁与活塞杆之间可相对移动,在活塞杆及调整挡铁上开有槽,可使导向螺栓穿过活塞杆及调整挡铁,活塞杆上的槽开得较长,活塞杆移动时导向螺栓对其无影响,但调整挡铁上的槽较短,导向螺栓只能使调整挡铁移动一个"A"值的距离,"A"值的大小根据需要而设定。

两挡铁的左侧用斜面与两螺母接触。只有当挡铁与螺母脱开及弹簧给螺母推力时,螺母才能在螺杆上旋转而使螺杆伸长。旋转回程螺母可使螺杆回缩,定位销限制回程螺母的转动。

改进后的 SP 系列单元制动缸为便于闸片的安装与调整,取消了定位销,采用了啮合齿方式。

DAKO BZ8 单元制动缸结构见图 2-69。

(二)作用原理

膜板式制动单元和皮碗式制动单元的间隙调整作用是一样的,下面以 SP2 型膜板式制动单元为例,说明其间隙调整作用。

1. 闸片与制动盘正常间隙时的作用

闸片与制动盘正常间隙制动时制动缸活塞行程为"A"值(14 mm)。

制动时,压缩空气进入制动缸膜板的右侧,推动膜板及活塞左移,并压缩缓解弹簧。由于活塞及杆左移,活塞杆带动引导挡铁左移,引导挡铁推动引导螺母左移,使螺杆及调整螺母也一起左移。调整挡铁在调整弹簧的推动下移动一个距离 A,这时闸片正好接触制动盘,产生制动作用。

缓解时,压缩空气由膜板的右侧排出,活塞及杆在缓解弹簧的作用下右移,引导螺母在引

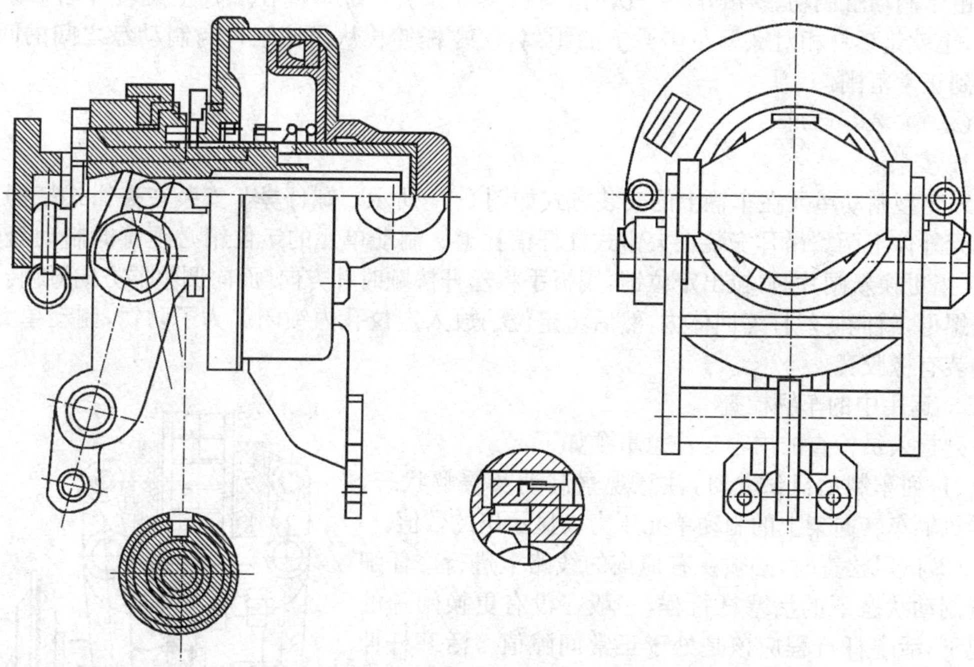

图 2-69　DAKO BZ8 型单元制动缸示意图

导弹簧作用下也跟着右移，带动螺杆及调整螺母一起右移至缓解位置。调整挡铁退回的距离为 A 值。此时引导螺母及调整螺母都不转动。

2. 闸片与制动盘间隙过大时的作用

此时制动时制动缸活塞行程大于 A 值(14 mm)，为 $A+f$ 值，f 为闸片与制动盘磨耗后引起的制动缸活塞行程的增加值。

制动时，压缩空气进入膜板右侧，活塞及杆移动的同时带动引导挡铁、引导螺母、螺杆、调整螺母及调整挡铁一起左移。当活塞及杆左移 A 值(14 mm)时，由于导向螺栓挡住了调整挡铁，使调整挡铁不能再左移，而此时闸片还未与制动盘接触，活塞仍在带动调整螺母继续左移，这样就在调整螺母与调整挡铁之间产生一个间隙 f，调整弹簧由于压缩就要给调整螺母一个推力，调整螺母就在推力的作用下在螺杆上旋转，使调整螺母相对螺杆右移至重新与调整挡铁啮合。此时调整螺母在螺杆上右移的距离为 f。如图 2-70 所示。

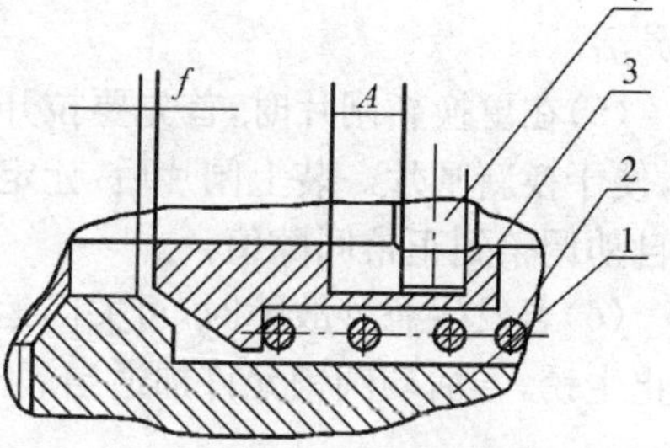

图 2-70　增大的间隙 f 值

1—调整螺母；2—调整弹簧；3—调整挡铁；4—导向螺栓

缓解时，膜板右侧的压缩空气排出。活塞及杆在缓解弹簧的作用下右移至缓解位，移动距离为 $A+f$ 值。由于调整螺母已经在螺杆右移了 f 值的距离，而调整挡铁只能右移 A 值的距离，因此螺杆只能右移 A 值的距离，这样就在引导螺母与引导挡铁之间出现 f 值的间隙，引导螺母就要在引导弹簧的作用下旋转并相对螺杆右移 f 的距离，使引导螺母与引导挡铁重新啮合。从而结束了缓解与调整工作。

由于制动缸制动、缓解作用一次时,调整螺母和引导螺母都在螺杆上旋转并右移了 f 的距离,也就是螺杆相对螺母左移了 f 的距离,使螺杆伸长从而使闸片与制动盘之间的间隙被调整到正常范围。

(三)安装与运用

1. 安装

SP2 型制动单元在车辆上的安装方式如图 2-71 所示。螺杆鼻子安装在夹钳式杠杆上,制动单元外体上两翼吊耳安装在夹钳式杠杆销孔上。制动单元的定位销必须背向制动盘(面朝外)。当更换新闸片时,拉出定位销,用扳手将丝杆按顺时针方向(面向调整器方向)旋转,拧动回程螺母,就能使丝杆缩回体内,然后将定位销放入定位孔内锁闭。为了防锈,制动单元定位销均装有橡胶套。

2. 运用中的车辆检查

列检人员检查的内容与注意事项如下:

(1)列车制动机试验时,注意观察制动及缓解状态,查看每辆车转向架上的制动单元压力表显示出的数值。

(2)试风检查时,必须在有地沟的线路上进行。仔细检查制动状态下的活塞杆行程,一般在没有更换闸片的情况下,活塞杆行程应该是处于正常间隙值。活塞杆伸出量是 14 mm,若大于此值,用眼观察达到 20～25 mm 以上时,说明螺杆有卡死现象,应进行手动调整,拉开定位销,将螺杆上的回程螺母按逆时针方向拧出 1/4 圈,重新锁闭定位销即可。

(3)在车下检查时,特别要检查在缓解状态下的活塞杆是否退回原位。如果没有退回原位,这可能是活塞杆生锈卡死造成的。因此,活塞杆要经常保持一层油膜,最好一个季度涂一次润滑油。

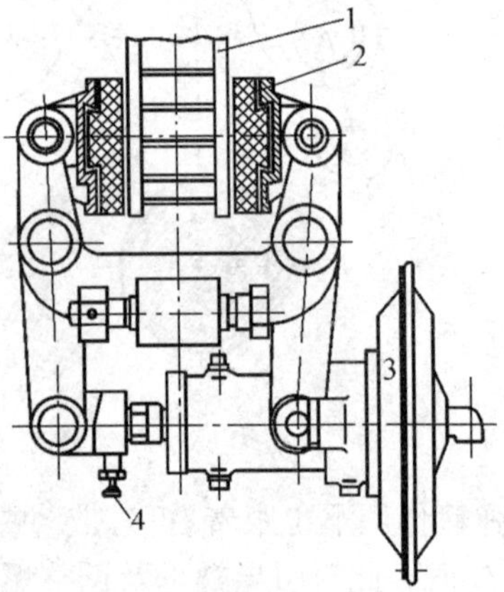

图 2-71　制动单元安装方式

1—制动盘;2—合成闸片;3—SP2 盘形制动单元;4—定位销

(4)闸片间隙一般应在 3～5 mm。缓解状态时,不应有卡住现象,应检查各杠杆及圆销是否灵活。

(5)在更换新闸片时,首先要拉开定位销,将螺杆顺时针拧回去,让闸片与制动盘的间隙增大,便于换新闸片。装上闸片后,让定位销进入销孔内定位。通过几次制动及缓解试验后,就能自动调整到正常间隙值。

(6)若发生意外故障时,可关门运行。待返回车辆段时再进行处理。为了减少摩擦阻力和防止生锈,各活动圆销允许加适当润滑油,特别是活塞杆,在制动状态伸出时涂上润滑油。

三、高度调整阀

(一)用　途

用于当车辆的载重发生变化时,能根据重量的增减自动进行增减空气弹簧内的空气量,从而使空气弹簧的高度保持最佳工作状态(即空气弹簧的高度不随车辆载重而变化)。

(二)组成与安装

高度调整阀由阀本体、杠杆和调节杆三部分组成。如图 2-72 所示。阀本体装于摇枕一端,通过主轴与杠杆相连,杠杆用关节轴承与调节杆相连,调节杆装于空气弹簧托盘上,调节杆的长度可以调节。安装后要求调节杆呈垂直位置，杠杆呈水平位置。当车辆重量变化或运行时，由于摇枕的上下移动使杠杆上下转动，带动主轴转动。

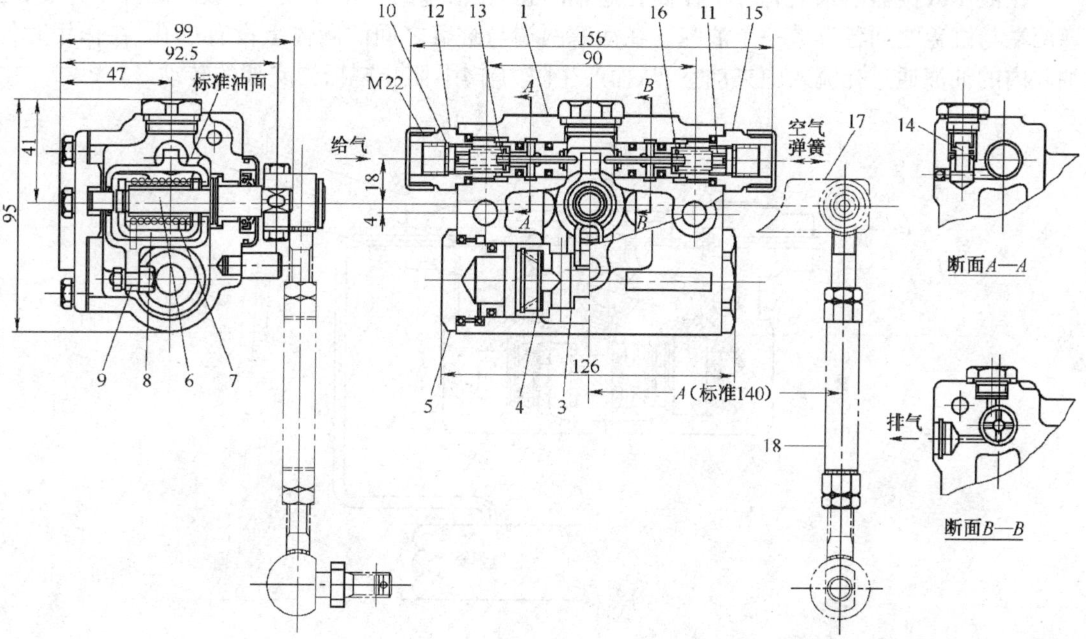

图 2-72　高度调整阀组成

1—阀体；3—活塞；4—吸入阀；5—缸盖；6—主轴；7—缓冲弹簧；8—弹簧支架；9—减振器支架；10—过滤网；11—空气节流阀；12—充气阀体；13—充气阀；14—充气止回阀；15—排气阀体；16—排气阀；17—杠杆；18—高度调节杆

（三）阀本体构造

主要由阀体、调整部分和延时部分组成。

1. 调整部分

（1）用途　调整部分的用途是通过减振器支架的转动顶开空气弹簧充气阀或排气阀，使空气弹簧充气或排气，从而可使空气弹簧的高度保持不变。

（2）构造　主要由主轴、缓冲弹簧、弹簧支架、减振器支架、空气节流阀、充气阀体、充气阀、充气止回阀、排气阀体、排气阀等组成。主轴端部为方形，与杠杆的方孔相连，当杠杆转动时可带动主轴转动。在主轴上固定有弹簧支架并套有缓冲弹簧和减振器支架，在作用时弹簧支架与主轴一起转动，可通过缓冲弹簧推动减振器支架转动。减振器支架的上端有一个突台，突台的左右分别是充气阀顶杆和排气阀顶杆。当减振器支架转动时通过突台可顶开充气阀或排气阀，使空气弹簧充气或排气，可实现调整作用。在减振器支架的下端有一个小滚轮，小滚轮与液压减振器的活塞相连，当减振器支架转动时通过小滚轮带动活塞左右移动。

充气阀与风源相连，排气阀与空气弹簧相连。在空气弹簧的充气通路上设有充气止回阀，是为了当总风管漏泄时，阻止空气弹簧内的压缩空气向风源回流而排出。

2. 延时部分

（1）用途　延时部分的用途是在作用时由液压减振器的阻尼作用阻止减振器支架的转动，使减振器支架经（3±1）s 后才能顶开空气弹簧充气阀或排气阀，从而产生延时作用。

(2)构造　主要是由液压减振器活塞、止回阀片、止回阀弹簧、缸盖、硅油等组成。其中液压减振器活塞、止回阀片、止回阀弹簧、缸盖等部件全部浸泡在硅油中。

在液压减振器活塞上有一个径向孔通轴向孔,在活塞的两端各有一个吸入阀片及弹簧,活塞两端与缸盖之间各形成一个油腔。在活塞两端与缸盖之间的阀体上设有小孔,在作用时使油腔内的油液通过孔流入中央油室,从而产生阻力作用,阻止减振器支架的转动。

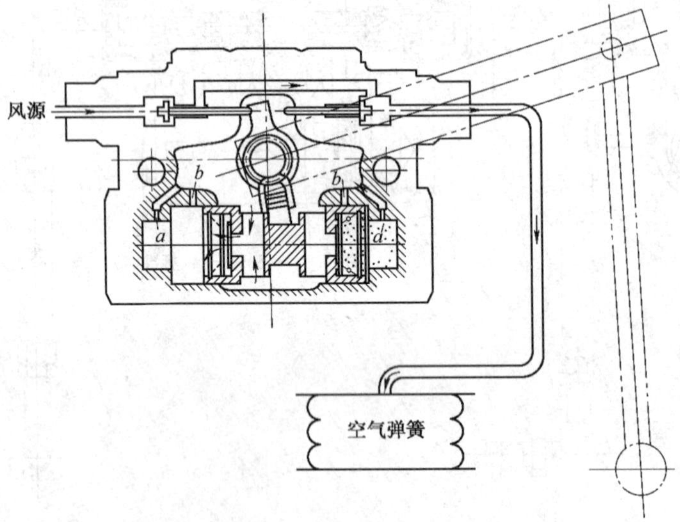

(a)

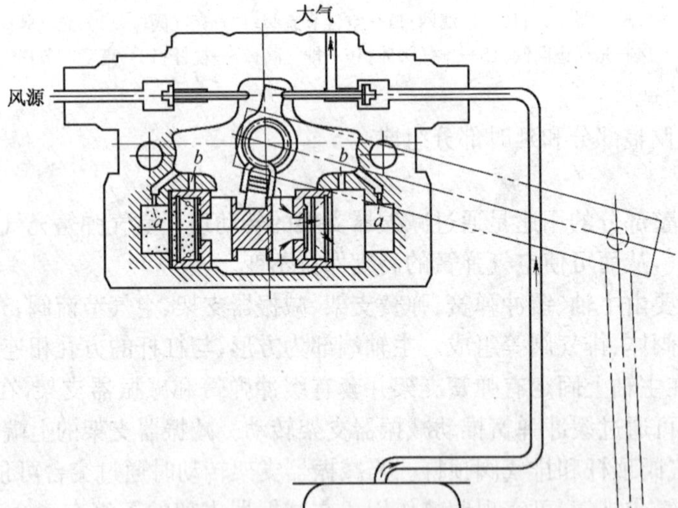

(b)

图 2-73　高度调整阀充、排气阀

(四)作用原理

1. 载重变化时的调整作用

(1)充气作用

当车体载重增加时,摇枕下移,杠杆以高度调节杆为支点向下转动,通过主轴使弹簧支架、缓冲弹簧、减振器支架转动,经过(3±1)s后减振器支架顶开空气弹簧充气阀,使风源中的高压空气进入空气弹簧,使弹簧伸长,并使杠杆恢复水平状态。同时,充气阀迅速关闭。如图2-73(a)所示。

(2)排气作用当车体载重减轻时,空气弹簧伸长,摇枕上移,杠杆以高度调节杆为支点向上转动,通过主轴使弹簧支架、缓冲弹簧、减振器支架转动,经过(3±1)s后排气阀打开,空气弹簧内的空气由排气孔排出,空气弹簧高度降低,同时,杠杆恢复水平位置,排气阀迅速关闭。如图2-73(b)所示。

充气阀和排气阀开启动作,需要一定的时间间隔。相比之下,阀门的关闭动作却要迅速得多,这便是此高度调整阀的最大特点。这种效果的产生,是由于活塞部分的关系。

2. 车辆通过曲线时的调整作用

车辆在曲线上运行时,由于外轨的超高要使车辆向曲线内侧倾斜,形成内侧空气弹簧加载、外侧空气弹簧减载,同时又由于曲线长度较长,车辆在曲线上运行时间较长,所以经(3±1)s后高度调整阀产生调整作用。

3. 车辆运行时的延时作用

车辆在运行时由于振动要使弹簧高度发生变化,杠杆要快速上下转动,带动主轴、弹簧支架、减振器支架动作,使减振器活塞快速左右移动,由于液压减振器的阻尼作用,使减振器支架的顶端突台不能顶开充气阀或排气阀,空气弹簧内的压缩空气保持不变。只有当杠杆转动经(3±1)s后调整阀才能起作用,即延时(3±1)s。

延时作用时间的长短由阀体上小孔的大小决定。

车辆行驶中,空气的漏泄和载重单边倾斜时,空气弹簧为保持正常的高度,也要进行上述

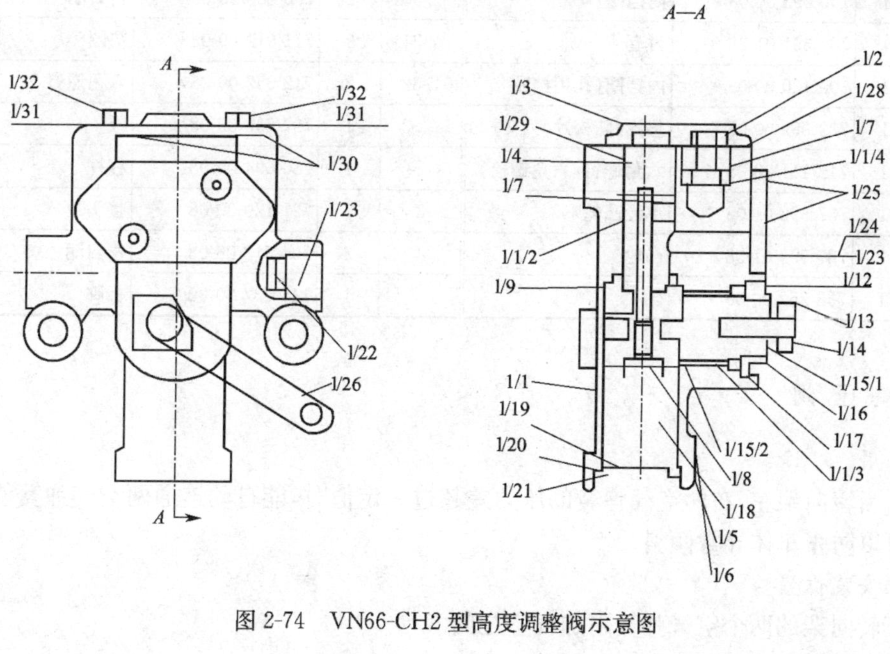

图 2-74　VN66-CH2 型高度调整阀示意图

高度的自动调整动作。

(五)检　修

高度调整阀装车前,须进行漏泄试验、无感带及灵敏度试验、动作延迟试验和空气流量试验。

国产25T型客车转向架普遍采用进口高度调整阀,型号为VN66-CH2(SAB),结构如图2-74所示,配件名称见表2-10。

表2-10　VN66-CH2(SAB)配件明细表

序号	数量	图号及标识号	名称	序号	数量	图号及标识号	名称
1		727 242 01 08	VN6-CH2 高度阀	1/15/3	1	704 257 00 08 *	销
1/1	1	727 238 01 08	单元阀体	1/16	1	787 162 00 08	长筒套
1/1/1	1	727 238 51 08	阀体	1/17	1	787 772 00 08 *	垫圈(毡垫圈)
1/1/2	1	727 347 00 08	阀座	1/18	1	787 601 00 08	弹簧
1/1/3	1	700 296 00 08 *	衬套	1/19	1	703 342 00 08 *	滤清器(滤尘盘)
1/1/4	1	727 352 00 08	阀座	1/20	1	787 771 00 08	垫圈
1/2	1	727 526 00 08	机械导座	1/21	1	701 326 00 08 *	内挡圈(孔用挡圈)
1/3	1	727 237 00 08	盖	1/22	2	183 530 00 08 *	挡圈
1/4	1	787 600 00 08	弹簧	1/23	2	183 527 00 08	滤清器(滤尘器)
1/5	1	159 123 00 08	固定板	1/24	2	700 932 00 08 *	平头螺钉
1/6	2	701 605 06 08 *	钉子(螺栓)	1/25	2	705 038 03 08 *	密封圈
1/7	2	789 435 01 08	止回阀	1/26	1		连杆
1/8	1	727 351 01 08	活塞	1/28	1	786 333 00 08 *	弹簧
1/9	1	704 904 03 08 *	密封圈	1/29	1	705 256 03 08 *	密封圈
1/10	1	700 093 00 08 *	内挡圈	1/30	2	705 023 03 08 *	密封圈
1/11	1	787 591 01 08	衬套	1/31	2	711 919 00 08 *	垫圈
1/12	1	700 120 00 08 *	内挡圈(孔用挡圈)	1/32	2	712 052 00 08 *	六角螺钉
1/13	1	703 359 00 08 *	垫圈(防松片)	1/33	1	727 236 00 08	板
1/14	1	712 111 00 08 *	六角螺钉(六角螺栓)	2	1	780 694 06 08	杠杆
1/15	1	787 592 01 08	单元凸轮	3	2	727 120 00 08	接头
1/15/1	1	787 593 01 08	凸轮	4	2	704 812 03 08 *	密封圈
1/15/2	1	788 252 00 08	轴	5	1	144 737 00 00	标牌

四、差压阀

(一)用　途

用于当转向架左、右两空气弹簧的压力差超过一定值时,能自动连通两空气弹簧使其压力平衡。可以防止车体异常倾斜。

(二)安装位置

装于转向架的两个空气弹簧附加气室之间。

(三)构　　造

差压阀是由阀体、两个单向阀组件、异型螺钉、螺堵及滤尘网等组成,如图 2-75 所示。单向阀和弹簧之间有垫片(厚度为 0.1 mm 及 0.2 mm),改变垫片的枚数,可进行压差值的微调。

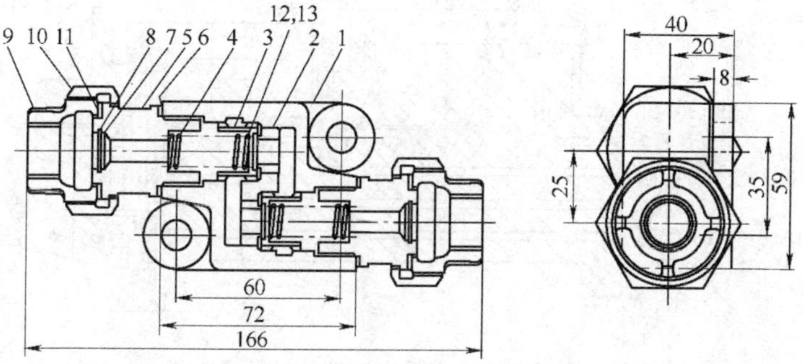

图 2-75　差压阀组成

1—阀体;2—阀座;3—单向阀;4—弹簧;5—接头;6—密封件;7—过滤网;8—挡圈;9—活节;10—连接螺母;11—密封件;12、13—垫片

(四)检　　修

差压阀检修完毕后,须进行试验台及现车试验,空气弹簧风缸的压力差试验标准一般应为(150±20)kPa,CW-200K 转向架用差压阀为(120±20)kPa。

五、空重车调整阀

(一)用　　途

用于在制动时能根据车辆载重自动、无级地调整制动缸的空气压力,明显缩小车辆不同载重下的制动率变化,从而有效地改善车辆的制动性能。

(二)安装位置与种类

空重车调整阀装于车底,用管路分别于两个空气弹簧(取同侧)、分配阀制动缸接口(或先导风缸)、副风缸、单元制动缸相连接。目前我国客车上用的空重车调整阀主要有国产的 $KZF_{3(4)}$ 型和日本产的 U_5A 型等。

1. $KZF_{3(4)}$ 型空重车调整阀

(1)构造　$KZF_{3(4)}$ 型空重车调整阀主要由测重部、杠杆部、作用部和调整部四大部分组成。其结构原理图如图 2-76 所示。

①测重部/由小活塞、小膜板、大活塞、大膜板、弹簧和活塞杆等到组成。两个活塞的左腔分别与车辆的两个空气弹簧相通(两个空气弹簧为同侧或同端的),取两个空气弹簧的平均压力作为车辆的重量信号,并与弹簧进行平衡,使活塞杆上的支点能根据车辆重量的大小左右移动到不同的位置,从而达到自动测重的目的。

②杠杆部　由支点和杠杆组成。在作用时杠杆绕支点转动,根据支点的位置可控制制动缸的压力大小。

③作用部　由作用活塞、作用活塞杆和 8 字形膜板组成。膜板下部通分配阀的制动缸接口,上部通大气。在制动时利用分配阀来的压缩空气使作用活塞上移,通过活塞杆顶动杠杆,使杠杆绕支点旋转。

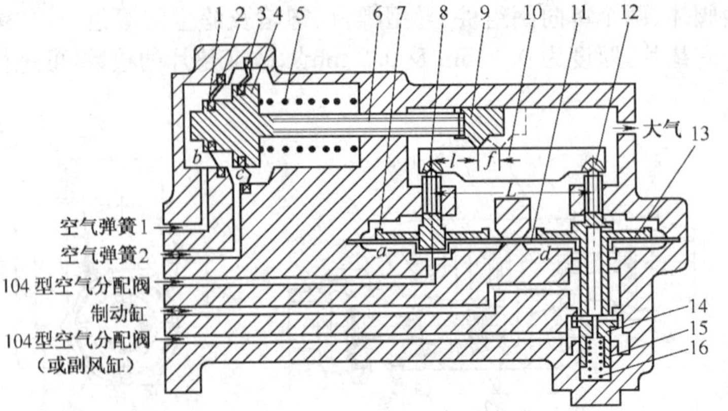

图 2-76　$KZF_{3(4)}$空重车调整阀结构原理图

1—小活塞;2—小膜板;3—大膜板;4—大活塞;5—弹簧;6—活塞杆;
7—作用活塞;8—作用活塞杆;9—支点;10—杠杆;11—膜板;
12—给排杆;13—给排活塞;14—给排阀;15—O形密封圈;16—给排阀弹簧

④调整部　由给排杆、给排活塞、给排阀及弹簧等组成。给排活塞的上部通大气,下部通单元制动缸。给排杆上有一个轴向孔与上部径向孔相通,径向孔通大气,在制动及保压时给排杆顶住给排阀(即轴向孔关闭),在缓解时给排杆离开给排阀(即径向孔打开)。给排阀的上部通单元制动缸,下部通分配阀。根据分配阀的作用使制动缸产生充气、保压、排气等作用。

(2)作用原理　从空气弹簧1管路和空气弹簧2管路来的空气压力,推动测重部的大小活塞右移,与弹簧平衡,并带动活塞杆上的支点移动到相应的位置。

①制动作用　由分配阀来的压缩空气进入a室,并推动膜板及作用活塞杆上移,使杠杆绕支点转动并推动给排杆下移,顶开给排阀,来自分配阀的压缩空气通过给排阀与座的间隙进入单元制动缸,同时也进入d室参与平衡。

②制动缸压力调整作用　由杠杆受力平衡,可建立如下方程式:

$$P=P_1(l+f)/[L-(l+f)] \quad (\text{kPa})$$

式中　P——进入单元制动缸的压力(kPa);

P_1——104分配阀建立的压力(kPa);

l——小臂长度;

f——支点位移量;

L——杠杆长度为80 mm。

由式中可见,当车辆重量增大时,测重活塞杆上的支点右移使f增大,进入单元制动缸的压力P也随之增大。反之,进入单元制动缸的压力减小。

③保压作用　当a室和d室的压力通过支点及杠杆的作用达到平衡后,给排阀在给排阀弹簧的推动下,关闭给排阀的阀口,使空重车调整阀处于保压状态。

④缓解作用　当制动机缓解时,分配阀的压缩空气排向大气,使a室的压力降低,此时杠杆压力平衡被破坏,给排活塞及给排阀杆向上移动,脱开给排阀,使单元制动缸的压缩空气由给排阀杆的轴向孔及径向孔排向大气,呈缓解状态。

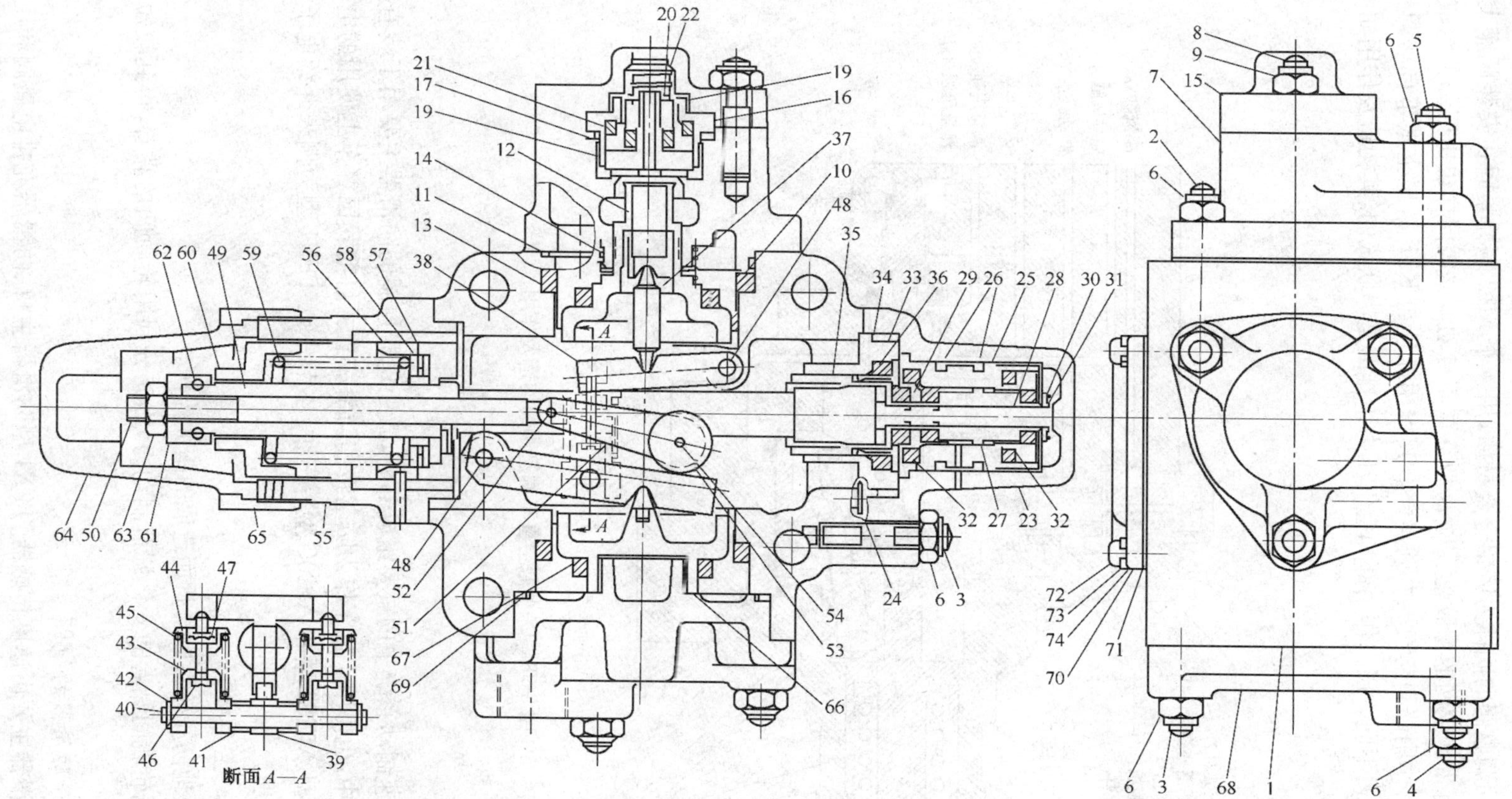

图 2-77　U_5A 型空重车调整阀的组成

1—阀体；2、3、4、5、6、8—螺栓；7—给风阀腔；9—螺母；10、11、17、24、26、29、34、69—O 形密封圈；12—给排阀活塞；13—给排阀膜板；14—给排阀弹簧；15—给排阀盖；16—给排阀导套；18—给排阀；19—膜板套；20—卡环；21—膜板；22—复原弹簧；23—测重膜板腔；24—小膜板导套；27—小膜板活塞；28—活塞连杆；30—垫圈；31—卡环；32—小膜板；33—大膜板导套；35—大膜板活塞；36—大膜板；37—阀杆；38—上杠杆；39—下杠杆；40—下杠杆轴；41—套；42—卡环；43—下部弹簧座；44—上部弹簧座；45—跃升弹簧；46—平槽特制螺栓；47—螺母；48、52—销；49—弹簧推杆；50—滚轮推杆；51—滚轮支架；53—滚轮；54—滚轮轴；55—测重弹簧腔；56—测重弹簧座；57—推力轴承；58—轴承环；59—侧重弹簧；60—调节螺套；61—调节螺母；62—弹性销；63—六角锁紧螺母；64—测重弹簧盖；65—锁紧螺母；66—先导活塞；67—先导膜板；68—下盖；70—侧盖；71—密封垫；72—十字平头螺栓；73—弹性垫圈；74—垫圈

2. U_5A 型空重车自动调整阀

U_5A 型空重车自动调整阀的阀体为铸铝合金材质,用 4 个 M12 螺栓紧固在安装阀座上,安装阀座与阀体之间有带滤尘网的橡胶垫。U_5A 型空重车自动调整阀同样也由四部分组成,即测重部、杠杆部、压力作用部和空气压力调整部。其作用原理与 $KZF_{3(4)}$ 型空重车自动调整阀相似,仅结构布置方式不同。压力作用部和空气压力给排部是串联式的,其构造及作用如图 2-77 和图 2-78 所示。

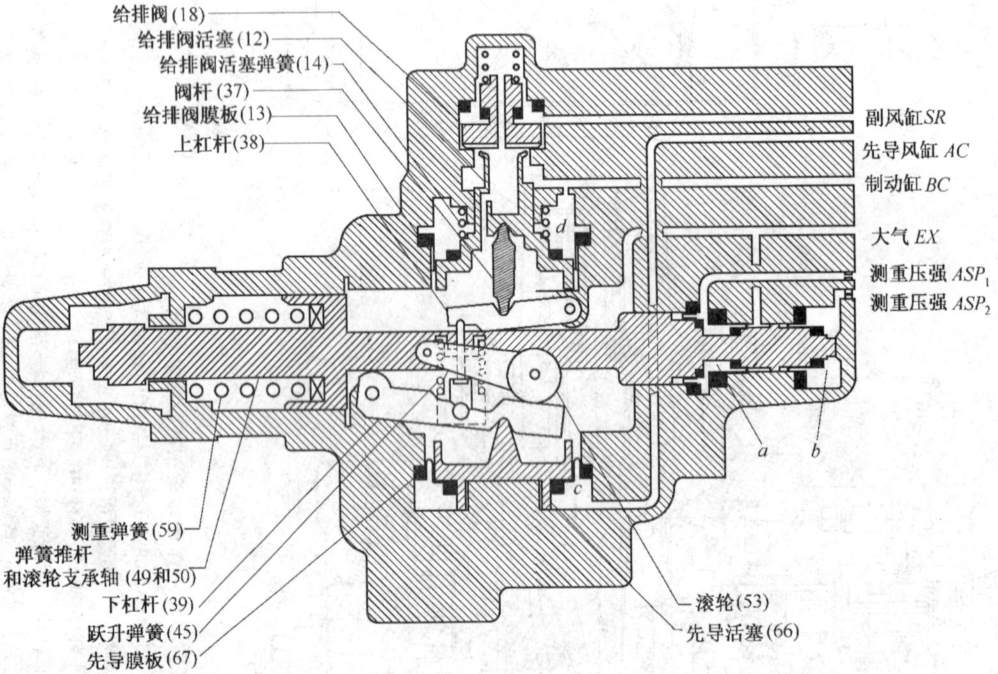

图 2-78 U_5A 型空重车调整阀的构造及作用

六、电子防滑器

制动防滑器是高速制动系统中的重要组成部分,微处理器控制的防滑器主要用于装有盘形制动机的客车系统中,也可用于机车作为防空转和防滑装置。目前我国客车上使用的电子防滑器主要有 TFX1 型、MGS2 型和 AS20C 型等三种,本节中以 TFX1 型为例来介绍电子防滑器的构造与工作原理。

(一)电子防滑器的主要功能

1. 制动时能有效地防止轮对因滑行而造成的踏面擦伤。

2. 制动时能根据轮轨间黏着的变化调节制动力,以充分利用轮轨间的黏着,得到较短的制动距离。

(二)TFX1 型电子防滑器的组成

TFX1 型电子防滑器主要由速度传感器、TFX1 型防滑器主机、防滑器充排电磁阀和压力开关及连结、电源等部分组成。TFX1 的组成如图 2-79 所示。

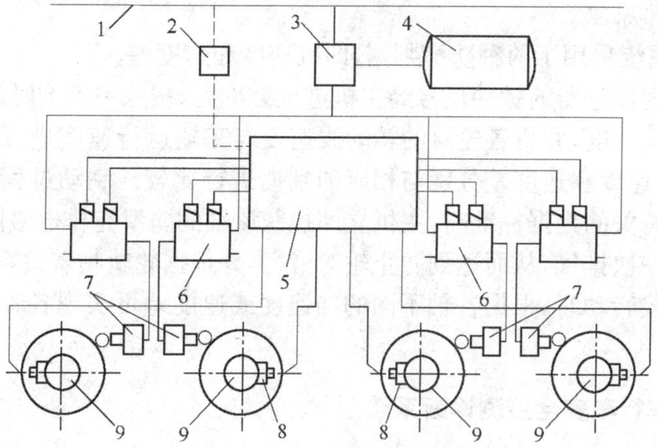

图 2-79　TFX1 型电子防滑器组成
1—制动主管；2—压力继电器；3—空气分配阀；4—副风缸；
5—防滑器主机；6—防滑排风阀；7—制动缸；8—速度传感器；
9—轴 1、轴 2、轴 3、轴 4

1. 速度传感器

它是一个速度脉冲信号发生器，由速度传感器及感应齿轮所组成。感应齿轮安装于车轴端部，传感器安装轴箱盖上，其端部与齿轮顶部保持(1±0.2)mm 左右的间隙。

当齿轮旋转时，齿顶齿谷交替通过传感器，切割磁力线，即在传感器输出线圈上感应出相应的脉冲信号。

2. TFX1 型防滑器主机

主机是防滑器的控制中心，它接收四路速度传感器的脉冲信号，通过对该信号的调理、计算、比较，作出各种决策，控制各防滑器电磁阀发生相应的动作，使相应的制动缸排气或充气。

防滑器的主机一般安装于车辆上部乘务员室，其电源由车辆蓄电池直流 48V 提供，设有极性保护，瞬态干扰滤波网络及自动通断环节。在 34 V 到 62V 电压变化范围内，本系统能稳定可靠的工作。

主机面板如图 2-80 所示，上设三个功能按钮，即"诊断"、"显示"和"清除"。一个电源灯，一个两位 LED 显示器，在显示器右下还有一故障小灯。

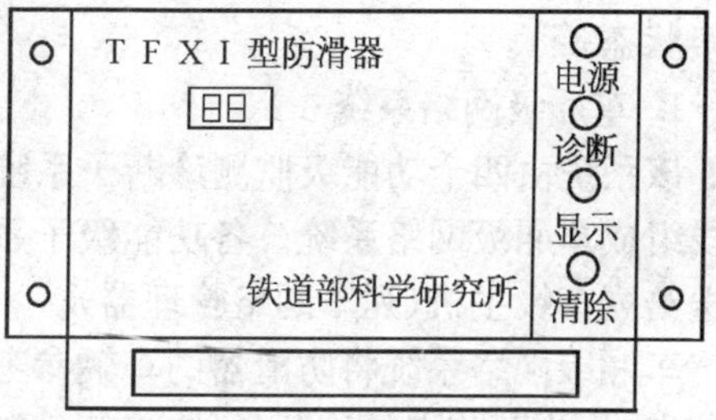

图 2-80　TFX1 型防滑器主机面板布置示图

3. 防滑器充排电磁阀

它是防滑器的执行机构，本防滑充排电磁阀采用双电磁铁间接作用的结构原理，安装于空气分配阀与制动缸的连接管上，根据主机的指令，它控制相应的制动缸的排气和再充气。

4. 压力开关

压力开关装在车内的制动支管上，它能根据制动主管压力的大小，自动关闭和接通 TFX1 型防滑器的电源，以达到节电的目的。当制动主管压力大于 200 kPa 时，压力开关使防滑器电源接通，当制动主管压力小于 160 kPa 时，经(30±2)min 后电源自动关闭。

(三)防滑器工作原理

TFX1 防滑器系统采用了两种防滑判据，即减速度和速度差。

运行中四路速度传感器的脉冲信号经主机进入处理后，按照一定的时间间隔采样，分别计算出各轴的速度和减速度，并将各轮对的转动线速度与车辆运行速度进行比较得到相应的速度差，再将各轴的减速度和速度差分别与相应的判据进行比较。制动过程中当其轴的速度差或减速度分别达到有关的判据标准时，主机立即控制该轴的防滑充排电磁阀动作，以使相应的制动缸阶段排气或一次排气，从而达到防止轮对滑行，并根据轮轨粘着关系变化而调节制动力的目的。当轮对恢复转动时，根据各轴不同的加速度或速度差可实现各轴制动缸的阶段充气或一次再充气。

七、KAX-1 客车行车安全监测诊断系统

(一)作　用

KAX-1 客车行车安全监测的主要作用是通过对车辆转向架、供电系统、制动系统、防滑器工作状态等进行实时监测诊断，并通过记录、存储、集中显示和报警等功能，实现对故障进行定位指导维修；运行中车载监测诊断系统还可以通过无线通信装置与地面数据管理与专家系统双向通信并和局域网联网，实现客车运用状态的信息化监控和运用状态的动态检修与管理。

(二)组　成

KAX-1 客车行车安全监测诊断系统由三个分系统组成：车载安全监测诊断系统，无线通信系统和地面数据管理与专家系统。目前 25T 型车和行邮车上只装车载安全监测诊断系统。

车载安全监测诊断系统分为功能级和列车级两级监测诊断。对于列车级监测诊断系统来说，车厢级功能监测诊断子系统是基本监测诊断单元。各车厢是相同的，物理上是独立的。车厢里的各功能级监测诊断子系统则只担负本车厢某一部件或功能的监测和诊断(如制动系统监测诊断子系统的任务是监测诊断制动系统的工作状态)。车厢级不能诊断或诊断条件不充分的则通过列车级综合诊断来实现(如关门车、折角塞门关闭、转向架状态等)。

1. 车厢级网络系统

该系统由四个功能级监测诊断子系统，一个显示节点和车厢网关通过 LONWORKS 车厢总线组成车厢级网络系统。各功能级子系统诊断报告与过程数据，通过车厢网关和列车总线传送给列车级主机(列车网络管理器)。

车厢级网络系统将防滑器的车辆参考速度变量传送给车门监测节点和车辆转向架状态监测节点，作为两节点的诊断条件；将基础制动监测节点监测的制动/缓解工况变量提供给车辆监测节点、防滑器监测节点，作为诊断输入条件；将防滑器、制动节点的有关变量传送给车辆节点参与系统诊断。

车厢级网络系统与外围设备、列车网和传感器连接，如图 2-81 所示。

2. 车辆制动监测诊断子系统

该子系统监测列车支管和制动管路的风压，诊断制动机的制动/缓解工况，报告有无制动/缓解作用不良、自然制动、自然缓解故障；并为列车级综合诊断是否有折角塞门关闭、关门车事件的发生提供诊断数据；在列车级主机全程记录、存贮诊断事件报告、列车管和制动管路风压

的过程数据。下载到地面数据库专家系统的过程数据与报告可实现查询、比较、再次诊断和故障确认。在车厢级为防滑器、车辆转向架状态监测诊断子系统提供制动、缓解状态报告，测点安装布置如图 2-82 所示。

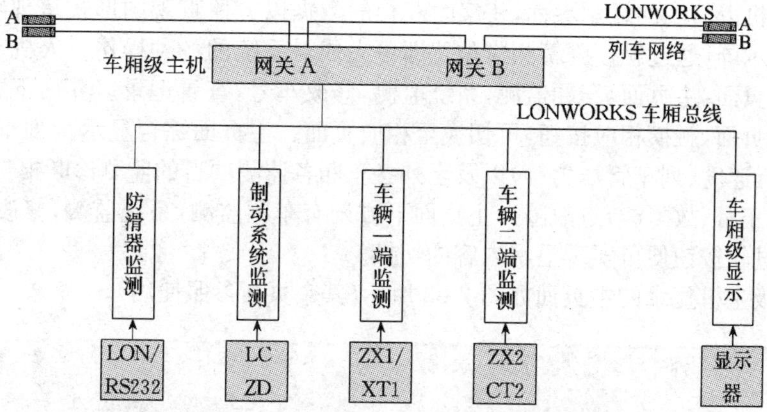

图 2-81　KAX-1 车厢级主机监测诊断功能示意图

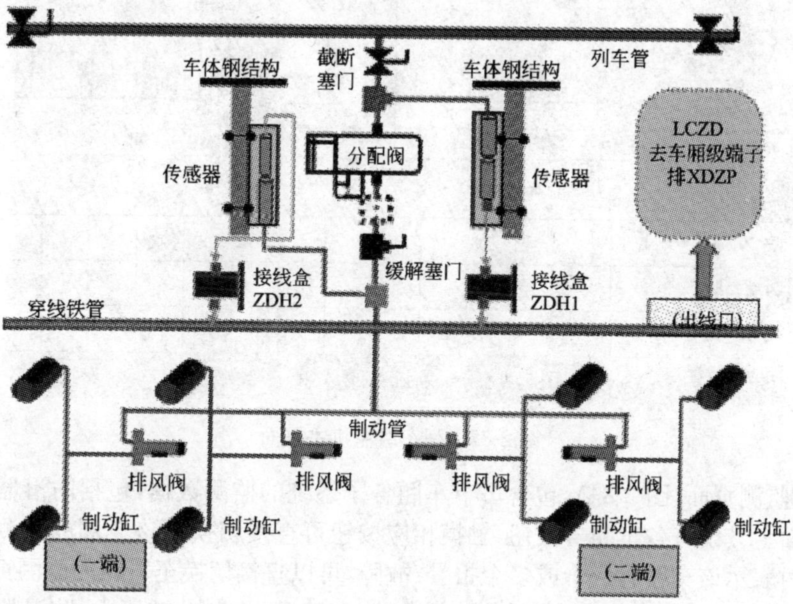

图 2-82　制动系统监测诊断装车连接布局图

图 2-82 中，LC 为列车管压力监测传感器，必须安装在列车支管截断塞门后面的气路上。ZD 为制动管压力监测传感器，必须安装在空重车阀和车辆缓解塞门后面靠近制动缸的气路上。

3. 防滑器工作状态监测子系统

防滑器向车厢总线发送车辆速度（参考速度或理论速度）和执行防滑保护的情况。作为车辆转向架节点的诊断判断输入条件。

国产防滑器（TFX 型）的主机一方面通过 LONWORKS 总线与车厢总线互联（通过 J3 节

点)实现网络变量传递;另一方面通过 RS232 与车厢电控 PLC 网关通信,报告本车厢防滑器工作状态和本车参考速度。进口防滑器通过 RS485 同时与车厢电控 PLC 网关和安全系统车厢主机的 J5 节点通信,报告本车厢防滑器工作状态和本车参考速度。

4. 列车级主机的显示和检索

列车级主机以简明的显示界面,将实时获得的数据以方便直观的形式呈现给用户。显示器为触摸式显示屏,通过触摸屏幕相应位置即可完成对系统的各种操作。人机交互界面主要包括五个主要页面:主页面,车厢监测,系统监测,修改车号,查看记录。界面下方的五个按钮分别对应上述页面,触摸相应按钮,可切换至相应页面。主页面综合显示全列车运行概况(如编组信息、运行速度、列车管压力等)以及全列各车厢各监测项目的监测诊断报告(以灰、红、黑三种颜色表示正常、故障、节点故障);主页面下方设有车厢监测,系统监测,修改车号,查看记录软按钮、通过软按钮便可实现显示内容的切换。

(1)列车级主机显示的主页面如图 2-83 所示(其余页面参照使用)。

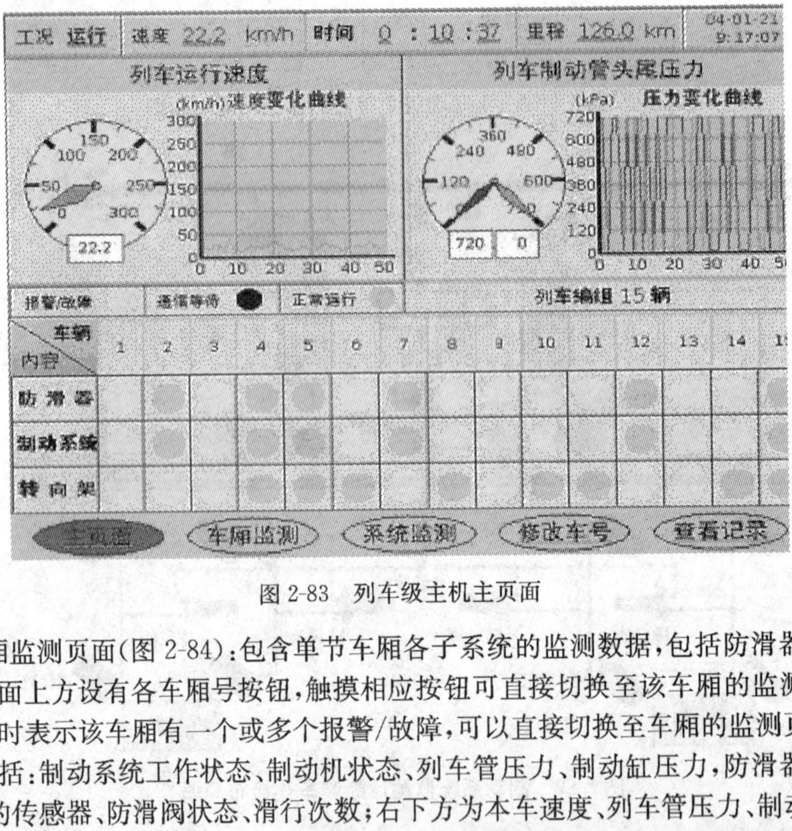

图 2-83　列车级主机主页面

(2)车厢监测页面(图 2-84):包含单节车厢各子系统的监测数据,包括防滑器、制动系统、转向架。页面上方设有各车厢号按钮,触摸相应按钮可直接切换至该车厢的监测页。按钮的颜色为红色时表示该车厢有一个或多个报警/故障,可以直接切换至车厢的监测页。制动系统监测内容包括:制动系统工作状态、制动机状态、列车管压力、制动缸压力,防滑器监测内容包括:四条轴的传感器、防滑阀状态、滑行次数;右下方为本车速度、列车管压力、制动缸压力变化曲线。其列车管压力、制动缸压力时间历程曲线在制动或防滑器出现问题时起辅助分析的作用。

(3)系统页面(图 2-85):此页面按各子系统归类显示监测数据,可以在需要察看某子系统在整列车的运行状况时直观地看到整列车该子系统的状态。由防滑器,制动系统,转向架三个子页面组成,按下方的切换按钮可切换至相应的子系统监测页面。所有页面的前三项为车厢顺号、车辆制造号及通信状态。

5. 列车管理器的数据下载

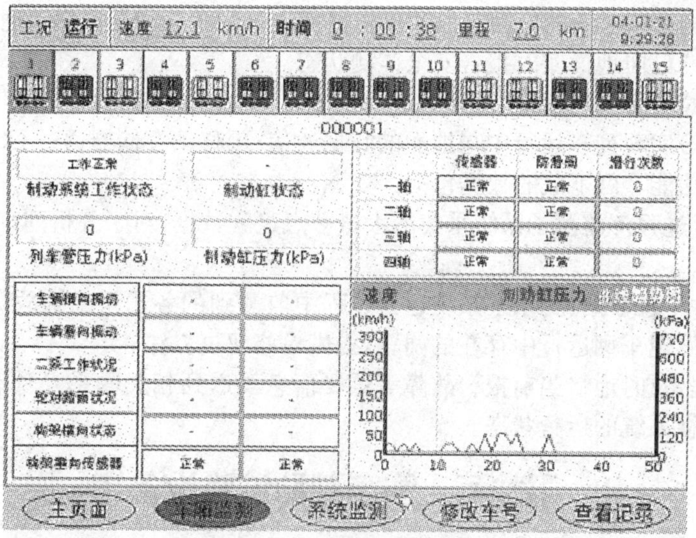

图 2-84 车厢监测页面

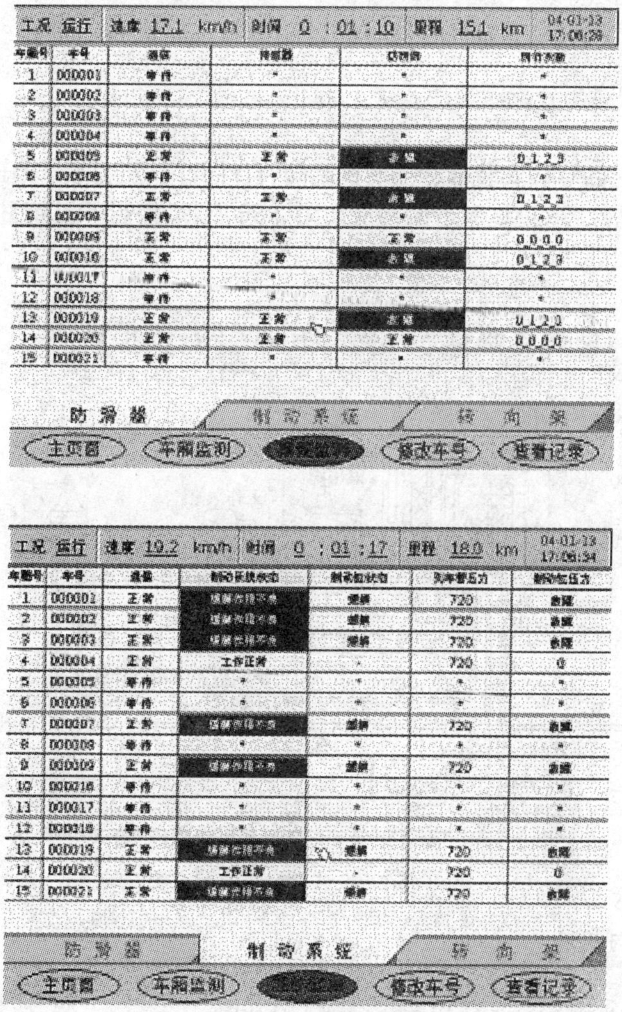

图 2-85 系统页面

车载安全监测诊断系统的监测与诊断报告目前通过列车管理器以串口通信方式传送给电控主站 PLC,由 PLC 向地面实时报告安全监测状态。

本系统具备通过无线局域网,在列车进库的 600 m 范围内与地面实现自动无线下载;通过无线移动 GPRS 实现列车运行中与地面的数据通信;用移动存储器通过 USB 接口实现列车停站数据下载等功能。可下载的数据包括:

(1)列车运行过程各监测子系统采集的大量节点过程数据,对于分析列车运行性能及车辆检修有重大意义。

(2)故障事件记录数据:记录了系统运行过程中监测到的各子系统的故障事件,便于检修人员及时准确的发现车辆运行中存在的问题,提供检修解决方法。

(3)通讯数据:及时地将当前报警故障等重要信息发送到相关联系人及地面接收服务器,可以通过远端监视系统的运行状态。

第七节　客车制动试验设备

一、705 型试验台

(一)用　途

用于试验 104 型客车分配阀性能。

(二)组　成

705 型试验台由操纵阀、安装部、风缸、控制阀、自动阀门、压力表、限压阀、调压阀、台架及附属装置等部分组成。705 型试验台的构造如图 2-86 所示,控制屏板如图 2-87 所示。

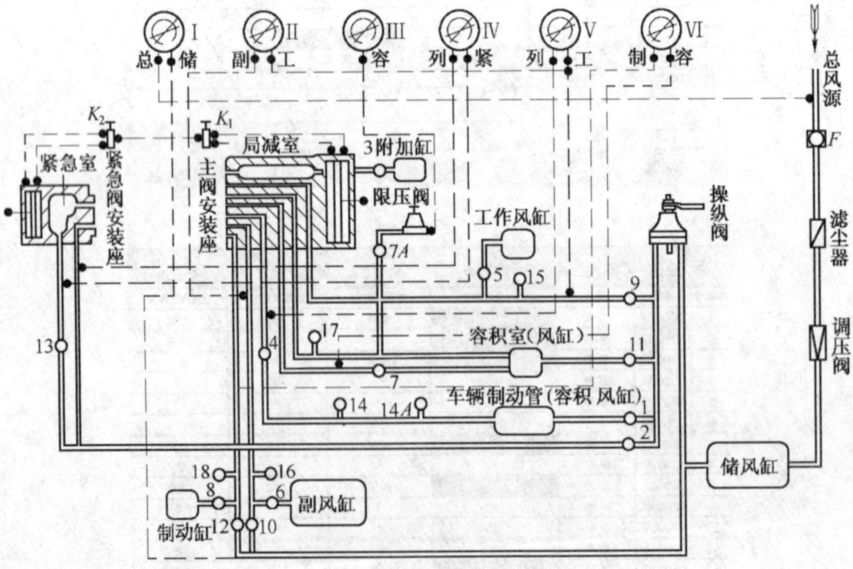

图 2-86　705 试验台组成示意图

(三)各部组成与用途

1. 操纵阀

(1)用途　用于控制制动主管容量风缸压力的增减。

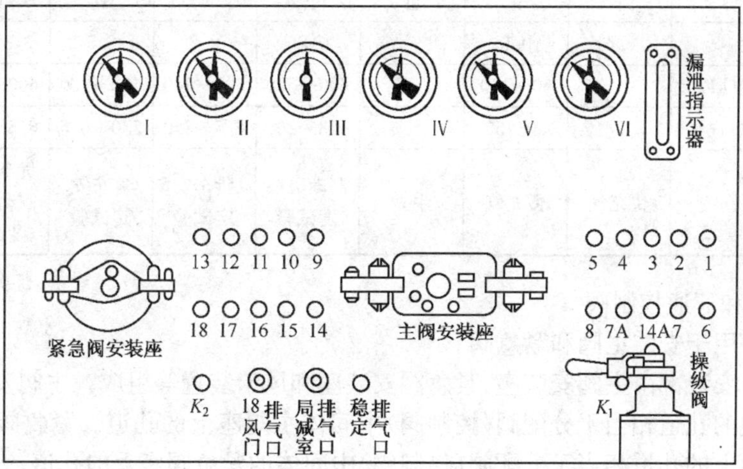

图 2-87 705 型试验台控制屏板

(2)构造 操纵阀通过管路分别与储风缸、制动主管容量风缸相连。其构造如图 2-88 所示。操纵阀的回转阀及阀座孔的位置如图 2-89 所示。

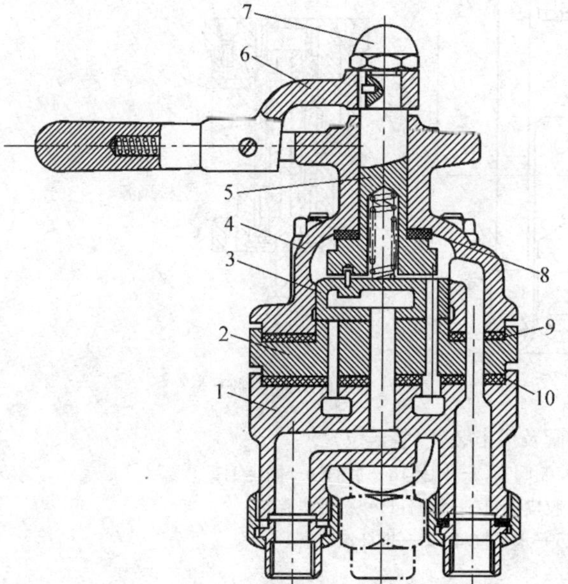

图 2-88 操纵阀

1—管座;2—回转阀座;3—回转阀;4—阀盖;
5—回转阀杆;6—手把;7—螺帽;8 9、10—胶垫

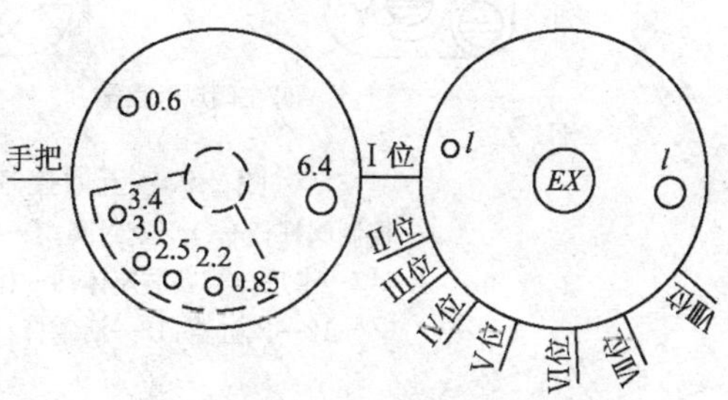

(a) 回转阀 (b) 回转阀座

图 2-89 回转阀及座

操纵阀手把共有八个作用位置,每个位置的用途、通路孔径及充、排气压力变化和时间见表 2-11。

表 2-11

手把位置		Ⅰ	Ⅱ	Ⅲ	Ⅳ	Ⅴ	Ⅵ	Ⅶ	Ⅷ
孔径(mm)		6.4	0.6		0.85	2.2	2.5	3.0	3.4
要求	压力变化(kPa)		50→150		600→500	600→400	600→400	600→300	600→300
	时间(s)		50～52		18～20	6.5～7.0	5.0～5.5	6.5～7.0	5.0～5.5
用途		快充气	慢充气	中立	制动灵敏度试验	货车安定试验	客车安定试验	货车紧急制动灵敏度试验	客车紧急制动灵敏度试验

2. 安装部和五通控制阀

(1)用途　用于安装主阀和紧急阀。

(2)组成　安装部由主阀安装座、紧急阀安装座和风卡装置等组成。主阀安装座内部有一局减室，座面上的孔道相当于分配阀(控制阀)中间体主阀座上的孔道。紧急阀安装座内部有一紧急室，座面上的孔道相当于分配阀(控制阀)中间体的紧急阀座上的孔道。

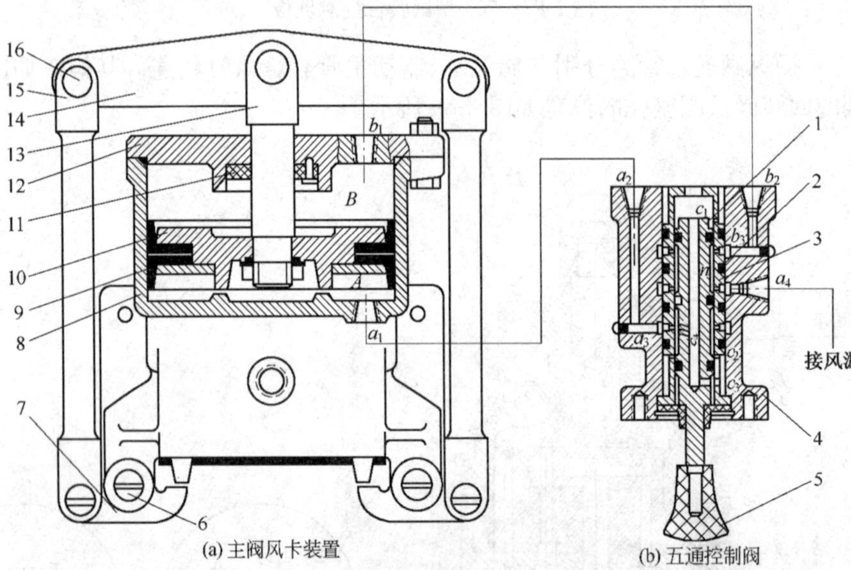

(a) 主阀风卡装置　　(b) 五通控制阀

图 2-90　五通控制阀及风卡装置(装卡位)

1—控制阀杆；2—O形密封圈；3—控制阀套；4—阀体；5—手柄；6—固定销；7—卡爪；8—安装座体；9—橡胶皮碗；10—活塞；11—密封皮碗；12—风缸盖；13—活塞杆；14—水平杠杆；15—推杆；16—销

风卡装置是设在安装座的后部，为装卸主阀或紧急阀用。主阀风卡装置和紧急阀风卡装置的构造基本相同。如图 2-90(a)所示。风卡装置的动作是通过操纵五通控制阀 K1 和 K2 来实现的，K1 为装卡主阀用；K2 为装卡紧急阀用。五通控制阀如图 2-90(b)所示。

3. 三通控制阀和风动阀门

(1)用途　用于通断空气通路。

(2)构造　如图 2-91 所示。

4. 调压阀(也称给风阀)

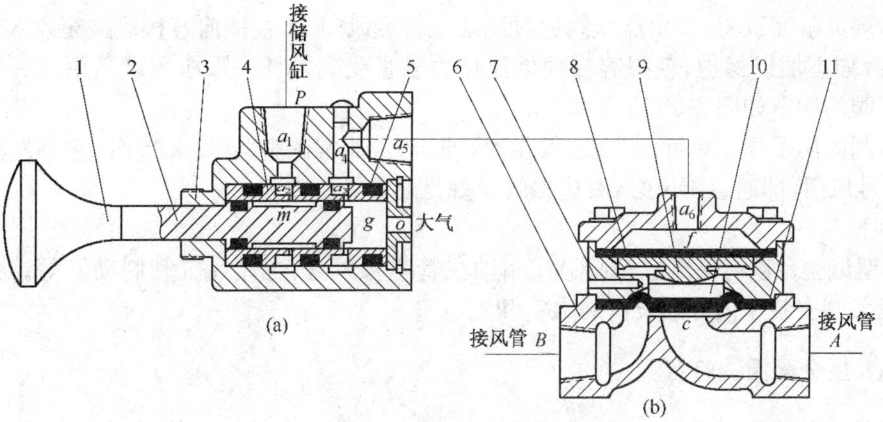

图 2-91　三通控制阀和风门

1—手柄；2—控制阀杆；3—控制阀体；4—阀套；5—O 形密封圈；

6—体；7—中体；8—平膜板；9—活塞；10—压块；11—风门垫

(1)用途　用于保证 705 型试验台的定压维持在(600±10) kPa 的范围内。

(2)构造　如图 2-92 所示。

图 2-92　调压阀

1—手轮；2—调压弹簧；3—上活塞；

4—膜板；5—下活塞；6—顶杆；

7—止回阀；8—密封圈

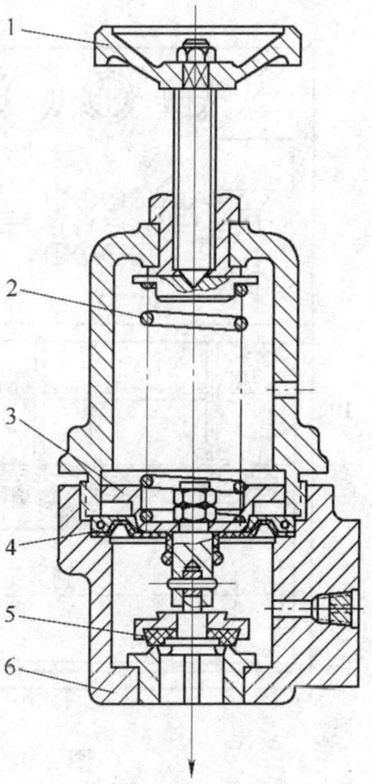

图 2-93　限压阀

1—手轮；2—调压弹簧；3—活塞；

4—膜板；5—止回阀；6—阀体

5. 限压阀和低压压力表

为了提高对 104 型分配阀的均衡部灵敏度的测试精度，705 型试验台采用小量程的低压压力表。它的最大量程为 100 kPa,表盘面分度为 2 kPa,可使读数达到 2 kPa 的精确程度。

均衡部灵敏度试验,是由操纵阀通过制动主管经风门 11 直接向容积风缸充入 600 kPa 的压缩空气,如不加以保护,就很容易使低压压力表Ⅲ受到损坏。限压阀就是用来保护低压表的。限压阀的构造如图 2-93 所示。

限压阀限制了通往单针压力表(低压表)的压力,通常调整为 50 kPa 时,它的左边接口处是通 7A 号风门,即通容积风缸,右边接管口处是通单针压力表。

6. 风缸

705 型试验台设有储风缸、副风缸、制动主管容积风缸、工作风缸和制动缸等。在主阀安装座和紧急阀安装座内分别设有局减室和紧急室。

二、F8 型分配阀试验台

(一)用　　途

用于试验 F8 型客车分配阀性能。

(二)组　　成

F8 型分配阀试验台主要由操纵阀、安装管座、风卡、风缸、控制阀、风动阀门、压力表、调压阀、转子流量计、台架等部分组成。F8 型分配阀试验台的构造如图 2-94 所示。其原理图如图 2-95 所示。

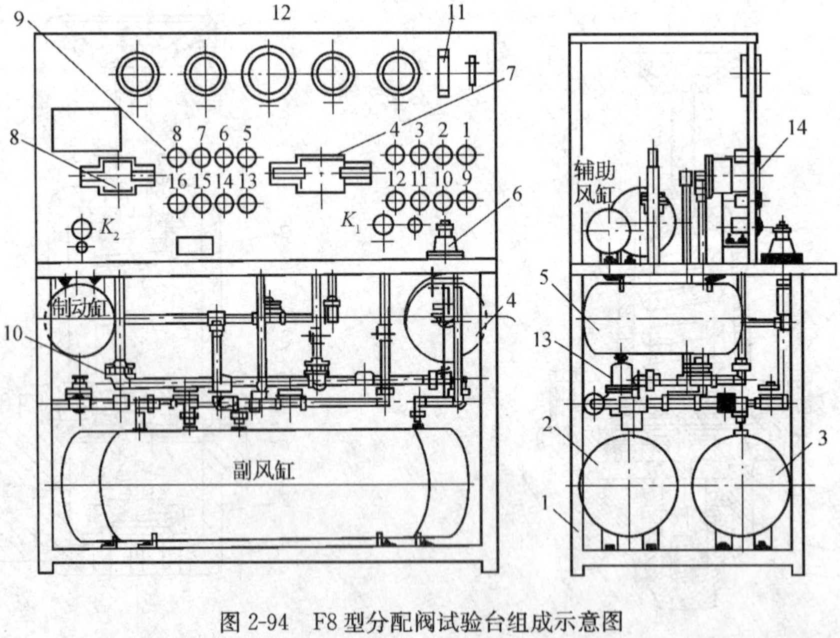

图 2-94　F8 型分配阀试验台组成示意图

1—试验台架;2—储风缸;3—副风缸;4—制动主管容量风缸;5—制动缸;6—操纵阀;7—主阀安装管座;8—辅助阀安装管座;9—控制阀;10—风动阀门;11—转子流量计;12—压力表;13—调压阀;14—风卡

(三)各部组成与用途

1. 操纵阀

(1)用途　用于控制制动主管容量风缸压力的增减。

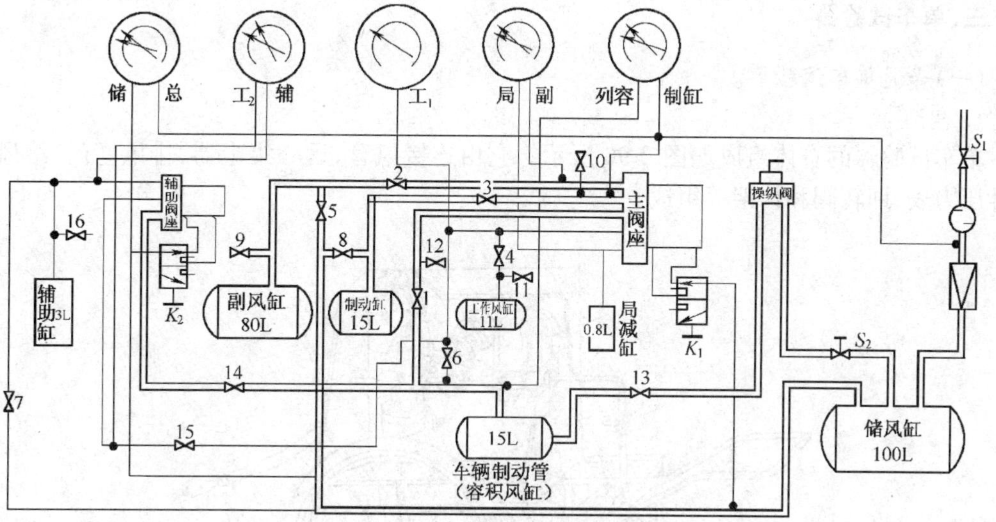

图 2-95 F8 型分配阀试验台原理图

(2)构造 操纵阀通过管路分别与储风缸、制动主管容量风缸相连。

操纵阀手把共有七个作用位置,每个位置的用途、通路孔径及充、排气压力变化和时间见表 2-12。

表 2-12

手把位置		Ⅰ	Ⅱ	Ⅲ	Ⅳ	Ⅴ	Ⅵ	Ⅶ
孔径(mm)		6.4	0.6		0.45	0.85	2.4	3.4
要求	压力变化(kPa)		50→150		600→540	600→500	600→400	600→300
	时间(s)		50~52		50~60	19~21	5.0~5.5	5.0~5.5
用途		快充气	慢充气	中立	稳定性试验	制动灵敏度试验	安定试验	紧急制动灵敏度试验

2. 风动阀门

用于通断空气通路。各风门的编号和用途见表 2-13。

表 2-13

编号	简称	用途	编号	简称	用途
1	主卡	控制主阀风卡风缸的进、排气 K	11	副排	副风缸快速排气
2	辅卡	控制辅助阀风卡风缸的进、排气	12	制排	制动缸快速排气
3	主切	切断主阀安装座与制动主管的通路	13	工排	工作风缸快速排气
4	副切	切断副风缸的通路,以缩小副风缸容积	14	列排	制动主管排气
5	制切	切断制动缸的通路,以缩小制动缸容积	15	主列切	切断制动主管与操纵阀的通路
6	工切	切断主阀安装座与工作风缸的通路	16	辅切	切断辅助阀安装座与制动主管的通路
7	副充	向副风缸快速充气	17	辅工切	切断辅助阀安装座与工作风缸的通路
8	工充	向工作风缸快速充气	18	辅排	辅助(室)风缸快速排气
9	辅充	向辅助(室)风缸快速充气	19	S1	总切 切断总风
10	制充	向制动缸快速充气	20	S2	储切 切断储风缸

三、单车试验器

(一)普通单车试验器

1. 构造

单车试验器的总体组成如图 2-96 所示。它由连接风管、远心集尘器、排风塞门、给风阀、双针压力表、回转阀和构架等组成。

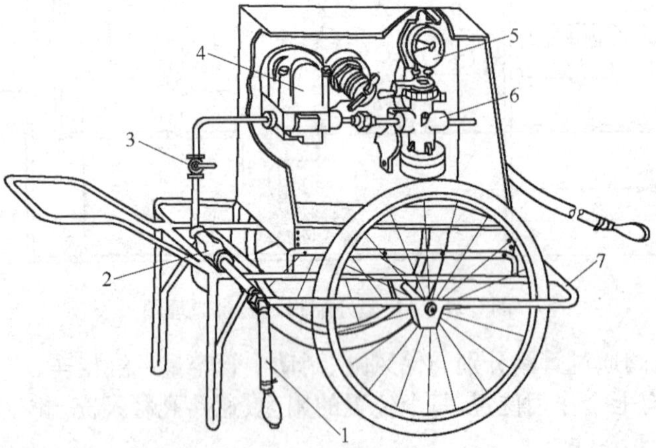

图 2-96　单车试验器组成图

1—连接风管;2—远心集尘器;3—排风塞门;
4—给风阀;5—双针压力表;6—回转阀;7—构架

(1)单车回转阀用途　回转阀是单车试验器中的一个主要部件。它是将给风阀送来的压缩空气转送到制动主管使之增压,或将制动主管的压缩空气排向大气使之减压,或关闭通向制动主管和大气的通路使之保压,以达到车辆制动机发生制动、保压、缓解等作用的操纵机构。

(2)单车回转构造　回转阀的构造如图 2-97 所示。

(3)回转阀手把各位置的用途:

①第一位置　急充气位,是向车辆制动主管急速充气的位置,用于充气缓解。

②第二位置　缓充气位,是向车辆制动主管缓慢充气的位置,用于缓解感度试验。

③第三位置　保压位,是使车辆制动主管风压保持一定压力的状态,用于制动主管漏泄试验和制动保压等。

④第四位置　感度制动位(又称缓制动位置),是使车辆制动主管缓慢减压的位置,用于制动感度试验。

⑤第五位置　全制动位,是使车辆制动主管以常用制动最大减压速度减压的位置,用于制动安定试验。

⑥第六位置　紧急制动位,是使车辆制动主管急速减压的位置,用于紧急制动试验。

2. 用途

用于根据单车回转阀手把位置的不同使车辆制动主管以不同的速度增减压,使车辆制动机产生不同的制动缓解作用,可试验车辆制动机的性能。

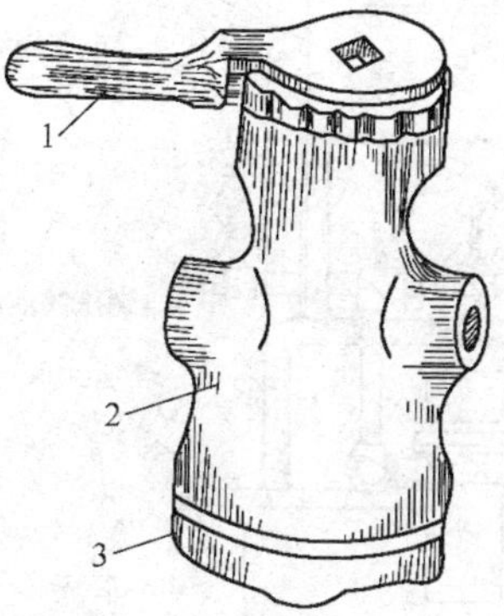

图 2-97(a) 回转阀外形图
1—手把;2—回转阀体;
3—回转阀座

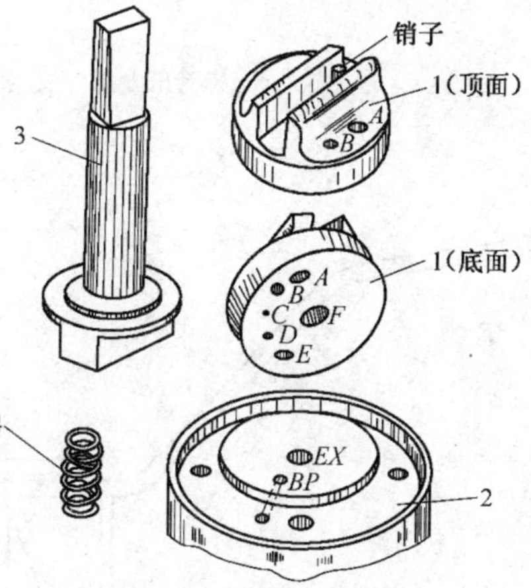

图 2-97(b) 回转阀零件图
1—回转阀;2—回转阀座;
3—回转阀键;4—回转阀弹簧

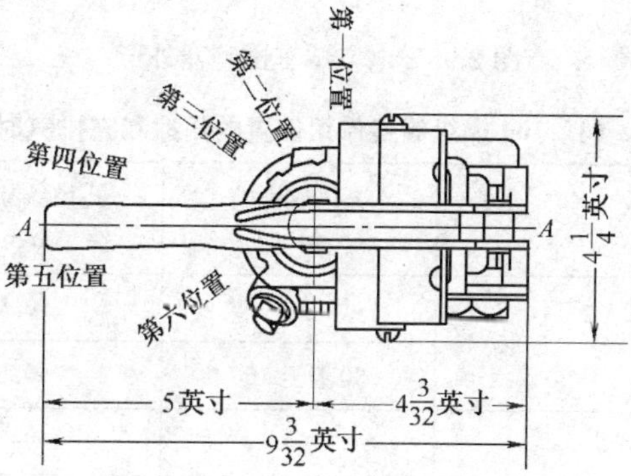

图 2-97(c) 回转阀手把位置图

(二)电空单车试验器

电空单车试验器用于装有电空制动机的客车，在检修后进行性能试验。目前有 104 型和 F8 型两种电空单车试验器。电空单车试验器外形如图 2-98 所示。

1. 电气系统：电源电压为 AC 220 V；试验器输出电压为 DC 85～110 V。

2. 104 电空单车试验器操纵阀各作用位置的用途和充排气时间见表 2-14。

3. F8 电空单车试验器操纵阀各作用位置的用途和充排气时间见表 2-15。

4. 104 电空单车试验器的操纵阀手把位置与各电磁阀得失电的关系如表 2-16 所示(＋为得电、－为失电)。

5. F8 电空单车试验器的操纵阀手把位置与各电磁阀得失电关系见表 2-18(＋为得电，－为失电)。

6. 风缸：

由储风缸、副风缸、制动主管容积风缸、工作风缸、制动缸、辅助(室)风缸、局减(室)风缸等。各风缸容积见表 2-18。

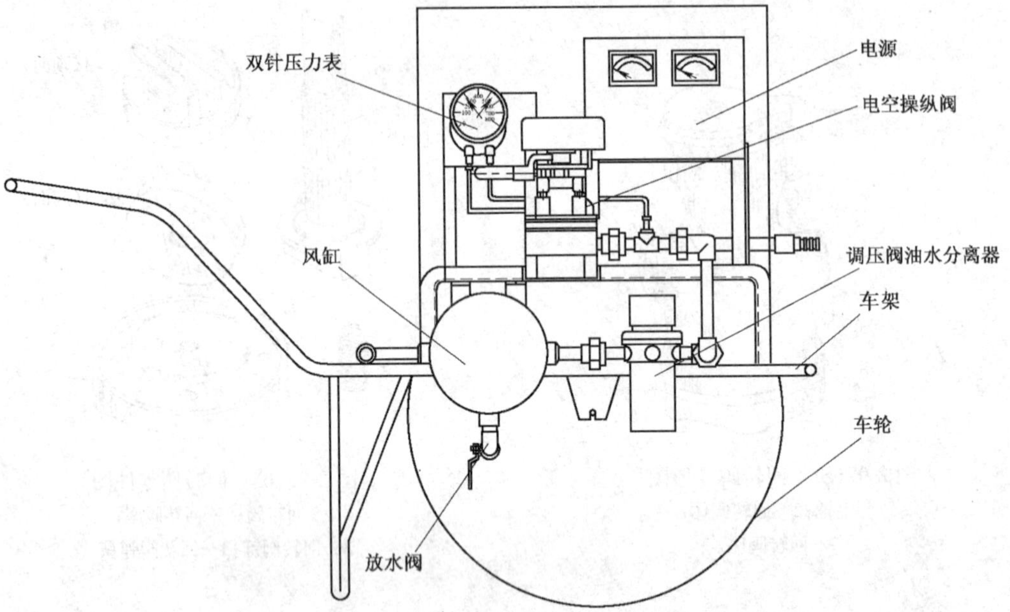

图 2-98　电空单车试验器外形

表 2-14　104 操纵阀各作用位置的用途和充排气时间

位　　置	充风或排风 kPa	孔径参考尺寸 mm	时间 s
1 位:急充风位	—	ϕ6.4	—
2 位:缓充风位	50 升至 150	ϕ0.6	50～52
3 位:保压位	—	—	—
4 位:感度试验位	500 降至 400	ϕ0.9	15～16.5
5 位:安定试验位	500 降至 300	ϕ2.0	8～9
6 位:紧急制动位	500 降至 200	ϕ3.7	3.5～5
安定试验位(120 阀、120-1 阀用)	500 降至 300	ϕ2.8	4～5
紧急制动位(120 阀、120-1 阀用)	500 降至 200	ϕ6.0	1.5～2.5

表 2-15　F8 操纵阀各作用位置的用途和充排气时间

操纵阀手把位置	一	二	三	四	五	六
	快充	慢充	保压	感度	安定	紧急
孔径(mm)	6.4	1.0		1.2	2.4	4.8
压力变化(kPa)		50～150		500～400	500～300	500～200
时间(s)		19～20		10～11.5	6～7.5	3～3.5

表 2-16 104 电空单车试验器手把位置与各电磁阀得失电关系

104 操纵阀手把位置 电磁阀	一	二	三	四	五	六	七
缓解	+	+	−	−	−	−	−
保压	−	−	+	−	−	−	−
制动	−	−	−	+	−	+	+

表 2-17 F8 电空单车试验器的操纵阀手把位置与各电磁阀得失电关系

F8 操纵阀手把位置 电磁阀	一	二	三	四	五	六
缓解	+	+	−	−	−	−
常用制动	−	−	−	+	+	+
紧急制动	−	−	−	−	−	+

表 2-18 各风缸容积

名　称	副风缸	储风缸	制动主管容积风缸	工作风缸	制动缸	局减(室)风缸	辅助(室)
风缸容积(L)	100	80	15	11	15	0.8	3

7. 压力表

试验台上设有四块双针压力表和一块标准压力表。

8. 转子流量计

(1)用途　用于快速测量漏泄。

(2)组成　由刻度管、浮球、支架、测定器手柄等组成。

(三)微控客车单车试验器

目前微机控制的单车试验器种类较多,现介绍 WD-2K 和 WD-2 型微控客车单车试验器。

1. WD-2K 微控客车单车试验器

(1)用途

用于 104、F8 空气、电空制动机的单车试验;试验时可自动控制也可手动操作;可对所有试验项目进行自动连续试验也可对某个项目单独试验;能对试验过程进行实时监控;可对试验结果进行打印、存储、查询和删除等操作。

(2)组成

主要是由气路控制部分、手动按钮控制部分、微机自动控制部分、电源及其他部分。

(3)各部组成与用途

① 气路控制部分　主要由调压阀、过滤器、电磁阀、双外压力表、制动主管压力传感器、制动缸压力传感器、空气管路及管路接头等组成。气路控制原理如图 2-99 所示。

a. 电磁阀　在微机控制下动作,使相应空气通路导通或关闭,其作用相当于原单车试验器操纵手把。

b. 制动主管、制动缸压力传感器　将制动主管、制动缸压力以电信号的形式提供给系统微机,以便于完成试验过程的自动控制。

②手动按钮控制部分　将面板上的手动/自动切换按钮倒向手动侧,此时面板下方的"快

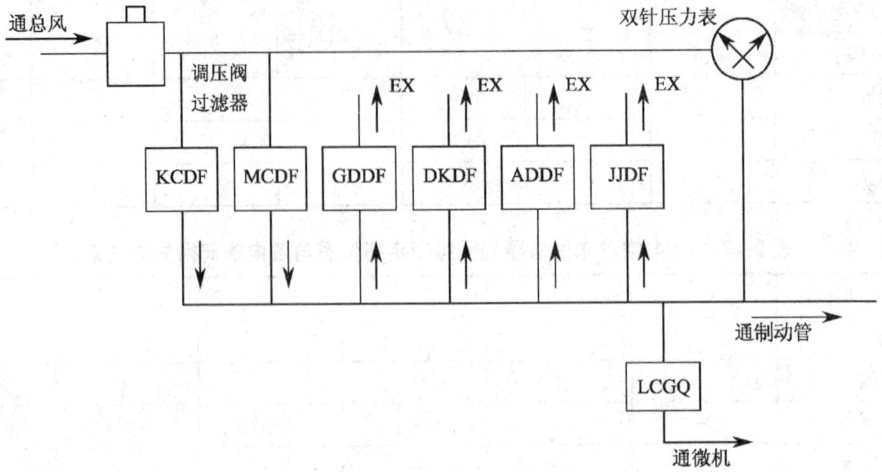

图 2-99　气路原理图

KCDF—快充电磁阀,通路上有直径为 6.4 mm 缩孔;MCDF—慢充电磁阀,通路上有直径为 1.0 mm 缩孔;
CDDF—感度电磁阀,通路上有直径为 1.2 mm 缩孔;DKDF—电空电磁阀,通路上有直径为 1.5 mm 缩孔;
ADDF—安定电磁阀,通路上有直径为 2.4 mm 缩孔;JJDF—紧急电磁阀,通路上有直径为 4.8 mm 缩孔;
LCGQ—制动主管压力传感器

注:当所有电磁阀都失电时,所有的空气通路都被切断,单车试验器处于保压状态。

充"、"慢充"、"感度"、"电空"、"安定"、"紧急"6 个电磁阀按钮及"制动"、"缓解"、"保压"、"紧急"四个继电器按钮有效,按下某一按钮,则该按钮上的灯将点亮,相应的电磁阀或继电器得电。

③微机自动控制部分　将面板上的手动/自动切换按钮倒向自动侧,此时 6 个电磁阀和 4 个继电器将由微机来控制,而 10 个手动按钮将失效。微机的键盘由 20 个键组成,包括"0"～"9"10 个数字键和"确认"、"修改"、"中止"、"打印"、"删除"、"上翻"、"下翻"、"忽略"、"返回"、"退出"10 个功能键。微机的显示屏在键盘的上方,用于显示输出检测内容和提示信息。

④电源及其他部分　电源部分由两部分组成。

a. 交流 220 V 经 AC/DC 模块转换成直流可调 85～110 V 供电磁阀使用。

b. 交流 220 V 经开关电源变换后,输出电压为+5 V、−5 V、+12 V、−12 V 直流电压,供工控机及其外围电路使用。

2. WD-2 微控客车单车试验器

(1)组成

WD-2 型单车试验器主要由气路和电路两部分组成。气路设计见图 2-100,电路设计见图 2-101。

(2)结构特点

①可对 GL3、104、F8 型空气制动机,104 型电空制动机、F8 型电空制动机等进行各项单车性能试验;

②具有自检功能。WD-2 型微机控制客车单车试验器每半个月自检一次,时间自 15 日依次递减,一直到零,若单车试验器未进行自检,那么就不能进行试验;

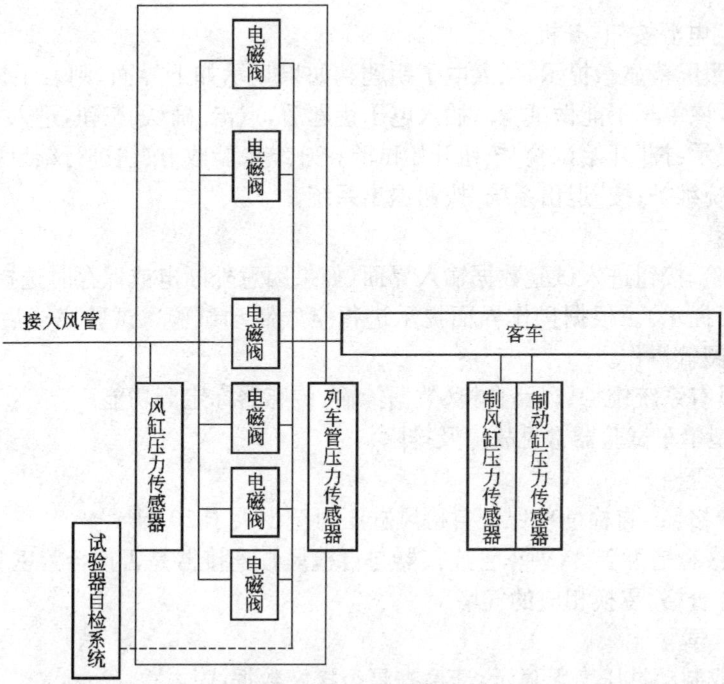

图 2-100 WD-2 型单车试验器气路设计原理图

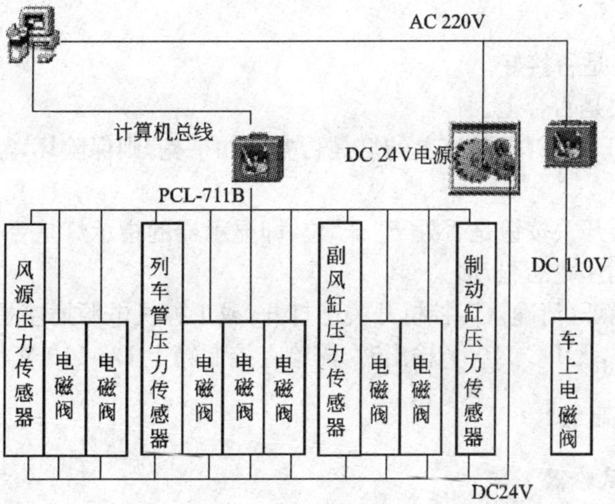

图 2-101 WD-2 型单车试验器电路设计原理图

③显示采用触摸屏，操作运用方便；

(3)操作说明

①试验准备

a. 接通单车电源。如果需进行电空试验，应接好电空线。

b. 将传感器分别安装在副风缸和制动缸上，接好数据传输线。

注：对于单元制动缸和密封式制动缸车辆，应在制动主管上加装三通，将制动缸传感器安

装在三通上。

c. 按下绿色电源按钮,开机。

开机后,按照屏幕显示提示,插入电子钥匙。如果显示如下界面,则表示该单车需进行自检,自检合格前,该单车不能做试验。插入电子钥匙后,点击[确认]按钮,进入系统主界面。根据系统主界面提示:按[开始试验]按钮开始试验;按[结果验收]按钮进行结果验收;按[系统维护]按钮进入系统维护;按[退出系统]按钮退出系统。

②开始试验

按[开始试验]按钮进入试验数据输入界面(如果因意外断电或保存时选择了"暂存"选项,则出现相应界面提示)。根据操作界面提示进行空气制动试验。试验完毕后,可进行结果验收、数据报表调阅等操作。

该设备还具有系统维护、风路自检、数据传输、传感器标定等功能。

(4)WD-2 型单车试验器常见故障及排除

①自检时不合格

慢充位不合格:a. 自检前应保证自检风缸压力至少大于 50 kPa。

b. 检查传感器是否上紧,列车管连接器与自检风缸连接器是否接合紧密。

其他位置不合格:更换相应的气堵

②风压显示异常

a. 副风缸或制动缸压力无显示:请检查是否接好数据线。

b. 压力显示为 700 kPa 不变:数据线有损坏,可能外表皮磨损,造成短路,需更换数据线。

③数据导出出现"实时错误 13"时,须注意输入的年份、月份、日期应在正常范围内.

④指示灯不亮

a. 检查电源插座是否接好。

b. 检查空气开关是否合上。

c. 检查保险 FU1、FU2(保险座上的灯是否亮),如果亮,则保险坏,需更换保险。

⑤显示器不亮

a. 请检查显示器开关按钮是否处于"开"位,即显示器的指示灯是否亮。

b. 显示器电源插座是否松动。

c. 如果指示灯闪烁,请确认工控机开关已打开,或工控机电源插座是否松动。

⑥做电空试验时,无 DC 110 V 输出时,需检查控制箱上 DC 110 V 保险。

四、列车试验器(高级)

(一)LC 型列车试验器

LC 型列车试验器由 JZ-7 型自动制动阀、中继阀、滤尘器、压力表、风缸等组成,其外形如图 2-102(a)所示,其原理图如图 2-102(b)所示。

1. 自动制动阀

自动制动阀是列车试验器中的控制部分,其结构如图 2-103 所示。

自动制动阀由管座、阀体、调整阀、紧急放风阀、重联柱塞阀、缓解柱塞阀、客货车转换阀等组成。

(1)管座阀体部分

管座上设有:均衡风缸管、列车制动主管、总风缸管、中均管、撒砂管、过充管、遮断阀管、单

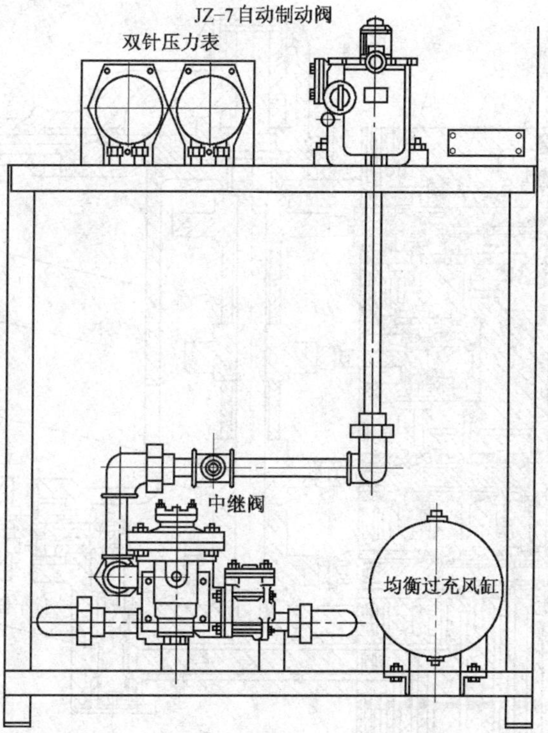

图 2-102(a)　LC 型列车试验器外形

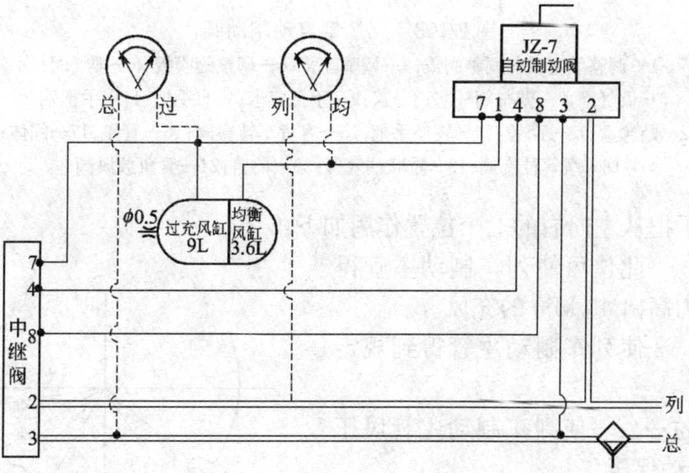

图 2-102(b)　LC 型列车试验器原理图

独缓解管和单独作用管等 9 根管路。列车试验器只用前 4 根管，后 5 根管用丝堵堵塞。阀体上联接上盖、凸轮盒、调整阀盖及前盖等。

自动制动阀为自动保压式，有七个作用位置：过充位、运转位、最小减压位、最大减压位、过量减压位、手柄取出位和紧急制动位。其中过量减压位（五位）手柄取出位（六位）对列车试验器没有用途。自动制动阀手把位置如图 2-104 所示。

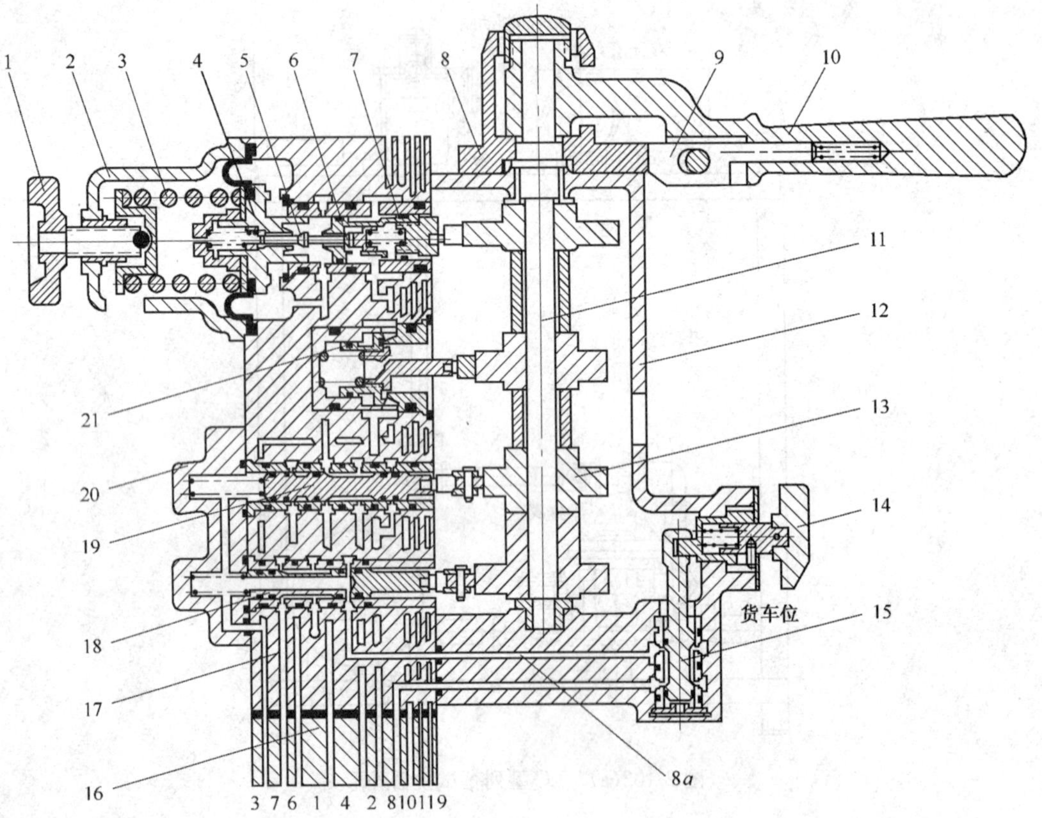

图 2-103　JZ-7 型自动制动阀

1—调整手轮;2—调整阀盖;3—调整弹簧;4—调整阀膜板;5—排气阀;6—供气阀;7—调整阀柱塞;8—盖;9—手把定卡;10—手把;11—手把轴;12—凸轮盒;13—凸轮;14—转换手把;15—客货车转换阀;16—管座;17—间体;18—缓解柱塞阀;19—重联柱塞阀;20—前盖;21—紧急放风阀

自动制动阀手把从左向右的七个位置作用如下:

①过充位——此位可使列车制动主管得到比原规定的压力高出 40 kPa 的充风。

②运转位——使列车制动主管得到规定的压力。

③最小减压位——使列车制动主管风压降低 50 kPa 后自动保压。

④最大减压位——使列车制动主管风压降低 170 kPa 后自动保压。

⑤过量减压位——使列车制动主管风压降低 250 kPa 后自动保压。

⑥手柄取出位——均衡风缸压力降低 250 kPa,同时切断中继阀的作用,并可取出手把。

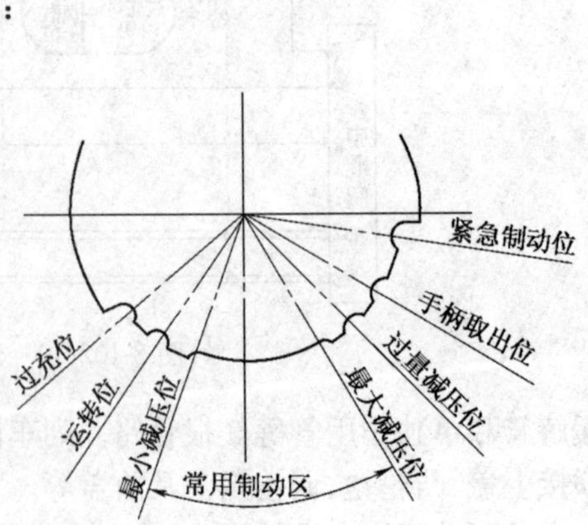

图 2-104　JZ-7 型自动制动阀手把位置

⑦紧急制动位——将列车制动主管压力空气迅速排尽。

(2)调整阀

调整阀由弹簧膜板、排气阀、供气阀、柱塞及手轮等组成。

(3)紧急放风阀是由放风阀、阀座及阀杆组成的无压差阀。

(4)重联柱塞阀由柱塞、柱塞套、复原弹簧及O形圈组成。

(5)缓解柱塞阀由带有中心孔的柱塞、柱塞套、复原弹簧及O形圈等组成。

(6)客货车转换阀由转换手柄、偏心轴、二位柱塞、柱塞套、O形圈及弹簧挡圈等组成。

2. 中继阀

中继阀为双阀口止阀结构，由主活塞、膜板、排气阀、供气阀、阀座、阀体、过充盖、过充柱塞、顶杆、各作用弹簧及管座等组成。中继阀上部的总风遮断阀部分，由阀体、遮断阀、阀套、弹簧及管座等组成。其结构如图 2-105 所示。

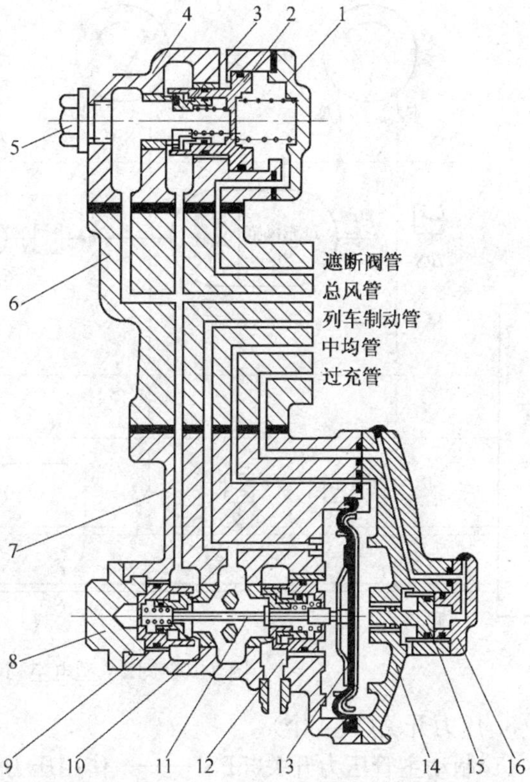

图 2-105　中继阀

1—遮断阀盖；2—阀套；3—遮断阀；4—遮断阀体；5—螺盖；6—管座；7—阀体；8—螺盖；9—供气阀；10—供、排气阀座；11—顶杆；12—排气阀；13—膜板；14—盖；15—过充柱塞；16—过充盖

3. 滤尘器为多孔滤芯（60～80 目）粉末冶金制品。

4. 压力表为两块双针表，其中一块红针为列车制动主管压力，黑针为均衡风缸压力。另一块红针表示总风缸压力，黑针为过充风缸压力。

5. 风缸为双室一体焊接式，一侧为过充风缸，容积为 9L，缸头设消除过充风缸压力 0.5 的缩堵。另一侧为均衡风缸，容积为 3.6 L。

(二)JZ-7 型电空列车试验器

JZ-7 电空列车试验器是设于地面的固定式列车电空制动试验设备。可以试验 104 加电空和 F8 加电空的编组列车以及两者混编或非电空制动的客货列车。

此种列车试验器由 JZ-7 型自动制动阀、中继阀、空气过滤器、压力表、风缸、空电转换控制器、压力开关、电磁阀等组成。其结构原理如图 2-106 所示。

1. 本列车试验器的 JZ-7 型自动制动阀、中继阀、空气过滤器、压力表、双室风缸等与 LC 型列车试验器上的同类品相同。

2. 空电转换控制器是以均衡风缸与列车制动主管压力差来控制制动、保压、缓解电信号的产生，从而控制车辆电空制动机实现制动、保压、缓解作用。当移动自动制动阀手把使均衡风缸减压时，空电转换控制器均衡风缸一侧压力减小，从而推动其膜板，膜板产生位移触动微动开关，因而产生制动电信号。同理，空电转换控制器膜板两侧压力平衡时，产生保压电信号。空电转换控制器均衡风缸一侧压力增压时，产生缓解电信号。

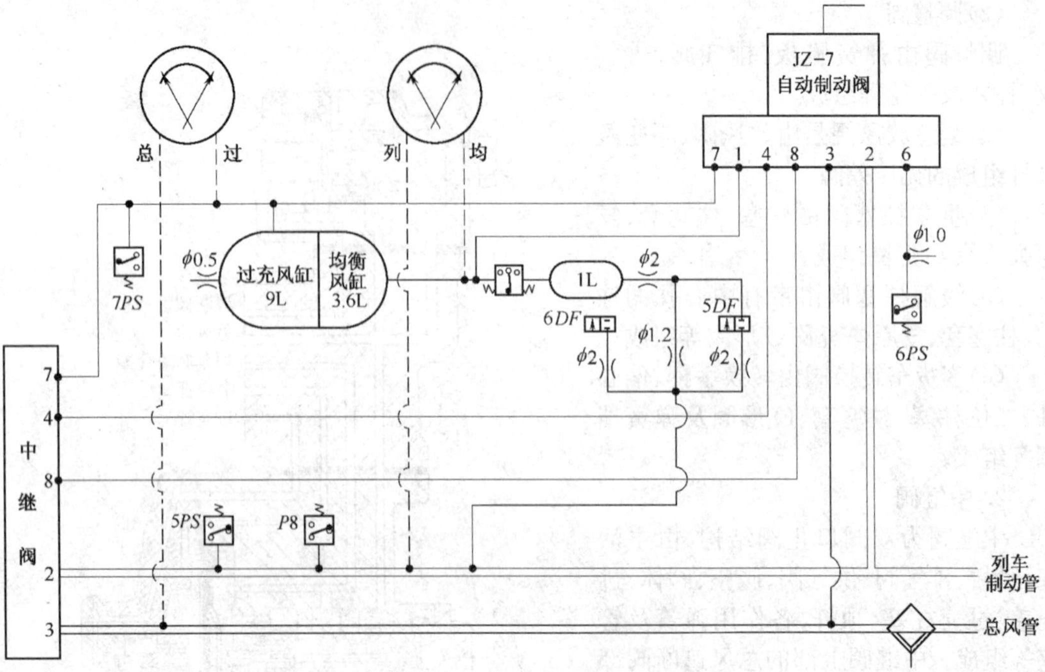

图 2-106 JZ-7 型电空列车试验器结构原理

3. 压力开关(共 4 个)

(1)制动主管压力开关“5PS”——作用压力调整在 590 kPa 左右。当列车制动主管压力升压超过 590 kPa 时,空电转换控制器膜板两侧压力平衡产生保压电信号,“5PS”的作用就是消除这一电信号。

(2)制动主管压力开关“P8”——作用压力调整在 360 kPa 左右。当移动自动制动阀手把至过量减压位时,易出现制动主管压力低于均衡风缸压力而产生缓解电信号,“P8”的作用就是切断产生的缓解电信号。

(3)撒砂管压力开关“6PS”——作用压力调整在 100 kPa 左右。当移动自动制动阀手把至紧急制动位时,撒砂管有压力空气流入,“6PS”的作用就是产生紧急制动电信号。

(4)过充风缸压力开关“7PS”——作用压力调整在 100 kPa 左右。当移动自动制动阀手把至过充位时,制动主管压力将比均衡风缸高 25～40 kPa。“7PS”的作用就是切断产生的制动电信号。

4. 6DF、5DF 电磁阀

(1)6DF——制动时协助制动主管排风,排风孔径 2 mm。

(2)5DF——控制空电转换器制动主管一侧的空气流量。

复习思考题

1. 何谓基础制动装置?

2. 基础制动装置的摩擦及转动部分为何须涂润滑脂?

3. 简述现行客车用气动闸瓦间隙自动调整器的工作原理是什么。
4. ST1-600型闸瓦间隙调整器是何种结构的闸调器？它的优缺点是什么？
5. 何谓盘形制动？它有何优缺点？
6. 何谓车辆制动机？
7. 何谓空气制动机？如何分类？
8. 影响车轮与闸瓦间摩擦系数的因素有哪些？
9. 请描述104型电空制动机五芯电缆分别连接哪只电磁阀？
10. 简述104分配阀主阀组成及各部作用。
11. 什么叫制动？什么叫制动机？
12. ST1-600型闸调器的三个基本作用是什么？
13. 盘形制动与闸瓦制动相比，有何优点？
14. U_5A型空重车阀的主要作用是什么？由哪几部分组成？
15. 701、705试验台分别有哪几个作用位置？
16. 客车空气制动系统有哪些配件组成？
17. F8型分配阀与以前的客车分配阀相比，有何特点？
18. 远心集尘器有何用途？由哪些零件组成？
19. 简述TFX1型防滑器的组成。
20. 简述铁路客车运行安全监控系统的作用。

第三章　货车制动机

货车空气制动机主要是由制动阀(三通阀、分配阀或控制阀)、制动软管、折角塞门、制动主管、制动支管、截断塞门与远心集尘器的组合体、副风缸、压力风缸(或加速缓解风缸)、制动缸、空重车调整装置等零部件组成。货车制动阀的型号有 GK 型、103 型、120/120-1 型等。各型空气制动机的组成,由于作用特点各有区别而稍有不同。

第一节　各型空气制动机的组成特点

一、GK 型空气制动机

GK 型空气制动机组成如图 3-1 所示。其特点是:使用与规格为 $\phi 356\ \text{mm} \times 254\ \text{mm}$ 的制动缸配套使用的 GK 型三通阀和 59L 副风缸;使用手动空重车调整装置(包括降压气室、安全阀、空重车转换塞门、空重车指示牌及调整手把等)。

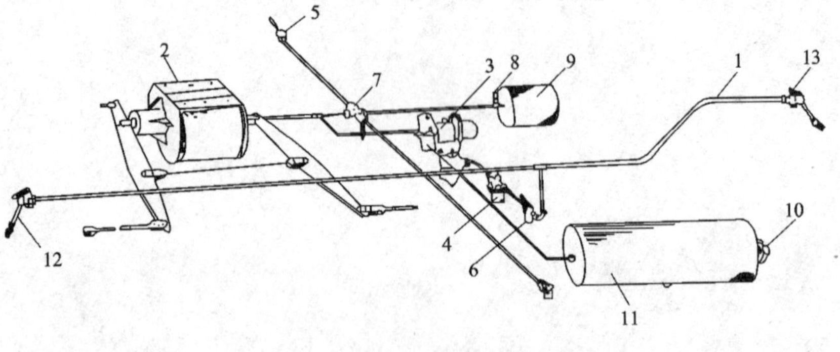

图 3-1　GK 型空气制动机

1—制动主管;2—制动缸;3—GK 型三通阀;4—远心集尘器;5—空重车指示牌及调整手把;6—截断塞门;7—空重车转换塞门;8—安全阀;9—降压气室;10—缓解阀;11—副风缸;12—制动软管及连接器;13—折角塞门

二、103 型空气制动机

103 型空气制动机组成如图 3-2 所示。其特点是:以 103 型分配阀代替三通阀,设有一个容积为 11L 的工作风缸,分配阀本身设有空重车调整部。

103 型空气制动机可以根据车辆载重吨位的大小来选配制动缸和副风缸。

三、120 型空气制动机

120 型空气制动机组成如图 3-3 所示。120 型空气制动机设置了加速缓解阀和加速缓解风缸,提高了列车的缓解波速;设置了半自动缓解阀,可实现人工缓解作用;使用空重车自动调整装置,根据车辆载重自动调整制动缸压力,实现制动力的无级调整。

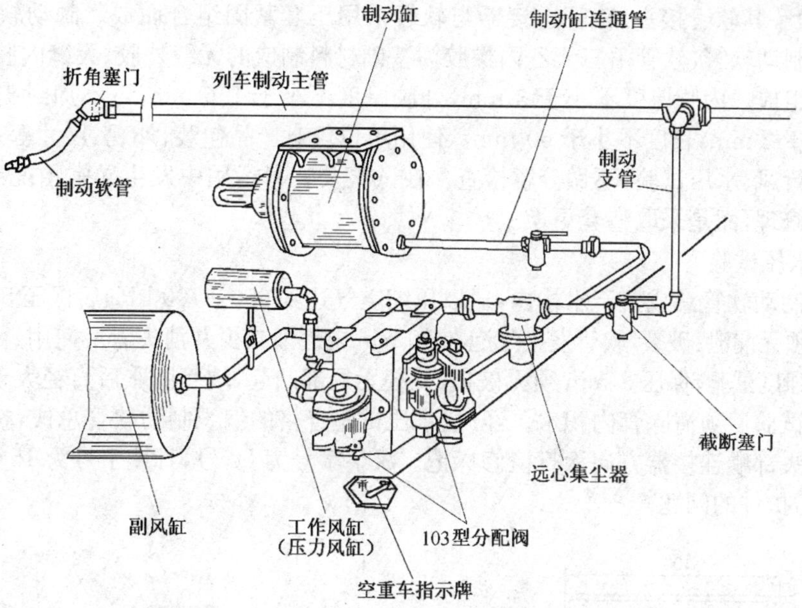

图 3-2　103 型空气制动机

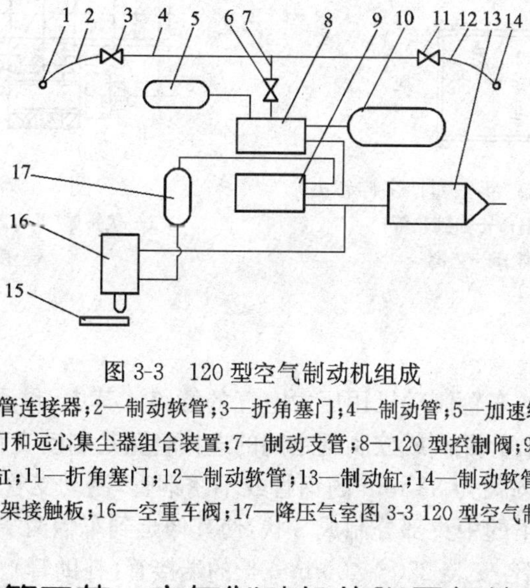

图 3-3　120 型空气制动机组成

1—制动软管连接器；2—制动软管；3—折角塞门；4—制动管；5—加速缓解风缸；6—截断塞门和远心集尘器组合装置；7—制动支管；8—120 型控制阀；9—比例阀；10—副风缸；11—折角塞门；12—制动软管；13—制动缸；14—制动软管连接器；15—侧架接触板；16—空重车阀；17—降压气室图 3-3 120 型空气制动机

第二节　空气制动机的附属部件

一、制动软管

1. 用途

制动软管的作用是连接相邻各车辆的制动主管，并能在列车通过曲线或各车辆互相伸缩时不妨碍压力空气的畅通。

2. 构造

制动软管由波纹接头、套箍、橡胶软管、波纹连接器体、垫圈五部分组成（见客车制动软管总成图 2-16)。其软管接头、软管连接器与软管采用压套紧固组合而成。制动软管连接器的胶管称编织制动软管,软管由三元乙丙橡胶为基础材料制成的无缝外胶、无缝内胶及三个化纤编织增强层组成。内胶厚度不小于 3 mm,外胶厚度不小于 1.5 mm,可不加封头胶。压套钢板厚度不小于 2 mm,长度不小于 60 mm。使用单位仅对产品包装、外观、尺寸等进行检查,装车使用前进行风、水压试验,不做分解检查。在试验及装车运用中发生异常情况或故障,使用部门不进行修理,而是采取整套更换。

3. 风、水压试验

将编织制动软管总成置于水槽内,通以压缩空气达到 650～700 kPa 后保压 5 min,编织制动软管总成须无漏泄、破裂,软管发生气泡在 10 min 内逐渐减少并消失者可使用。以 1 000 kPa 的水压进行强度试验,保压 2 min 须无破损、外径无局部凸起,软管膨胀后直径大于 ϕ57 mm 时更换。水压试验后须清除管内积水。经风、水压试验合格的编织制动软管总成,按图 3-4 用白磁漆在其中央部顺连接器方向涂打检修标记。汉字字号为 20 号,日期字号为 15 号,标记颜色为白色。(防护件的问题)

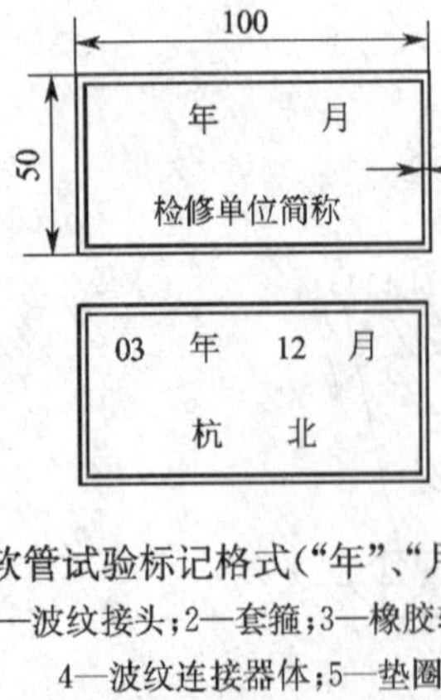

图 3-4 软管试验标记格式(“年”、“月”字样省去)

1—波纹接头;2—套箍;3—橡胶软管;
4—波纹连接器体;5—垫圈

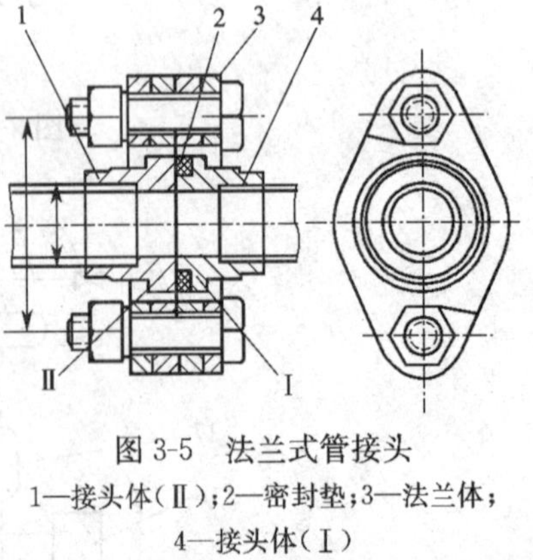

图 3-5 法兰式管接头

1—接头体(Ⅱ);2—密封垫;3—法兰体;
4—接头体(Ⅰ)

二、制 动 管

制动管是指用于输送车辆制动机用压力空气的管路。其中,贯通全车辆的制动管为制动主管;制动主管与三通阀、分配阀或控制阀之间的连接管路是制动支管。

货车制动主管使用内径为 32 mm 的钢管或不锈钢管,制动支管使用内径为 25 mm 的钢管。制动主管在车底架下的中央部分制成 S 状,使其伸延到车辆两端梁的右侧,稍露出端梁外部。露出端梁部分,两端各安装 250～400 mm 长的端接管(补助管)。

制动管的各接头采用管螺纹连接和法兰连接(如图 3-5 所示)。

三、塞 门

用于开关空气的通路。根据安装位置和用途的不同,塞门可分为折角塞门、截断塞门、空重车转换塞门、排水塞门和制动缸缓解塞门等。

1. 空重车转换塞门

空重车转换塞门(图 3-6)安装在制动阀制动缸与降压气室的连接管上,用以控制制动缸与降压气室间的通路,空车时开放,重车时关闭。

2. 折角塞门

折角塞门安装在制动主管的两端，用以开通或关闭主管和软管间的通路（见客车图 2-18b 所示球芯式折角塞门）。

3. 截断塞门

截断塞门安装在制动支管上远心集尘器的前方，目前大都与远心集尘器组合使用[球芯组合式截断塞门见图 2-18(e)]。

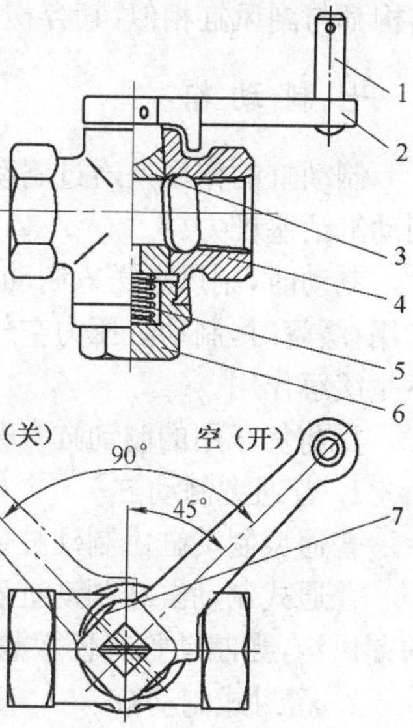

图 3-6 空重车转换塞门

1—传动销；2—手把；3—塞门芯；4—塞门体；5 弹簧；6—弹簧托盖；7—销子

四、远心集尘器

远心集尘器用以收集由制动主管压力空气中带来的砂土、水分、锈垢等不洁物质，以清洁的压力空气送入制动阀，保证制动阀的正常作用。

远心集尘器安装在制动支管上的截断塞门与制动阀的中间，通常是在距制动阀 600 mm 以内。安装远心集尘器时，应注意：

1. 方向不要装反，集尘器体表面箭头应指向制动阀；
2. 集尘器体保持垂直位置，否则将失去集尘作用。

远心集尘器有组合式与独立式两种不同形式。组合式是远心集尘器与截断塞门铸造为一体。独立式为单一远心集尘器。

五、副 风 缸

副风缸用于贮存压力空气。在制动时，通过三通阀或分配阀的作用将其压力空气送入制动缸，发挥制动作用。

货车用的副风缸（如图 3-7 所示），用钢板焊制成圆筒形，两端都焊以凸状或半凸状的端板，用钢管连接和制动阀相通。副风缸体的下方设有一个直径 13 mm 的丝孔，以便安装排水堵，能及时排出缸内的污物和凝结水。

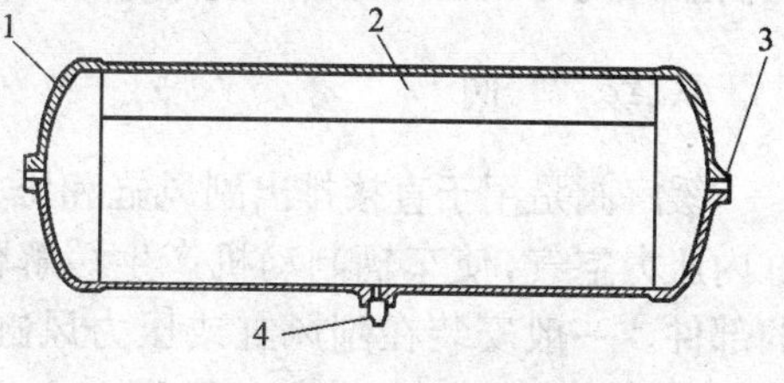

图 3-7 副风缸

1—端盖；2—缸体；3—管接头；4—排水堵

各型制动机配用的副风缸容积见表 3-1。

六、工作风缸和加速缓解风缸

103 型制动机的工作风缸和 120 型制动机的加速缓解风缸，都是用钢板焊制而成的，基本

表 3-1 各型制动机配用的副风缸和制动缸对照表

制动机	副风缸容积	制动缸规格
GK 型	59 L	356 mm×254 mm
103 型	100 L	356 mm×254 mm
	59 L	254 mm×254 mm
120 型	40 L	254 mm×254 mm
	60 L	356 mm×254 mm

结构都与副风缸相似,其容积为 11 L。

七、制 动 缸

制动缸的作用是通过制动阀的作用,在制动时接受副风缸送来的压力空气,变空气压力为制动缸活塞推力。

制动时,副风缸送入制动缸的压力空气进入制动缸后盖及活塞之间,推动活塞,发生制动作用;缓解时,制动缸压力空气由制动阀排气口排向大气后,活塞借缓解弹簧的弹力推回原位,发生缓解作用。

目前货车用的制动缸有普通型、密封式和旋压密封式制动缸。

1. 普通型制动缸

普通型制动缸由制动缸体、制动缸盖、活塞、活塞杆及缓解弹簧等组成。

普通式制动缸在制动缸后盖进风口处的缸壁的顶端设有长 75 mm、宽 3 mm、深 1.5 mm 的漏风沟,当制动管有轻微漏泄或制动阀有故障时可避免产生自然制动。

2. 密封式制动缸

密封式制动缸目前有 254 mm×254 mm、356 mm×254 mm 和 305 mm×254 mm 三种规格。

254 mm×254 mm 规格的制动缸的缸体结构有一体式和分开式,一体式是把制动缸后盖与缸体铸造在一起,制动缸前盖则有铸铁件和钢板压型件两种。

密封式制动缸在前盖与活塞杆之间装有滤尘套(铸铁前盖为滤尘器),其结构如图 3-8 所示。

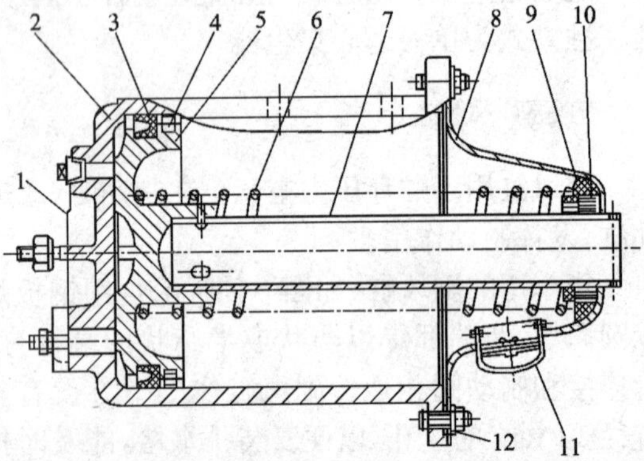

图 3-8 密封一体式制动缸

1—后盖;2—缸体;3—皮碗;4—润滑套;5—活塞;6—缓解弹簧;7—活塞杆;8—前盖;9—弹簧座;10—前盖滤尘套;11—滤尘器组成;12—前盖垫

3. 旋压密封式制动缸

旋压密封式制动缸又称压型密封式制动缸,主要由缸座组成、缸体组成、前盖组成、活塞等部件组成,如图 3-9 所示。目前有 254 mm×254 mm 和 356 mm×254 mm 两种规格。

八、缓 解 阀

缓解阀是用于直接排出副风缸和压力风缸内压力空气,使车辆制动机产生缓解作用的部件。一般安装在副风缸或压力风缸上。在缓解杆的两侧各安装有直径为 10 mm 的圆钢拉杆,并延至车体的两侧。拉动任意一侧的拉杆,都可使阀在缓解杆的作用下离开阀座,副风缸或工作风缸内的压力空气便经过此间隙及排气孔排向大气;当松开拉杆时,阀在弹簧的弹力作用下恢复原位,停止排气。

九、压力表(又称风表)

压力表用于显示制动管内的空气压力。其构造见图 2-21 压力表所示。压力表内部为一条圆弧形的扁铜管,一端和制动支管连接,另一端扁管尖端连接连杆、杠杆和扇形齿轮,表中央部分安装一个小齿轮,和扇形齿轮吻合,小齿轮中央有固定轴,轴上安压力表指针,指针和小齿轮间设有一块带有刻度和字码的表盘。

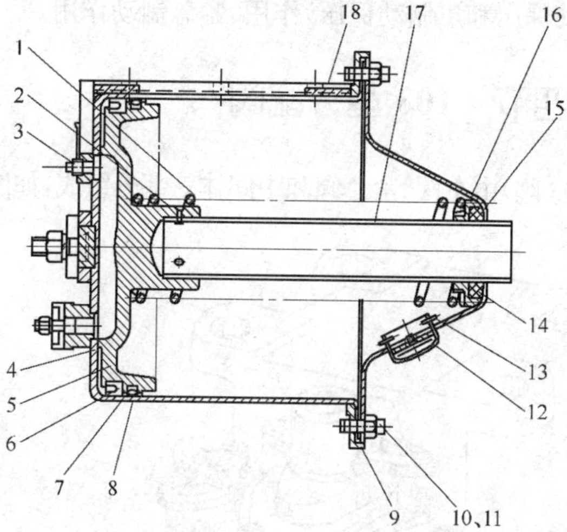

1—缓解弹簧；
2—铆钉；
3—螺堵；
4—缸体组成；
5—活塞；
6—Y形皮碗；
7—毡托组成；
8—润滑套前盖；
9—前衬垫；
10—T形螺栓；
11—螺母；
12—滤尘器组成；
13—销；
14—前盖滤尘套组成；
15—前盖组成；
16—弹簧座；
17—活塞杆；
18—缸座组成

图 3-9　旋压密封式制动缸

向制动管充入压力空气时，压力空气进入压力表扁铜管内，扁铜管受压力作用，就向直线方向伸张，带动连杆和杠杆，使扇形齿轮和小齿轮转动一定的角度，指针也随之转动，根据指针在表盘上指示的读数，就可知道制动管的压力。如排出制动管内压力空气，扁管依其弹力恢复到原来的静止状态。小齿轮轴上安有一卷弹簧，故当管内失去风压后，指针依其弹力作用也可恢复原位。

第三节　GK 型三通阀

三通阀作为 GK 型空气制动机中的最主要部件，它的动作决定着何时制动管内的压力空气充入副风缸、何时副风缸内的压力空气送入制动缸、何时制动缸内的压力空气排至大气。由于它和制动管、副风缸、制动缸三者相通，故称三通阀。

1. GK 型三通阀构造作用

GK 型三通阀的外形如图 3-10 所示，按其作用性能分为作用部、递动部、减速部和紧急部四部分。

(1)作用部：根据制动管压力的不同变化(增压、减压、保压)情况，实现制动机产生相应的作用(缓解、制动、保压等作用)。

(2)递动部：根据制动管不同的减压速度，实现制动机产生不同的制动(急制动、全制动、紧急制动)作用。

(3)减速部：根据制动管不同的增压速度，实现制动机产生不同的充气和缓解作用(全充气全缓解作用以及减速充气减速缓解作用)。

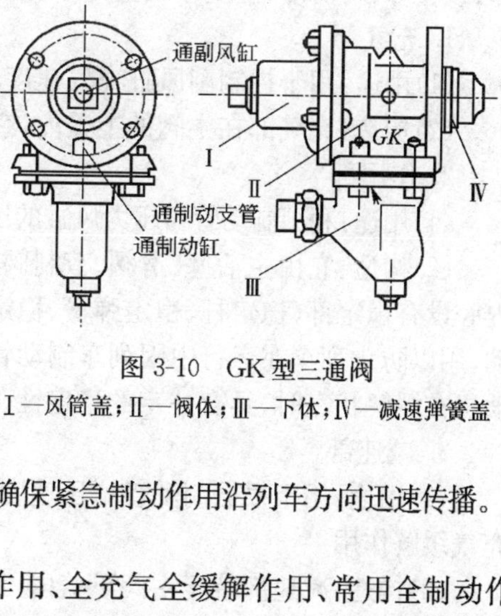

图 3-10　GK 型三通阀

Ⅰ—风筒盖；Ⅱ—阀体；Ⅲ—下体；Ⅳ—减速弹簧盖

(4)紧急部：在紧急制动时产生相应的动作，实现制动缸变速充气，同时使制动管产生紧急局部减压作用，确保紧急制动作用沿列车方向迅速传播。

2. GK 型三通阀的作用位

GK 型三通阀有六个作用位：减速充气减速缓解作用、全充气全缓解作用、常用全制动作用、急制动作用、制动保压(分全制动保压和急制动保压)作用、紧急制动作用。

第四节　103 型分配阀

103 型空气分配阀(以下简称 103 阀)由主阀、紧急阀和中间体三部分组成,如图 3-11 所示。

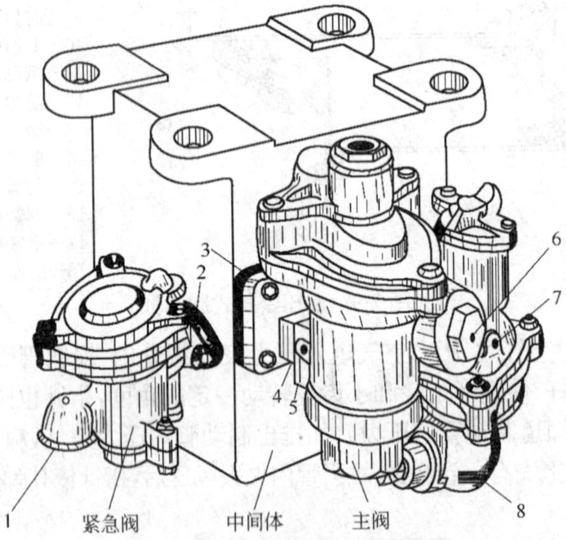

图 3-11　103 型分配阀

1—紧急阀排气口;2—紧急阀垫;3—主阀垫;4—局减室排气口;5—作用部排气口;6—局减室大气口;7—均衡部排气口;8—空重车调整部

一、主　　阀

主阀是分配阀组成中最主要的部分,控制充气、缓解、制动、保压等作用,它由充气部、作用部、减速部、均衡部、空重车调整部、局减阀和紧急二段阀等七部分组成,如图 3-12 所示。

1. 充气部

(1)用途:用于控制副风缸充气速度与压力风缸充气速度协调一致。

(2)构造:充气部在主阀的上盖内,它由充气阀与充气止回阀组成,如图 3-13 所示。

2. 作用部

(1)用途:利用制动管与压力风缸的压力差,产生充气、局减、制动、保压、缓解等作用的机构。

(2)构造:它由主活塞、滑阀、节制阀及稳定部等组成,如图 3-14 所示。在主活塞杆尾部的内腔设有稳定部(稳定杆、稳定弹簧、稳定弹簧座及挡圈)。在一定程度上阻碍主活塞的向上移动,用以防止列车在运行中因列车制动管的轻微漏泄或压力波动而引起的意外自然制动,使制动机在缓解状态时,具有一定的稳定性。

3. 减速部

(1)用途:用于根据制动管增压速度的不同,控制主活塞下移的幅度,使制动机产生不同的充气缓解作用。

(2)构造:减速部装于主阀下盖内,其结构如图 3-12 所示。

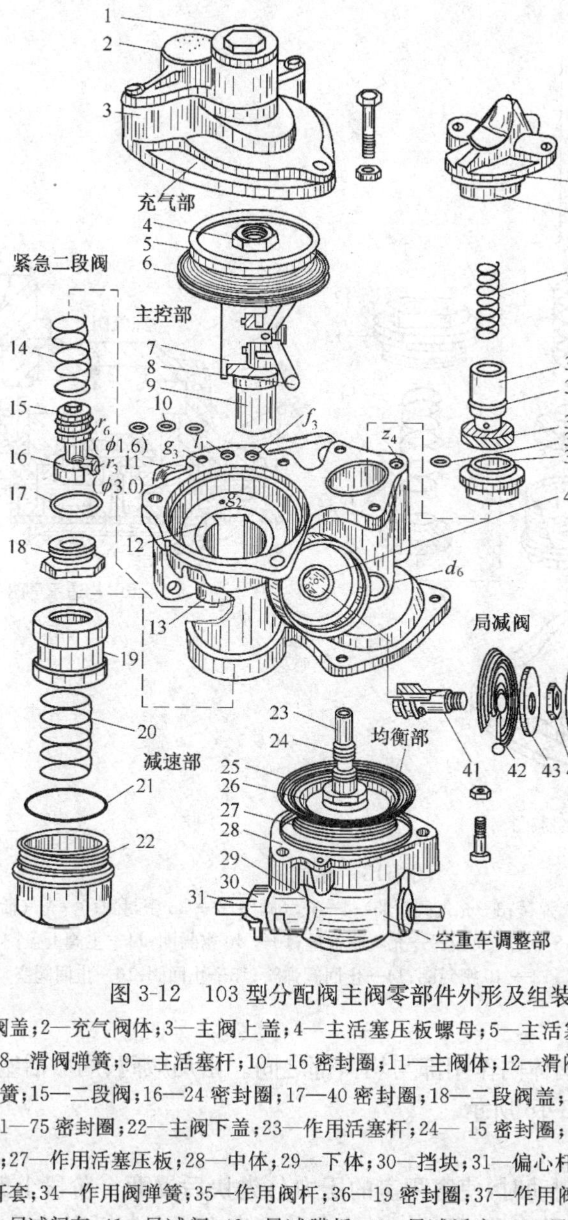

图 3-12　103 型分配阀主阀零部件外形及组装图

1—止回阀盖；2—充气阀体；3—主阀上盖；4—主活塞压板螺母；5—主活塞压板；6—主活塞膜板；7—滑阀；8—滑阀弹簧；9—主活塞杆；10—16 密封圈；11—主阀体；12—滑阀套；13—二段阀套；14—二段阀弹簧；15—二段阀；16—24 密封圈；17—40 密封圈；18—二段阀盖；19—减速弹簧套；20—减速弹簧；21—75 密封圈；22—主阀下盖；23—作用活塞杆；24— 15 密封圈；25—作用活塞膜板；26—作用活塞；27—作用活塞压板；28—中体；29—下体；30—挡块；31—偏心杆；32—作用阀上盖；33—作用阀、杆套；34—作用阀弹簧；35—作用阀杆；36—19 密封圈；37—作用阀；38—滤尘套；39—作用阀座；40—局减阀套；41—局减阀；42—局减膜板；43—局减活塞；44—局减活塞螺母；45—压圈；46—局减阀弹簧；47—局减阀盖

4. 均衡部

(1)用途：用于根据容积室的压力变化来控制制动缸的充气、保压与排气作用。

(2)构造：均衡部位于作用部旁。它由上部的作用阀部、下部的作用活塞部以及 0.8 mm 铜质缩孔堵Ⅱ组成，均衡部的构造如图 3-15 所示。

5. 局减阀

(1)用途　用于在第二阶段局减时，将制动管的压缩空气送入制动缸，使制动管产生局减作用，可提高制动波速，并在制动初期使制动缸获得一个压力的初跃升，可减小制动时闸瓦对车轮的冲击。

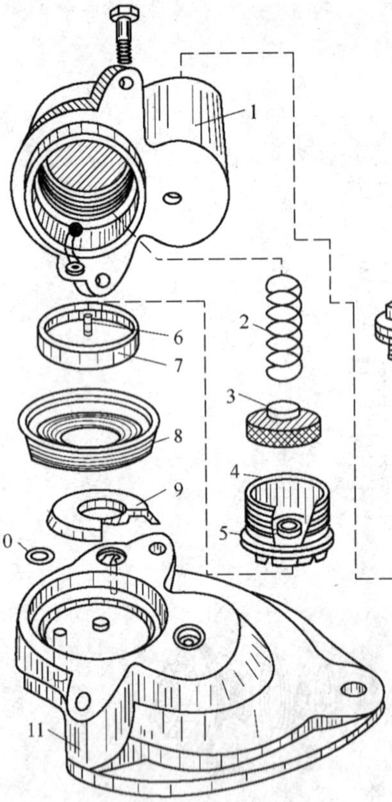

(a) 零件外形及组装图

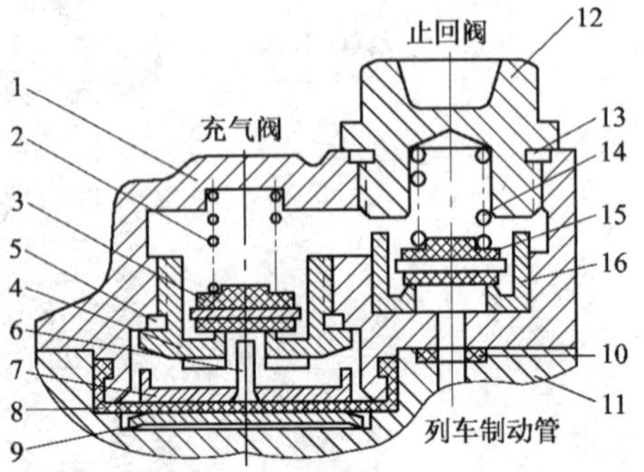

(b) 构造示意图

图 3-13　充气部

1—充气阀体;2—充气阀弹簧;3—充气阀(ϕ25);4—充气阀座;5— 35 密封圈;6—充气活塞顶杆;
7—充气活塞;8—充气膜板;9—充气膜板垫;10— 40 密封圈;11—主阀上盖;
12—止回阀盖;13— 40 密封圈;14—止回阀弹簧;15—止回阀;16—止回阀座

(2)构造　局减阀在主阀体内作用部与均衡部之间。由局减阀、局减活塞、局减膜板、压圈及局减阀弹簧等组成,如图 3-16 所示。

6. 紧急二段阀

(1)用途　用于在紧急制动时,使容积室的压力分先快后慢两个阶段上升,从而使制动缸的压力也分先快后慢两个阶段上升,可减小长大货物列车在紧急制动时的纵向冲动。

(2)构造　其结构如图 3-17 所示。

7. 空重车调整部

(1)用途　用于利用人工调整空重车位,使制动缸压力能根据车辆载重实现二级调整。

(2)构造　空重车调整部装于均衡部下方,其结构如图 3-18 所示。

二、紧 急 阀

1. 用途:用于在紧急制动时加快制动管的排风,使紧急制动作用可靠,提高紧急制动灵敏度和紧急制动波速。

2. 构造:紧急阀由上部的紧急活塞、安定弹簧、下部的放风阀部以及紧急阀盖和密封圈

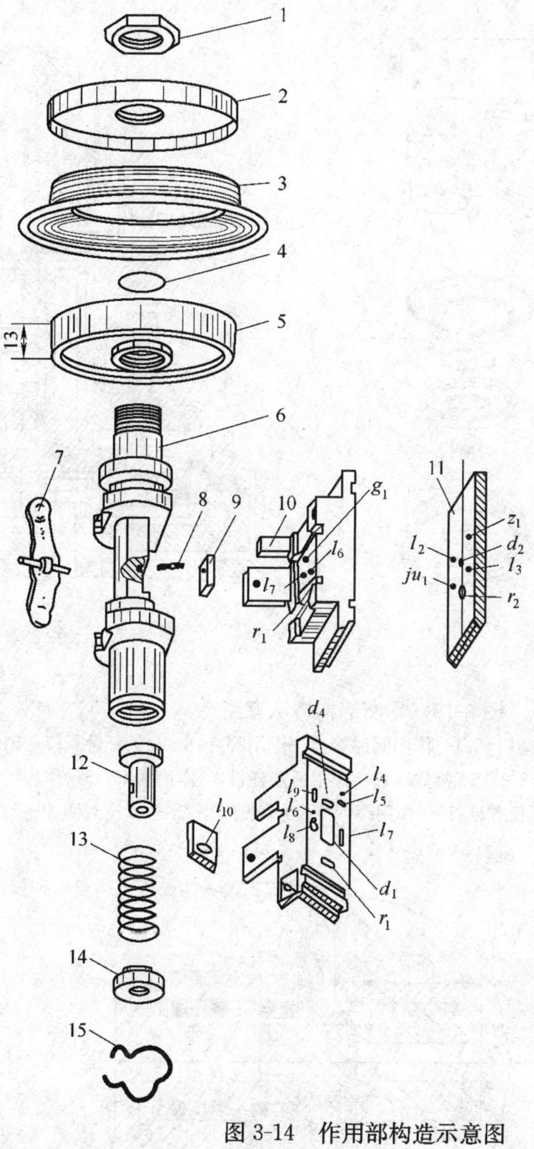

1—主活塞压板螺母；
2—主活塞压板；
3—主活塞膜板；
4— 24 密封圈；
5—主活塞；
6—主活塞杆；
7—滑阀弹簧及销；
8—节制阀弹簧；
9—节制阀；
10—滑阀；
11—滑阀座；
12—稳定杆；
13—稳定弹簧；
14—稳定弹簧座；
15—挡圈

图 3-14　作用部构造示意图

等组成，其构造示意和零件的外形与组装见图 2-10。

三、中 间 体

中间体用于安装其他零件和分配阀，用铸铁制成长方体结构，见客车如图 2-3 所示。中间体内有三个空腔：靠紧急阀安装座侧的上角部的紧急室 J(容积 1.5L)，下角部的局减室 Ju(容积 0.6L)，另一个是占中间体最大容积的容积室 R(容积 3.8L)。

四、103 阀的作用位(高级)

103 阀具有充气缓解、减速充气减速缓解、常用制动、制动保压和紧急制动五个作用位置。

1. 充气缓解位(图 3-19)

列车编组完毕并挂上机车后，机车向列车的制动管开始进行充气，此时，车辆制动机的工

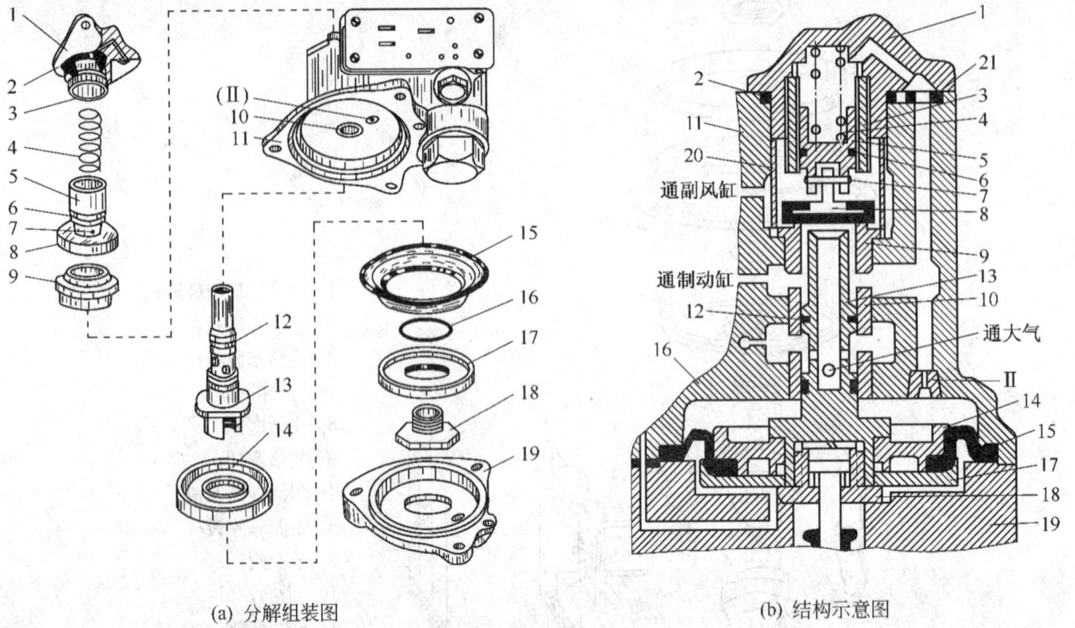

(a) 分解组装图 (b) 结构示意图

图 3-15 均衡部构造示意图

1—作用阀上盖;2— 45 密封圈;3—作用阀杆套;4—作用阀弹簧;5—作用阀杆;6— 19 密封圈;7—销;8—作用阀;9—作用阀座;10—作用活塞杆套;11—主阀体;12— 15 密封圈;13—作用活塞杆;14—作用活塞;15—作用活塞膜板;16— 35 密封圈;17—作用活塞压板;18—作用活塞压板螺母;19—作用阀下盖;20—滤尘套;21— 16 密封圈;Ⅱ—均衡部缩孔堵(ϕ0.8)

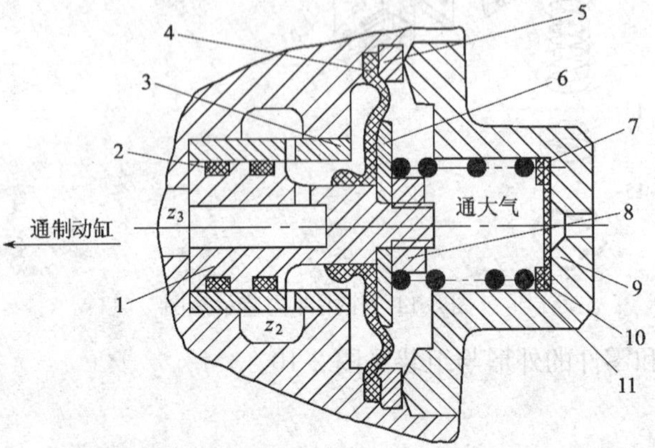

图 3-16 局减阀

1—局减阀;2—密封圈;3—局减阀套;4—局减膜板;5—压圈;6—局减活塞;7—局减阀弹簧;8—螺母;9—局减阀盖;10—毛毡;11—局减阀弹簧垫

作风缸、副风缸、紧急室中都无压缩空气,制动管向这三方面充气,就是初充气。若制动管经过减压时进行制动作用,不论列车在运行中调速或在进站时停车,再缓解制动机时,这三个容器都剩有一定量的压缩空气,在这种情况下,向这三方面充气叫做再充气。在再充气的同时,制动缸向大气排气,达到缓解的作用。充气缓解位发生于列车后部车辆上。列车制动管增压,使各车辆 103 阀主活塞向下移动,但主活塞杆未压缩减速弹簧,滑阀与座上的各充气缓解孔相连

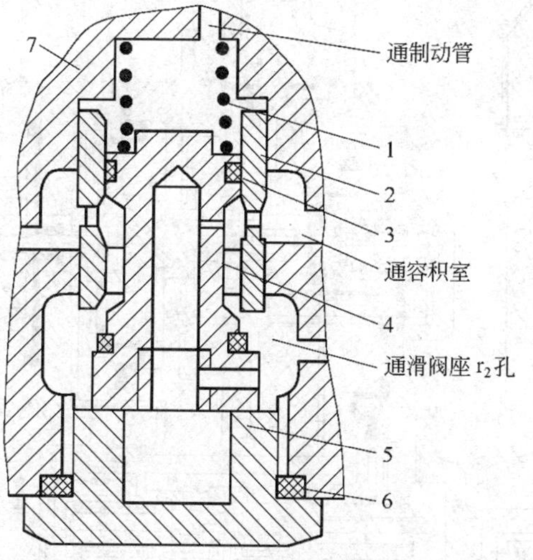

图 3-17 紧急二段阀

1—二段阀弹簧；2—二段阀套；3—ϕ24 密封圈；4—二段阀；5—二段阀盖；6—ϕ40 密封圈；7—主阀体

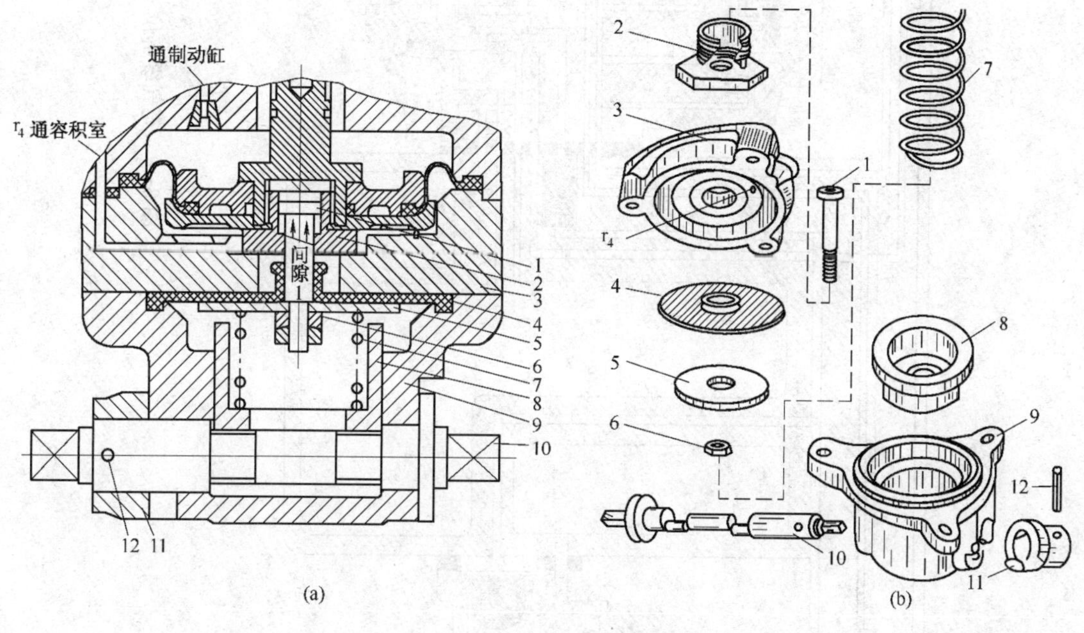

图 3-18 空重车调整部

1—拉杆；2—作用活塞杆帽；3—中体；4—空车腹板；5—空车活塞；6—螺母；7—跳跃弹簧；8—调整套；9—下体；10—偏心杆；11—挡块；12—开口销；r_4—通容积室

通，引出如下空气通路：

(1)充气：制动管压缩空气→l_2→l_5→向压力风缸充气；制动管压缩空气→向副风缸充气；制动管压缩空气→向紧急室充气。

(2)缓解：容积室的压缩空气→r_2→d_1→d_2→排向大气；制动缸的压缩空气→排向大气。

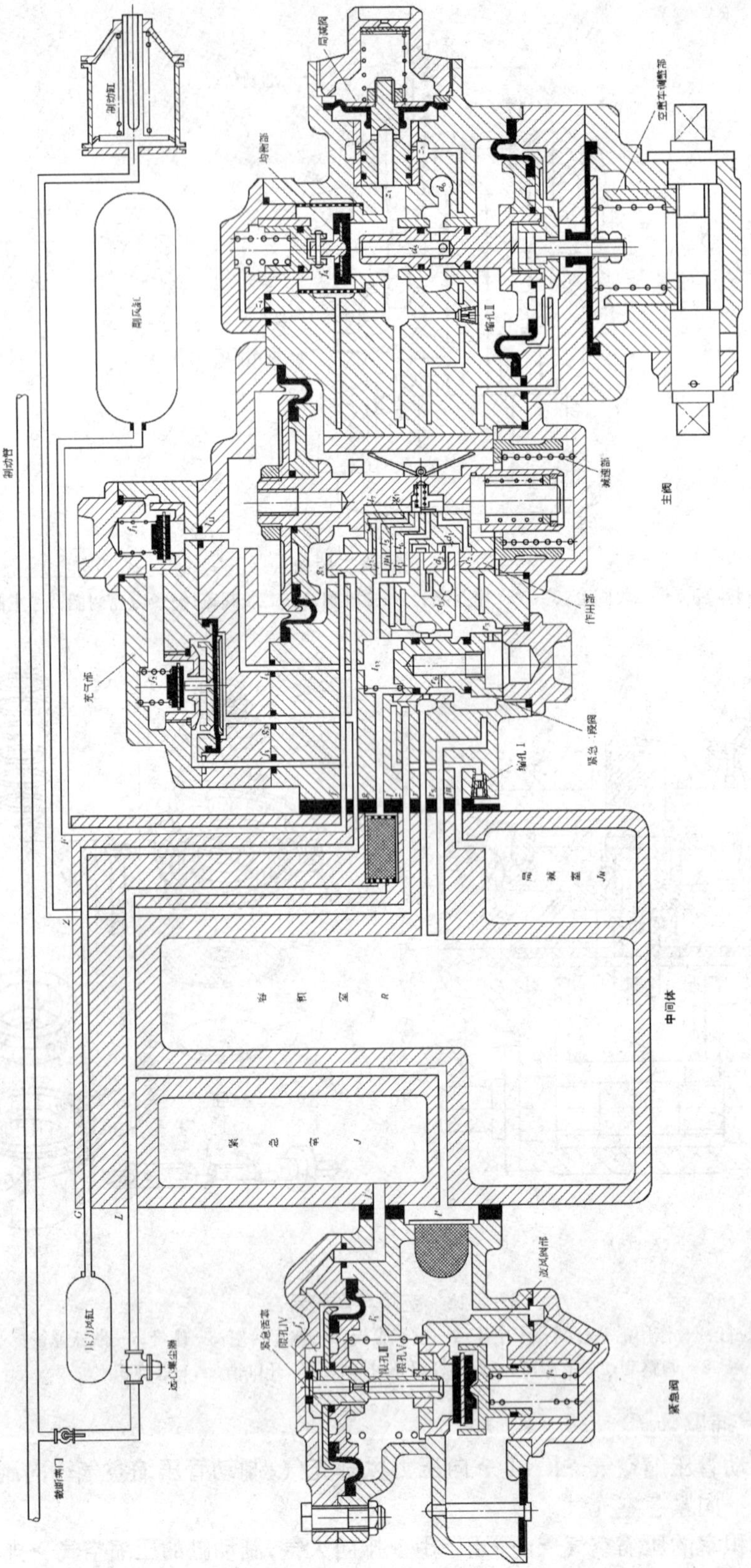
制动缸
副风缸
制动管
压力风缸
截断塞门
远心集尘器
局减阀
均衡部
空重车调整部
主阀
减速部
作用部
充气部
中间体
局减室
容积室
紧急室
紧急阀

图 3-19 充气缓解位

2. 减速充气减速缓解位(图 3-20)

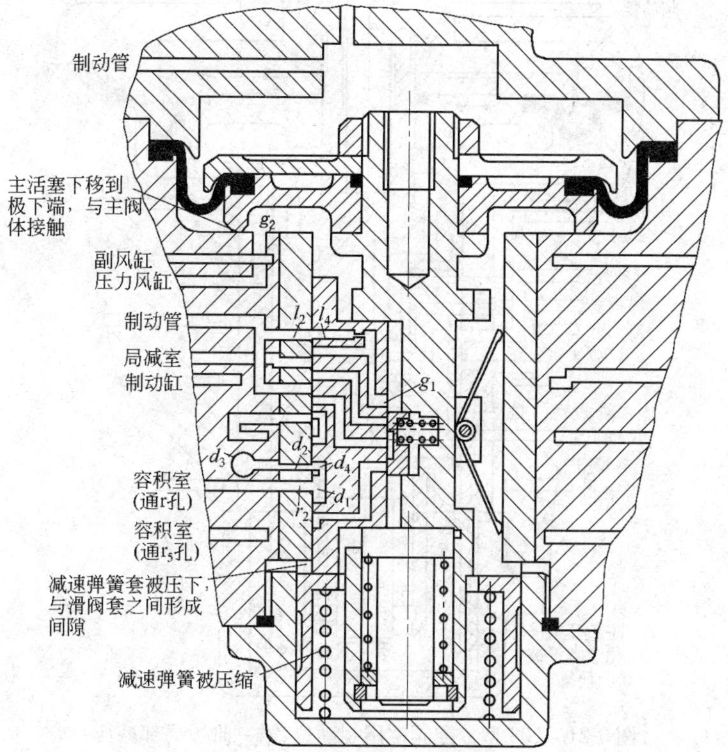

图 3-20　减速充气减速缓解位

发生于长大货物列车的前部车辆上，在充气时由于前部车辆增压速度较快，使主活塞充分下移压缩减速弹簧而形成减速充气减速缓解位。其空气通路与充气缓解位的区别为：

(1)压力风缸充气：制动管压缩空气→l_2→l_4→向压力风缸充气，从而可降低副风缸的充气速度。

(2)容积室排气：容积室的压缩空气→r_2→d_1→d_4→d_2→排向大气，从而可降低制动缸的排气速度。

3. 制动机的稳定性

在制动管缓慢减压(轻微漏泄)时，制动机不发生制动作用的性能，叫制动机的稳定性。103 型分配阀的稳定性是通过下述两个措施来实现的。

(1)压力风缸压缩空气向制动管逆流。

(2)主活塞尾部腔内所设的稳定弹簧以及其他阻力的作用。

4. 常用制动位及其安定性

列车制动管以常用制动减压，主活塞先带动节制阀，后带动滑阀向上移动到制动位置，产生制动作用，其作用过程如下：

(1)第一阶段局部减压(图 3-21)

主活塞首先带动节制阀向上移动。此时由于滑阀与滑阀座之间的最大静摩擦力大于压缩稳定弹簧所需之力，故滑阀暂时不动，使制动管压缩空气→滑阀座上的 l_3→滑阀上的 l_6→节制阀上的 l_{10}→滑阀上的 l_7→滑阀座上 ju_1→主阀安装面上的 ju 孔→中间体内局减室 Ju；再经主

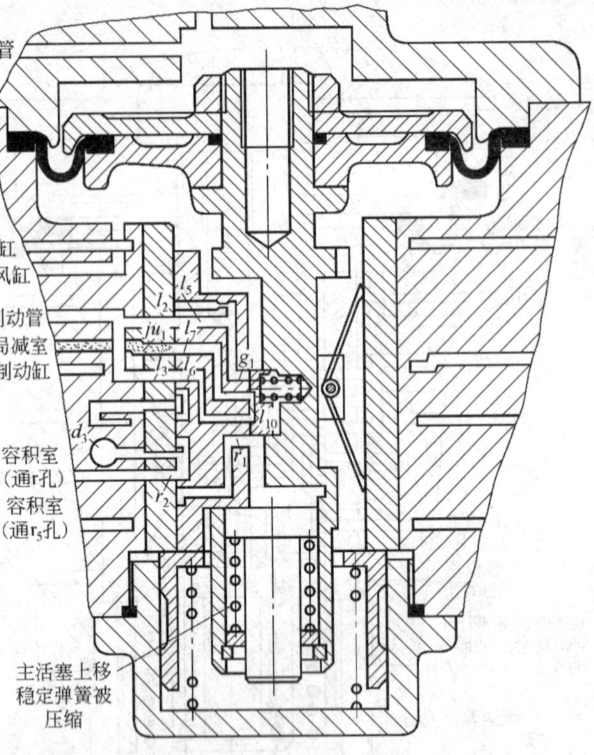

图 3-21　103 型分配阀常用制动位(第一阶段局部减压)

阀安装面上 Φ0.8 mm 缩孔Ⅰ沿胶垫上的槽路排向大气,即为第一阶段局部减压作用。可使主活塞上下的压力差增大,加快主活塞上移速度,提高常用制动灵敏性。

(2)制动第一阶段局部减压后,使主活塞两侧的压力差骤增,主活塞进一步上移,带动滑阀到制动位,这时制动管同局减室的通路被滑阀切断,第一阶段局部减压作用结束,接着产生了下述作用:

第二阶段局部减压(见图 3-22),制动管的压缩空气→制动缸 Z,从而使一部分的制动管压缩空气进入制动缸,叫做第二阶段局部减压作用。当制动缸风压达到 50～70 kPa 时,局减阀关闭,第二阶段局部减压作用结束。此作用可保证列车尾部车辆在列车制动管少量减压时也能具有一定的制动力。

容积室充气,压力风缸的压缩空气→中间体内的容积室 R。

制动缸充气,由于容积室与作用活塞下侧是连通的,这时容积室的压缩空气经主阀安装面孔 r_5→主阀体内暗道 r_4→作用活塞下侧,推着作用活塞向上移动,顶开作用阀。此时从副风缸来到均衡阀上侧 f_4 的压缩空气→制动缸,使制动缸风压继续增加。

(3)常用制动安定性

安定性是指在制动管常用制动减压时制动机不发生紧急制动作用的性能。当施行常用制动时,紧急阀紧急活塞下侧的制动管压力随着下降,紧急室的压缩空气经紧急活塞杆限孔(Ⅳ)、(Ⅲ)向制动管逆流,故紧急活塞两侧不会形成足以压缩安定弹簧的压力差。同时由于紧急阀内部的阻力作用,因此可保证其安定性。

(4)空重车调整作用(图 3-23)

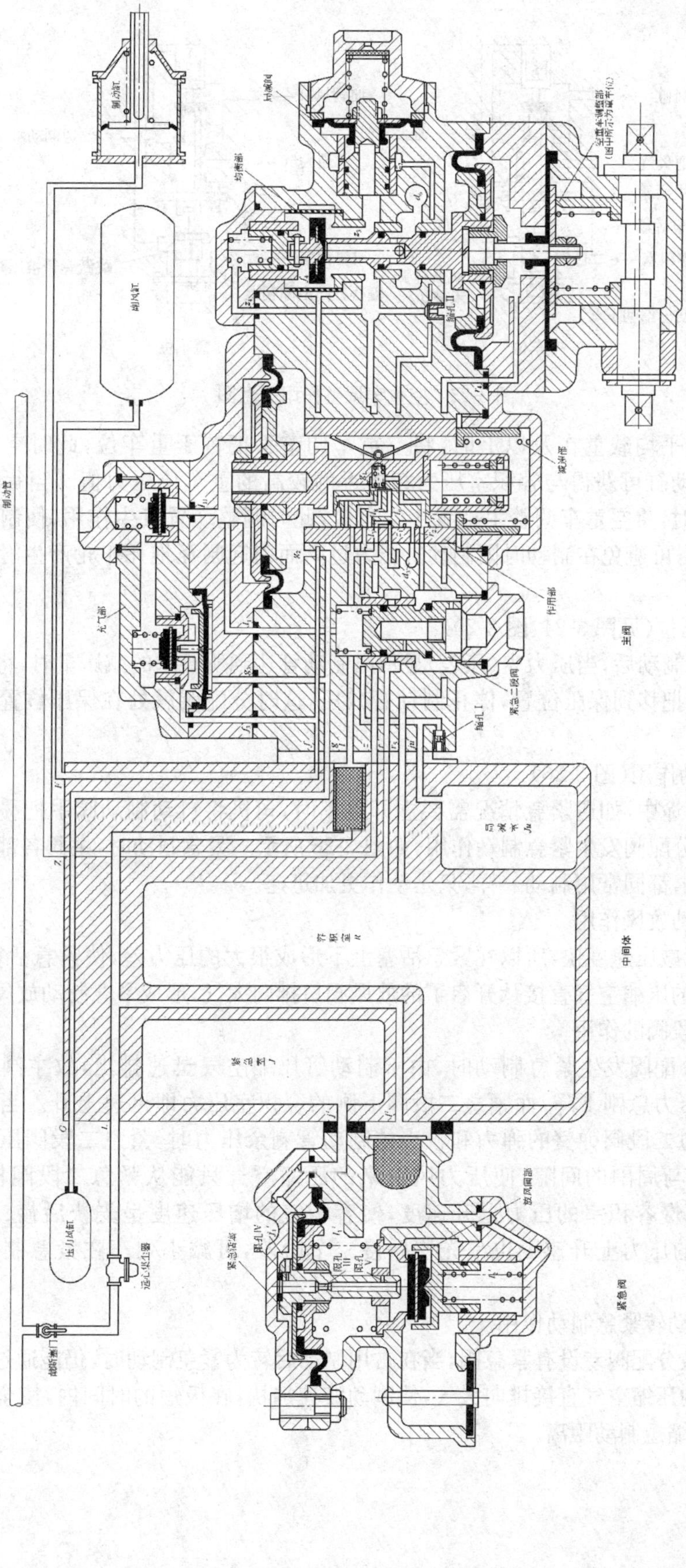

图 3-22 103 型分配阀常用制动位(第二阶段局部减压)

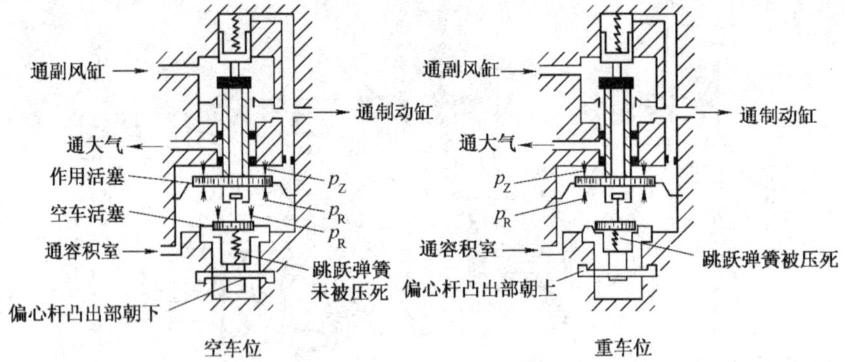

图 3-23　空重车调整作用示意图

当货车每轴平均载重在及以上时，将空重车调整手把置于重车位，此时空重车调整装置不起作用，制动缸可获得与容积室压力相接近的较高的重车位压力值。当货车每轴平均载重在 6 t 以下时，将空重车调整手把置于空车位，此时调整装置发生作用，使制动缸的压力为容积室的一半，可避免在制动时因制动缸压力过高而引起闸瓦抱死车轮产生滑行造成踏面擦伤。

5. 制动保压位(见图 3-24、图 3-25)

在施行常用制动后，当压力表(风表)显示出制动管达到所要求的减压量时，将自动制动阀或单车试验器手把移到保压位置，停止制动管减压，这时分配阀就处在保压位置，如图 3-24、图 3-25 所示。

6. 紧急制动作用(图 3-26)

列车在运行途中，如遇紧急情况需要立即停车时，司机将自动制动阀手把移到紧急制动位，这时 103 型分配阀发生紧急制动作用，如图 3-26 所示。紧急制动时，主阀各部分的作用除了紧急二段阀外，都同常用制动一样，只是动作更加迅速。

(1)紧急制动放风作用

由于制动管减压速度快，所以在紧急活塞上下形成很大的压力差，使紧急活塞下移，顶开放风阀，制动管的压缩空气直接从开启了的放风阀口排向大气，形成紧急制动放风作用。

(2)紧急二段阀的作用

当 103 型分配阀发生紧急制动时，由于制动管压缩空气迅速排出，故主阀紧急二段阀上侧的制动管压力急剧下降，而紧急二段阀下侧的容积室压力即迅速上升。当容积室压力达到能克服紧急二段阀弹簧的弹力和较小的制动管剩余压力时，紧急二段阀压缩弹簧向上移动，关闭阀杆与周围的间隙，使压力风缸来的压缩空气只能从紧急二段阀杆的 r_6 小孔流向容积室，减慢容积室的压力上升速度，使容积室的增压速度呈先快后慢二个阶段，从而可使制动缸的压力上升速度也呈先快后慢二个阶段，可减小列车在紧急制动时的纵向冲动。

(3)常用制动转紧急制动作用

由于 103 型分配阀专设有紧急阀，当在常用制动后转为紧急制动时，仍能通过每辆车的紧急阀将制动管的压缩空气直接排向大气，使制动波速加快，在极短的时间内，使全列车发生最大的制动力，以缩短制动距离。

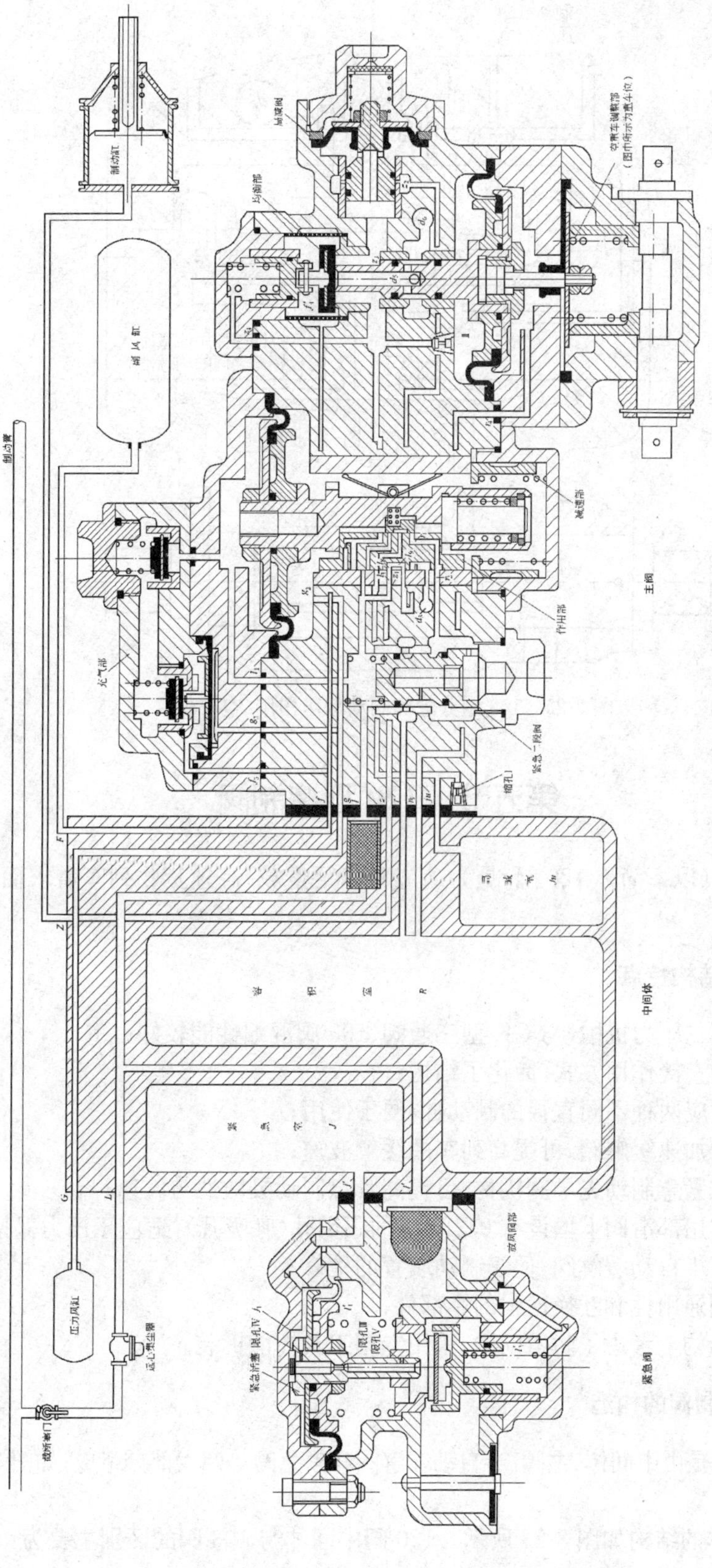

图 3-24 103 型分配阀制动保压作用(重车位)

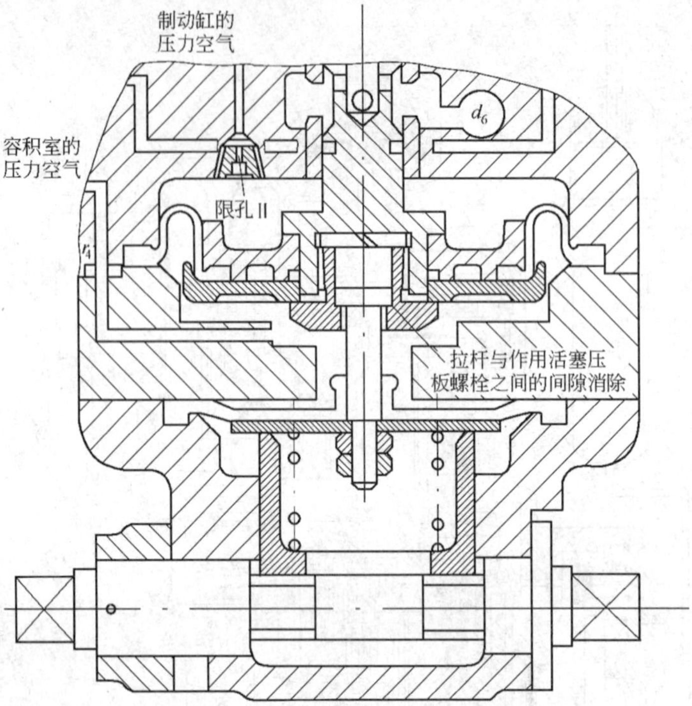

图 3-25　103 型分配阀制动保压作用(空车位)

第五节　120 型控制阀

120 型控制阀(以下简称 120 阀)是为适应和满足重载、高速货物列车需求而设计的货车主型制动机。

一、120 阀的结构特点

1. 120 阀采用二压力机构,与 GK 型三通阀、103 阀混编性能较好;
2. 120 阀采用直接作用方式,简化了结构;
3. 120 阀能适应两种不同直径的制动缸,便于使用;
4. 120 阀设有加速缓解阀,可提高列车的缓解波速;
5. 120 阀设有紧急制动先导阀机构,可提高紧急制动灵敏性与波速;
6. 120 阀在作用部滑阀上增设有 0.2 mm 的眼泪孔(呼吸孔),适应于压力保持操纵;
7. 120 阀设有半自动缓解阀,便于制动装置的检修;
8. 120 阀采用通用性和互换性强的零部件;
9. 120 阀在结构上考虑了防盗问题,采用专用工具才能拆装。

二、120 型控制阀的构造

120 型控制阀是由中间体、主阀、半自动缓解阀和紧急阀等四大部分组成,如图 3-27 所示。

1. 中间体

120 阀中间体的结构如图 3-28 所示。120 阀中间体与 103 阀的区别主要为:

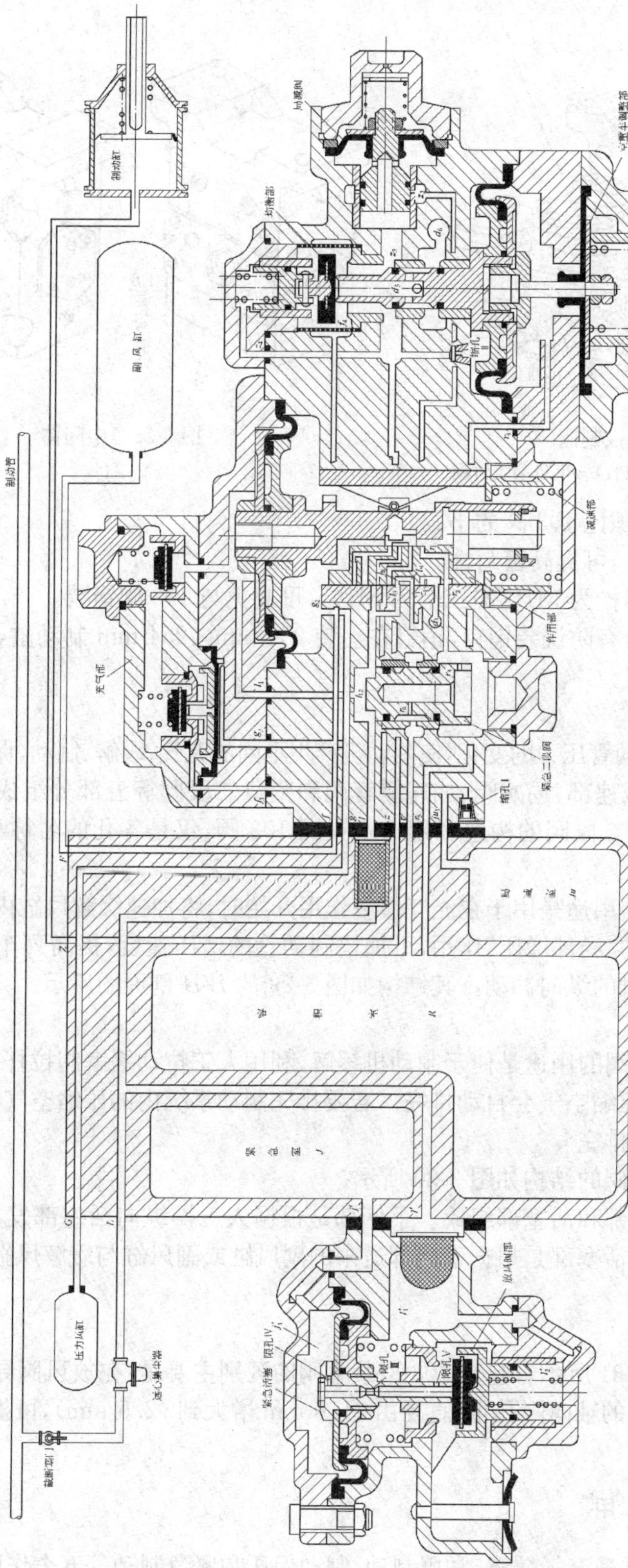

图 3-26 103 型分配阀紧急制动作用

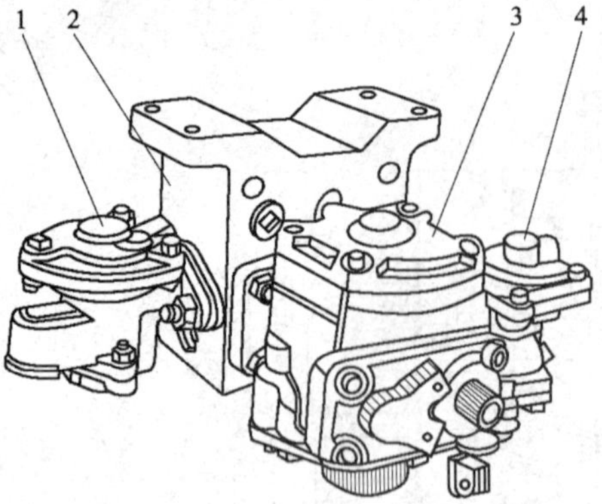

图 3-27　120 型控制阀

1—紧急阀;2—中间体;3—主阀;4—半自动缓解阀

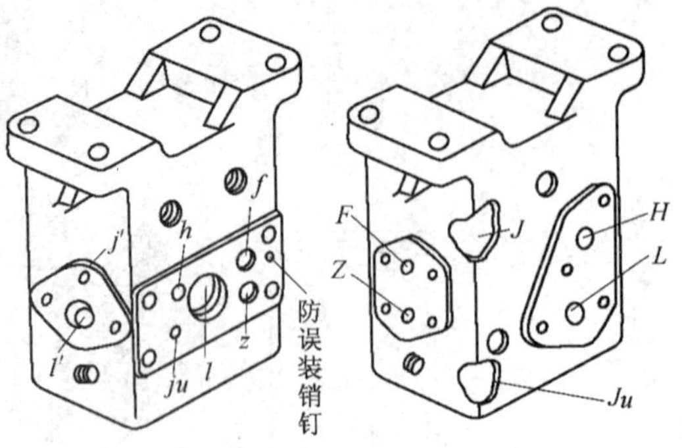

图 3-28　中间体

(1)取消容积室,其体积比 103 阀的小。

(2)管座采用法兰连接,可提高密封性。

(3)有一个主阀安装螺栓为 M12(另三个为 M16),可避免与 103 阀错装。

(4)在主阀安装面上设有防误装销钉,销钉在上装 254 mm×254 mm 制动缸,销钉在下装 356 mm× 254 mm 制动缸。

2. 主阀

(1)用途:用于根据制动管压力的变化,使制动机产生不同的充气、缓解、制动、保压等作用。

(2)组成:由作用部、减速部、局减阀、加速缓解阀和紧急二段阀等五部分组成。其中作用部、减速部、局减阀和紧急二段阀的构造和用途基本同 103 阀,仅是各孔的名称和代号不同。主阀的结构如图 3-29 所示。

新增了加速缓解阀,其用途是用于在充气缓解作用开始时,将加速缓解风缸内的压缩空气送入制动管,实现制动管的“局部增压”作用,可加快制动管的增压速度,提高列车制动机的缓解波速,减小列车在缓解时的纵向冲动。其结构如图 3-29 的 *B-B* 剖面图所示。

3. 半自动缓解阀

(1)用途:半自动缓解阀的用途是便于制动机缓解,利用人工拉动缓解阀拉杆,听到排气声即可松开拉手,制动缸的压缩空气会自动排完。若要排完制动系统内的压缩空气,则手把需一直拉着直至压缩空气全部排完。

(2)构造:半自动缓解阀的结构如图 3-30 所示。

半自动缓解阀由手柄部和活塞部组成。手柄部是根据人工操纵向活塞部发出信号,从而实现制动机的缓解作用。活塞部是根据手柄部送来的副风缸或副风缸与缓解风缸的压缩空气产生动作,使制动机缓解。

4. 紧急阀

紧急阀的结构如图 3-31 所示。它与 103 型紧急阀的区别主要是:在放风阀导向杆内设先导阀及增大紧急活塞杆上的轴向限孔Ⅲ(直径由 ϕ1.6 mm 增大到 ϕ2.5 mm),可提高紧急制动灵敏性和常用制动安定性。

三、120 型控制阀的作用

120 阀有充气缓解、减速充气缓解、常用制动、制动保压和紧急制动等五个作用位置。

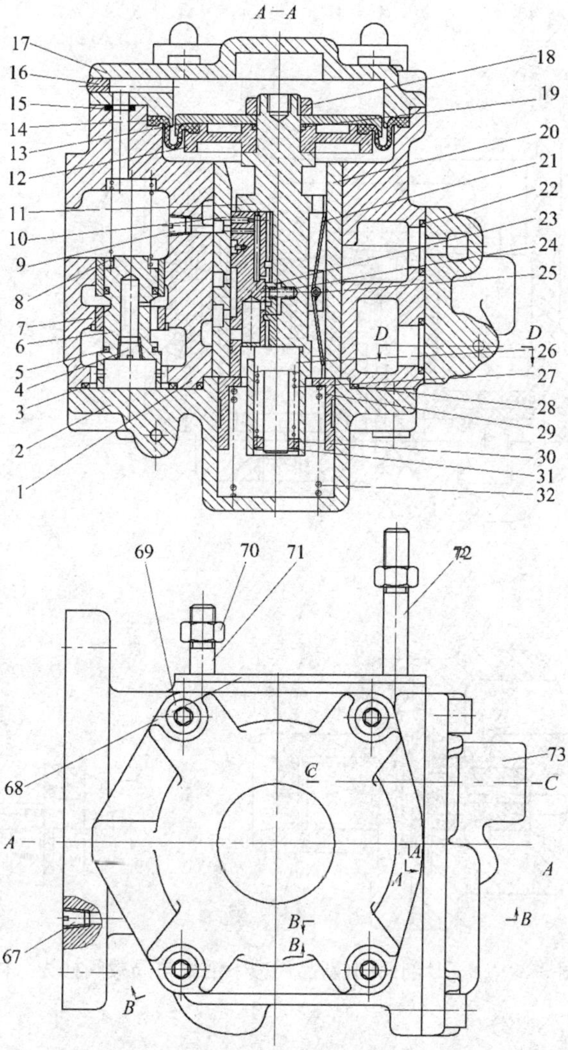

图 3-29　120 型主阀

1—主阀体；2—主阀下盖；3—O 形密封圈；4—缩孔堵Ⅷ(配套 254 mm×254 mm 制动缸设此缩孔)；5—O 形密封圈；6—二段阀；7—二段阀套；8—二段阀弹簧；9—缩孔堵Ⅷ(配套 254 mm×254 mm 制动 缸设此缩孔)；10—滑阀；11—主活塞杆；12—主活塞；13—主活塞压板；14—主活塞膜板；15—密封圈；16—螺堵；17—主阀上盖；18—主活塞压板螺母；19—O 形密封圈；20—滑阀套；21—滑阀弹簧；22—O 形密封圈；23—节制阀；24—节制阀弹簧；25—滑阀弹簧销；26—稳定杆；27—稳定弹簧；28—O 形密封圈；29—减速弹簧套；30—稳定弹簧座；31—挡圈；32—减速弹簧；33—止回阀弹簧；34—止回阀座；35—夹心阀(38)；36—挡圈；37—加速缓解阀弹簧座；38—加速缓解阀弹簧；39—夹心阀；40—O 形密封圈；41—顶杆；42—加速缓解阀套；43—O 形 密封圈；44—紧固螺钉；45—加速活塞膜板；46—加速活塞；47—加速活塞压板；48—加速活塞 螺母；49—垫圈；50—挡圈；51、52、53—O 形密封圈；54—局减阀弹簧；55—O 形密封圈；56—局减阀；57—局减阀套；58—局减活塞；59—局减膜板；60—局减活塞压板；61—垫圈；62—局减活塞螺母；63—毛毡；64—局减阀弹簧垫；65—缩孔堵Ⅱ(配套 254 mm×254 mm 制动缸设此缩孔)；66—O 形密封圈；67—缩孔堵Ⅰ；68—缓解阀座垫；69—螺钉；70—螺母；71、72—螺柱；73—主阀前盖

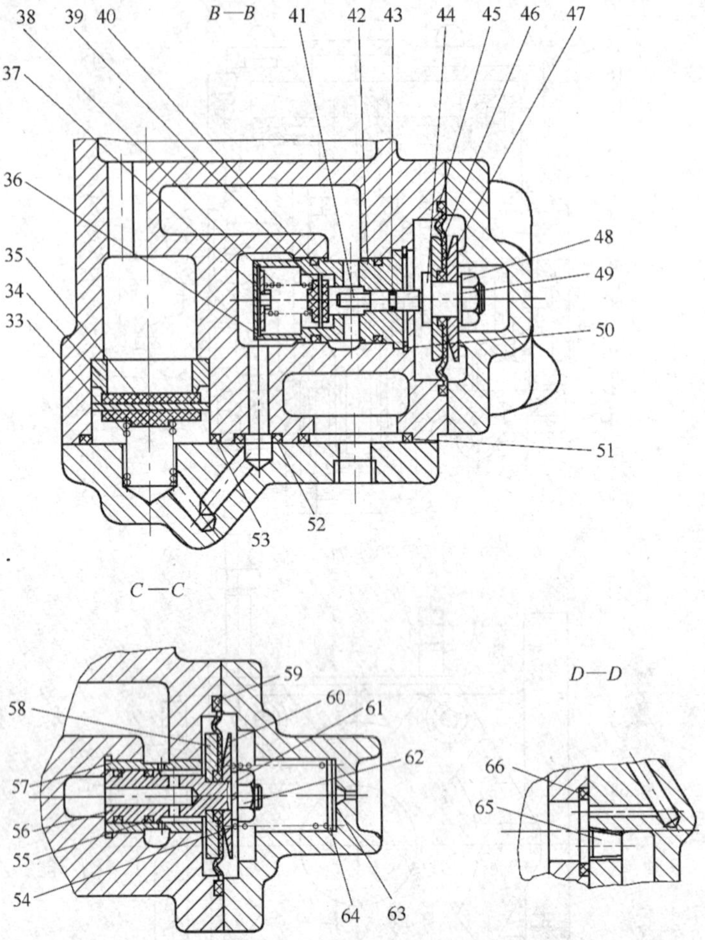

图 3-29　B—B 剖面图(新品局减下活塞与局减阀杆为一体)

1. 充气缓解位(图 3-32)

发生在制动管增压速度较慢的列车后部车辆。由于后部车辆制动管增压速度较慢,使主活塞下移,但未能压缩减速弹簧。使滑阀与座上的充气缓解孔相连通,引出充气缓解空气通路。

(1)充气通路

制动管的压力空气 → 滑阀与座的充气通路 → 副风缸。
制动管的压力空气 → 滑阀与座的充气通路 → 加速缓解风缸。
制动管的压力空气 → 紧急活塞杆限孔 Ⅳ → 紧急室。

(2)缓解通路

制动缸的压力空气→紧急二段阀→半自动缓解阀→滑阀与座的缓解通路→加速缓解阀→大气。

(3)加速缓解作用(再充气缓解初始阶段)

在缓解初期当制动缸排气经加速缓解阀而打开加速缓解阀后,由于加速缓解风缸内的空气压力高于制动管,所以加速缓解风缸内的压力空气要向制动管充气而使制动管产生局部增压作用,从而可提高缓解波速。

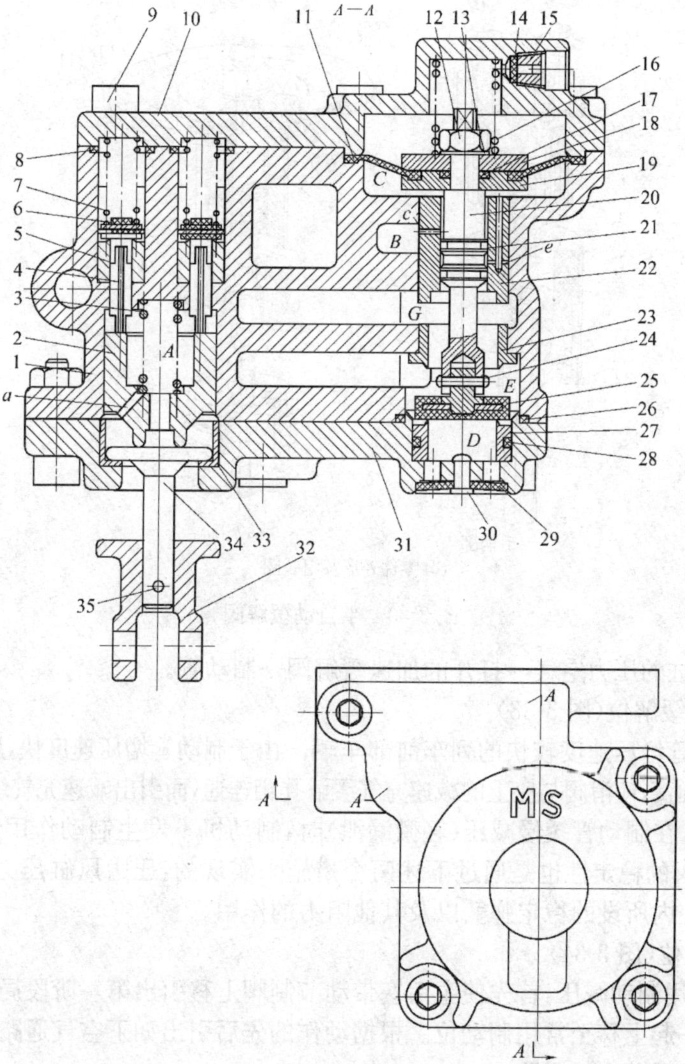

(a) 构造示意图

图 3-30 半自动缓解阀

1—缓解阀体；2—顶杆座；3—手柄弹簧；4—顶杆；5—止回阀座；6—止回阀；7—止回阀弹簧；8—O 形密封圈；9—螺杆；10—缓解阀上盖；11—缓解活塞膜板；12—螺母；13—垫圈；14—滤尘网；15—缩孔堵；16—缓解阀弹簧；17—O 形密封圈；18—缓解活塞压板；19—缓解活塞；20—缓解活塞杆；21—O 形密封圈；22—缓解活塞杆套；23—上阀座；24—销轴；25—排气阀；26—O 形密封圈；27—下阀座；28—O 形密封圈；29—排气口胶垫；30—排气口销；31—缓解阀下盖；32—手柄；33—手柄座套；34—手柄座；35—销

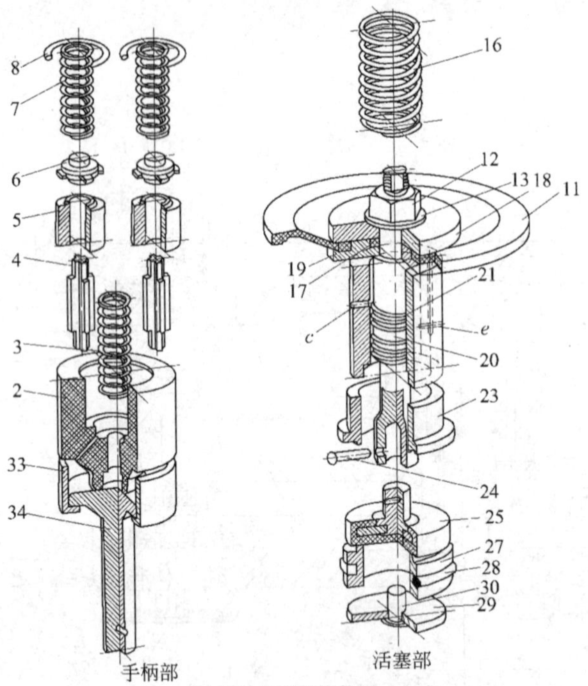

(b) 零件外形及组装图

图 3-30 半自动缓解阀

加速缓解风缸的压力空气→打开的加速缓解阀→制动管。

2. 减速充气缓解位(图 3-33)

发生在制动管增压速度较快的列车前部车辆。由于制动管增压速度快,所以使主活塞充分下移而压缩减速弹簧,使滑阀与座上的减速充气缓解孔相连通,而引出减速充气缓解空气通路。

充气缓解后,在制动管缓慢减压(轻微漏泄)时,制动机不发生制动作用的性能,叫制动机的稳定性。120 阀的稳定性也是通过下述两个措施来实现的:压力风缸压力空气向制动管逆流;主活塞尾部腔内所设的稳定弹簧以及其他阻力的作用。

3. 常用制动位(图 3-34)

制动管以常用制动减压,首先使主活塞带动节制阀上移引出第一阶段局减作用,然后再带动滑阀、节制阀一起上移至常用制动位。根据动作的先后引出如下空气通路:

(1)第一阶段局减空气通路

制动管的压力空气→滑阀与座的一局减通路→局减室→缩孔堵 I→大气。

(2)第二阶段局减空气通路

制动管的压力空气→滑阀与座的二局减通路→局减阀→半自动缓解阀→紧急二段阀→制动缸。

(3)制动空气通路

副风缸的压力空气→滑阀与座的制动通路→半自动缓解阀→紧急二段阀→制动缸。

(4)紧急室逆流通路

紧急室的压力空气→制动管。

制动安定性:是指在制动管常用制动减压时制动机不发生紧急制动作用的性能。

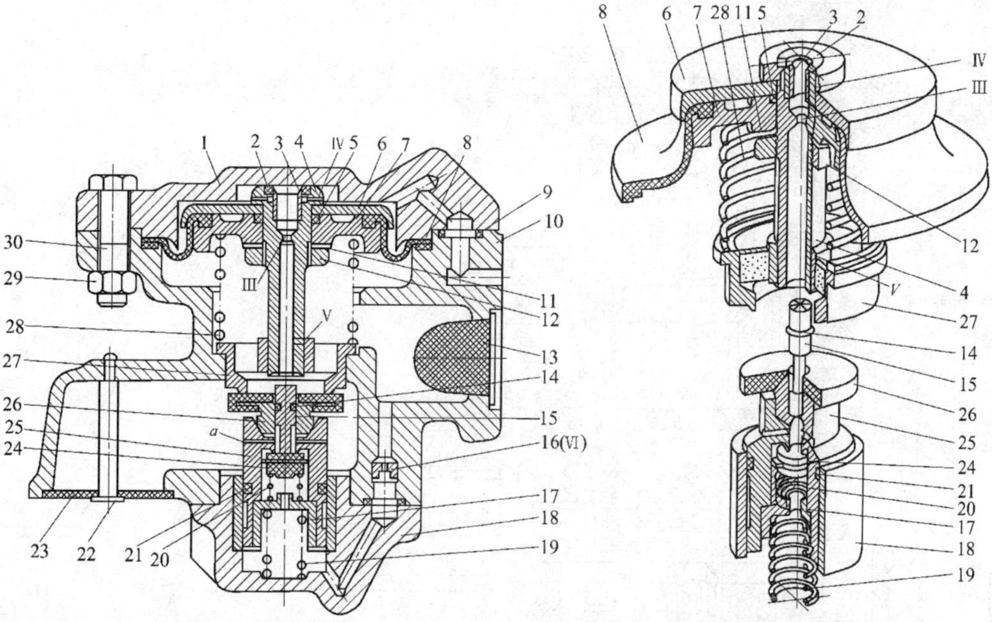

(a) 结构示意图　　　　(b) 零件外形及组装图

图 3-31　紧急阀

1—紧急阀上盖；2—密封圈；3—滤尘套；4—紧急活塞杆；5—O 形密封圈；6—紧急活塞；7—紧急活塞压板；8—紧急活塞膜板；9—O 形密封圈；10—紧急阀体；11—防松垫圈；12—压板螺母；13—滤尘网；14—O 形密封圈；15—先导阀顶杆；16—缩孔Ⅵ（ϕ1.0 mm）；17—先导阀弹簧座；18—紧急阀下盖；19—放风阀弹簧；20—先导阀弹簧；21—O 形密封圈；22—排气垫铆钉；23—排气保护罩垫；24—先导阀（夹心阀）；25—放风阀导向杆；26—放风阀组件；27—放风阀座；28—安定弹簧；29—螺母；30—螺栓；l′—制动管；j′—紧急室；Ⅲ—限孔（ϕ2.5 mm）；Ⅳ—限孔（ϕ0.5 mm）；Ⅴ—限孔（ϕ1.1 mm）

4. 制动保压位(图 3-35)

在常用制动过程中，当制动管减压量未达到最大有效减压量(定压 500 kPa，最大有效减压量 140 kPa；定压 600 kPa，最大有效减压量 170 kPa)时，停止制动管减压，实现保压作用。

在满足常用制动减压且制动管减压量未达到最大有效减压量的前提条件下，反复地操纵制动管减压、保压，作用部反复地动作而呈相应的制动位和保压位，实现制动缸反复地增压、保压的过程称为阶段制动。阶段制动性能便于机车乘务人员根据需要调整制动力，确保列车在预定地点的准确停车。

5. 紧急制动位(图 3-36)

列车在运行途中，如遇紧急情况需要立即停车时，司机将自动制动阀手把移到紧急制动位，这时列车制动管中的压力空气即通过自动制动阀急剧而大量地排至大气，同时 120 阀的紧急阀由放风阀也将制动管压力空气排至大气，相应的发生紧急制动作用。紧急制动时，主阀的作用除了紧急二段阀外，都同常用制动一样，只是动作更加迅速。

6. 半自动缓解阀的作用(图 3-37)

在平时由于手柄不拉动，手柄部内的两个止回阀关闭，手柄部内无压缩空气。在活塞部中由于缓解阀弹簧的作用使缓解活塞处于下部位置，排气阀关闭。半自动缓解阀仅作为制动缸的通道。

(1)施行常用制动保压后使制动机缓解

拉动半自动缓解阀手柄听到排气声即放开。拉动手柄时通过手柄座使顶杆上移顶开止回

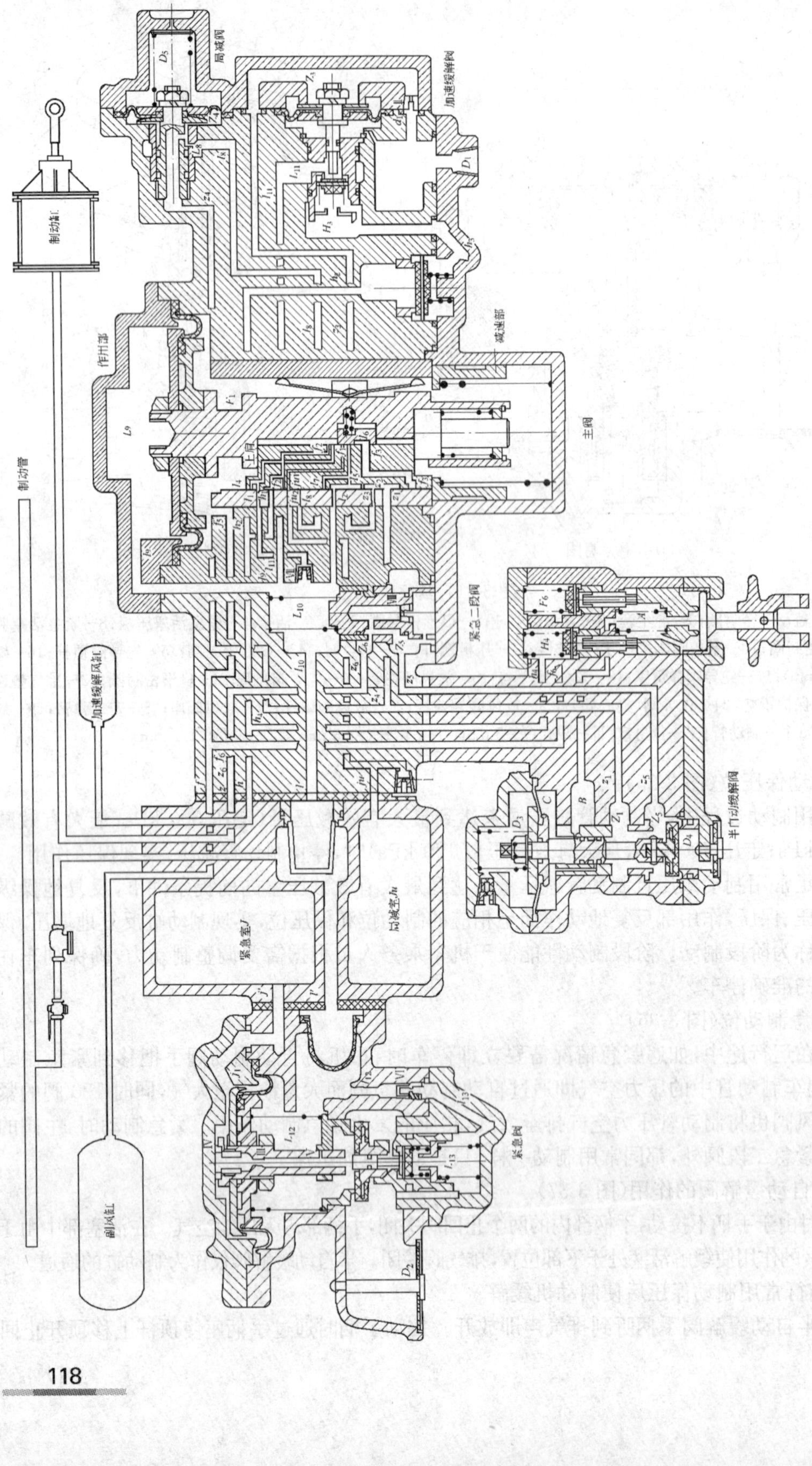

图 3-32　120 阀充气缓解位

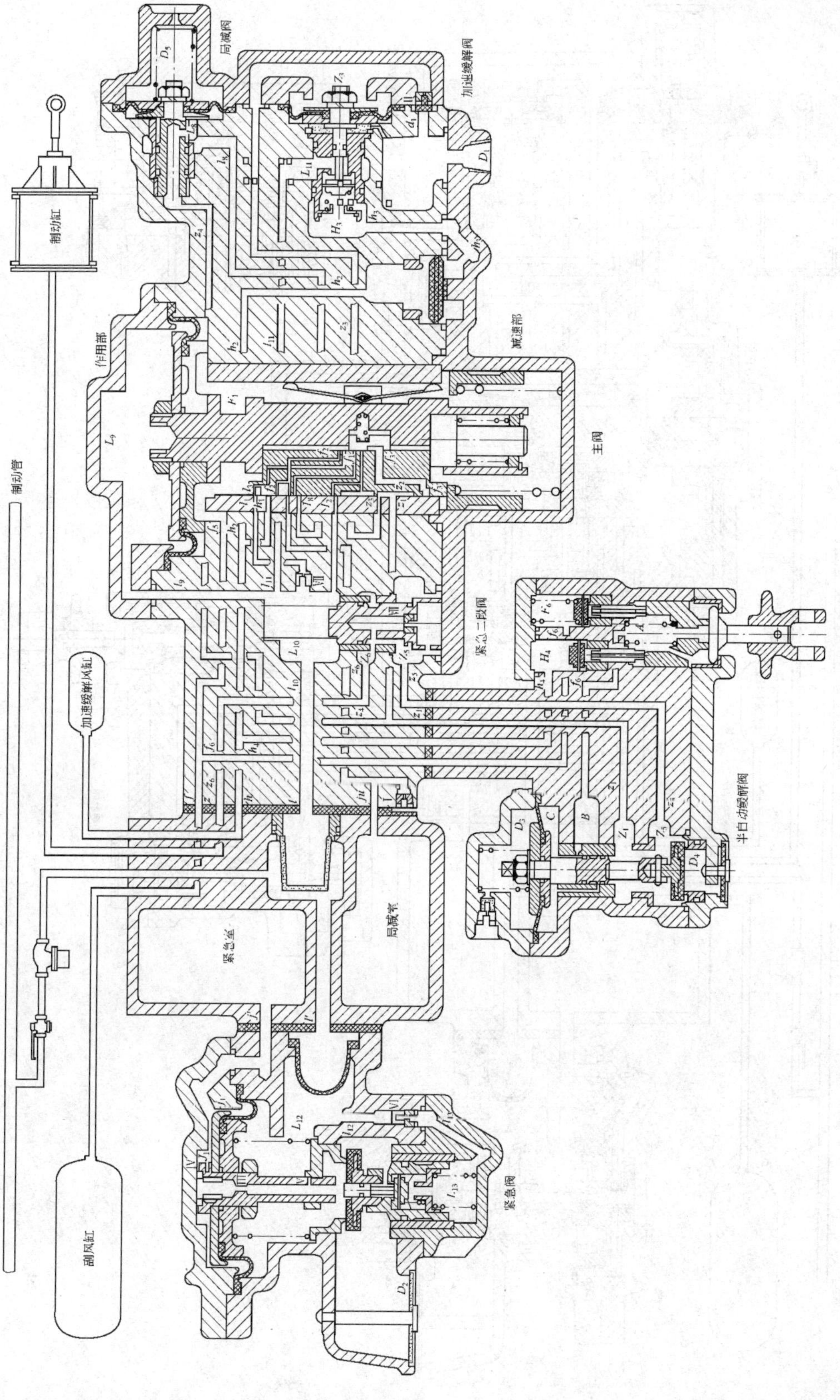

图 3-33 120 阀减速充气缓解位

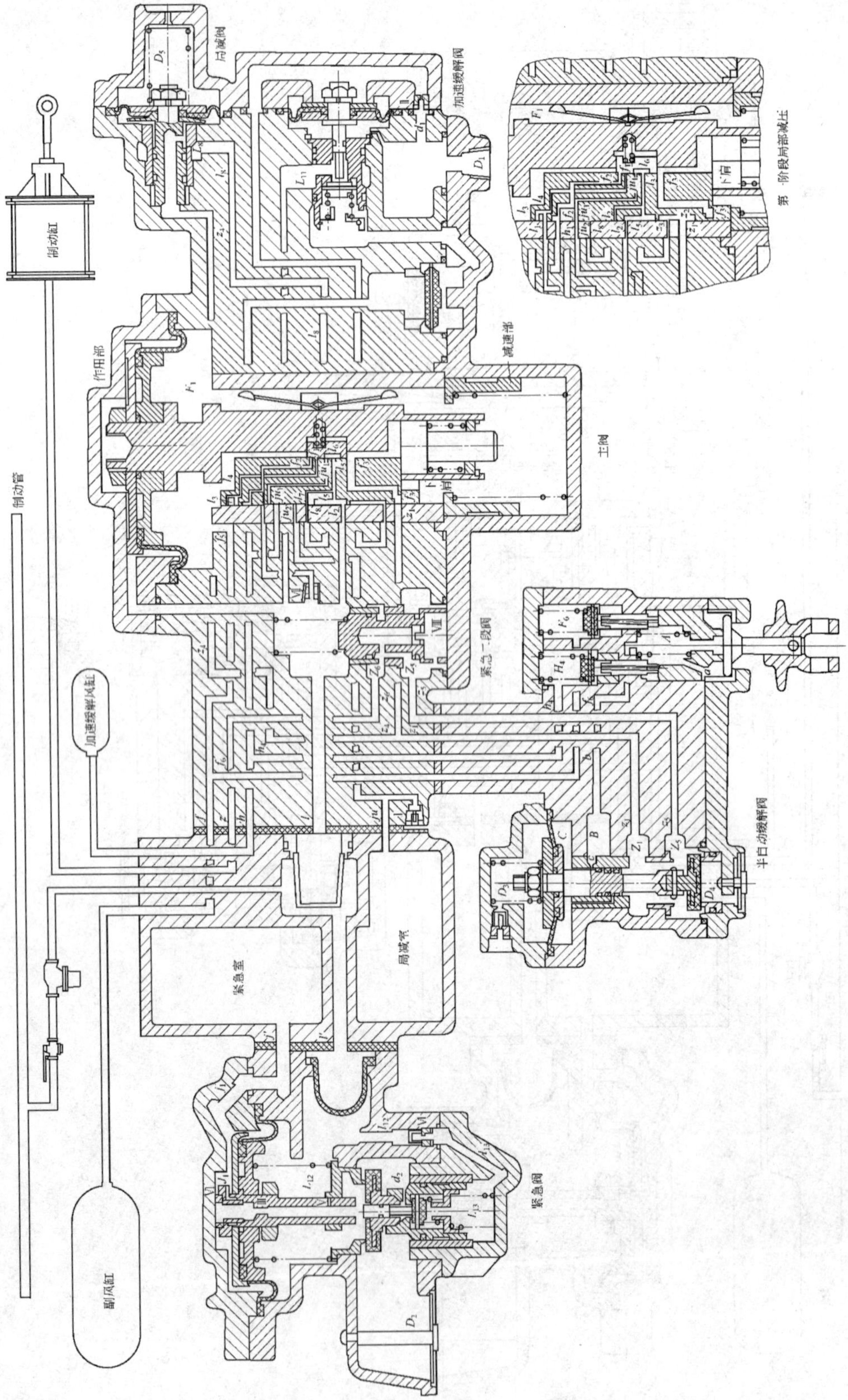

图 3-34 120 阀常用制动位

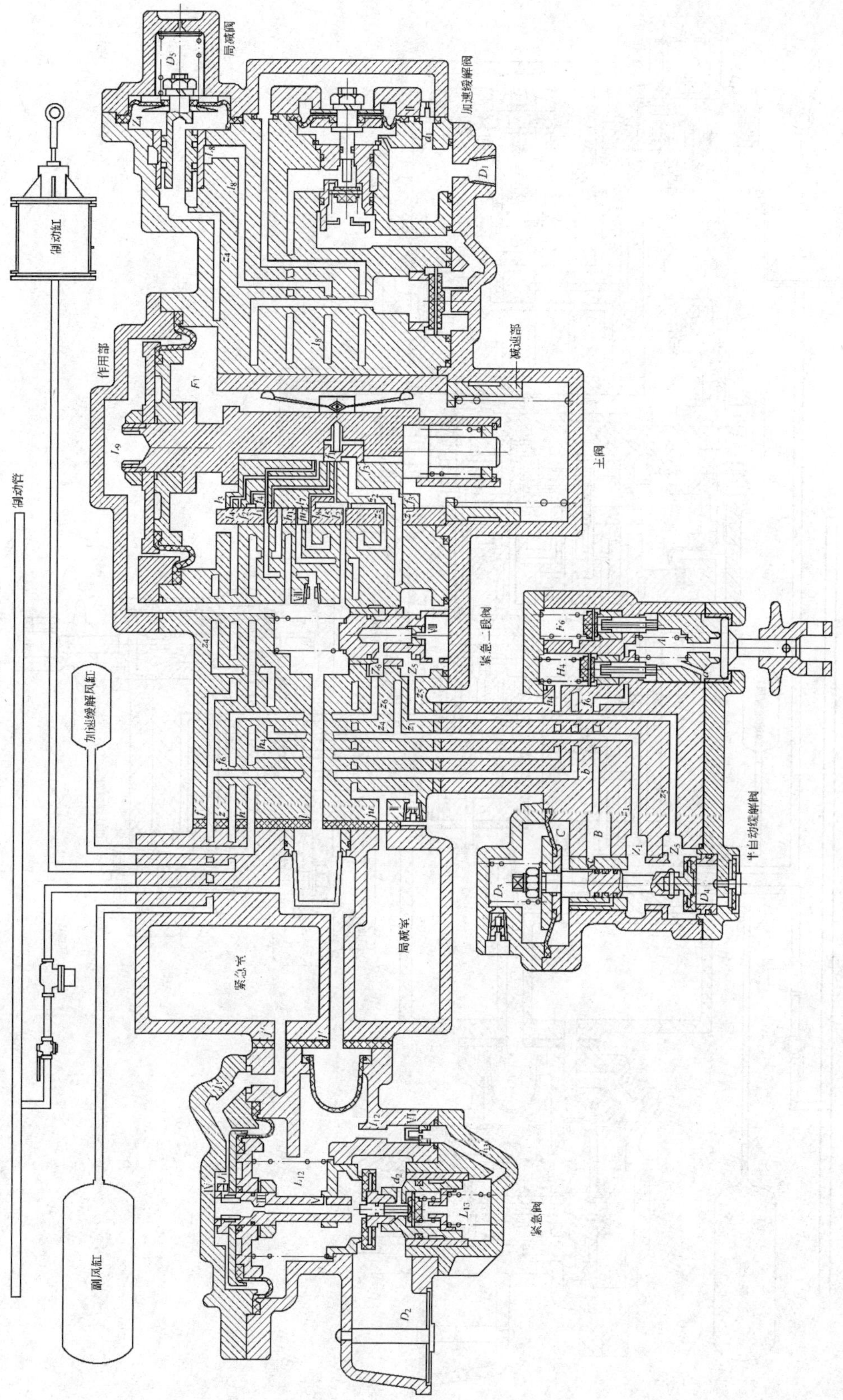

图 3-35 120阀制动保压位

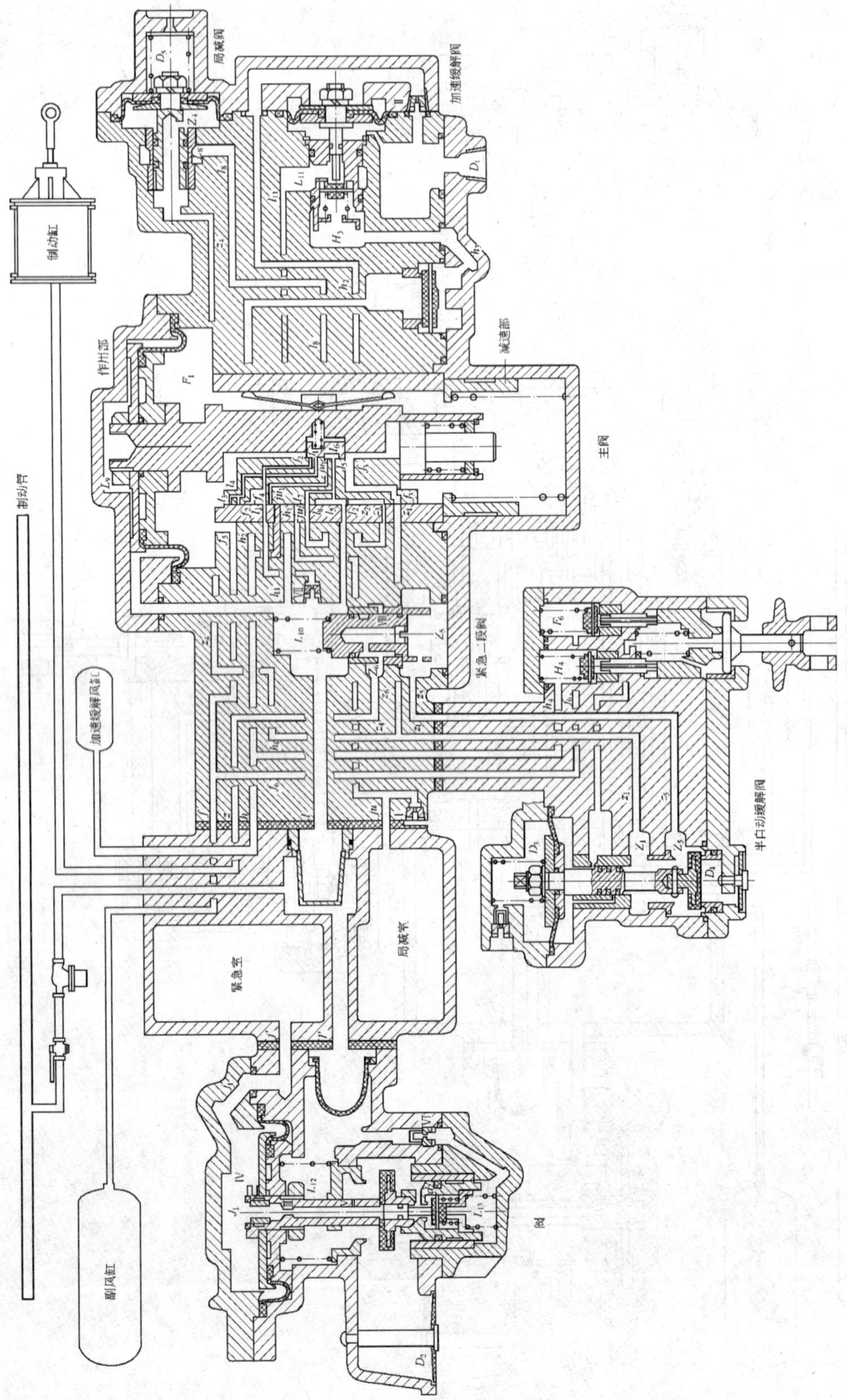

图 3-36　120 阀紧急制动位

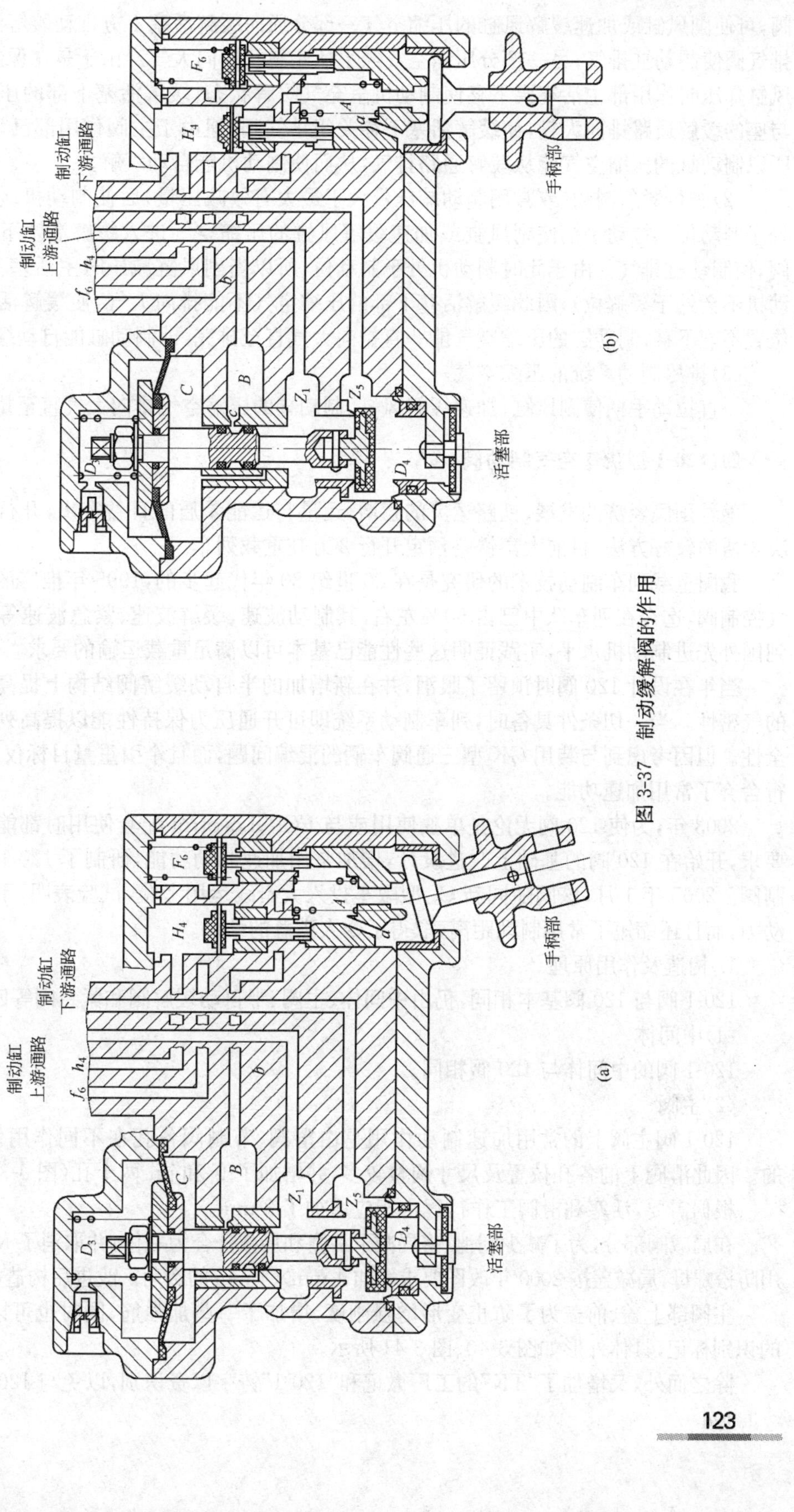

图 3-37 制动缓解阀的作用

阀,可使副风缸或加速缓解风缸的压缩空气一部分通向缓解活塞下方推动缓解活塞上移,打开排气阀使制动缸排气;另一部分压缩空气经手柄座斜孔排向大气。由于是在保压位,因此当副风缸降压时作用部主活塞要下移使制动机呈充气缓解状态,缓解活塞下部的压缩空气经滑阀与座的缓解通路排向大气,使缓解活塞下移关闭排气阀,但由于主阀作用部已呈充气缓解位,所以制动缸的压缩空气能从缓解通路排气,从而使制动机能自动缓解。

(2)施行紧急制动(或常用制动减压量大于最大有效减压量)后使制动机缓解此时制动机处于制动位。拉动手柄使副风缸或加速缓解风缸的压缩空气进入缓解活塞下部而打开排气阀,使制动缸排气。由于此时制动机处于制动位,所以当副风缸减压时主活塞不会下移(即制动机不会处于缓解位),因此缓解活塞下部的压缩空气不能排向大气,使缓解活塞被锁在上部位置不能下移,制动缸的压缩空气能一直排向大气直至排完,即制动缸能自动缓解。

(3)排尽制动系统的压缩空气

一直拉动手柄使副风缸、加速缓解风缸、制动缸的压缩空气排向大气直至排完。

四、120-1型货车空气制动阀

随着国民经济的发展,铁路运灵的猛增,运量与运能矛盾的日益突出,开行重载列车是解决矛盾的较好方法,目前大秦铁路预定开行2万吨重载列车。

我国重载列车制动技术的研究是在20世纪80年代起步的,1995年推广的120型货车空气控制阀,迄今在列车队中已占50%左右,其制动波速、缓解波速、紧急波速等主要性能已达到国外先进制动机水平,实践证明这些性能已基本可以满足重载运输的要求。

当年在设计120阀时预留了眼泪,并在新增加的半自动缓解阀结构上提高了副风缸系统的气密性。当一切条件具备时,列车制动系统即可开通压力保持性能以提高列车坡道运行安全性。但因考虑到与装用GK型三通阀车辆的混编问题,而且牵引重量目标仅为万吨,因此暂行舍弃了常用加速功能。

2003年,为使120阀无论是单独使用或与ECP、Locotrol配套使用时都能满足重载运输要求,开始在120阀的基础上改进设计,增加常用加速制动功能,研制了120-1型货车空气控制阀。2005年1月,该阀随同新C_{80}型敞车投入大秦线运用考验,试验表明,不仅减少了纵向动力,而且还缩短了常用制动距离,取得了令人满意的结果。

1. 构造及作用原理

120-1阀与120阀基本相同,仍由中间体、主阀、半自动缓解阀和紧急阀等四部分组成。

(1)中间体

120-1阀的中间体与120阀相同。

(2)主阀

120-1阀主阀上的常用加速制动作用是由滑阀、节制阀各孔在不同作用位时开、闭实现的。因此滑阀上的各孔位置及尺寸调整较多,并增加了f_7和ju_3两个孔(图3-38)。

根据需要,活塞和滑阀工作行程也相应增加了2 mm。

在局减阀部分,为了减少漏泄,将局减下活塞和局减杆合为一体,并取消了M8弹性垫圈,改用防松螺母,局减盖按2000年改图要求增加4 mm×4 mm的倒角。改进后构造如图3-39所示。

主阀部上盖、前盖为了防止变形增强刚度,增加了一些加强筋,同时也可以作为120-1阀的识别标记,具体外形如图3-40、图3-41所示。

除之而外,又增加了"TK"的工厂徽记和"120-1"铸字以资识别,以免与120阀各盖混装,

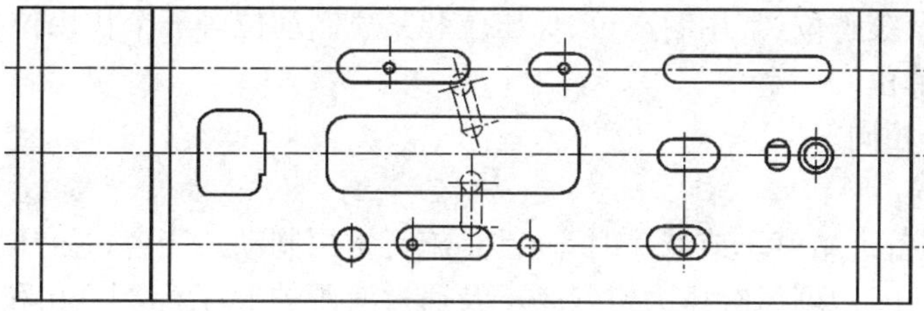

图 3-38 滑阀底面的各孔槽布置图

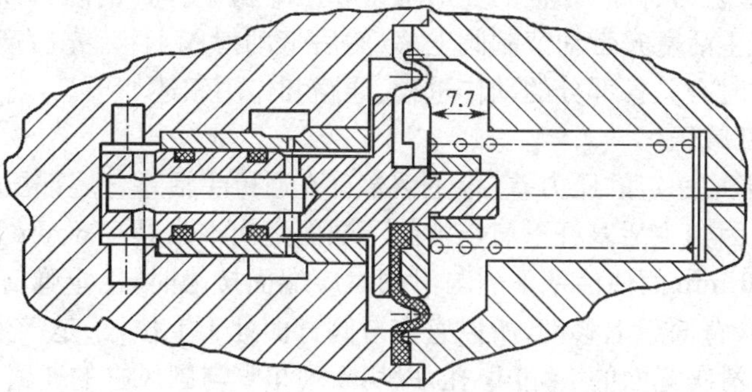

图 3-39 改建设计的局减阀结构图

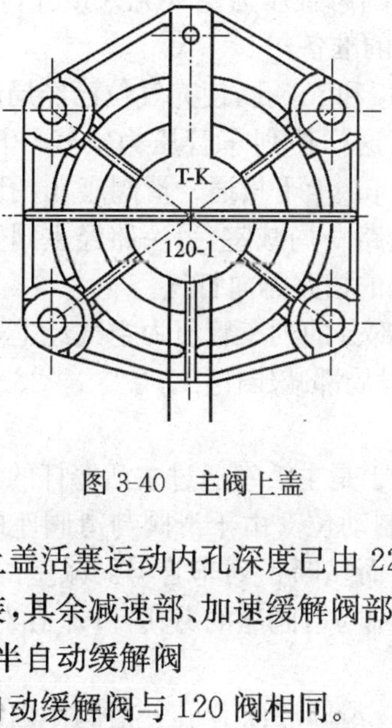

图 3-40 主阀上盖

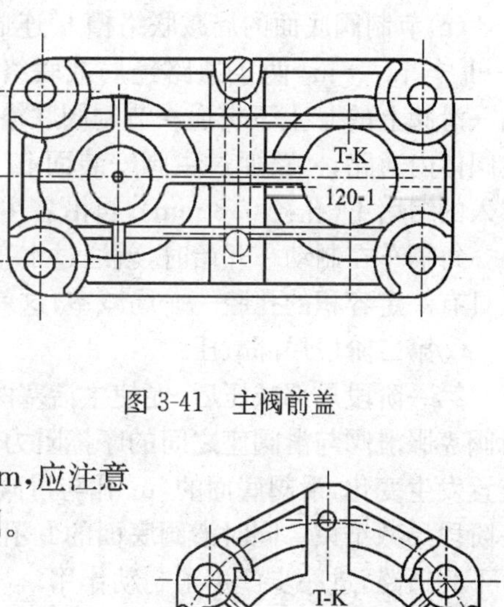

图 3-41 主阀前盖

特别是上盖活塞运动内孔深度已由 22 mm 改为 24 mm，应注意切勿误装，其余减速部、加速缓解阀部与原 120 阀相同。

(3)半自动缓解阀

半自动缓解阀与 120 阀相同。

(4)紧急阀

120-1 阀的紧急阀上盖外侧同样也增加一些加强筋以增加强度并有"TK"和"120-1"铸字(如图 3-42 所示)。

为了防止试验台试验中紧急膜板吸在盖上影响试验结果的准确性，在紧急阀内侧增加小孔 1 个，其余与 120 阀相同。

2. 作用原理

120-1 型空气控制阀作用原理与原 120 阀相同，分为充气及

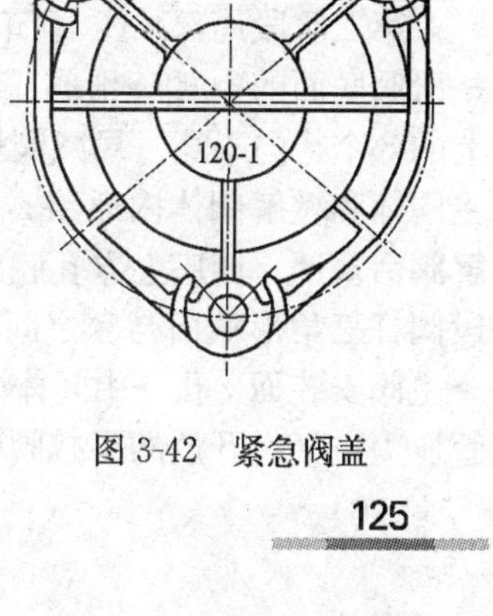

图 3-42 紧急阀盖

缓解位、减速充气及缓解位、常用制动位、保压位和紧急制动位等五个作用位置。

(1)充气及缓解位

与 120 阀完全相同。

(2)常用制动位

列车运行中准备进站停车或减速时,通常是施行常用制动。当各风缸压力达到定压后,司机施行常用制动减压,因副风缸压力空气来不及通过滑阀的 f_4、l_4(或 l_3)孔和滑阀座的 l_1 孔向列车管逆流,于是在主活塞两侧产生了一定的压力差,此压力产生的向上作用力克服了节制阀与滑阀背面间的摩擦阻力、橡胶膜板的变形阻力和压缩稳定弹簧的阻力以及主活塞重力等向下作用力的总和;使主活塞先带动节制阀上移,然后带动滑阀上移,先后产生局减和常用制动作用,现将常用制动时有关各部分的动作过程、通路和作用叙述如下。

①第一阶段局部减压

当主活塞两侧形成一定的压力差后,主活塞首先通过主活塞杆尾部压缩稳定弹簧,并带动节制阀向上移动,又因为主活塞杆下肩与滑阀下端面之间本来具有 6 mm 的间隙,所以当主活塞带动节制阀上移 6 mm 而使活塞下肩与滑阀对应端面接触时,稳定弹簧也被压缩 6 mm,由于节制阀相对于滑阀背面想上移动,所以它在滑阀背面处于上位,于是产生了:

(a)节制阀关闭滑阀背面的 f_1 和 f_2 孔,以切断列车管与副风缸的通路,不让副风缸的压力空气继续向列车管逆流,也切断了副风缸与加速缓解风缸的通路;

(b)节制阀开放了滑阀背面的 f_3 孔,使滑阀室 F_1 的副风缸压力空气充入该孔,作好下一阶段的滑阀上移后副风缸压力空气经此孔向制动缸充气的准备;

(c)节制阀底面的局减联络槽 l_6 连通了滑阀背面的 l_5 和 ju_1 孔,使充气位已经局部连通的 $l_2 \to l_5$ 与 $ju_1 \to ju_2$ 两条通路经局减联络槽 l_6 连通起来,这样使列车管压力空气→滑阀座 l_2 孔→滑阀上的 l_5 上下贯通→节制阀联络槽 l_6→滑阀上的 ju_1 上下贯通→滑阀座 ju_2 孔,然后经主阀体内通路,一路通过主阀安装面 ju 孔→中间体内通路→局减室,另一路经主阀安装面处拧入的缩堵Ⅰ(孔径 0.8 mm),再沿着主阀安装橡胶垫上的槽路排向打气。

每辆车在制动一开始时,就通过本车 120-1 阀,将一部分的列车管压力空气经上述通路排入具有一定容积的孔腔——局减室,这就形成了第一阶段局部减压作用。

②第二阶段局部减压

第一阶段局部减压后,促使主活塞两侧压力差骤增,于是主活塞通过主活塞杆的下肩推着滑阀克服滑阀与滑阀座之间的摩擦阻力,进一步上移至制动位。由于滑阀与滑阀座的相对应位置发生变化,滑阀底面的 ju_1 孔与滑阀座 ju_2 孔错开因而切断了列车管与局减室的通路,第一阶段局减结束。同时滑阀底面的 l_5 孔、l_7 槽和 f_3 孔分别与滑阀座的 l_2、l_8 和 z_1 孔对准,形成了下列通路,进一步产生了制动作用。

第二阶段局部减压,列车管压力空气→滑阀座 l_2 孔→滑阀底面 l_5 孔→滑阀体内纵向暗道→滑阀底面的 l_7 槽→滑阀座的 l_8 孔→主阀体内通路 l_8→局减阀套上外围空腔 L_8→局减阀套上的 8 个径向小孔→局减阀杆上的 2 个径向小孔→局减阀杆轴向中心孔→主阀体内通路 z_4→主阀体和缓解阀体内通路 z_1→缓解活塞部上阀座上方孔腔 Z_1→缓解阀内开启的上阀口→缓解阀活塞部下阀座上方孔腔 Z_5→缓解阀体和主阀体内通路 z_5→紧急二段阀下腔 Z_5→紧急二段阀杆三角形截面与套之间的三条宽畅通里→紧急二段阀套外围孔腔 Z_6→主阀体内通路 z_6→主阀安装面 z 孔→中间体内通路→制动缸,这样,使各车辆通过本车的 120 阀将一部分列车管压力空气经开放的局减阀引入制动缸,这就是第二阶段局部减压作用。

当制动缸充气时局减活塞左腔 Z_4 也充气，由于局减活塞右腔 D_5 永远通大气，所以局减活塞无压力空气背压，故当制动压力也即 Z_4 腔压力增大到 50～70 kPa 时，局减活塞克服了其右侧局减阀弹簧的弹力而右移，局减阀杆关闭了 L_8 腔通向 z_1 通路的局减阀套上的 8 个径向小孔，于是，列车管压力空气只能通到 L_8 腔，而不能通过局减阀通向制动缸，这一条局减通路被切断，第二阶段局减作用停止。第二阶段局减可以保证列车尾部在列车管小减压量时也具有一定的制动力。上述两个阶段的局减作用，不仅加快了本车的制动作用，而且大大促进了列车管减压作用由前向后的传播，制动波速得到提高，使列车前、后部车辆开始发生制动作用的时间差缩短，以减轻制动时的列车纵向冲动，并使全列车的制动力更快的产生。

③常用加速制动作用

在第二阶段局部减压的同时，制动管的压力空气→滑阀座 l_2 孔→滑阀底面 l_5 孔→滑阀背部 l_5 孔→节制阀 l_6 槽→滑阀背部 ju_1 孔→滑阀底部 ju_1 孔→滑阀底部 ju_3 孔→滑阀座 ju_2 孔→局减室→大气，这就形成了常用加速制动作用。

④制动缸充气

副风缸的压力空气→滑阀室 F_1→滑阀 f_3 孔→滑阀座 z_1 孔→主阀体和缓解阀体内通路 z_1→……（参考第二阶段局减通路中的箭头通向，也即经缓解阀和紧急二段阀两处弯一弯）→制动缸。

由于第二阶段局减作用与副风缸向制动缸的充气作用基本上是同时发生的，即列车管压力空气和副风缸压力空气基本上是同时进入制动缸，所以制动缸压力 50～70 kPa 是来自列车管和副风缸两方面的压力空气，而在达到这个压力以后，由于局减阀关闭，于是列车管停止向制动缸充气，只有副风缸还向制动缸充气，至于制动缸继续充气，升到多大的压力，还与司机操纵的列车管减压量大小有关。

在常用制动时，由于紧急二段阀杆上不的列车管剩余压力（亦即减压后的压力）与弹簧力之和大于紧急二段阀下腔的制动缸压力，故紧急二段阀仍处于下部位置。

(3)制动保压位

施行了常用制动后，当压力表显示达到所要求的列车管减压量时，将自动制动阀或单车试验器手把移到保压位（中立位），使列车管停止继续减压，这时，120-1 阀随即处于保压位，从而使制动缸压力也保持一定。

在列车管刚停止减压时，由于活塞和滑阀、节制阀都还在制动位，副风缸仍在向制动缸充气，因而副风缸压力继续降低，直到主活塞下的副风缸压力下降到等于上侧列车管压力（实际上是副风缸压力稍低于列车管压力）时，主活塞在主活塞杆尾部被压缩的稳定弹簧的弹力及主活塞重力的作用下，主活塞带动节制阀向下移动（滑阀不动），移动了 6 mm，到了主活塞杆的上肩碰到滑阀上端面时为止，这个移动的结果，使节制阀遮住滑阀背面的 f_3 孔，切断了副风缸压力空气进入 f_3 孔的通路，副风缸不能再通过这个孔向制动缸充气，副风缸压力停止下降，制动缸压力也停止上升，此时，作用部处于保压位。

节制阀随主活塞下移的另一个结果是：开启了滑阀背面的 f_1 和 f_2 孔，f_1 孔与滑阀底面的 l_3、l_4 孔是上下贯通的，但此时 l_3、l_4 孔在滑阀座上是封住的，所以节制阀开启 f_1 孔，没有什么意义，但是 f_2 孔在滑阀体内与滑阀底面的眼泪孔 f_4 孔相通，而滑阀在制动保压位（在制动位也是如此）时，这个眼泪孔 f_4 与滑阀座的列车管孔 l_1 对准，这样一来，就形成了：风缸经滑阀室 F_1、f_2 孔、f_4 孔、l_1 孔通过列车管，换句话说，在制动保压位时，副风缸通过眼泪孔 f_4 与列车管相通，于是：①列车管如有轻微的漏泄，导致其压力低于副风缸压力时，副风缸压力通过孔 f_4 流向列车管，从而使主活塞稳定在制动保压位，而不至于向上移到制动位导致制动缸重新充气,其压力再次上升,从而引起车辆制动力增大的现象,这里要说的是,当机车制动机具有压力保持功能并使用这种功能时,那么无论是列车管是处于定压(车辆处于充气缓解位)或已施行减压(车辆处于制动保压位)情况下,列车管的漏泄均可通过机车制动机来补足;②副风缸(包括与副风缸连通的管路及室)如有轻微漏泄,导致其压力低于列车管压力时,列车管压力空气可通过 f_4 孔流向副风缸,从而使主活塞稳定在制动保压位,不让主活塞由于上、下侧压力差越来越大而最后导致下移至充气缓解位。因为如果下移至缓解位,则制动缸压力空气将由缓解通路全部排入大气,导致车辆产生自然缓解,制动着的车辆发生自然缓解,特别是在下坡道上运行时是很危险的,这是我们所不希望的,在机车使用压力保持操纵时,由于列车管的漏泄可由机车补足,因而副风缸的漏泄导致自然缓解的可能性更大,有了这个眼泪孔 f_4 后,在一定程度上可以防止上述自然缓解的发生。

由于节制阀下移至保压位,切断了滑阀背面的 l_5 孔和 ju_1 孔的联络,使得常用加速制动作用停止。

(4)安定与常用全制动

安定性是指常用全制动时不发生紧急制动作用的性能。

当施行常用全制动时,紧急阀中的紧急活塞下腔 L12 的列车管压力随着下降,紧急室活塞上腔 J1 的紧急室压力空气经活塞杆上部限孔Ⅳ、中部限孔Ⅲ和紧急活塞下端面孔口向紧急活塞下腔 L12(也即向列车管)逆流,故紧急活塞两侧不会形成足以压缩安定弹簧的压力差,若在常用制动时第一次减压较大,在紧急活塞两侧形成了足以使紧急活塞稍稍压缩安定弹簧而下移极小距离的压力差时,因紧急活塞稍稍下移,紧急活塞顶面环形凹槽的密封圈便稍稍脱离紧急阀盖,于是紧急室压力空气又经密封处紧急活塞杆的轴向中心孔上口、限孔Ⅲ等向列车管逆流,逆流量比仅通过限孔Ⅳ时来的大,故紧急活塞两侧仍不会形成足以更多压缩安定弹簧的压力差,加之紧急活塞杆的下端面与先导阀顶杆间有 3 mm 的间隙,故先导阀及放风阀均仍处于关闭状态,紧急阀不发生作用。

可以看出,由于制约逆流孔的限孔Ⅲ有足够大的孔径(ϕ2.3 mm),所以常用制动时,紧急室压力空气可充分地向列车管逆流,实现安定性要求。

在常用全制动或过量减压时,主活塞带动滑阀移动至主阀上端位置,滑阀 ju_3 和阀座 ju_2 孔相离开。因此常用位时常用加速制动作用停止。与此同时滑阀 f_7 孔与阀座 h_1 孔相沟通,此时副风缸与加速缓解风缸连通,以保证副风缸压力稍微高于列车管压力,从而防止列车管压力波动时影响常用加速制动作用,与此同时在常用全制动位进行缓解时加速缓解作用亦将停止。

(5)紧急制动位

与原 120 阀完全相同。

第六节　空重车自动调整装置

一、货车空重车自动调整装置的种类

目前我国货车使用的空重车自动调整装置主要有 400B 型、KZW-4 型、KZW-4G 型、KZW-4GAB(CD)型、KZW-A 型、TWG-1(ABCD)型等几种。

随着铁路货车提速改造工作的进展,铁道部已决定将 KZW-A 型空重车自动调整装置作为主型产品,将在现有和新造的普通货车及提速改造货车上推广使用。

KZW-A 型空重车自动调整装置是在 KZW-4G 型空重车自动调整装置基础上研制的,是

KZW-4G 型和 TWG-1 型空重车自动调整装置的替代产品，该装置安装在货车上取代手动空重车转换机构，根据车辆载重在一定范围内自动、无级地调整制动缸的压力，明显缩小了车辆从空车至重车的不同载重状态下的制动率变化，从而有效地改善车辆的制动性能。

KZW-A 型空重车自动调整装置具有结构简单，工作可靠、维修保养方便的特点，其主要技术特征如下：

(1)制动缸压力随车辆载重变化在一定范围内自动无级地连续变化，从空车至全重车任何载重下的车辆制动率均小于车辆黏着允许的制动率；

(2)在空车至全重车任何载重下当列车管风压在 500 kPa 时，常用全制动的平衡压力均为 360 kPa，空车制动缸压力为(140±20) kPa，完全能够与目前我国主型制动机配套使用；

(3)在空车制动时，具有制动缸压力初跃升功能；

(4)C-A 型传感阀调整行程根据转向架枕簧刚度情况分为 21 mm、27 mm 两种适用于目前各种转向架车辆；

(5)测重系统中的 C-A 型传感阀只在制动时才与抑制盘接触，阀的工作条件有利，受车辆运动影响小，另外加设了复位弹簧，减小车辆振动对测重系统的影响，作用稳定、可靠；

(6)管路连接全部采用法兰连接，橡胶密封，运用中不易产生漏泄故障；

(7)设有较为明显的空重车位显示标志。

KZW-4GAB 型空重车自动调整装置可调整为 A 型和 B 型两种型式，适用于使用转 8A 型、转 8AG 型、转 8G 型、转 K2 型等转向架的车辆，自动调整行程范围为 21 mm。A 型适用于目前货车通用制动配置，B 型适用于(原装用高磷闸瓦换装高摩合成闸瓦)。

KZW-4GCD 型空重车自动调整装置可调整为 C 型和 D 型两种型式，适用于使用转 K3 型和转 K4 型(摆动式)等转向架的车辆，自动调整行程范围为 28 mm。C 型适用于目前货车通用制动配置，D 型适用于货车原装用高磷闸瓦换装高摩合成闸瓦。KZW-4GCD 型与 KZW-4GAB 型空重车自动调整装置在调整阀结构及系统组成上是相同的，仅仅是测重机构的传感阀结构参数有所不同。

KZW-4GAB(CD)型空重车自动调整装置 A(C)型和 B(D)型 2 种型式在进行结构调整时，除需接通一个 6 L 的容积风缸及压力开关外，只需对调整阀和传感阀结构参数简单调整就可适应制动系统的不同配置，而装车各部连接安装位置尺寸均与 KZW-4G 系列空重车自动调整装置相同。

为适应不同车辆的需要，TWG-1 型空重车自动调整装置目前有以下四种型号：

TWG-1A 型适用于装有 254 mm 直径的制动缸配高摩合成闸瓦或 356 mm 直径制动缸配高磷闸瓦的货车；TWG-1B 型适用于原装有 356 mm 直径制动缸的普通货车(原装用高磷闸瓦换装高摩合成闸瓦)的货车；TWG-1C 型与 TWG-1A 型性能完全相同，仅其传感阀的活塞行程及调整范围不同，以适应不同枕簧挠度的转向架；TWG-1D 型与 TWG-1B 型性能完全相同，仅其传感阀的活塞行程及调整范围不同，以适应不同枕簧挠度的转向架。

二、空重车自动调整装置的用途

在制动时能根据车辆载重自动、无级地调整制动缸的空气压力，明显缩小车辆从空车至重车的不同载重下的制动率变化，从而有效地改善车辆的制动性能。

三、空重车自动调整装置的构造

各型空重车自动调整装置的构造如图 3-43、图 3-44、图 3-45、图 3-46 所示。

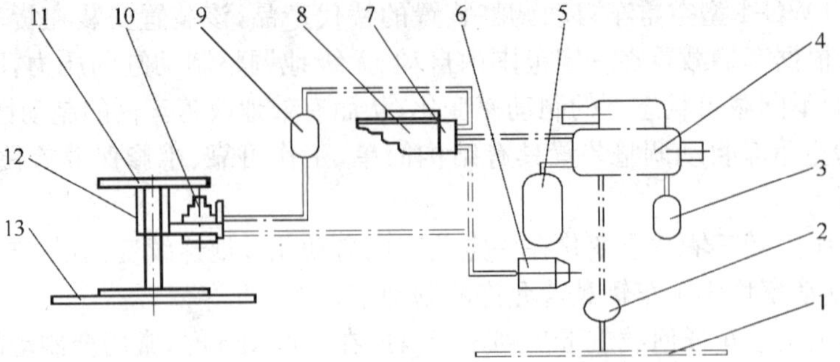

图 3-43　KZW-4G 型空重车自动调整装置的组成

1—制动管;2—集尘器与截断塞门组合体;3—加速缓解风缸;4—120 阀;5—副风缸;6—制动缸;7—阀管座;8—X. 4G 限压阀;9—降压风缸;10—C. 4G 传感阀;11—抑制盘;12—支架;13—基准板

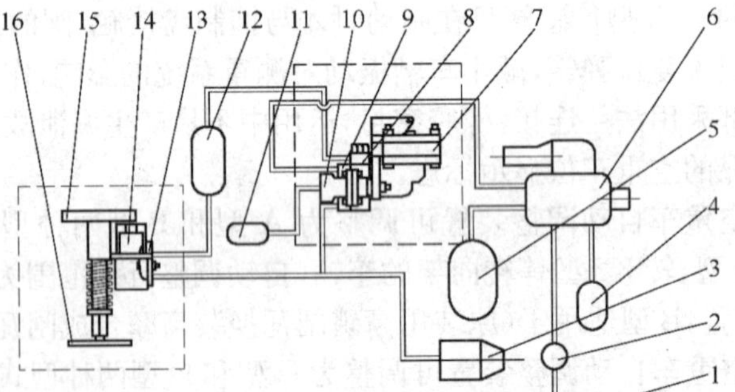

图 3-44　KZW-4GAB(CD)型空重车自动调整装置的组成

1—制动管;2—集尘器与截断塞门组合体;3—制动缸;4—加速缓解风缸;5—副风缸;6—120 阀;7—调整阀;8—阀管座;9—管接头;10—压力开关;11—6L 容积风缸;12—17L 降压风缸;13—支架;14—传感阀;15—抑制盘组成;16—横跨梁

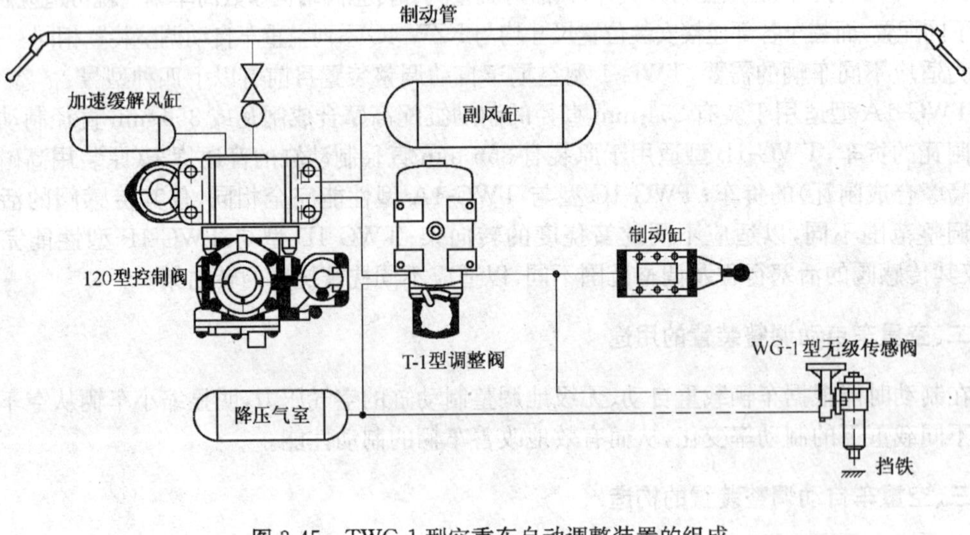

图 3-45　TWG-1 型空重车自动调整装置的组成

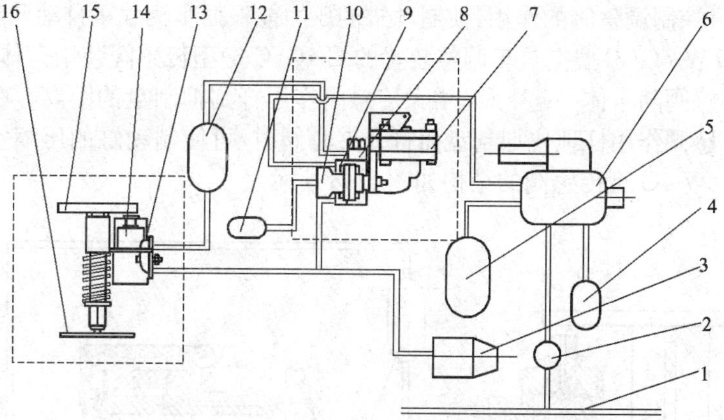

图 3-46　KZW-A 型空重车自动调整装置制动系统组成

1—列车管；2—集尘器与截断塞门组合体；3—制动缸；4—加速缓解风缸；5—副风缸；6—加速缓解阀；7—中间体；8—120 阀；9—紧急阀；10—限压阀；11—阀管座；12—降压风缸；13—支架；14—传感阀；15—抑制盘组成；16—横跨梁基准板

空重车自动调整装置一般是由如下部分组成。

(1)测重装置

①用途　用于当车辆载重增大时使抑制盘的高度保持不变，并以此作为传感阀的称重依据。

②安装与构造 由装于转向架两侧架间的横跨梁、装于车体的支架及抑制盘等组成。

装于转 K3 型转向架上空重车自动调整装置的测重装置如图 3-47 所示。导管内有 164 粒 13.494 mm 的钢球可使上导套的高度保持不变。

(2)传感阀

①用途　用于在制动时根据车辆载重的变化来使制动缸内的压缩空气进入降压风缸的量

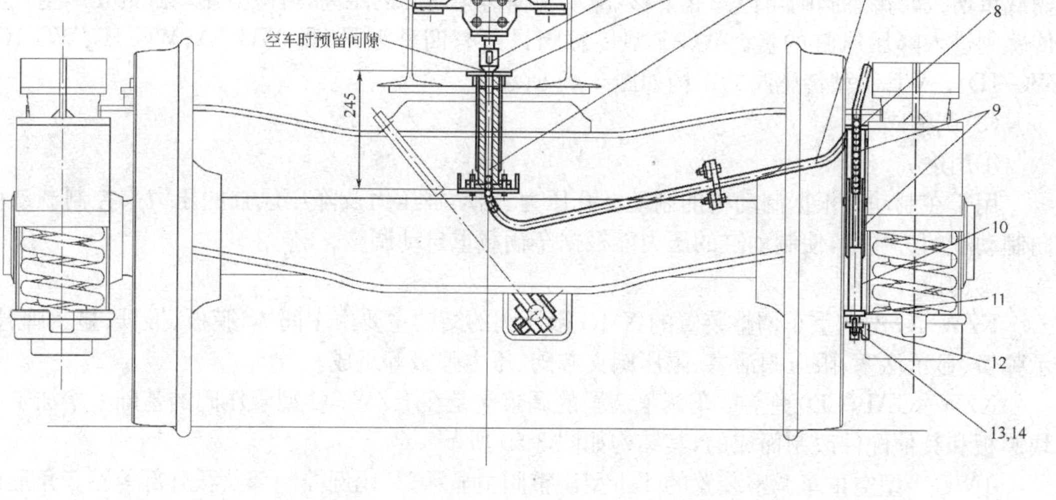

图 3-47　装于转 K3 型转向架上的测重装置

1—支架托板；2—抑制盘；3—传感阀；4—调整螺母；5—上导套；6—上导杆；7—导向管组成；8—钢球；9—下导套；10—下导杆；11—调整螺栓；12—调整座；13—开槽螺母；14—开口销

发生变化,从而可控制调整阀的作用,使制动缸的压力能根据车辆载重自动调整。

②构造 KZW-4G(6)型空重车调整装置的C-4G(C-6)型传感阀装于车体的支架上,当车辆载重增大时传感阀随车体一起下移,增大传感阀作用杆到抑制盘的距离。在制动时当制动缸压力升高使传感阀作用杆顶住抑制盘而打开夹心阀时,可使制动缸的压缩空气经传感阀进入降压风缸。KZW-4G型传感阀的结构如图3-48所示。

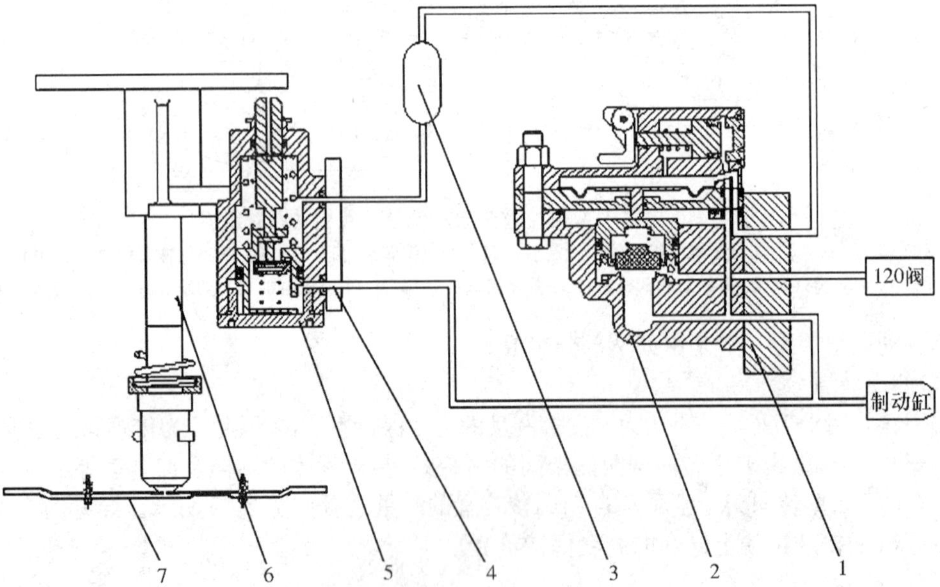

图3-48 KZW-4G型货车空重车自动调整装置作用原理图

1—阀管座;2—限压阀;3—17L降压风缸;4—支架;5—传感阀;6—抑制盘组成;7—横跨梁

TWG-1型空重车调整装置的WG-1型传感阀装于车体的支架上,中间没有抑制盘,当车辆载重增大时传感阀随车体一起下移,减小与横跨梁之间的距离,可减少制动缸的压缩空气经传感阀进入降压风缸的量。WG-1型传感阀目前有四种型号(即WG-1A、WG-1B、WG-1C、WG-1D)。WG-1型传感阀的结构如图3-49所示。

(3)调整阀

①用途

用于在制动时根据制动机的制动缸孔压力、制动缸压力及降压风缸的压力来控制制动机向制动缸的进气量,使制动缸的压力能根据车辆载重自动调整。

②构造

KZW-4G型空重车调整装置的X-4G限压阀的结构主要由中间体、膜板、推杆、显示牌、显示弹簧、显示活塞、限压阀活塞、限压阀夹芯阀、压力弹簧等组成。

KZW-4GAB(CD)型空重车调整装置的调整阀是在KZW-4G型限压阀的基础上增加了一块膜板和其他配件改制而成的,其结构如图3-50所示。

TWG-1型空重车调整装置的T-1型调整阀由显示部、比例控制部及跃升部等腰三角形构成。T-1型调整阀的空重车显示方式正好与KZW-4G型相反,在全空车时T-1型调整阀的显示器杆向上伸出最多,全重车时显示器杆不伸出。

T-1A型、T-1B型调整阀结构示意参如图3-51、图3-52所示。

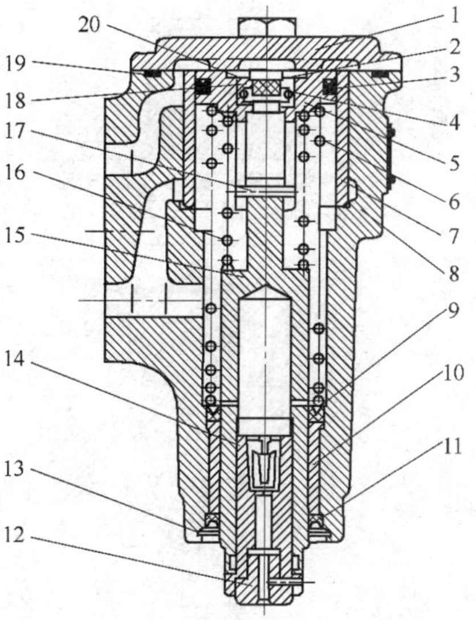

图 3-49 WG-1 型传感阀

1—上盖；2—弹簧座；3—Y 形密封圈（40×32）；4—止回阀（16）；5—活塞；6—复原弹簧；7—活塞套；8—阀体；9—弹簧垫；10—顶杆套；11—Y 形密封圈（33×25）；12—触头组成；13、20—挡圈；14—滤尘缩堵；15—顶杆组成；16—顶杆弹簧；17—弹性销；18—止回阀簧；19—O 形密封圈（63×2.65）；20—挡圈

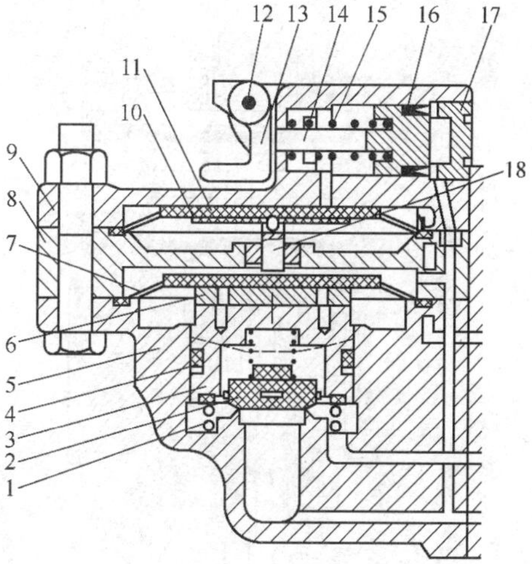

图 3-50 KZW.4GAB(CD)型空重车调整装置的调整阀

1—压力弹簧；2—夹芯阀；3、14—活塞；4、16—密封圈；5—阀体；6—调整片；7—膜板Ⅱ；8—中间体；9—阀盖体；10—座板；11—膜板Ⅰ；12—销轴；13—显示牌；15—显示弹簧；17—螺盖；18—推杆及圆片

(4)压力开关〔仅 KZW-4GAB(CD)型空重车调整装置才有〕

压力开关由阀体、阀盖、活塞、橡胶膜板、弹簧、夹芯阀、夹芯阀弹簧等组成。仅用于提速改造后的制动配置。对于目前货车通用制动配置则需在压力开关侧面法兰上加装橡胶堵。关闭压力开关作用的为 KZW-4GA(C)型空重车调整装置，开启压力开关作用的为 KZW-4GB(D)型空重车调整装置。

四、空重车自动调整装置作用原理

(1)KZW-4G 型货车空重车自动调整装置作用原理如图 3-48 所示。车辆空车时，调整抑制盘下端的触头。抑制盘距轨面的距离不随车辆载重而变化，但传感阀会随车辆载重的增大而降低，即传感阀触头与抑制盘的间隙会随车辆载重增大而增大。

①空车作用

a. 制动　制动时压缩空气经制动缸孔进入限压阀，经限压阀夹心阀与座的间隙流向制动缸、限压阀活塞上部及传感阀下部。进入传感阀下部的压缩空气推动传感阀活塞并通过夹心阀使触杆上移(最小 6 mm)，产生制动缸压力初跃升作用(制动缸压力达到最小 50～70 kPa)。当触杆顶住抑制盘后不能再上移，而制动作用仍在进行、传感阀下部仍在增压，所以传感阀夹心阀要打开，使传感阀下部的压缩空气要流向降压气室并至限压阀膜板上部。当限压阀内作用于膜板向下的力加上作用于活塞向下的力大于作用于活塞向上的力时，限压阀膜板下移关闭夹心阀断开制动机到制动缸的空气通路。由于制动缸的压力不再上升，而传感阀下部仍在向限压风缸充气，当传感阀活塞向下的力大于向上的力时，活塞下移关闭传感阀夹心阀，使制动缸的压力保持不变。

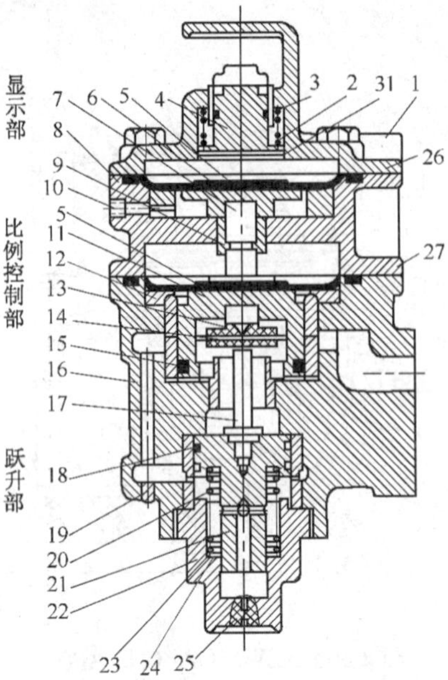

图 3-51　T-1A 型调整阀示意图

1—上盖组成；2—显示器弹簧；3—O 形密封圈(25×2.4)；4—显示器；5—膜板；6—上活塞(49 mm)；7—压杆；8—上体组成；9—O 形密封圈(14×2.25)；10—排气塞；11—下活塞(1 个密封圈)；12—下衬圈；13—弹簧；14—止回阀；15—O 形密封圈(50×5.3)；16—调整阀体组成；17—顶杆；18—O 形密封圈(45×2.1)；19—塞堵；20—跃升弹簧；21—跃升活塞；22—下盖；23—调整垫；24—调整阀；25—滤尘缩堵；26—上衬圈；27—下衬圈；31—挡圈

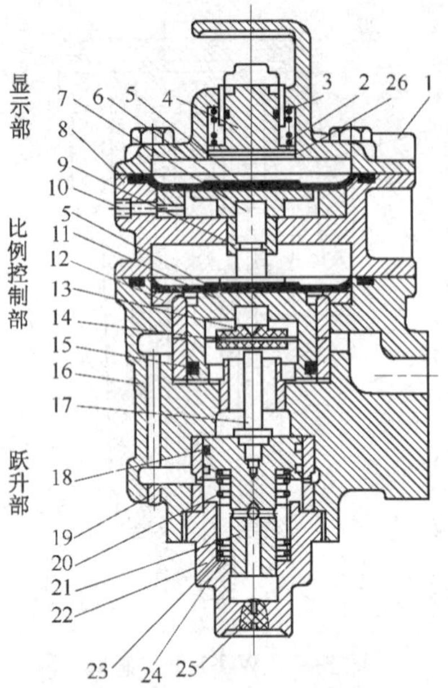

图 3-52　T-1B 型调整阀示意图

1—上盖组成；2—显示器弹簧；3—O 形密封圈(25×2.4)；4—显示器；5—膜板；6—上活塞(68 mm)；7—压杆；8—上体组成；9—O 形密封圈(14×2.25)；10—排气塞；11—下活塞(2 个密封圈)；12—下衬圈；13—弹簧；14—止回阀；15—O 形密封圈(50×5.3)；16—调整阀体组成；17—顶杆；18—O 形密封圈(45×2.1)；19—塞堵；20—跃升弹簧；21—跃升活塞；22—下盖；23—调整垫；24—调整阀；25—滤尘缩堵；26—挡圈

b. 缓解　缓解时制动机的制动缸孔排气，制动缸的压缩空气顶开限压阀的夹心阀经缓解通路排向大气；限压阀活塞上部的压缩空气也经上述通路排向大气；限压阀膜板上部及降压风缸内的压缩空气顶开传感阀夹心阀也经上述通路排向大气，使传感阀及限压阀内的各零件处于缓解状态。

②车辆载重增大时的调整作用

车辆载重增大时，传感阀触杆与抑制盘的间隙增大，在制动时要顶开传感阀的夹心阀需要的制动缸压力高，即制动缸内的压缩空气流入降压风缸的量少，限压阀关闭得慢，进入制动缸的压缩空气量多，制动缸压力高。传感阀触杆与抑制盘的间隙越大，制动缸的压力越高。当调压弹簧全压死触杆仍未接触抑制盘时可得到全重车制动缸压力。

由于传感阀解杆与抑制盘的间隙随车辆载重的增大是无级的，所以可实现制动缸压力的无级调整。

③空重车显示牌的显示作用

显示活塞右侧通制动缸，左侧通降压风缸。在空车位时由于制动缸压力与降压风缸的压力相等，随着车辆载重的增大(即制动缸压力增大而降压风缸的降低)，显示活塞在制动缸压力的推动下要向上翻转动，当车辆处于全重车位时显示活塞上翻转 90°。从空车至重车制动缸压力范围内显示牌的翻转是连续变化的。

(2)KZW-4GAB(CD)型

①KZW-4GA(C)型空重车自动调整装置的作用原理与 KZW-4G 型基本相同。调整好抑制盘下平面与传感阀触杆(包括防尘罩)的间隙。对于轴重 21 t、23 t、25 t 采用转 K2 型、K4 型、转 K5 型、转 K6 型转向架自重小于 28 t 的各型通用货车应在(6±1)mm 以内。而对于轴重 21 t、23 t、25 t 自重大载重小的货车,采用不同的抑制盘应得到不通的间隙,对于采用转 K2 型转向架自重 28～33 t 的货车应在(11±1)mm 以内,自重 33～42 t 的货车应在(14±1)mm 以内,而对于采用 K4 型、转 K5 型、转 K6 型转向架自重 28～33 t 的货车应在(14±1)mm 以内,自重 33～42 t 的货车应在(19±1)mm 以内。

②KZW-4GB(D)型空重车自动调整装置的作用原理与 KZW-4G 型的不同是压力开关和容积风缸参与制动作用,使制动缸压力比普通配置小,仅为普通配置的 60%。

在制动时压力开关和容积风缸与制动管路连通,来自 120 阀的压缩空气经支管三通向压力开关的活塞橡胶膜板下腔充气,使活塞移动至上方位置,关闭阀口,从而使容积风缸与大气切断,与此同时压缩空气顶开夹芯阀阀口,向容积风缸充气,待夹芯阀前后作用力达到平衡后,夹芯阀自动将阀口重新关闭。

缓解时,压力开关与制动机口的橡胶膜板下腔压力迅速降低,其活塞在弹簧力作用下迅速移动到下方,阀口打开,使容积风缸与大气连通,容积风缸在排气至完毕过程中,压力开关夹芯阀阀口始终处于关闭状态。

(3)TWG-1 型

TWG-1 型空重车自动调整装置目前有 A、B、C、D 四种型号,但 A 型与 C 型、B 型与 D 型的作用与性能是分别完全一样的,只是传感阀行程大小不同而已。这里只叙述 A 型和 B 型两种空重车自动调整装置的作用原理,如图 3-53 所示。

①空车作用

a. 制动压力初跃升作用

制动初期空重车自动调整装置内部均处于缓解状态。从 120 阀输出管送来的压缩空气经通路 f 进入调整阀下活塞下方,经被跃升活塞顶开的止回阀直接进入跃升活塞上方的 z 腔后分为三路:一路经调整阀体内部通道 z_1 至下活塞上方,将下活塞压住;第二路经制动管 z 至制动缸;第三路至传感阀活塞上腔,克服复原弹簧的力,推动活塞及顶杆触头等腰三角形下移,开始探测车辆载重状态。

当作用于跃升活塞上的制动缸压力上升到 50～70 kPa 时,止回阀关闭,初跃升停止。

b. 制动作用

初跃升作用结束后作用在下活塞下方 f 腔内的压力迅速升高,下活塞上移提起止回阀,120 阀输出管压缩空气重新经开启的止回阀进入制动缸,使制动缸继续升压,同时也经 z_1 通往下活塞上方。

A 型和 C 型因不露出 t_1 孔,故调整室不起分流作用。而 B 型和 D 型露出 t_1 孔,故调整室起分流作用。

进入制动缸的压缩空气,进一步推动传感阀活塞下移,由于传感阀触头与横跨梁之间的距离量大,传感阀活塞无需克服内弹簧的力便能开放套侧面的槽 j,使制动缸的压缩空气经 j 进入降压气室及调整阀上活塞上方,当制动缸内的压力达到 160 kPa 时调整阀关闭,制动缸压力不再上升。

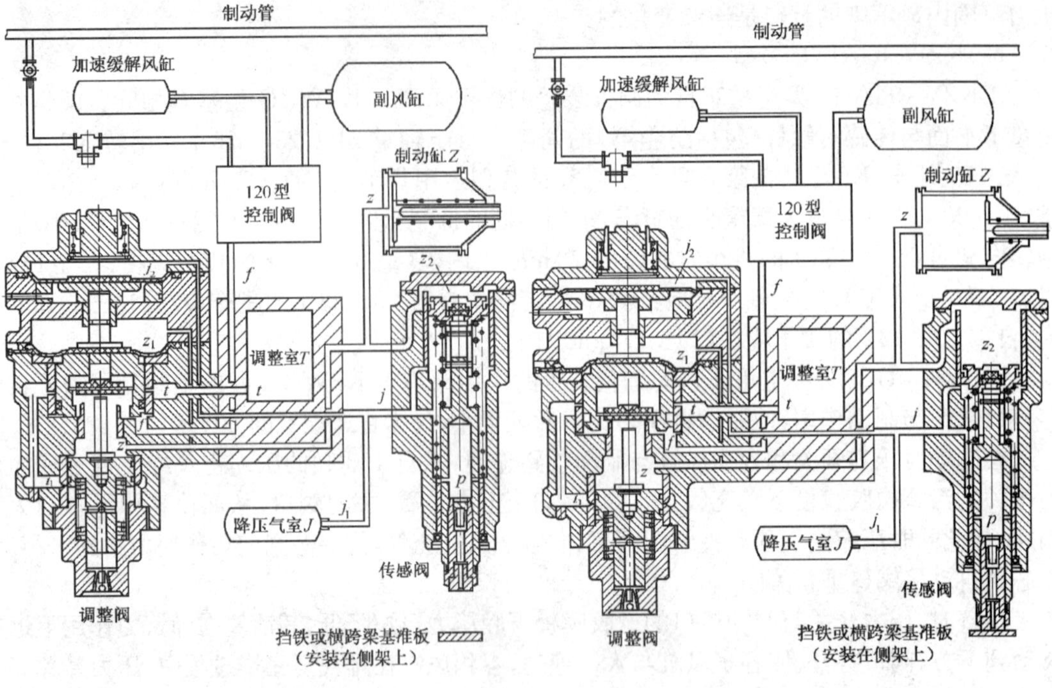

图 3-53　TWG-1 型空重车自动调整装置作用原理

c. 缓解作用

在缓解时,制动缸内的压缩空气顶开调整阀内的夹芯阀阀口,经 120 阀的缓解通路排向大气,调整阀上活塞上方、降压气室及传感阀内的压缩空气顶开传感阀活塞内的止回阀经上述通路排向大气。

(4)空重车调整作用

随着车辆载重的增加,传感阀触头与横跨梁之间的距离逐渐减小,传感阀套侧面的槽 j 开放压力逐渐加大,使制动缸的压缩空气经 j 进入降压气室及调整阀上活塞上方的量少,制动缸内的压力逐渐增大,当车辆达到满载时,传感阀套侧面的槽 j 不能露出,传感阀不再向降压气室分流,调整阀上活塞也最后失去作用,制动缸压力达到全重车位。从而实现了空重车的无级调整。

(5)空重车显示作用

在空车位制动作用时,由于降压气室的压缩空气进入调整阀上活塞上方

(即显示器下方),克服显示弹簧的力,将显示器推到最上端,显示器杆上粗细两段都露出套外。随着车辆载重的增加,进入降压气室的压缩空气量的减少,显示器杆露出套外的长度逐渐缩短。当车辆达到满载时,无压缩空气进入降压气室,看不见显示器杆。

五、KZW-A 型空重车自动调整装置

(1)主要结构

KZW-A 型货车空重车自动调整装置主要由测重机构(C-A 型传感阀、支架、抑制盘、复位弹簧、触头)、限压阀组成(X-A 型限压阀、阀管座)及相应连接管路等组成。

C-A 型传感阀由阀体、阀盖、活塞、触杆、夹芯阀、压力弹簧、复原弹簧、夹芯阀弹簧、弹簧挡

圈及密封胶圈等组成，传感阀安装在支架上，触杆向上，正对抑制盘的下盘面，车辆制动时，用来测量车辆的载重并通过进入降压风缸的压力空气去驱动 X-A 性限压阀，从而控制进入制动缸空气压力。

支架用精密铸钢件加工而成，安装在基准板(横跨梁)上方车体中梁内，用 4 只螺栓紧固，支架用以安放抑制盘、安装 C-A 型传感阀并与连接管路法兰连接。

抑制盘上部为圆盘，中部为圆柱。下部为螺杆、弹簧座和带螺纹的六方触头。抑制盘安放在支架的圆柱形导管上，并在其导管内可上下移动，复位弹簧套在圆柱上，将弹簧座套入螺杆上，再在螺杆上转动触头并调整其长度，采用开口销固定；车辆空车时，抑制圆盘座落在支架的导管顶端，作为空车时 C-A 型传感阀称重的基准。当车辆载重抑制盘触头与基准板(横跨梁)接触后，其与基准板(横跨梁)的相对高度不变，又作为载重时 C-A 型传感阀称重的基准。

复位弹簧安放在抑制盘上，用于抑制盘在支架导管移动时减少或缓解车辆运行振动带来的影响。

X-A 型限压阀由阀体、阀盖、中间体、推杆组成、橡胶膜板、活塞、夹芯阀、夹芯阀弹簧、压力弹簧、显示牌、活塞杆、显示弹簧、后盖及密封胶圈等组成；安装在阀管座上，制动时它受来自 120 型空气制动机制动孔的压力空气和来自 C-A 型传感阀连通降压风缸的压力空气及进入制动缸的压力空气共同作用来控制制动缸的空气压力，最终由降压风缸的空气压力和制动缸的空气压力叠加共同与制动机制动孔的空气压力相平衡。因而在规定调整范围内，当制动孔压力一定时，使制动缸的空气压力随车辆载重增加而增加；阀的顶盖上的翻转显示牌用以显示制动缸的压力是处于空车位、半重车位或重车位。

阀管座吊装车体中部边上侧梁底架上，用来安装 X-A 型限压阀并与管路法兰连接。

连接管路用来对各部件之间进行连接，所以管路两端均采用法兰连接和橡胶圈密封。

(2)作用原理

KZW-A 型空重车自动调整装置的作用原理见图 3-54。

调整好抑制盘下平面与传感阀触杆(包括防尘罩)的间隙。对于轴重 21 t、23 t、25 t 采用转 K2 型、K4 型、转 K5 型、转 K6 型转向架自重小于 28 t 的各型通用货车应在(6±1)mm 以内。而对于轴重 21 t、23 t、25 t 自重大载重小的货车，采用不同的抑制盘应得到不通的间隙，

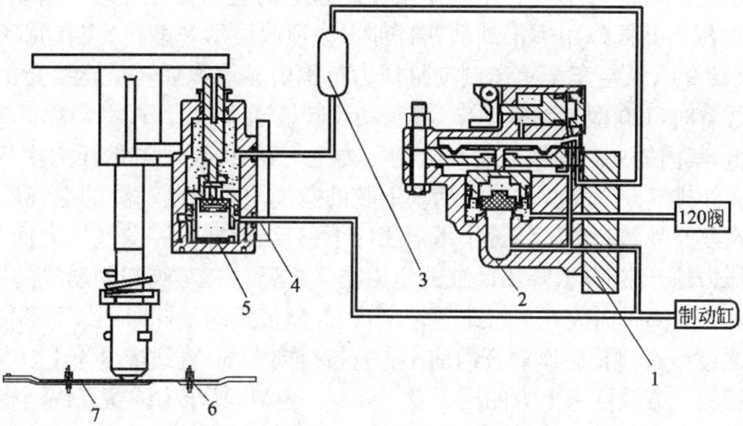

图 3-54　KZW-A 型空重车自动调整装置作用原理图

1—阀管座；2—限压阀；3—17L 降压风缸；4—支架；5—传感阀；6—抑制盘组成；7—横跨梁

对于采用转 K2 型转向架自重 28～33 t 的货车应在(11±1)mm 以内,自重 33～42 t 的货车应在(14±1)mm 以内,而对于采用 K4 型、转 K5 型、转 K6 型转向架自重 28～33 t 的货车应在(14±1)mm 以内,自重 33～42 t 的货车应在(19±1)mm 以内。

车辆空车时,调整抑制盘下端的触头,使抑制圆盘坐落在支架的圆柱形导管的顶端而触头与基准板(横跨梁)间保持 h_0 间隙,并用开口销锁定。

基准板(横跨梁)支承在转向架侧架上与轨面的高度不变,与载重大小无关;车辆载重后,枕簧受压变形,支架和装在上面的 C-A 型传感阀将随车体下降,当抑制盘触头与基准板(横跨梁)接触之后,抑制盘的高度位置不再改变,C-A 型传感阀触杆与抑制盘的距离将随载重的增加而增加。

在与 120 型制动机配套使用时,当 120 制动机处于完全缓解状态时,KZW-A 型空重车自动调整装置和制动缸处于无压力空气状态。这时 X-A 型限压阀的活塞、作用杆和橡胶膜板在压力弹簧的作用下处于最上方位置,活塞内的夹芯阀离开阀口,夹芯阀处于开启状态。制动缸及与之连通的空间经开启的 X-A 型限压阀和 120 型制动机的缓解排气通道与大气相通。X-A 型限压阀阀盖上的空重位压力显示器的活塞杆在显示弹簧的压力作用下处于缩进位置,显示牌处于最下方位置。C-A 型传感阀的活塞和触杆在复原弹簧的作用下处于最下端位置,触杆与抑制圆盘保持一定距离,活塞内的夹芯阀在夹芯阀弹簧的作用下处于关闭状态,将 C-A 型传感器阀体内分为上下腔,下腔通制动缸及 X-A 型限压阀活塞下方,上腔通降压风缸及 X-A 型限压阀的橡胶膜板上方,并通过 C-A 型传感阀触杆内的小孔通向大气。

当列车管减压制动时,120 型制动机动作,副风缸的压力空气经制动机和开启的 X-A 型限压阀向制动缸及 X-A 型限压阀活塞上方充气,随着制动缸空气压力的增加,C-A 型传感阀的活塞在下腔空气压力(即制动缸空气压力)的作用下向上移动,压缩复原弹簧和调压弹簧并推动触杆一起上升,当触杆上移碰到抑制圆盘时停止不动,而活塞随制动缸空气压力的增加继续上移,这时活塞内的夹芯阀被触杆顶开,而活塞下腔的压力空气立即向上腔及降压风缸等充气。当降压风缸及 X-A 型限压阀橡胶膜板上方空气压力上升到一定时,与 X-A 型限压阀活塞上方通制动缸空气压共同作用,将 X-A 型限压阀内的活塞下移,夹芯阀关闭,副风缸停止向制动缸充气,C-A 型传感阀活塞上下作用力达到平衡后,活塞内的夹芯阀自动重新关闭,维持制动缸及降压风缸的空气压力不变。X-A 型限压阀盖上的显示器在制动缸、降压风缸的空气压力的显示弹簧的压力共同作用下推动活塞杆伸出去顶起显示牌翻转。制动缸压力达到全重车位时,显示牌翻转 90°,从空车至重车制动缸压力范围内显示牌翻转是连续变化。

当列车管缓解时,120 型制动机动作,其制动孔转换通大气,X-A 型限压阀通制动机口的空气压力迅速降低,其内的夹芯阀被通制动缸的压力空气顶开,制动缸的压力空气穿过 X-A 型限压阀和 120 阀向外排气。C-A 型传感阀活塞下腔的空气压力随制动缸的空气压力下降而降低,其活塞和触杆在复原弹簧和调压弹簧作用下相应下移,当活塞下腔空气压力低于上腔空气压力时靠上腔空气压力顶开夹芯阀,降压风缸的压力空气将通过夹芯阀与制动缸的压力空气一起经 X-A 型限压阀和 120 阀排向大气。与此同时,在 C-A 型传感阀触杆回到最下端位置时,降压风缸的压力空气还通过 C-A 型传感阀触杆内的小孔直接排向大气,直到排尽为止。在排气过程中,当 X-A 型限压阀膜板上方及活塞上方的压力空气降到一定时,其压力弹簧又逐渐将活塞、作用杆和橡胶膜板推到最上方位置,夹芯阀完全打开处于常开位置。而 C-A 型传感阀活塞内的夹芯阀在上腔压力接近下腔的空气压力时靠夹芯阀弹簧又将夹芯阀关闭,最后恢复到完全缓解的无气状态。缓解过程中,X-A 型限压阀盖上的显示牌也随制动缸压力下降而自动落下。

第七节 人力制动机

人力制动机是指用人力代替压力空气作用于制动缸活塞的推力来带动基础制动装置动作,使闸瓦压紧车轮,进而产生制动作用的一种装置。我国的货车,除了极个别的特种车辆无法安装外,都安装有人力制动机。人力制动机一般安装在1位车端(在个别车辆中,也有两端都安装人力制动机的)。

目前,货车上使用的人力制动机有手制动机和脚踏式制动机两类,其中手制动机有链条式、棘轮式、螺旋式、FSW型和NSW型等。

1. 链条式手制动机

根据手制动轴的构造不同,可分为固定轴式和折叠轴式两种。固定轴链条式手制动机(如图3-55所示)多使用在敞车、棚车、罐车等型式的车辆上,大部分货车都采用这种手制动机。折叠轴链条式手制动机一般使用在装有活动端墙或端开门的货车上,如平车。

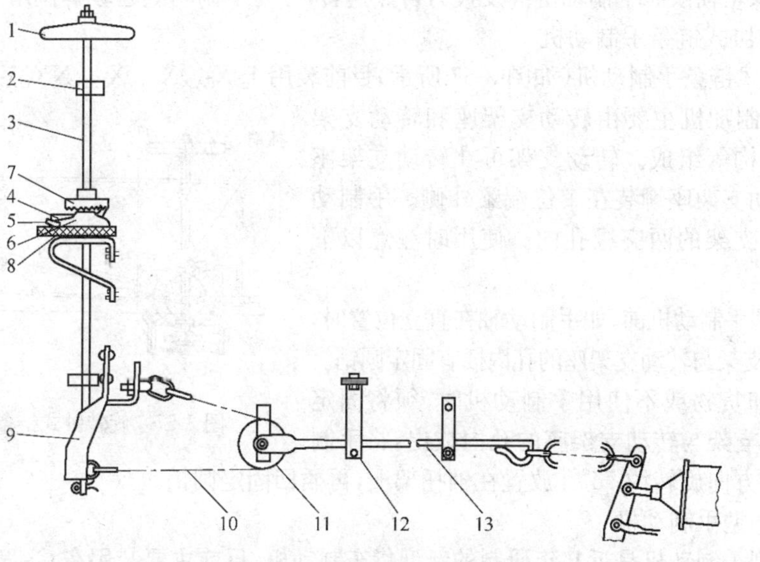

图3-55 固定轴链条式手制动机

1—手制动手轮;2—手制动轴导架;3—手制动轴;4—棘子锤;5—棘子;6—棘子托;7—棘轮;8—踏板;9—手制动轴托;10—手制动轴链;11—链条滑轮;12—手制动拉杆托;13—手制动拉杆

固定轴链条式手制动机的作用过程介绍如下。

制动时,先将棘子锤压在棘子的外端,使棘子的内端棘舌卡在棘轮上,以防止手制动轴逆转(如图3-56所示)。然后顺时针方向转动手轮,手制动轴随着转动,手制动轴链便卷在手制动轴上,拉动手制动拉杆,从而带动基础制动装置移动,使闸瓦压紧车轮产生制动作用。

缓解时,将棘子锤翻置,使棘子内端棘舌离开棘轮,则手制动轴依靠手制动轴链的反拨力逆转(通常要靠人力反向转手轮),恢复到缓解位置。基础制动装置也在制动梁的自重作用下,使闸瓦离开车轮,制动装置恢复缓解状态。

2. 棘轮式手制动机

棘轮式手制动机只用在极少数的货车上,通常安装在车辆的端部。

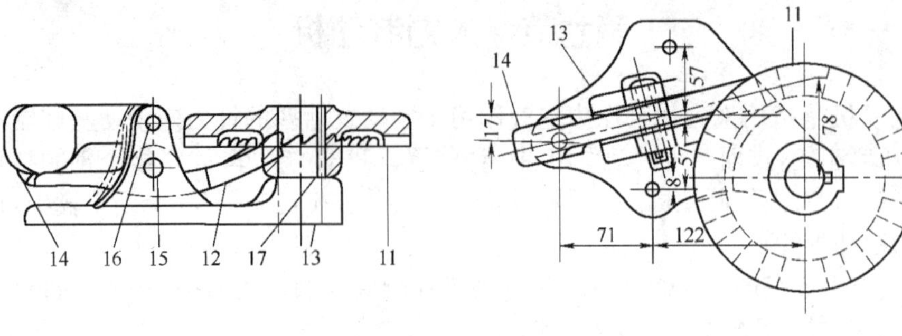

图 3-56　手制动轴防滑器

11—手制动棘轮；12—棘子；13—棘子托；14—棘子锤；15—棘子销；16—棘子锤销；17—棘轮键

制动时上下扳动制动手把，制动手把的尖端(棘子)拨动棘轮，棘轮轴随着转动，手制动链缠绕在棘轮轴上，拉动基础制动装置动作，车辆产生制动作用。缓解时，扳动缓解手把，使棘子离开棘轮，棘轮轴依靠手制动链的反拨力自然逆转，松开手制动链起缓解作用。

3. 旋转卧式链条手制动机

旋转卧式链条手制动机(如图 3-57 所示)目前装用于 X_{6A}、X_{6B}、X_{1K}、NX_{17A}、D_{10} 等型车上。

此种手制动机主要由转动支架座和转动支架及手制动机构等组成。转动支架可在转动支架座上旋转，转动支架座铆装在 1 位端梁外侧。手制动轴插入转动支架的两突缘孔内。使用时注意以下几点：

(1)使用手制动机前，如手制动轴在直立位置时，须确认转动支架与转动支架座的孔内插有固定圆销。

(2)装卸货物或不使用手制动机时，须将固定圆销从转动支架与转动支架座的孔内拔出，将手制动轴向中梁方向旋转约 75°并放置在轴托架上，再插回固定圆销。

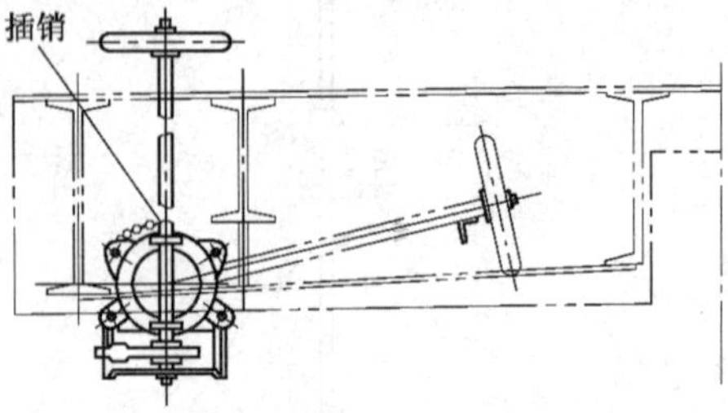

图 3-57　旋转卧式链条手制动机

4. FSW 型手制动机

FSW 型手制动机是近几年研制的新型货车制动机，目前主要装用在 C_{63A}型敞车和部分厂矿企业自备车上。FSW 型手制动机由手轮、主动轴、卷链轴、手柄、底座、箱壳等组成，如图 3-58 所示。箱壳上压有产品型号、制造厂代号。手柄为铸钢件的，铸有“快速缓解”标记。

FSW 型手制动机具有制动、阶段缓解和快速缓解等三种功能，并具有省力、操作简便、一手扶托、单手操作、安全性好的优点。

5. NSW 型手制动机

NSW 型手制动机是在 FSW 型手制动机的基础上经局部改进而成的。它保留了 FSW 型手制动机的优点，简化了结构，增设了闭锁装置。有较好的防溜功能，提高了车辆停放安全性。该手制动机具有制动力大、结构紧凑、质量轻等优点，适用于各种铁路货车，尤其适合安装在平车和集装箱车上。

(1)构造

NSW 型手制动机由手轮、主动轴、卷链轴、功能手柄、棘轮、大齿轮、小齿轮、离合器、键轮、链条、锁闭机构、底座、箱壳等组成，如图 3-59 所示。其中小齿轮、键轮采用模锻方法制作，

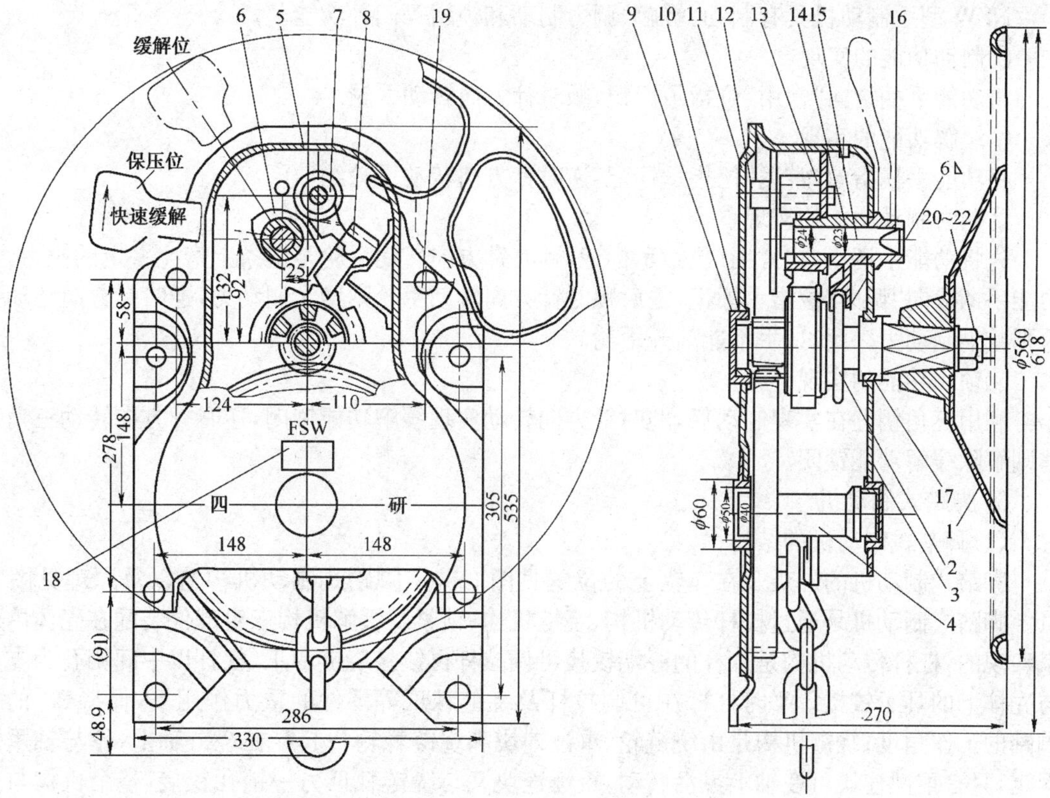

图 3-58 FSW 型手制动机

1—手轮组成；2—主动轴组成；3—箱壳组成；4—卷链轴组成；5—油杯；6—开闭挡；7—推柄；8—棘舌；9—轴承座；10—轴承(1)；11—底座；12—轴(1)；13—弹簧；14—扇形轮；15—轴(2)；16—手柄；17—轴承(2)；18—产品铭牌；19—铆钉；20—垫圈；21—螺母；22—开口销

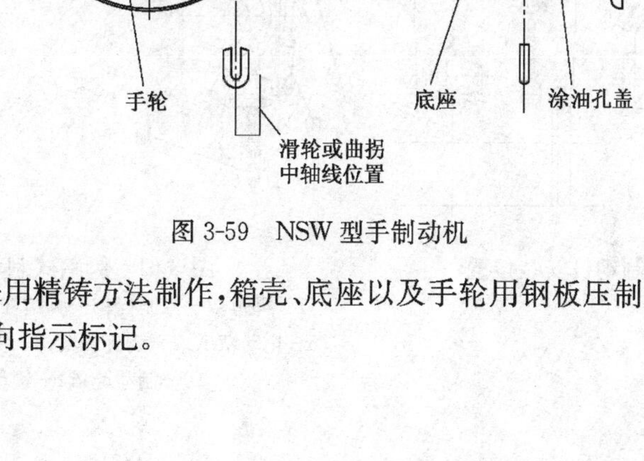

图 3-59 NSW 型手制动机

大齿轮、棘轮等零件采用精铸方法制作，箱壳、底座以及手轮用钢板压制成形。其手轮上印有“制动”和“缓解”等方向指示标记。

(2)作用

NSW 型手制动机具有制动、缓解、调力制动和锁闭等四种功能。

①制动功能的实现

将功能手柄指向“常用”位指示标记，顺时针方向转动手轮。

②缓解功能的实现

将功能手柄指向“常用”位指示标记，逆时针方向转动手轮约 30°。

③调力制动功能的实现

先将功能手柄指向“常用”位指示标记，顺时针方向转动手轮至链条上产生一定的拉力，将功能手柄拨向“调力”位指示标记，之后顺时针方向转动手轮则增大制动力，逆时针方向转动手轮则减少制动力。此时，手不能离开手轮。

④锁闭功能的实现

利用三角钥匙在实现制动后，顺时针方向转动实现缓解功能锁闭，逆时针方向转动三角钥匙则解除缓解功能锁闭。

6. 脚踏式制动机

(1)脚踏式制动机的结构

脚踏式制动机的外观及在车辆上的位置见图 3-60。脚踏式制动机构造以及原理见图 3-61。脚踏式制动机是通过杠杆传动机构、绕链机构、锁紧及缓解机构三组部件装配在壳体内外来实现的，杠杆传动机构是杠杆的一端铰接可调拉杆再铰接绕链棘爪，杠杆以中间销孔为支点与壳体上的耳子铰接。平时杠杆在可调拉杆及绕链棘爪等零件的重力作用下，保持 33°的待脚踏的工作角度；绕链机构是由绕链轮、重锤连块和绕链棘轮一起穿在绕链轴上，轮与轴用键固定，只有重锤连块可在轴上灵活转动，重锤连块又与绕链棘爪另一销孔铰接，整个机构与壳体以滑动轴承的形式相连。可调拉杆与绕链棘爪的部分重量及重锤连块本身重心位置决定了重锤连块必然紧靠在壳体限定块 F 处止动。绕链棘爪紧卧在重锤连块内的限位销上，使棘爪不接触绕链棘轮，但又与其保持最小间隙，随时等待作用于棘轮；锁紧及缓解机构是以壳体内耳子为铰点的缓解杆及其本身又铰接两个带有重锤的锁紧棘爪所构成，缓解杆在自重作用下落在壳体另 1 个限位块 E 处向下止动，保持着棘爪与棘轮的相关位置。两锁紧棘爪在自重与

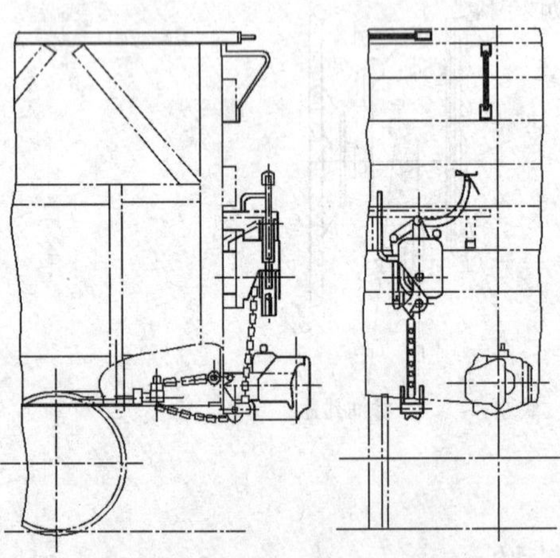

图 3-60 脚踏式制动机安装位置

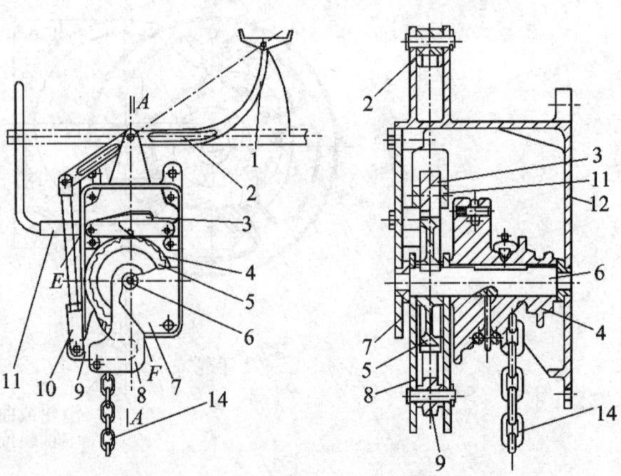

图 3-61 脚踏式制动机结构图

1—脚蹬；2—控制杆；3—脚踏杠杆；4—拉杆；5—壳体；6—止动棘爪；7—绕链棘轮；8—绕链棘爪；9—垂锤连块；10—制动链；11—锁鼻；12—耳环

缓解杆的限定下，总有 1 个能卡在棘轮上，不抬起缓解杆，棘轮只能朝一个方向旋转。

(2)工作原理

作业时，操作者脚踏杠杆，杠杆拉动可调拉杆，带动绕链棘爪，棘爪以重锤连块上的铰点为轴稍加转动(设计转角为 3°)便卡住绕链棘轮。棘轮、棘爪在重锤连块连接之下成为一个整体，每踏动杠杆一下，绕链轮和轴就转动 30°，同时，锁紧棘爪在棘齿的撞击之下跳动，停止转动时，棘爪立即卡住棘轮止住倒转。当操作者抬起右脚时，杠杆又恢复到 33°的待脚踏的工作角度。不停地踏动杠杆，绕链轮就不断将链环绕紧，直至实现车辆制动。当不再需要制动时，只需向上提一下缓解杆，此时整个机构迅速处于缓解状态。

第八节 基础制动装置

基础制动装置是最终产生制动作用的装置，它与空气制动机及人力制动机相连形成整套车辆制动装置，是由制动缸活塞杆至闸瓦间所包含的一整套杠杆拉杆、制动梁、闸瓦所组成的力的传动装置。它利用杠杆原理，把空气制动机的制动缸活塞推力或人力制动机所产生的拉力，经过各杠杆拉杆的作用，扩大适当倍数后再传到闸瓦上，使闸瓦压紧车轮踏面而产生制动作用。

一、基础制动装置的结构形式

1. 基础制动装置的结构形式

基础制动装置的结构形式有只在车轮的一侧(内挡)设有闸瓦的单侧闸瓦式和在车轮的两侧均设有闸瓦的双侧闸瓦式。

目前我国除部分特种货车外的绝大多数货车均采用单侧闸瓦式基础制动装置(如图 3-62 所示)。本书只介绍单侧闸瓦式基础制动装置。

(1)优点

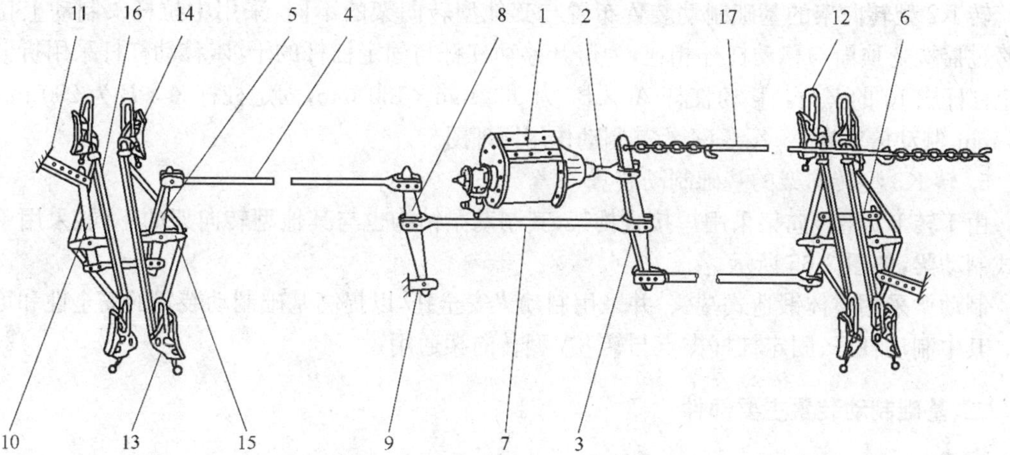

图 3-62 单侧闸瓦式基础制动装置

1—制动缸；2—制动缸活塞推杆；3—缸前杠杆；4—上拉杆；5—制动杠杆；6—下拉杆；7—连接拉杆；8—制动缸后杠杆；9—制动缸后杠杆托；10—固定杠杆；11—固定杠杆支点；12—闸瓦托吊；13—闸瓦托；14—闸瓦；15—支柱；16—制动梁；17—手制动拉杆

这种结构形式构造简单,节约材料,便于检查和修理。

(2)缺点

因制动时车轮只受一侧的闸瓦压力作用,在制动初速较高或长大坡道地区时,容易造成闸瓦熔化,使制动力的提高受到限制。

2. 制动时作用力的传递

制动时,单侧闸瓦式基础制动装置作用力的传递情况如图 3-63 所示。

3. 提高制动力的手段

根据理论计算和实际运用经验,闸瓦单位面积承受的压力一般不超过 1 000 kPa(极限为 1 300 kPa)。目前我国采用 GK 型制动机和 103 型制动机的车辆,多数已达到和超过了这个限度(最高为 1 400 kPa)。为满足开通重载货物列车和快运货物列车的需要,在闸瓦单位面积的压力不能再增加的情况下,应采用高摩擦因数的合成闸瓦。

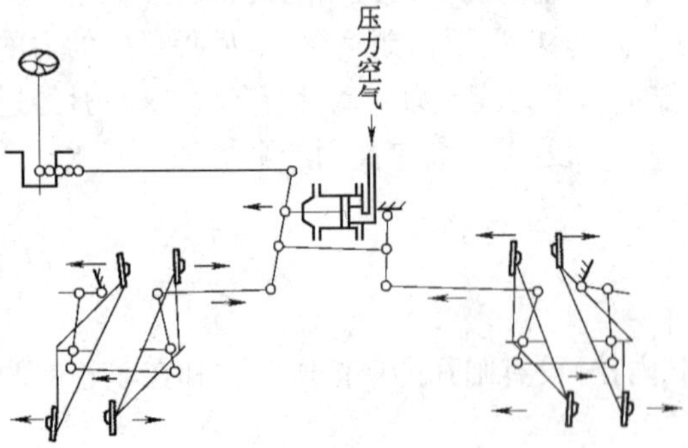

图 3-63　基础制动装置作用力的传递

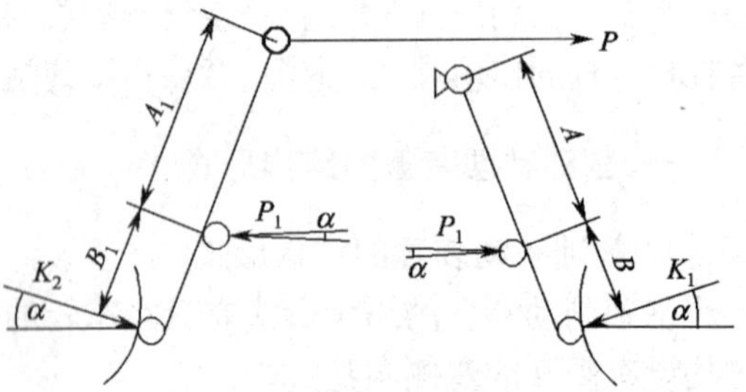

图 3-64　转 K2 型转向架制动原理图

4. 在转 K2 型转向架上的改进

转 K2 型转向架的基础制动装置布置与其他型转向架的不同,采用中拉杆。制动上拉杆要跨过摇枕上顶面与移动杠杆相连,为避开移动杠杆与固定杠杆的干涉,移动杠杆采用折形与固定杠杆成 10°的夹角。移动杠杆 $A_1 \times B_1$ 为 360 mm×180 mm,固定杠杆 $A \times B$ 为 290 mm×145 mm,制动倍率为 4。图 3-64 为其制动作用原理图。

5. 转 K3 型转向架的基础制动装置

由于转 K3 型转向架采用焊接式构架,其制动梁结构也与其他型转向架的不同,采用单侧吊式制动梁,如图 3-65 所示。

制动梁采用整体锻造式端头,并采用制动梁安全托,以提高基础制动装置的安全性和可靠性。其中制动杠杆、固定杠杆支点与转 8A 型转向架通用。

二、基础制动装置主要部件

1. 制动缸活塞杆和推杆

为便于人力制动机的使用,货车用制动缸活塞杆采用钢管制成的中空筒形圆杆,用铆钉铆固在制动缸活塞座上,中间插入推杆,两者设有固定结合装置。货车制动缸活塞杆推杆的结构如图 3-66 所示。

2. 杠杆

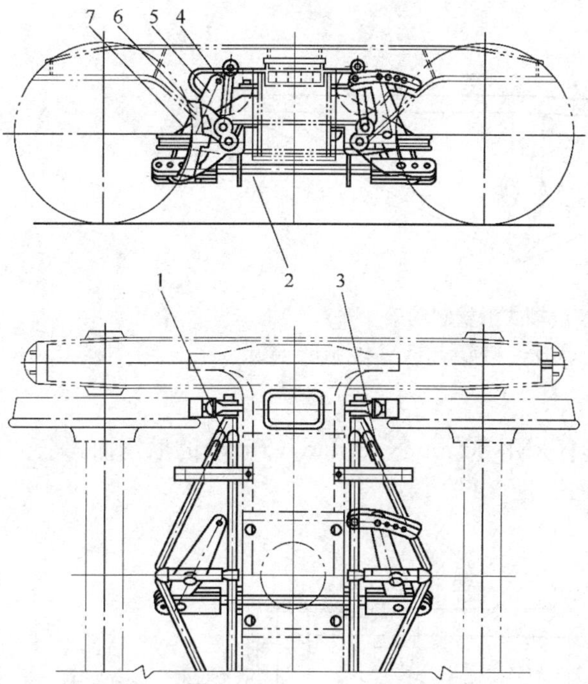
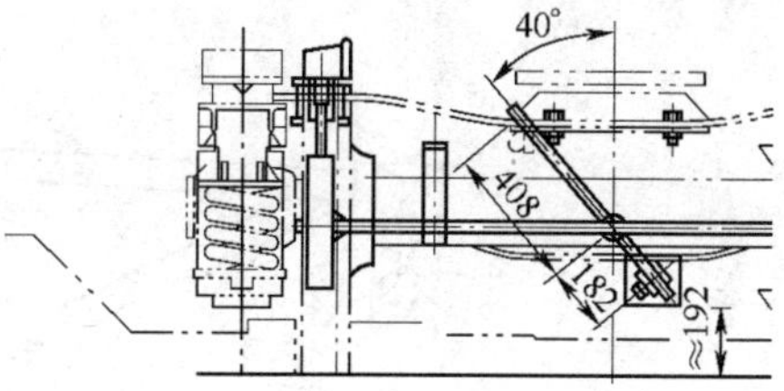

1—右滚动制动梁组成；
2—下拉杆 40 mm×1080 mm；
3—左滚动制动梁组成；
4—制动梁吊组成；
5—制动杠杆组成；
6—407G 高摩擦系数合成闸瓦；
7—制动梁安全托组成

图 3-65 转 K3 转向架基础制动装置

杠杆用于传递和扩大制动力。

货车所采用的各种杠杆，根据安装部位和作用的不同，其名称也不相同，有制动缸前杠杆、制动缸后杠杆、移动杠杆、固定杠杆等。从形式上看，主要有下列两种：杠杆有四个圆销孔的，多用于制动缸前杠杆；杠杆有三个圆销孔的，多用于移动杠杆、固定杠杆、制动缸后杠杆等。各种杠杆的形状大体相同，杠杆中部因受力较大，故其断面尺寸较大，两端稍窄，构成鱼腹形。

3. 拉杆

拉杆是连接两杠杆的构件，主要起力的传递作用。

根据拉杆安装位置的不同，有连接拉杆、上拉杆、中拉杆、下拉杆、均衡杠杆拉杆、移动杠杆拉杆、人力制动拉杆等等。

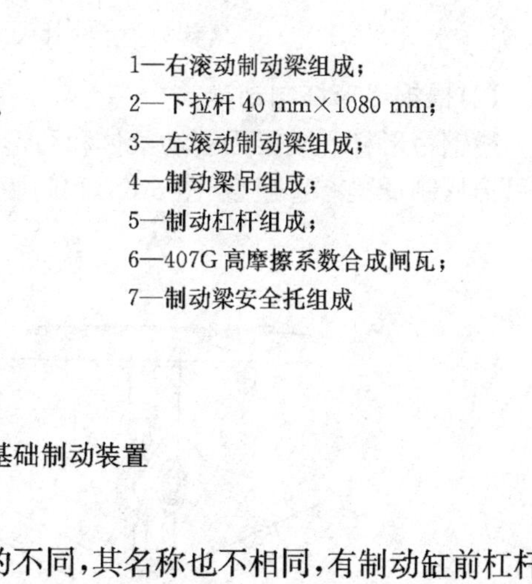

图 3-66 货车制动缸活塞推杆

1—推杆头；2—推杆体

各种拉杆的形状以直杆为主，有些拉杆因特殊需要制成弯曲形状。

4. 制动梁

制动梁用于在制动时承受并传递经制动装置各杠杆扩大后的负荷，将闸瓦压紧车轮。货车制动梁的种类较多，有 T 形制动梁、弓形制动梁和滑槽式制动梁以及多种组合式制动梁等。现对目前在货车上使用的制动梁作如下介绍。

(1)滑槽式制动梁

滑槽式制动梁在闸瓦托上设有端轴，而在转向架的侧架上设有滑槽，将端轴置于滑槽内，以代替闸瓦托吊的作用。根据端轴结构的不同，滑槽式制动梁分滚轴式和滑块式两种。滚轴式滑槽制动梁的结构如图 3-67 所示。

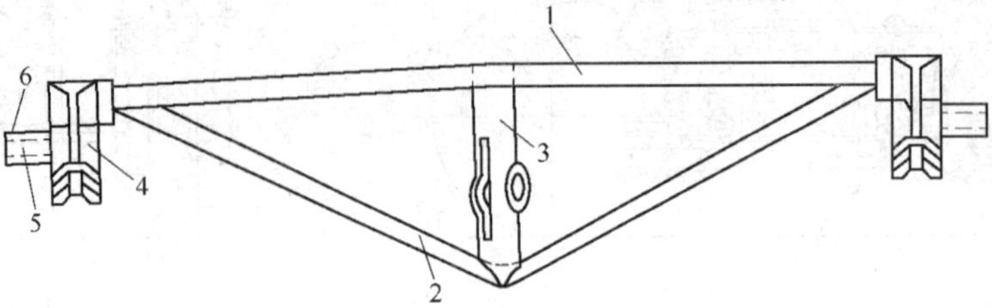

图 3-67　滚轴式滑槽制动梁

1—槽钢梁；2—弓形杆；3—支柱；4—闸瓦托；5—滚子轴；6—滚子

(2)槽钢弓形杆制动梁

槽钢弓形杆制动梁因制动梁体和弓形杆采用 80 mm×43 mm×5 mm 的槽钢而得名。槽钢弓形杆制动梁有普通型(图 3-68)和防脱式(图 3-69)。

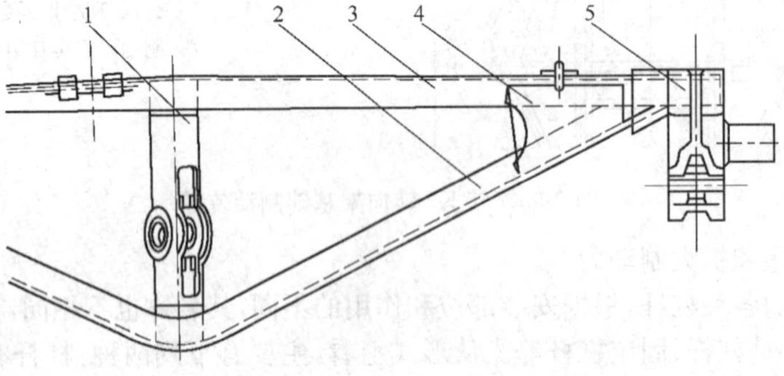

图 3-68　槽钢弓形杆制动梁

1—制动梁支柱；2—槽钢弓形杆；3—制动梁体；4—连接板；5—闸瓦托

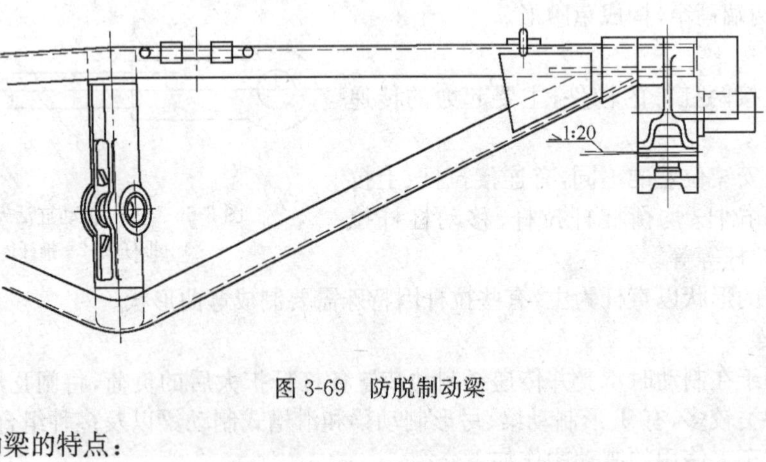

图 3-69　防脱制动梁

防脱制动梁的特点：

①滚轴直径加大至 40 mm，材质采用 Q275，强度大、可焊性好。

②在闸瓦托上铸有防脱翼板。正常情况下，防脱制动梁与侧架滑槽的组装如图 3-70 所示。

③制动梁安全链链环直径加大至 12 mm，并采用上、下两组链条；上、下两组链条通过链蹄环和螺栓连接。

(3)组合式制动梁组合式制动梁目前有 L-A 型、L-B 型、L-C 型三种。

①L-A 型、L-B 型组合式制动梁

L-A 型、L-B 型制动梁(如图 3-71 所示)是借鉴美国 AAR 技术标准开发设计的新型制动梁，L-A 型制动梁是指采用锻造工艺的无焊缝结构制动梁，L-B 型制动梁是指采用轧制工艺制动梁。它与槽钢制动梁可以完全互换，可用于转 8A 型、转 8G 型、转 8AG 型、转 K1 型、转 K2 型、2D 轴控制型、2E 轴低动力作用等各型转向架。

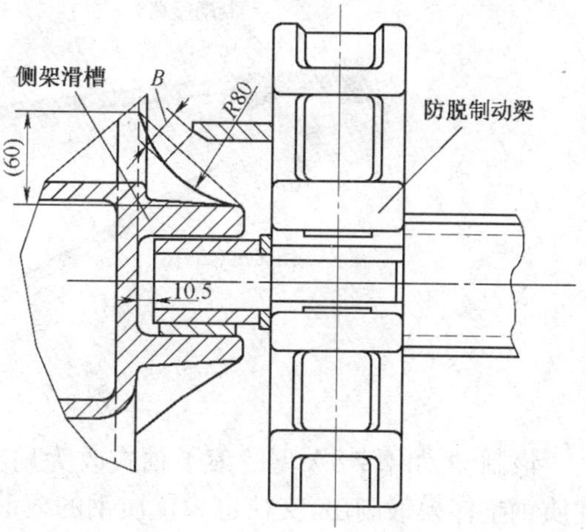

图 3-70 防脱制动梁与侧架组装

整个制动梁由制动梁架、支架、闸瓦托、支柱及夹扣 5 个主要零件组成，此外还有承套、滑块、滑块磨耗板、筋板、安全吊链、吊座和紧固件等。该组合式制动梁的结构特点有：

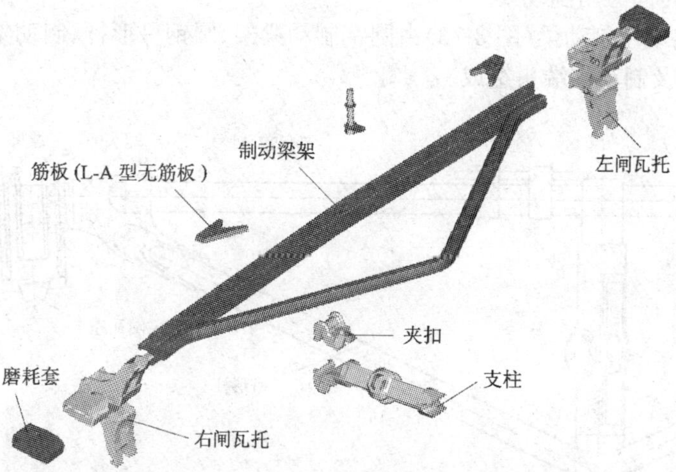

图 3-71 L-A 型、L-B 型制动梁

a. 采用模块化的组合式结构，由几个部件通过紧固件组装在一起。

b. 制动梁架为一整体结构，由一种特殊截面形状的型钢经切分、拉制而成的弓形梁。

c. 支柱和夹扣用普碳钢模锻而成，成对使用；支柱前端的 U 形接口支撑在制动梁架的前杆部位，支柱后端和夹扣采用横向的 U 形接口共同夹持在制动梁架的后杆部位并通过螺栓连接。

d. 闸瓦托为铸钢结构，闸瓦托后部带有止孔，其孔形与制动梁架端部形状相适应；制动梁架端部插入止孔中并用“哈克”紧固件紧固。

e. 制动梁为滑块式结构，滑块在闸瓦托上直接铸出；采用含油尼龙滑块磨耗板。

②L-C 型组合式制动梁

L-C 型组合式制动梁(图 3-72)已大量用在转 K4 型转向架上。

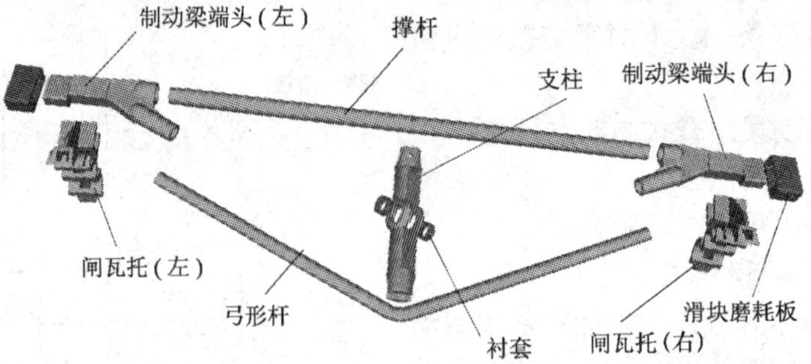

图 3-72　L-C 型制动梁

该制动梁由转 8A 型的滚子轴式改为扁方头的滑块式。滑块与制动梁端头连成一体,用优质钢整体模锻制出,支柱也为优质钢的模锻件,弓形杆为轧制的优质圆钢,撑杆为轧制无缝钢管。制动梁端头与弓形杆采用了过盈热套装新结构;支柱卡装在制动梁架中央,由定位螺栓在撑杆中央处定位;精铸的闸瓦托焊装在制动梁端头上;端头伸出闸瓦托的扁方头,即为制动梁的滑块,其上套有含油尼龙的滑块磨耗套。

制动梁支柱与弓形杆、撑杆结合部采用卡装,使支柱有一定的偏扭自由度。

(4)转 K3 型转向架用制动梁

转 K3 型转向架用制动梁(图 3-73)由圆钢制动梁架、圆钢弓形杆、制动梁支柱、闸瓦托(高摩合成闸瓦专用)及制动梁端头组成。

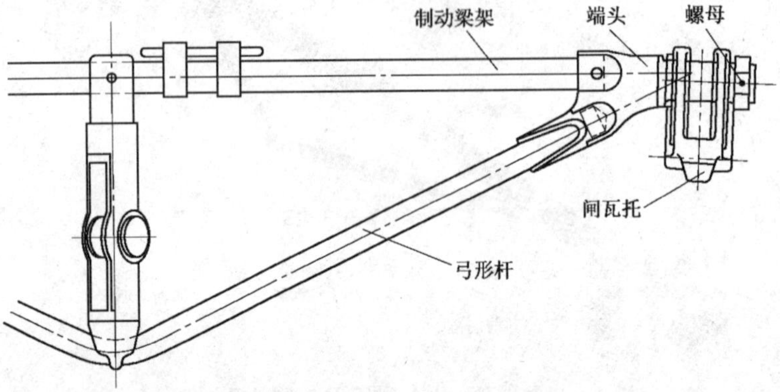

图 3-73　转 K3 型转向架用制动梁

在组装此种制动梁时,其上部由板式闸瓦托吊吊在闸瓦托上(横穿圆销),下部由制动梁安全托托住。制动时,制动梁沿安全托斜面向斜上方移动,使闸瓦压向车轮踏面。我国货车制动梁,除少数车型外,制动梁支柱都制成 40°倾斜的。因此同一转向架的 2 根制动梁分为左右两种形式,不能换位使用。其区别的方法是,人站于制动梁背部顺手插入斜口,左手能顺插者为左制动梁,右手能顺插者为右制动梁。

(5)制动梁标志板

制动梁制造与检修标记如图 3-74 所示。

5. 闸瓦托和闸瓦托吊

用于安装闸瓦。货车闸瓦托直接安装在制动梁端部。只有少数货车还使用长方形闸瓦托

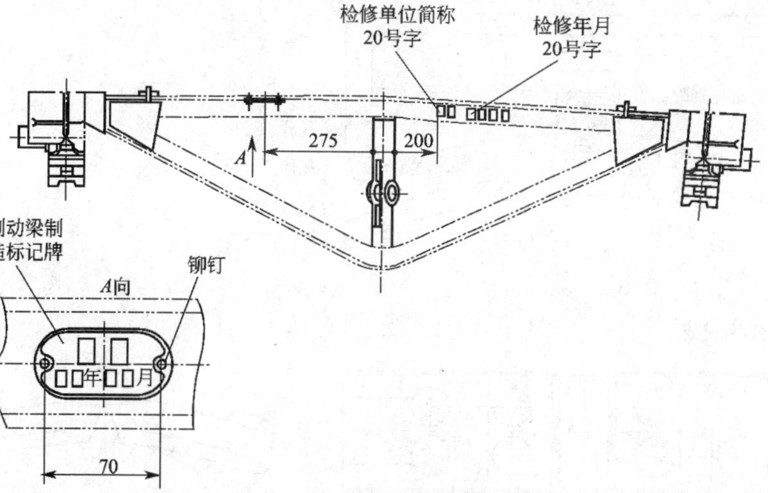

图 3-74 制动梁制造与检修标记

吊。

闸瓦托用铸钢制成，闸瓦托与闸瓦的接触面的弧度为 R451 mm。闸瓦向闸瓦托上安装时，通过闸瓦插销定位。

6. 闸瓦

(1)用途 用于在制动时直接与车轮摩擦，产生摩擦力。

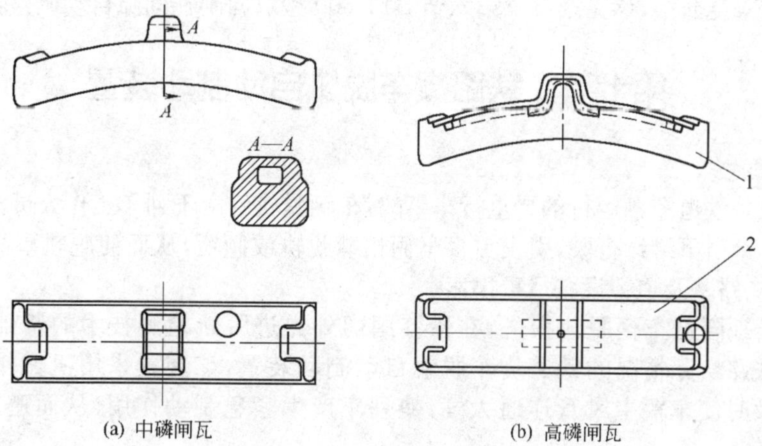

图 3 75 铸铁闸瓦

1—瓦鼻；2—钢背

(2)种类与构造 车辆使用的闸瓦可分为两大类：铸铁闸瓦和合成闸瓦。在铸铁闸瓦中又可分为灰铸铁闸瓦、中磷铸铁闸瓦和高磷铸铁闸瓦。在合成闸瓦中，按其基本成分，可分为合成树脂闸瓦和石棉橡胶闸瓦；按其摩擦因数高低，又可分为高摩擦系数合成闸瓦和低摩擦系数合成闸瓦。为防止高摩合成闸瓦与铸铁闸瓦误装，故在其闸瓦托和闸瓦的外侧端部在结构上所不同，如图 1-75 和图 1-76 所示。

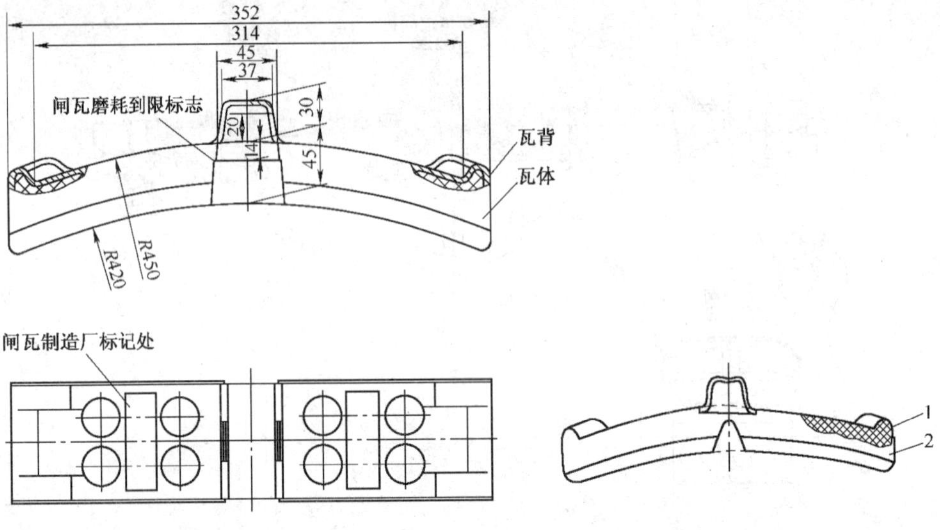

(a) 高磨合成闸瓦　　(b) 低磨合成闸瓦

图 3-76　合成闸瓦

1—钢背;2—闸瓦体

第九节　闸瓦间隙自动调整器

在此不作重复介绍,参见第二章第六节 ST1-600 型双向闸瓦间隙自动调整器的内容。

第十节　铁路货车脱轨自动制动装置

1. 发展概述

列车脱轨是铁道车辆运行的严重行车事故,车辆脱轨后由于列车工作人员没能及时发现,车辆仍在机车牵引下继续行驶,引发更多车辆相继脱轨或倾覆,从而使脱轨事故扩大,造成车辆、货物、轨枕、路基及道旁设备严重损坏。

为了有效地降低车辆脱轨损失,在借鉴国内外先进脱轨检测技术的基础上,研制开发了适合我国铁路实际情况的铁路货车脱轨自动制动装置,该装置采用机械作用方式,在车辆脱轨时能及时使车辆主风管连通大气,使列车产生紧急制动作用,从而避免脱轨事故的扩大。

该装置进行了多方案的试验研究和优化设计,并完成了试验台列车制动试验、模拟脱轨试验和疲劳试验等。

2. 结构及作用原理

(1)基本结构

铁路货车脱轨自动制动装置是在车辆原由的空气制动系统主风管上增加一个支路,其与原空气制动系统的关系如图 3-77 所示。

铁路货车脱轨自动制动装置主要由铁路货车脱轨自动制动阀、球阀和管路等组成(如图 3-78 所示)。

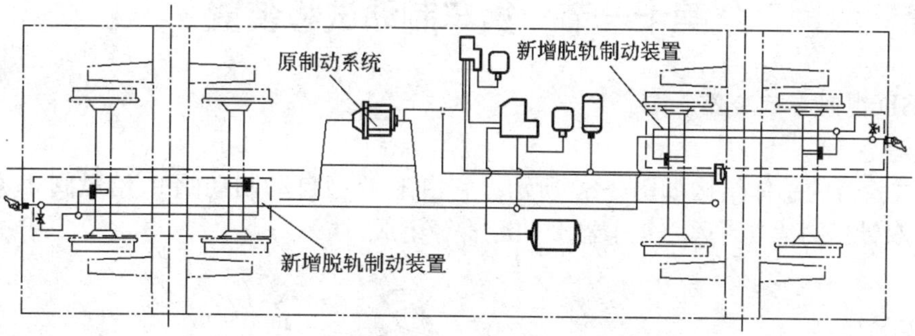

图 3-77 脱轨制动装置与原制动系统的关系

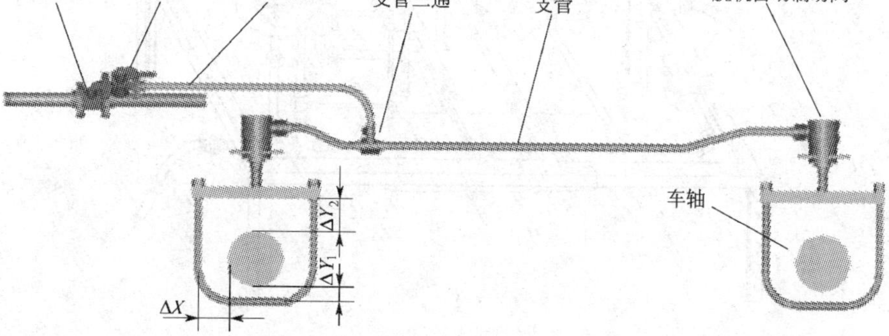

图 3-78 脱轨制动装置配置图

脱轨制动阀是货车脱轨自动制动装置的核心部件，每根车轴处安装一套，其在车辆脱轨时通过制动阀杆被打断将制动主管与大气连通，致使列车发生紧急制动作用。在主风管与脱轨制动阀的连接管路中安装了一个锈刚球阀，用于在车辆脱轨或脱轨制动阀发生故障时截断脱轨制动装置支路。

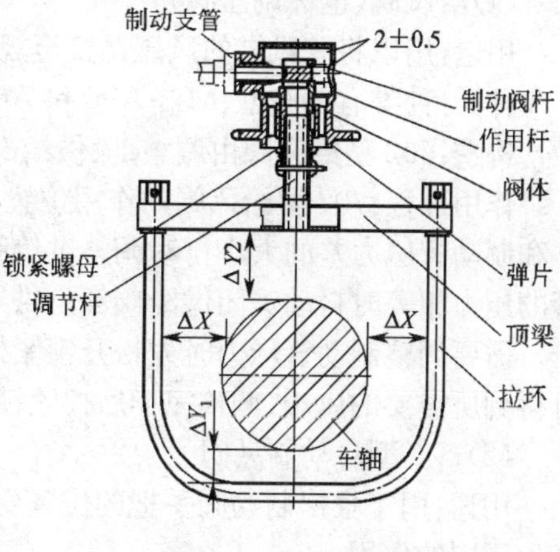

图 3-79 脱轨自动制动装置安装位置

(2)脱轨制动阀

脱轨制动阀由拉环、顶梁、调节杆、作用杆、锁紧螺母、弹片、制动阀杆和阀体等组成，拉环与顶梁通过圆销连接，顶梁和调节杆采用焊接，调节杆和作用杆采用销接，制动阀杆端头穿入作用杆孔中，作用杆由上、下对称放置的两个弹片支承在阀体上并通过锁紧螺母预紧(如图 3-79 所示)。

(3)作用原理

脱轨制动装置利用脱轨时车体与轮对的相对位移，在空车脱轨时，脱轨轮对处的车轴拉断制动阀杆；在重车脱轨时，脱轨转向架中未脱轨轮对的车轴顶断制动阀杆。制动阀杆折断后，沟通主风管与大气的通路，引起列车发生紧急制动作用。

第十一节 货车制动试验装置

(一)GD型列车试验器

1. 构造

列车试验器的总体结构如图3-80所示。它由H-6型自动制动阀9、给风阀4、总风缸、均衡风缸6、双针压力表10、远心集尘器2和配管等组成。

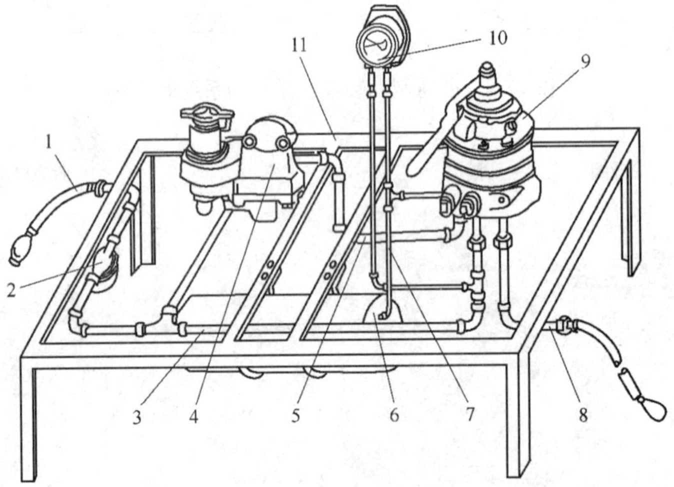

图3-80 列车试验器组成图

1—软管;2—远心集尘器;3—总风缸管;4—给风阀;5—给风阀管;6—均衡风缸;7—均衡风缸管;8—制动管;9—H-6型自动制动阀;10—压力表;11—构架

(1)给风阀(也称调压阀)

用途:用以将总风缸的风压调整至规定压力后送往车辆制动机的一个部件。

种类:种类有B-6型、M-3-A型和702型三种,目前主要使用702型给风阀。

构造:702型给风阀由调整部、供给部和给风阀体组成,如图3-81所示。

作用过程:702型给风阀的作用位置有供给位和停止供给位两个,在供给位时能根据总风缸和制动管压力差的大小自动调整供给阀阀口的大小,即自动调整供给速度;当总风缸和制动管的压力相等时自动关闭供给阀停止供给。

需要调整制动管压力时先松开锁紧螺母,转动调整手轮,加强或减弱调整弹簧的压力,即可得到所需要的风压,调整完毕后拧紧锁紧螺母。

(2)H-6型自动制动阀

用途:用于根据制动阀手把的位置变化来控制列车制动管压力的变化,从而使列车制动机产生不同的作用。

构造:由阀上体12、阀座13、阀中体17、管座14四部分组成,如图3-82所示。

各作用位置的用途:手把有六个作用位置,如图3-83所示。各作用位置的用途分别是:

①缓解位:将总风缸的压缩空气直接送入制动管,能在短时间内充分补给风量,主要用于初充气。但此位置不能放置过久,否则会引起列车制动管超过定压,又称过充气。

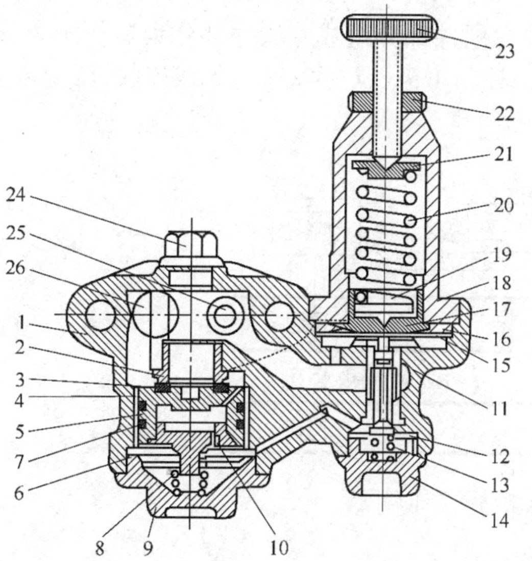

图 3-81　702 型给风阀构造图

1—给风阀体；2—供给阀套；3—阀口垫圈；4—活塞套；5—供给活塞；6—活塞盖；7—O 形密封圈；8—供给弹簧；9—供给阀外盖；10—锥孔堵；11—调整阀套；12—调整阀；13—调整阀弹簧；14—调整阀盖；15—膜片；16—膜片压圈；17—调整弹簧座；18—调整弹簧盒；19—弹簧顶头；20—调整弹簧；21—调整弹簧压座；22—锁紧螺母；23—调整手轮；24—盖；25—风源通口；26—制动管口

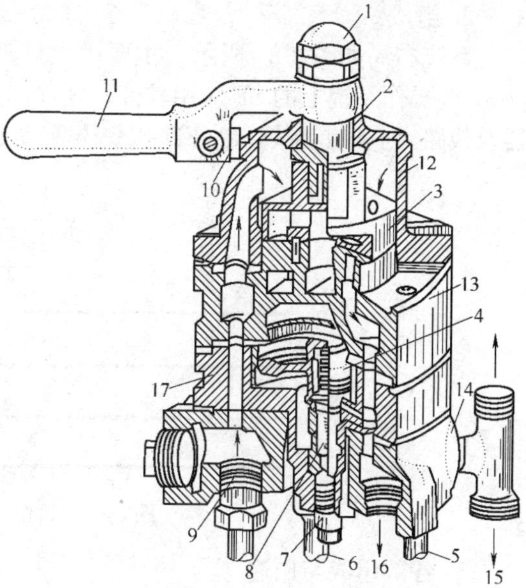

图 3-82　自动制动阀构造图

1—手把螺帽；2—回转阀键；3—回转阀；4—均衡活塞；5—缓解管；6—作用阀管；7—排风口；8—排风阀；9—总风缸管；10—卡齿；11—手把；12—阀上体；13—阀座；14—管座；15—均衡风缸管；16—制动管；17—阀中体

②运转位：总风缸风压经过给风阀调整为规定压力后，再送入制动管，主要用于缓解感度试验和制动后的充气缓解。

③保持位：这位置是列车施行制动后，仍保持机车的制动而缓慢地缓解车辆的作用位置，列车试验器不用这位置。

④保压位：断开列车制动管的通路，使列车制动管压力保持不变，主要用于制动后的保压及列车漏泄试验。

⑤常用制动位：使列车制动管以常用制动减压速度减压，列车产生常用制动作用，主要用于制动机的制动感度和安定试验。

⑥紧急制动位：在紧急情况下，使列车制动管以紧急制动减压速度减压，列车产生紧急制动作用。

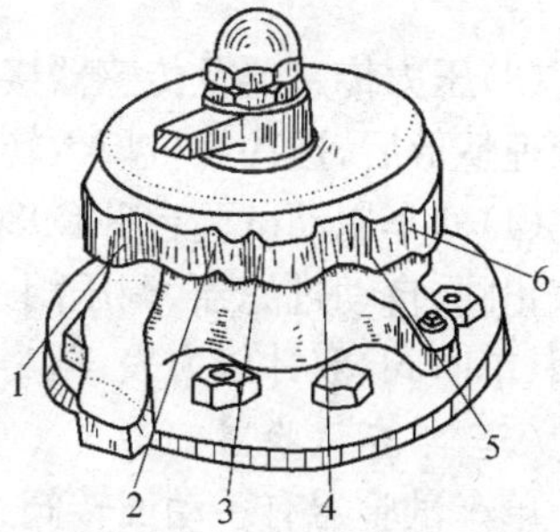

图 3-83　自动制动阀手把位置

1—缓解位；2—运转位；3—保持位；4—保压位；5—常用制动位；6—紧急制动位

2. 用途

根据自动制动阀手把的不同位置使列车制动管以不同的速度增减压，使车辆制动机产生不同的制动缓解作用，可试验车辆制动机的性能。

（二）无线遥控微机控制列车制动试验器

1. 用途

能完成列车制动全部项目的试验；能进行无线遥控、微机控制和手动操作；具有数据存储功能，并能实时打印出试验过程曲线，便于分析列车制动试验故障情况。

2. 组成

系统布局如图 3-84 所示。主要由软件部分和硬件部分组成。软件部分为运行于 Windows98 操作系统上的 SF 应用软件。硬件部分由控制主机(FD9802-A)、无线接收、压力传感器及线路、列车制动试验台(FD9802-B 型)等组成。

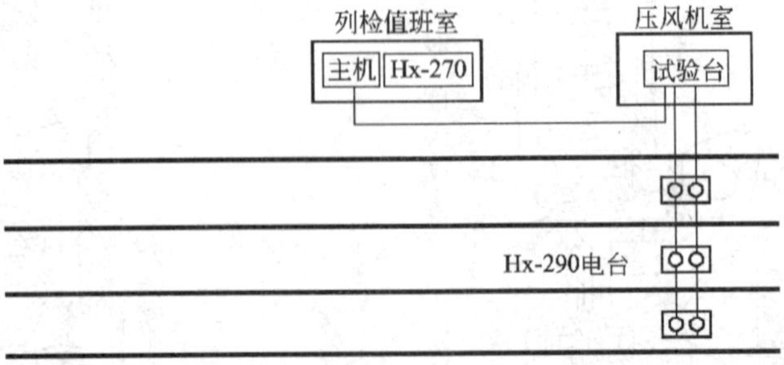

图 3-84　微控列车制动试验布局图

3. 各部组成与用途

(1)控制主机(FD9802-A)采用 PentiumMMX266,32MB 内存,6.4GB 硬盘,1.44MB 软驱。

(2)无线发射接收机用于接收地面发射的 DTMF 信号,经解码后存入存储器,待 CPU 查到主机空闲时送入主机。同时接受主机控制,发射主机送来的语音信号,如图 3-85 所示。

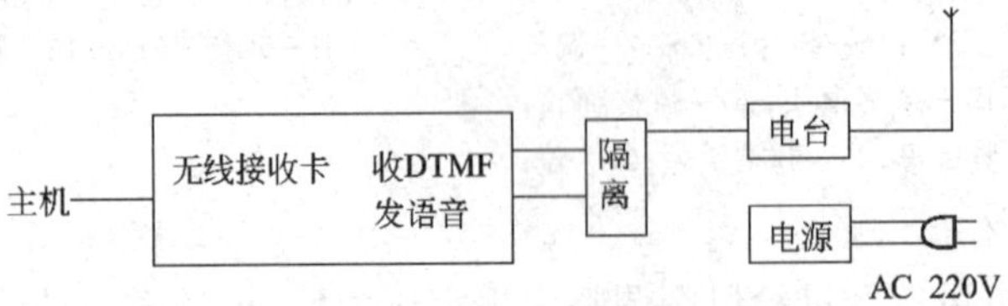

图 3-85　无线发射接收原理图

(3)压力传感器及传感器接口卡用于将列车制动管的压力转换成电流信号,经信号调理电路调理整形后,送往微机模数转换卡以供主机分析。

(4)列车制动试验台(FD9802-B)为动作执行机构,采用电磁阀控制列车制动试验。主要由截止阀、自动过滤器、调压阀、快充电磁阀与风门、慢充电磁阀与风门、排风电磁阀与风门、均衡阀、单向阀、双针压力表、压力传感器及风缸等组成。其组成如图 3-86 所示。

(三)单车试验器

单车试验器有手动回转阀式和微机控制式两种。

1. 手动回转阀式单车试验器

单车试验器由制动软管连接器、给风阀、远心集尘器、双针压力表、单车制动阀(回转阀)以及排风阀等组成,装在带构架的小车上,如图 3-87 所示。

(1)回转阀

回转阀是单车试验器中的一个主要部件,它是将给风阀送来的压力空气转送到制动管使之增压,或将制动管的压力空气排向大气使之减压,或关闭通向制动管和大气的通路使之保压,以达到车辆制动机发生制动、保压、缓解等作用的操纵机构。回转阀的外形如图 3-88 所示。

回转阀手把各位置(图 3-88)的用途:

①第一位置———急充气位,是向车辆制动管急速充气的位置,用于充气缓解。

②第二位置———缓充气位,是向车辆制动管缓慢充气的位置,用于缓解感度试验。

③第三位置———保压位,是使车辆制动管风压保持一定压力的状态,用于制动管漏泄试验和制动保压等。

④第四位置———感度制动位(又称缓制动位置),是使车辆制动管缓慢减压的位置,用于制动感度试验。

⑤第五位置———全制动位,是使车辆制动管以常用制动最大减压速度减压的位置,用于制动安定试验。

⑥第六位置———紧急制动位,是使车辆制动管急速减压的位置,用于紧急制动试验。

(2)排风阀

排风阀(如图 3-89 所示)有常用制动排风阀和紧急制动排风阀,分别用于试验 120 型制动机的安定试验和紧急制动试验,安装在回转阀通向制动管的管路上。

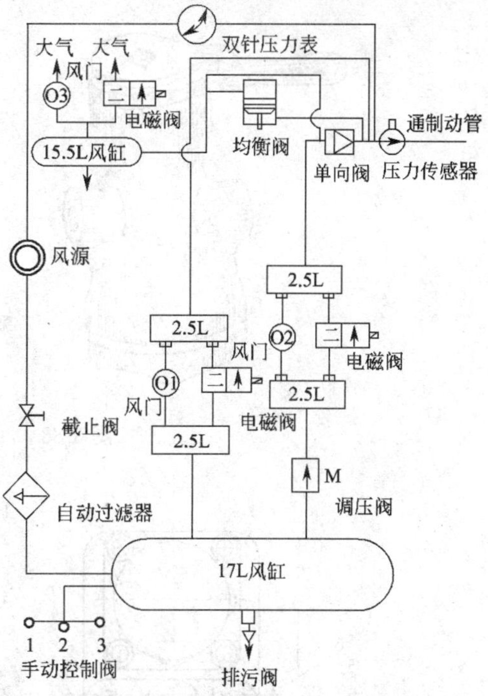

图 3-86 FD-9802 列车制动试验台

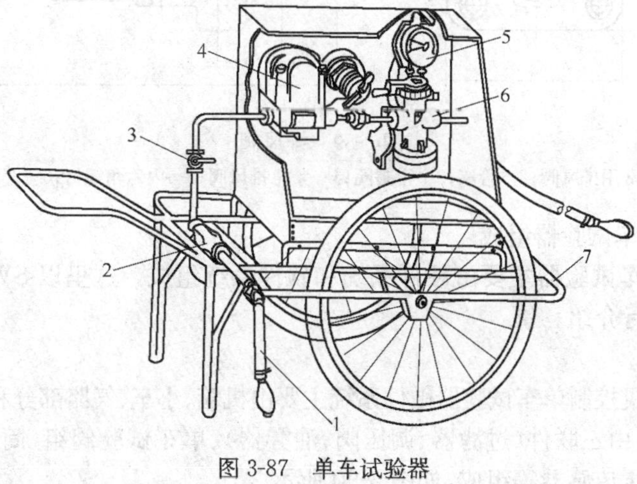

图 3-87 单车试验器

1—连接风管;2—远心集尘器;3—排风塞门;4—给风阀;5—双针压力表;6—回转阀;7—构架

(四)微机控制式单车试验器

1. 微机控制单车试验器的功能和特点

微机控制单车试验器能对装用 GK 型、103 型、120 型制动机的单车进行机能试验;能对闸调器进行机能试验。试验时,可自动控制也可手动操作;可对所有试验项目进行自动连续试验,也可对某个项目单独试验;能对试验过程进行实时监控;可对试验结果进行打印、存储、查询和删除等操作。

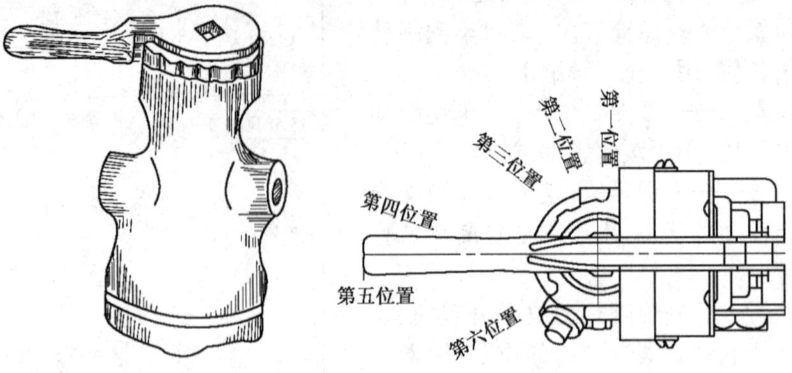

图 3-88　回转阀及其手把位置

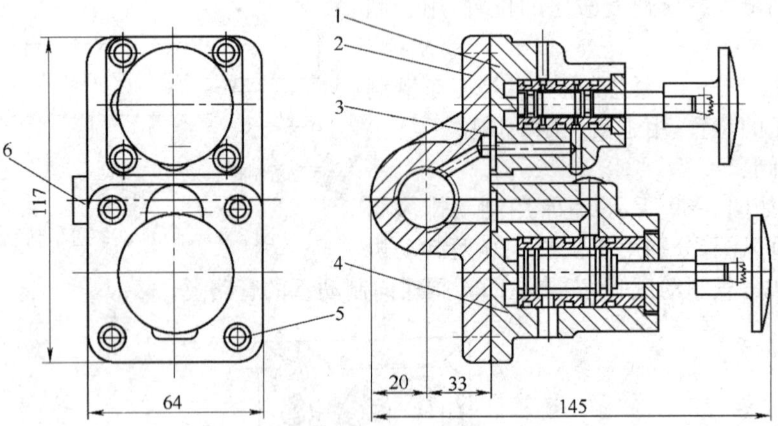

图 3-89　排风阀

1—常用排风阀;2—管座;3—密封圈;4—紧急排风阀;5—内六角螺钉;6—塞堵。

2. 微机控制单车试验器组成

微机控制式单车试验器主要由硬件系统和软件系统组成。这里以 SWDH-1 型微机控制单车试验器为例进行介绍。

(1)硬件系统

SWDH.1 型微机控制单车试验器硬件系统主要由机箱、小车、气路部分和电路部分等组成。

气路部分:主要由三联件(过滤器、调压阀、油雾器)、单车试验阀组(简称单阀)、双针压力表、管压传感器、缸压传感器等组成,如图 3-90 所示。

单阀的基本作用是控制制动管的压力空气的压力变化,由 7 个两位两通电磁阀和 1 个不同孔径的阀座集成块组成。单阀原理如图 3-91 所示。

电路部分:SWDH-1 型微机控制单车试验器以高性能的 CPU(80386SX40Hz)为中心,结合两个高精度的压力传感器和高分辨率的 A/D 块等器件组成。人机界面由一个专用的触摸键盘和一个 5.7 英寸的 TFT 显示屏及高质量的打印机构成。还包括一个免维护可充电不间断电源系统,使单车试验器可脱离电网工作。电路部分的组成如图 3-92 所示。

(2)软件系统

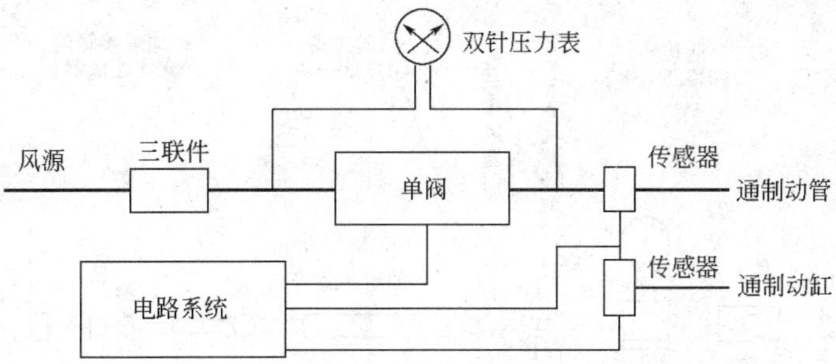

图 3-90 SWDH-1 型微机控制单车试验器气路系统

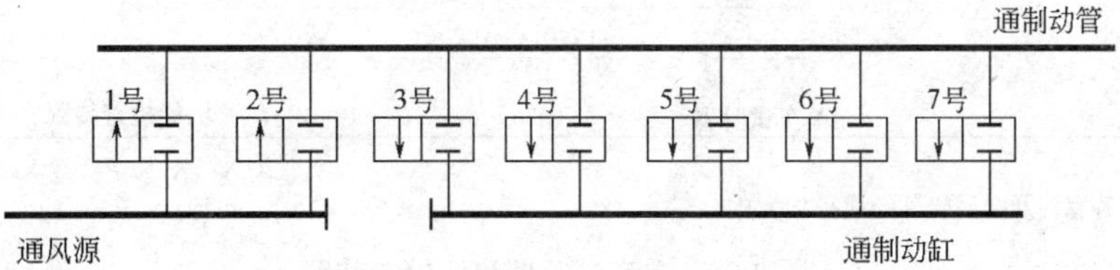

图 3-91 单阀原理

SWDH.1 型微机控制单车试验器软件系统采用模块化设计原则，在功能上除了符合部颁标准外，还着重设置了仪器的自动调零功能、对故障的智能化判断、良好的人机界面、试验资料的储存和检索以及试验资料的统计分析等功能。软件部分组成如图 3-93 所示。

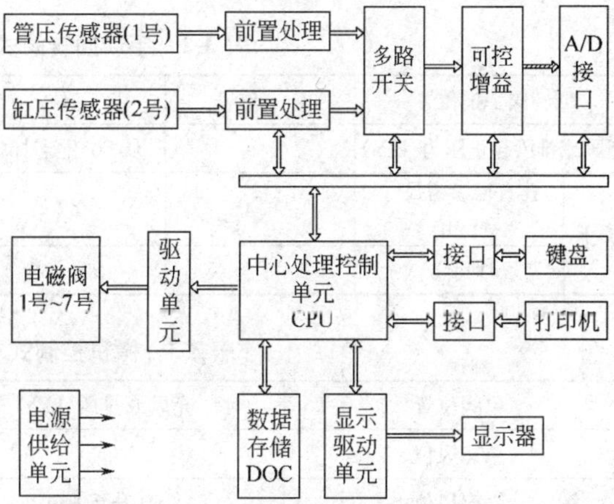

图 3-92 电路系统示意图

3. 单车试验器用途

单车试验器的用途是根据操纵阀(分别指“回转阀”和“单阀”)手把位置的不同使车辆制动管以不同的速度增压、减压，使车辆制动机产生不同的制动、缓解作用，用于试验车辆制动机的性能。

4. 单车试验器机能检查

货车单车试验器均按下列要求进行机能检查。

(1)单车试验器进行机能检查时，须按图 3-94 所示与容积为 15.5 L 的制动管容积风缸和压力表等相连。

(2)往复移动操纵阀手把，其动作应轻便灵活。

(3)将调压阀调整至 500 kPa，置操纵阀手把于一位，待制动管容积风缸压力充至 500 kPa 后，用肥皂水检查各连接处，不应出现漏泄现象。在操纵阀排气口上涂肥皂水，5s 内鼓泡不应破裂。

(4)待制动缸容积风缸压力充至 500 kPa，将

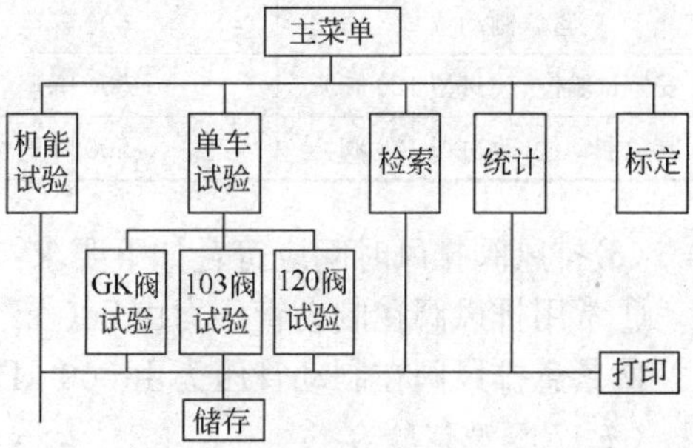

图 3-93 软件组成示意图

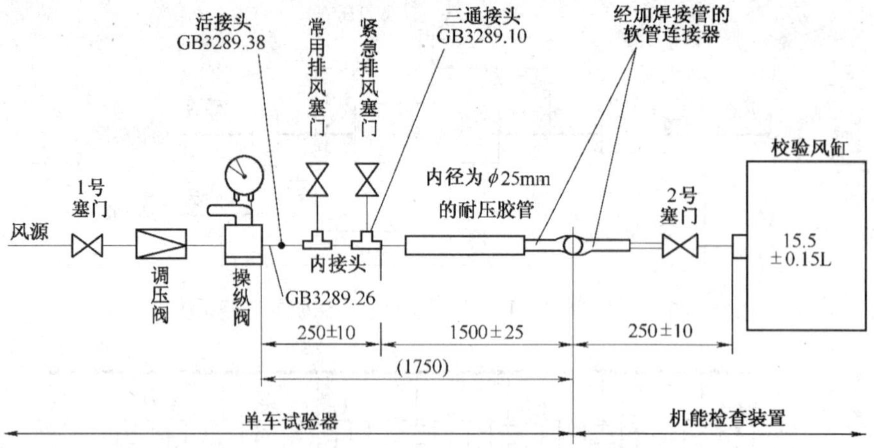

注:各塞门及金属管件的通径均为DN15。

图 3-94　单车试验器机能检查装置

操纵阀手把移至三位,然后在操纵阀排气口上涂肥皂水,5s 内肥皂泡直径不许大于 20 mm。

(5)单车试验器充风或排风时间应符合表 3-2、表 3-3 的规定。

表 3-2　手动回转阀式充风或排风时间表

回转阀手把位置		一位	二位	四位	五位	六位
充风或排风起止压力(kPa)			从 50 升至 150	从 500 降到 400	从 500 降到 300	从 500 降到 200
货车	孔直径参考尺寸(mm)	6.4	0.6	0.9	2.0	3.7
	时间(s)		50～52	15～16.5	8～9	3.5～5

表 3-3　微机控制式充风或排风时间表

单阀位置	充风或排风(kPa)	孔径参考尺寸(mm)	时间(s)
急充风位		ϕ6.4	
缓充风位	50 升至 150	ϕ0.6	50～52
保压位			
感度试验位	500 降至 400	ϕ0.9	15～16.5
安定试验位	500 降至 300	ϕ2.0	8～9
紧急制动位	500 降至 200	ϕ3.7	3.5～5
安定试验位(改进型 120 阀)	500 降至 300	ϕ2.8	4～5
紧急制动位(改进型 120 阀)	500 降至 200	ϕ6.0	1.5～2.5

(6)排风阀排风时间应符合如下要求:

①常用排风阀在制动管压力由 500 kPa 降至 300 kPa 的排风时间为 4～5 s。

②紧急排风阀在制动管压力由 500 kPa 降至 200 kPa 的排风时间为 1.5～2.5s。

(五)705 型试验台

见第二章第八节　客车制动试验设备中 705 型试验台的内容,此处不再介绍。

（六）WK705 型试验台

WK705 型试验台是在 705 型试验台的基础上，增加了微处理器控制的手动和自动试验的试验台，用于 120 阀和 103 阀的性能试验。

WK705 型试验台有空气台和控制台两部分，如图 3-95 所示。

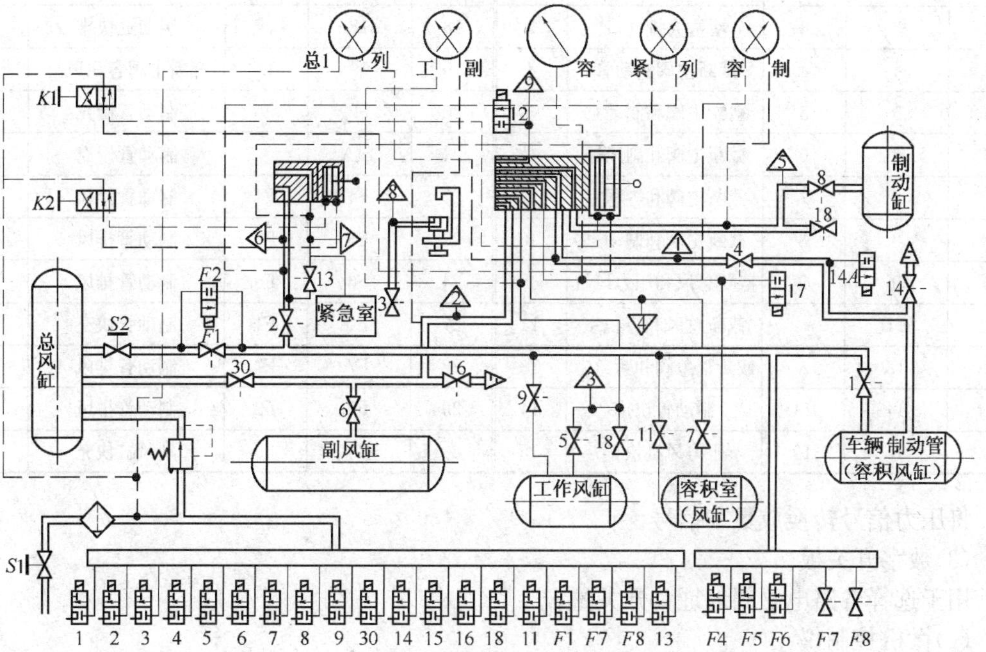

图 3-95　WK705 型试验台的构造原理简图

1. 空气台部分

（1）安装部，有主阀、紧急阀两套风动卡具，用于分配阀的安装。

（2）压力表，共 5 块，手动操作时读取空气压力值。

（3）风缸共 7 个，用来储存压力空气。其中总风缸 100 L、副风缸 80^{+3}_{-1}L、制动缸（15±0.1）L、压力风缸（11±0.1）L、制动管容积风缸（15±0.1）L、容积风缸（3.5±0.1）L、紧急室（1.5±0.02）L。

（4）调压阀，用来调整试验台工作压力（600 kPa）。

（5）漏泄检测装置，手动操作时检查阀排气口的漏泄。

（6）压力传感器，共 9 个，自动检测时，将压缩空气的压力值转变成电模拟量再进入计算机进行数据处理用。

（7）开关箱、电磁阀及风门。共有开关 26 个（见表 3-4，制动管附加排风阀未包括在内）。

2. 控制台部分　控制台主要由 PC 机系统一套（包括主机、CRT、打印机、驱动器和接口件）A/D 板、I/O 板 及微机控制仪等组成。

（1）PC 机系统

组成：PC 主机、CRT、打印机、驱动器和键盘。

作用：控制风压信号的采集，A/D 转换，开、关有关气路即控制用户程序执行。

（2）A/D 转换板

表 3-4 各开关用途

开关号	电磁阀号	风门号	用途	控制发光管号	开关号	电磁阀号	风门号	用途	控制发光管号
1	1	1	截断总风和制动管	1	16	16	16	副风缸快排	16
2	2	2	截断紧急阀制动管	2	17	17		容积室(风缸)快排	17
3	3	3	堵塞大排气口	3	18	18	18	制动缸快排	18
4	4	4	截断主阀制动管	4	19	19	19	截断主阀容积风缸	19
5	5	5	截断主阀和制动缸	5	20	F2		制动管慢充	20
6	6	6	截断主阀和副风缸	6	21	14A		制动管慢充	21
7	7	7	截断主阀和容积室	7	22	F4	F4	制动管排风	22
8	8	8	截断主阀和制动缸	8	23	F5	F5	制动管排风	23
9	9	9	截断总风和压力风缸	9	24	F6	F6	制动管排风	24
11	11		截断总风和容积室	11	27	F1	F1	制动管快充	27
13	13		截断紧急阀和紧急室	13	28	F7	F7	制动管排风	28
14	14	14	制动管快排	14	29	F8	F8	制动管排风	29
15	15	15	压力风缸快排	15	30	30	30	副风缸快充	30

将压力信号转换成数字信号。

(3)数字开关板

用于选择各路电磁阀地址和开关量。

(4)微机控制仪

将计算机输出信号通过控制仪控制各路电磁阀的通断,并且用发光体显示出来。另一方面将传感器采集的MV级压力信号经控制仪中放大器放大成V级电压信号,送PC机处理。

(5)稳压电源

使控制系统获得一个稳定的电压。

复习思考题

1. 什么叫三通阀的基本作用原理?
2. 我国货车装用的三通阀、分配阀主要有哪几种?
3. 103型分配阀由哪几部分组成?
4. 120型控制阀有哪几个作用位?
5. 车辆制动装置是由哪几部分组成的?
6. 基础制动装置的作用是什么?
7. 试述远心集尘器的安装部位及作用原理。
8. 车辆人力制动机有什么用途?
9. 试述折角塞门的作用是什么?
10. 缓解阀的作用是什么?
11. 空气压力表是怎样起作用的?
12. 制动软管的作用是什么?

13. 103 型空气制动机由哪些主要部件组成?
14. 120 型控制阀与 103 型分配阀有何区别?
15. 103 型分配阀制动位安定性不良的原因是什么?
16. 103 型分配阀缓解灵敏度差的原因是什么?
17. 车辆上装设人力制动机有何用途?
18. 车辆制动装置中的闸瓦分哪几种作用方式? 各在何种车辆上采用?
19. 闸瓦按材质分哪几类?
20. 单车试验器共有几个作用位置?
21. 103 型分配阀为何要设有紧急二段阀?
22. 制动倍率的大小对制动有何影响?
23. 车辆制动机主要应具备哪些条件?
24. 120 阀为何能适应机车常用制动时的压力保持操纵?
25. 试述货车空重车自动调整装置的用途和主要组成。
26. 传感阀有何用途?
27. 限压阀有何用途?
28. 闸瓦间隙自动调整器的功用是什么?
29. ST 系列双向闸调器的特点是什么?
30. 103 型分配阀充气时,主阀作用部排气口产生漏泄的主要原因有哪些?
31. 103 型分配阀充气时,主阀均衡部排气口产生漏泄的主要原因有哪些?
32. 120 型控制阀制动灵敏度差的主要原因有哪些?
33. 120 型控制阀缓解不良的主要原因有哪些?
34. 120 型控制阀为何设有半自动缓解阀? 如何使用?
35. 什么叫控制距离? 有何用途? 其数值的大小对闸瓦间隙有何影响?
36. 调整螺母旋转必须具备什么条件?
37. 闸调器螺杆一次最大伸长、缩短量是由什么决定的?
38. 测重装置有何用途? 转 K3 型转向架上的测重装置主要由哪些零件组成?
39. 试述微控单车试验器的组成和各部用途。

第四章　理论与计算

第一节　空气压力和容积的关系

一、气　　压

1. 标准大气压力

从物理学中知道,大气对地面有一种压力,这压力就叫做大气压。一般讲标准大气压是在纬度45°,气温0 ℃时的气压,相当于76 cm高水银柱的压力,叫做一个标准大气压。其数值等101.292 kPa。在工业上为了计算方便起见,一般取大气压为整数值100 kPa。

2. 表压力

压力表所指示的压缩空气的压力叫表压力。

3. 绝对压力

以真空为零,由此为起点计算的压力叫做绝对压力。

绝对压力等于表压力与大气压力之和,即绝对压力=表压力+100(kPa)。

本书一般叙述列车管、工作风缸、容积室、制动缸、副风缸等的空气压力均为表压力。但在建立压力与容积的关系时,必须将表压力换算为绝对压力。

二、空气压力与体积的关系

一定量的气体被压缩时,密度增大,压力与温度上升;反之,使压缩的气体膨胀时,密度减小,压力与温度下降。

当气体的容积变化时,在同外界没有热交换的情况下,气体的温度将随之变化,这种变化叫做断热变化,即断热膨胀或断热压缩。如果在气体膨胀或压缩时,设法调节它的温度,使它始终保持其原来的温度,这种变化叫等温变化,即等温膨胀或等温压缩。

等温变化存在下列关系:

$$P_1 \cdot V_1 = P_2 \cdot V_2 = \text{常数}$$

式中　P_1——变化前的气体绝对压力;

V_1——变化前的气体体积;

P_2——变化后的气体绝对压力;

V_2——变化后的气体体积。

断热变化不存在上述关系。

制动机的空气膨胀,应该是接近于断热膨胀的,但断热膨胀的计算比较复杂,同时,实际上副风缸的压缩空气向制动缸膨胀,其温度变化甚微,近似等温膨胀,因此在实际应用时,都按等温膨胀计算。

第二节 列车管减压与制动缸的压力关系

一、直接作用式制动机制动缸压力的计算

车辆空气制动机中由于三通阀的作用使列车管、副风缸、制动缸三者的压力有以下关系：

（一）列车管与副风缸的压力，在未达到足够的减压量以前（即主活塞两侧压力差使主活塞关闭充气沟），其压力总是相等的。

（二）制动作用时，进入制动缸内的空气量，是副风缸和列车管压力平衡时副风缸排出的空气量。

（三）副风缸与制动缸的容积比为 3.25∶1。

（四）制动缸压力计算

设：P'_F 为副风缸的绝对压力（kPa）；V_F 为副风缸的容积（L）；P'_Z 为制动缸的绝对压力（kPa）；V_Z为制动缸容积（L）；P_Z 为制动缸的表压力（kPa）；γ 为列车管减压量（kPa）。

根据副风缸的空气变化列关系式如下：

$$P'_F \cdot V_F = (P'_F - \gamma) \cdot V_F + P'_Z \cdot V_Z$$

$$P'_Z = (V_F / V_Z) \cdot \gamma$$

将副风缸与制动缸的容积比 $V_F/V_Z = 3.25$ 代入上式，则得：

$$P'_Z = 3.25\gamma$$

$$P_Z = 3.25\gamma - 100(\text{kPa})$$

因此，根据列车管减压量 γ 便可用上式求得制动缸压力。

二、直接作用式制动机的列车管减压范围

三通阀的作用是在列车管减压量达到一定值后才动作的，同时制动缸压力要达到一定值后才能推出活塞，而制动缸压力的大小，又受到列车管减压量的控制。因此，就产生一个列车管最小减压量的问题。同时，当列车管减压量达到一定程度以后，列车管与副风缸的空气压力已经达到平衡，此时若列车管继续减压将不起任何作用，这个减压量就叫做最大有效减压量。现将最小和最大减压量分述如下。

（一）最小减压量（γ_{min}）

在制动过程中，由于存在缓解弹簧的反抗力和各制动配件的摩擦阻力等，为克服这些阻力约需要有作用于制动缸活塞上相当于 35 kPa 的空气压力。故实际上制动缸内需要有 35 kPa 的表压力才能推动活塞杆使其发生制动作用。据此，可以求出列车管的最小减压量为：

$$\begin{aligned}\gamma_{min} &= (P_Z + 100)/3.25 \\ &= (35 + 100)/3.25 \\ &= 41.5(\text{kPa})\end{aligned}$$

（二）最大有效减压量（γ_{max}）

根据公式 $P_Z = 3.25\gamma - 100$ 可以看出，制动缸的压力是随列车管的减压量成正比例增加的，但减压量增到一定程度时，副风缸和制动缸的压力就会达到平衡状态，再也不能上升，这时制动缸的压力叫做最大压力，相应的列车管减压量为最大减压量。若超过最大减压量时即为无效减压。

设 P'_Z 为制动缸的最高绝对压力（kPa），则 $P'_F \cdot V_F = (V_F + V_Z) P'_Z$

$$P'_Z=V_F/(V_F+V_Z)\cdot P'_F=3.25/(3.25+1)\cdot(600+100)=535(\text{kPa})$$
$$\gamma_{max}=P'_Z/3.25=535/3.25=165(\text{kPa})$$

所以规定列车管压力 600 kPa 时的最大减压量为 170 kPa。

(三)间接作用式制动机制动缸压力计算

由于分配阀是采用两种压力控制、间接作用的空气分配阀，与三通阀的结构不同，故计算其制动缸压力的方法也就不能直接按前面的公式 $P_Z=3.25\gamma-100$ 进行计算，而必须按分配阀的作用原理来推导出计算公式。

分配阀的结构特点是参与制动作用的容器有列车管、工作风缸、容积室、副风缸和制动缸。当制动保压时，列车管压力与工作风缸压力近乎相等；制动缸压力与容积室压力近乎相等。

1. 容积室压力计算公式的推导

$$P'_G\cdot V'_G+100\cdot V'_R=(P'_G-\gamma)\cdot V_G+P'_R\cdot V_R$$

由于工作风缸容积在制动前与制动后的变化很小，计算时不考虑其微小的变化值，因此，可简化为：

$$P'_R=V_G/V_R\cdot\gamma+V'_G/V_R\cdot 100(\text{kPa})$$
$$P_R=V_G/V_R\cdot\gamma+V'_G/V_R\cdot 100-100(\text{kPa})$$

式中 P'_G——工作风缸压力(kPa)；

P'_R、P_R——分别为容积室的绝对压力和表压力(kPa)；

V'_G、V_G——分别为工作风缸在制动前、后的容积(L)；

V'_R、V_R——分别为容积室在制动前、后的容积(L)；

γ——列车管减压量(kPa)。

代入各风缸容积，经简化后得：

$$P_R=2.6\gamma(\text{kPa})$$

2. 制动缸压力计算公式的推导

由于分配阀是采用间接作用方式，故制动缸的压力等于容积室的压力。即：

$$P_Z=P_R=2.6\gamma(\text{kPa})$$

3. 分配阀的平衡压力

分配阀容积室与工作风缸的平衡压力，就是在常用全制动时的容积室最高压力。可列出工作风缸与容积室的压力平衡方程式：

$$P'_G\cdot V'_G+100V'_R=P'_{Gq}\cdot(V_G+V_R)$$
$$P'_{Gq}=(P'_G\cdot V'_G+100V'_R)/(V_G+V_R)$$
$$P_{Gq}=(P'_G\cdot V'_G+100V'_R)/(V_G+V_R)-100\ (\text{kPa})$$

式中 P'_{Gq}——工作风缸与容积室的平衡压力(绝对压力)；

P_{Gq}——工作风缸与容积室的平衡压力(表压力)。

其余代号同1项。

将工作风缸与容积室实测容积数代入上式，可计算出平衡压力 $P_{Gq}=436$ kPa

(四)间接作用式制动机的列车管减压范围

1. 最小减压量(γ_{min})

这里所说的最小减压量，其概念与三通阀有所不同。三通阀的最小减压量是指阀的灵敏度，而这里所说的最小减压量是指分配阀第二段局部减压时促使列车管继续减压后，列车管总的压力下降量。根据局减阀关闭时的制动缸压力为 50～70 kPa，则得：

$$\gamma_{min}=P_Z/2.6=(50-70)/2.6\approx 20\sim 30(\text{kPa})$$。

2. 最大减压量(γ_{max})

$$\gamma_{max}=P_Z/2.6=436/2.6=170(\text{kPa})$$

第三节 制动倍率

一、制动倍率的定义

全车总闸瓦压力与作用于制动缸活塞上的制动原力之比，叫做制动倍率。如使用手制动机时，则制动倍率为全车总闸瓦压力与作用于手制动轮上的手力之比。因此，制动倍率(β)＝全车总闸瓦压力/制动缸活塞总压力(或拧手轮手力)，制动倍率的标准范围，一般客、货车以7～9倍为宜。

二、制动倍率的计算方法

(一)依公式计算制动倍率

设β为制动倍率；$\sum K$为闸瓦总压力(kN)；P_r为制动缸活塞总压力，其数值为：

$$P_r=P_Z\cdot\pi d^2/4(\text{kN})$$

其中　P_Z——制动缸空气压力(kPa)；

　　　d——制动缸直径(m)；

则

$$\beta=\sum K/P_r=4\cdot\sum K/(P_Z\cdot\pi d^2)$$

(二)依杠杆尺寸计算制动倍率

将杠杆的各尺寸测量后，根据杠杆原理计算制动倍率。一般客车双闸瓦式基础制动装置，有8个制动梁，而它们的制动倍率都相等，所以只需要求出一个制动梁的制动倍率，再乘以8，即为全车的制动倍率。

设β为全车制动倍率；β_Z为每轴制动倍率；K_Z为每轴闸瓦压力；P_r为制动缸活塞总压力；L_1为制动缸前杠杆主动臂长；L_2为制动缸前杠杆从动臂长；L_3为固定(或移动)杠杆主动臂长；L_4为固定(或移动)杠杆从动臂长；L_5为闸瓦托吊的制动梁孔和闸瓦托孔之间的距离；L_6为闸瓦托吊的闸瓦托孔和吊销孔之间的距离。

则采用直接作用方式的基础制动装置的制动倍率：

$$\beta=8\cdot L_1\cdot L_3/(L_2\cdot L_4)$$

采用间接作用方式的基础制动装置的制动倍率

$$\beta=8\cdot L_1\cdot L_3\cdot(L_5+L_6)/(L_2\cdot L_4\cdot L_6)$$

第四节 基础制动机装置的传动效率

实际发生作用的闸瓦压力值与理论计算出的闸瓦压力值的比值，称为基础制动装置的传动效率，一般以η来表示。

设全车闸瓦作用于车轮踏面上的实际压力为$\sum K_{实}$，按理论计算出来的全车总闸瓦压力为$\sum K$，则其关系式为：

$$\eta=\sum K_{实}/\sum K\cdot 100\%=\sum K_{实}/(\beta\cdot P_Z\cdot\pi d^2/4)\cdot 100\%$$

实际计算闸瓦压力时，应把制动传动效率计算在内，即：闸瓦压力＝制动缸活塞推力×制

动倍率×制动传动效率

$$\sum K_{实}=P_Z\cdot \pi d^2/4\cdot \beta\cdot \eta$$

第五节 闸瓦摩擦因数和闸瓦(片)压力

一、闸瓦摩擦因数(k)

闸瓦(片)紧压车轮(制动盘),引起阻止车轮转动的力量叫做摩擦力,摩擦因数就是摩擦力与闸瓦(片)压力的比值。用公式表示则为:

$$k=T/K$$

式中 T——摩擦力(kN);

K——闸瓦(片)压力(kN);

k——摩擦因数。

根据摩擦理论和试验表明,闸瓦(片)与车轮(制动盘)之间的摩擦因数是随列车运行速度、闸瓦(片)压力、闸瓦材质以及闸瓦(片)与车轮(制动盘)的接触面等条件的变化而变化的。经过试验研究发现,铸铁闸瓦的摩擦因数随上述条件的变化大,而合成闸瓦(片)的摩擦因数相对较为稳定。所以现在推广使用合成闸瓦(片)。

二、闸瓦(片)压力(K)

制动时,闸瓦(片)紧压在车轮踏面(制动盘)上的力,叫闸瓦(片)压力。它的大小随制动缸压力、制动缸活塞直径、制动倍率和制动传动效率的大小而定。

(一)实算闸瓦压力

设 P_Z 为制动缸空气压力(kPa);d 为制动缸活塞直径(m);β 为制动倍率;η 为制动传动效率;n 为闸瓦块数;K 为每块闸瓦的压力(kN);R_z 为制动盘摩擦半径(m);R_c 为车轮半径(m)。

1. 踏面制动闸瓦压力计算

每块闸瓦的压力 $K=P_Z\cdot \pi d^2\cdot \beta\cdot \eta/(4\cdot n)$(kN)

全车总闸瓦压力 $\sum K=P_Z\cdot \pi d^2\cdot \beta\cdot \eta/4$(kN)

2. 盘形制动闸片压力计算

闸片压力 $K'=P_Z\cdot \pi d^2\cdot \beta\cdot \eta/4$ (kN)

闸片压力 K' 作用在制动盘的平均摩擦半径 R_z 上,为了制动力计算的方便,需要按以下公式将它换算成车轮踏面上的压力 K。

$$K=K'\cdot R_z/R_c$$

(二)换算闸瓦压力

为了简化制动力的计算,可采用计算列车每百吨重量所具有的换算闸瓦压力的方法进行列车制动力的计算。

列车每百吨重量所具有的换算闸瓦压力

$$t=全列车总换算闸瓦压力\sum K/(全列车总重量\sum Q\cdot 100)$$

即

$$t=\sum K/(\sum Q\cdot 100)\ (\text{kN}/100\ \text{t})$$

1. 客车换算闸瓦压力:

L_3、GL_3 型关闭附加风缸及 104 型制动机:330 kN

104 型、F8 型制动机(单层客车,盘形制动):200 kN

104 型、F8 型制动机(双层客车,盘形制动):240 kN

2. 客车每百吨重量所具有的换算闸瓦压力最低标准:

计算制动距离 800 m 不得小于 580 kN,计算制动距离 1 100 m 和 1 400 m 均不得小于 320 kN。

第六节 制　动　率

制动率就是机车、车辆或列车的单位重量所具有的闸瓦压力,它能确切地表示机车、车辆或列车制动能力的大小。制动率按其研究的对象不同,可分为轴制动率、车辆制动率和列车制动率三种。

一、轴制动率

作用在一根制动轴上的全部闸瓦压力上与该轴载荷的比,叫做轴制动率。

设 θ_Z 为轴制动率;K_Z 为轴的总闸瓦压力(kN);q_Z 为轴载荷(kN)。则

$$\theta_Z = K_Z / q_Z \cdot 100\%$$

二、车辆制动率

作用于一辆车上的总闸瓦压力与该车的总重之比,叫做车辆制动率。

设 θ 为车辆制动率;$\sum K$ 为一辆车的总闸瓦压力(kN);q 为一辆车的总重力(kN)。则

$$\theta = \sum K / q \cdot 100\%$$

车辆制动率的大小,一般由车辆自重决定,设计时,要求在不超过黏着系数与摩擦因数之比的范围内尽量提高,并且还要考虑采用的制动缸直径、制动缸压力和制动倍率。一般自重较大的车辆采用直径较大的制动缸,自重较小的采用直径较小的制动缸;制动缸压力由制动机的型式决定;制动倍率通常要求在 7~9 倍之间。制动倍率太小时,会使闸瓦与车轮之间的间隙过大,制动倍率太大时,会使调整活塞行程过于频繁,故其最大值以不超过 10 倍为宜。目前我国车辆设计中,一般客车制动率取 70%~90%,货车取 65%~75%。

三、列车制动率

全列车的总闸瓦压力与列车总重力的比值,叫做列车制动率。

它又分列车实算制动率和列车换算制动率。全列车的总实算闸瓦压力与列车总重力的比值,叫列车实算制动率;全列车的总换算闸瓦压力与列车总重力的比值,叫列车换算制动率。

第七节 黏着力和车轮滑行

在制动时,轮轨间的最大水平作用力,叫做轮轨间的黏着力。黏着力与轮轨间垂直载荷的比值,叫做黏着系数。

黏着力是使闸瓦摩擦力转化为制动力的条件,因此,了解黏着力的变化规律,是研究制动力的主要问题之一。

车轮处于静止状态时,轮轨间的黏着力相当于静摩擦力,其黏着系数是静摩擦因数。但当列车以一定的速度运行时,求这个黏着系数就很复杂而困难了。因轮轨接触点的情况比较复

杂,车轮和钢轨不是绝对刚体,当车轮压在钢轨上时,在接触点上产生车轮与钢轨两方面的变形,车轮在钢轨上滚动时,并非一点接触,而是以近似圆柱形表面与钢轨接触。另外,又由于车轮踏面具有斜度,列车运行至曲线、钢轨接缝及辙叉等处时,轮对经常发生左右移动,致使同一轴的两个车轮滚动圆的直径互不相同。所有这些都引起轮轨间的纵向滑动及横向滑动。简单地说,就是轮对在轨道上运行是连滚带滑的,因而降低了黏着系数。同时,铁路路基的平坦与坚实程度及钢轨的状态等,对黏着系数也有影响。

在制动过程中,当车轮在没有滑行时,制动力 B 随闸瓦压力 $\sum K$ 的增加而加大,列车运行速度 v 相应地下降较快,也就是制动力随闸瓦压力和摩擦因数的增大而增大,但是当闸瓦摩擦力大到一定程度,超过了车轮与钢轨间的黏着力,轮轨间的黏着状态就会被破坏,车轮被抱死而产生滑行。这时,制动力的产生由闸瓦与车轮的摩擦面转到钢轨与车轮的滑动摩擦面,由于轮轨间的滑动摩擦因数不仅比黏着系数小,而且比闸瓦与车轮间的摩擦因数也小很多,因此滑行后的制动力 B_0 急剧下降,列车运行速度 v 的下降也缓慢得多。随后,由于滑行速度降低到 20 km/h 左右后,轮轨间的摩擦因数显著上升,制动力又稍有增长。

可见要在制动过程中不使车轮在钢轨上滑行,闸瓦摩擦力不应大于轮轨黏着力,即制动力的增加要受轮轨黏着力的限制。设 q 为车辆重量;θ 为车辆制动率;K 为闸瓦摩擦因数;Ψ 为轮轨黏着系数;$\sum K$ 为一辆车的总闸瓦压力。

则在制动时要使车轮不滑行必须满足下列条件:轮瓦间的摩擦力≤轮轨间的黏着力即

$$\sum K \cdot K \leqslant q \cdot \Psi$$

$$\Psi / K \geqslant \sum K / q$$

由于 $\theta = \sum K / q$

所以 $$\theta \leqslant \Psi / K$$

由此可见,车辆制动率的值 θ 应小于 Ψ / K,车轮才无产生滑行的危险。

复习思考题

1. 已知某客车采用 104 型空气制动机的技术参数如下:制动主管压力 $P=600$ kPa,副风缸容积 $V_1=180$ L,工作风缸容积 $V_2=11.5$ L,制动缸容积(按活塞行程 200 mm 计算)$V_3=27.64$ L,制动缸在缓解位时的余隙容积 $V_3'=2.5$ L,容积室在制动和缓解时的容积分别为 $V_4=4.33$ L 和 $V_4'=4.27$ L。请计算:

(1)当主管减压 170 kPa 时的制动缸压力等于多少?

(2)当紧急制动时的制动缸压力等于多少?

2. 已知某车辆空车自重 $Q=40$ t,允许制动率 $\theta=70\%$,制动缸活塞直径 $D=356$ mm,紧急制动时的制动缸压力 $P=400$ kPa,基础制动装置传动效率 $\eta=0.9$,请计算该制动杠杆倍率为多少?

第五章　机 械 制 图

第一节　投影法的基本概念

一、投影方向与视图名称

工程上一般采用正投影法(即投影方向垂直于投影面的方法)绘制图样。投影的方向与视图名称如图 5-1 所示。

投影方向		试图名称
方向代号	方向	
a	自前方投影	主视图或正立面图
b	自上方投影	俯视图或平面图
c	自左方投影	左视图或左侧立面图
d	自右方投影	右视图或右侧立面图
e	自下方投影	仰视图或底面图
f	自后方投影	后视图或背立面图

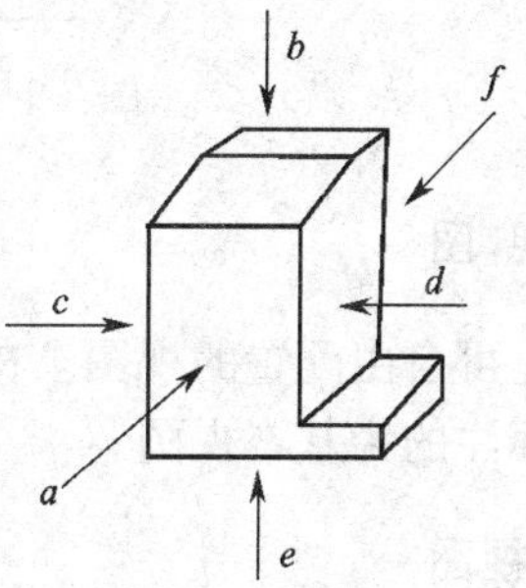

图 5-1　投影的方向与视图名称

二、投影方法

假设将空间分成图 5-2 所示的区域，按逆时针方向依次称为第一分角、第二分角、第三分角和第四分角。将物体置于第一分角内，使物体处于观察者与投影面之间，用正投影法进行投影，然后按规定展开投影面的方法称为第一角画法

将物体置于第三分角内，使投影面处于观察者与物体之间．也用正投影法进行投影，然后按规定展开投影面的方法称为第三角画法。

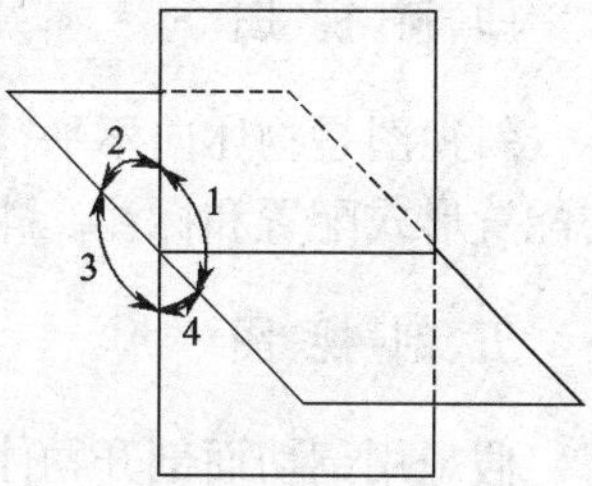

图 5-2　空间的 4 个区域划分

第一角画法和第三角画法是最常用的正投影法。我国国家标准规定采用第一角画法，必要时(如按合同规定等)才允许使用第三角画法。除中国之外，采用第一角画法的国家还有法国、俄罗斯等，而美国、加拿大、澳大利亚等国采用第三角画法，日本、英国等国家则第一角画法、第三角画法均可采用。

第二节　视　　图

一、基本视图

按第一角画法投视得到主视图、俯视图、左视图、后视图、仰视图、右视图 6 个基本视图。

表示物体信息量最多的应作为主视图,在图样中不需注视图名称。如图 5-3 所示。

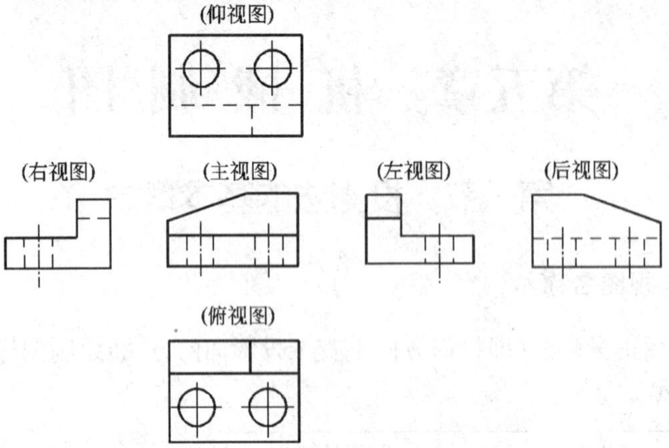

图 5-3　按第一角画法投视得到的试图

二、向 视 图

向视图是可自由配置的视图。在相应的视图附近用箭头和相同字母表示该向视图的投影方向。未加标注的为基本视图。

三、局部视图

局部视图是将物体的某一部分向基本投影面投视所得的视图。一般用波浪线或双折线表示断裂部分的边界。当表示的局部结构外轮廓呈完整的封闭图形时,波浪线可省略不画,通常在局部视图上方用大写拉丁字母标注视图名称,在相应视图附近用箭头指明投视方向,并注上相同的字母。当局部视图按基本视图配置,中间又没有其他图形隔开时,可不必标注。

四、斜 视 图

斜视图是物体向不平行于基本投影面的投影面投视所得到的视图。斜视图一般按向视图的配置形式配置和标注。斜视图也允许旋转放正。但应用旋转符号表示旋转方向。

五、剖 视 图

假想用剖切面剖开物体,将处于观察者和剖切面之间的部分移去,余下部分向投影面投影得到的图形称为剖视图,也可简称为剖视,如图 5-4 所示。

(一)可以用一个剖切面剖切物体,也可以用几个平行的剖切平面剖开物体后画出剖视图,如图 5-5 所示。还可用几个相交的剖切面剖开物体后画出剖视图,如图 5-6 所示。这 3 类剖切面既可以单独使用,也可以联合使用。

根据图面的表现形式,剖视图可分为全剖视图(图 5-7)、半剖视图(图 5-8)和局部剖视图(图 5-9)。

1. 全剖视图

用剖切面完全剖开物体所画出的剖视图,称为全剖视图。

2. 半剖视图

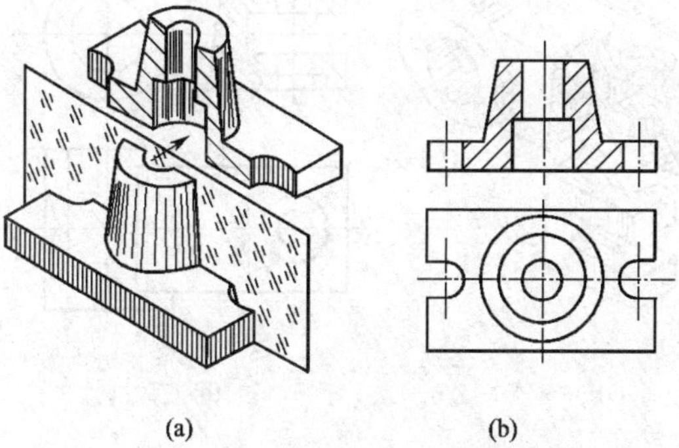

图 5-4 剖视图的形成

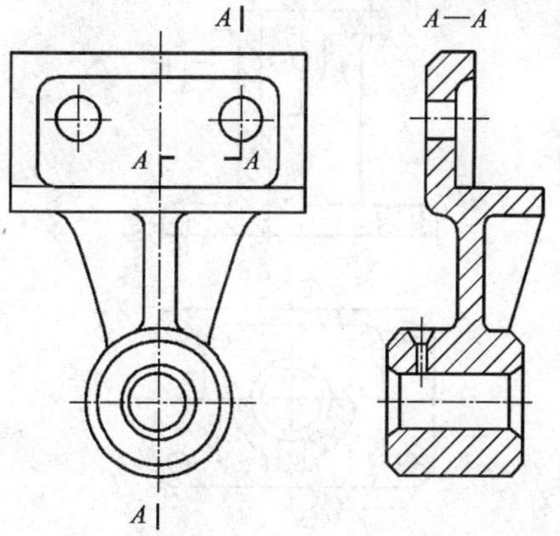

图 5-5 用平行剖切面剖切物体得到的剖视图

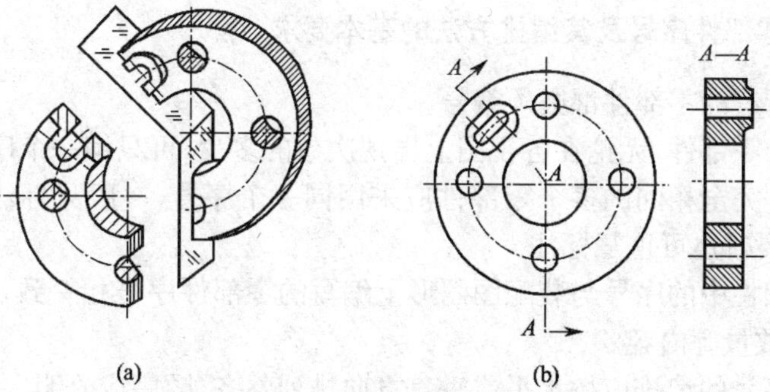

图 5-6 用相交剖切面剖切物体得到的剖视图

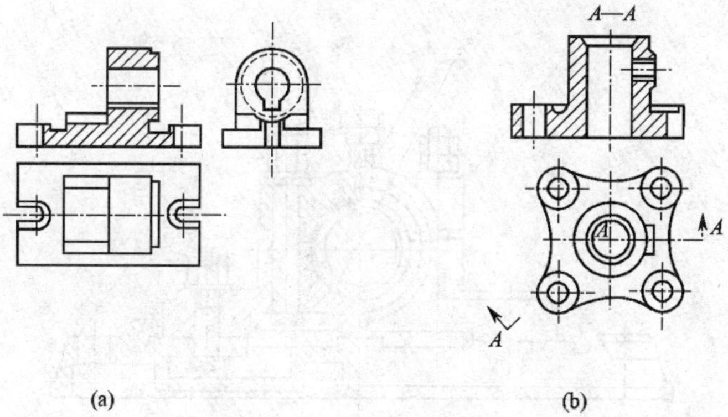

图 5-7 全剖视图

当物体具有对称平面时，向垂直于对称平面的投影面上投影所得的图形，以对称中心线为界，一半画成剖视图，另一半画成视图。

3. 局部剖视图

用剖切面局部地剖开物体所画的剖视图，称为局部剖视图。局部剖视图一般以波浪线作为被剖开部分与未剖切部分的分界线。

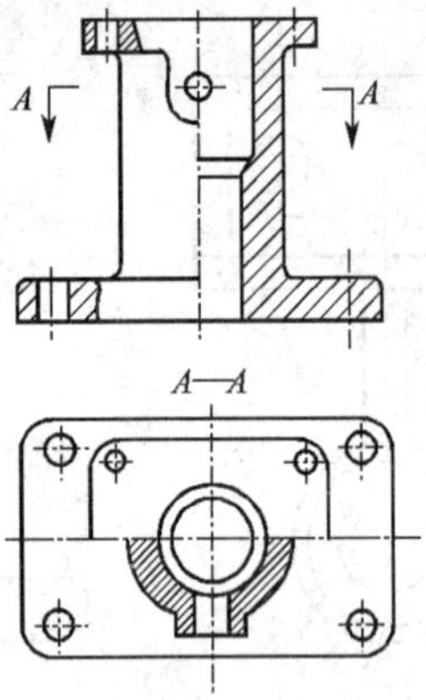

图 5-8　半剖视图

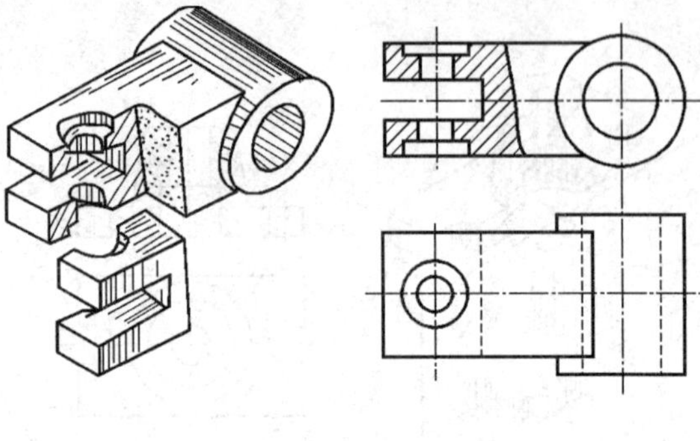

(a)　(b)

图 5-9　局部剖视图

六、装配图中零部件序号及其编排方法的基本要求

1. 装配图中所有的零部件都必须编号。

2. 对于某一个零部件，无论在各视图上出现次数的多少，可只编一个序号。

3. 形状和尺寸完全相同的多个零部件应采用同一个序号，一般只标注一次；多处出现的相同的零部件，必要时也可重复标注。

4. 装配图明细栏中的序号与装配图图形上编写的零部件序号相一致，以便于了解该零部件的名称、材料及数量等内容。

5. 装配图中序号的编排应按水平或垂直方向排列整齐，顺序应分明。

6. 为保证序号排列有顺序，可按顺时针或逆时针方向顺次排列。排列顺序应连续，当无法连续时，可只在每个水平或竖直方向上顺次排列，如图 5-10 所示。

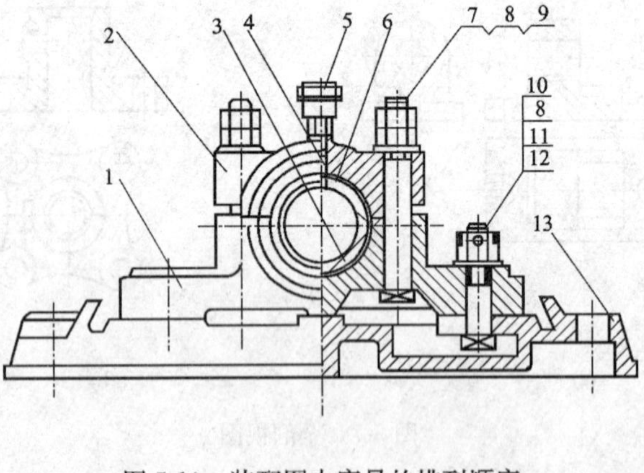

图 5-10　装配图中序号的排列顺序

七、装配图的尺寸标注法

1. 机件的大小是以图样上标注的尺寸数值为制造和检验依据的，所以必须遵守统一的尺寸注法，并遵循统一的规则。

2. 图样上所标注的尺寸数值是表示机件实际大小的数值，它与绘制图样时采用的比例无关，与画图的精度亦无关。

3. 图样上的尺寸以毫米(mm)为计量单位时，不需要在图样上标注单位名称及代号。若采用其他单位时，必须注明相应的计量单位。

4. 图样上标注的尺寸数值是机件最后完工的尺寸，否则要另加说明。

5. 机件上的每个尺寸，一般只在反映该结构最清楚的图形上标注一次。

第三节　公差配合的基本知识

一、尺寸的术语及定义

(一)尺　寸

用特定单位表示线性尺寸的数值称为尺寸。线性尺寸值包括直径、半径、深度、厚度及中心距等。在技术图样上尺寸数值的特定单位为mm，一般可省略不写；若采用其他单位则必须注写单位。

1. 基本尺寸

基本尺寸是通过它应用上、下偏差可算出极限尺寸的尺寸。图样上标注的尺寸通常都是基本尺寸。

2. 实际尺寸

实际尺寸是指通过测量而获得的某一孔、轴的尺寸。

3. 极限尺寸

极限尺寸是指一个孔或轴允许的尺寸的两个极端。孔的最大极限尺寸和最小极限尺寸分别用“D_{max}和“D_{min}表示，轴的最大极限尺寸和最小极限尺寸分别用“d_{max}”和“d_{min}”表示。在机械加工中，由于存在着加工误差，把同一规格的零件加工成同一尺寸是不可能的，而且从使用角度讲也是没有必要的。因此，只需将零件的实际尺寸控制在一个范围内就能满足使用要求，这个范围由孔或轴的最大极限尺寸和最小极限尺寸确定。

极限尺寸是在设计时给定的，它以基本尺寸为基数，用来控制零件的实际尺寸。

二、偏差与公差的术语与定义

(一)偏　差

偏差是指某一尺寸(实际尺寸、极限尺寸)减去基本尺寸所得的代数差。偏差实质上反映的是其他尺寸偏离基本尺寸的大小程度。

极限尺寸减去基本尺寸所得的代数差称为极限偏差。最大极限尺寸减去基本尺寸所得的代数差称为上偏差，孔的上偏差和轴的上偏差分别用ES和es表示。最小极限尺寸减去基本尺寸所得的代数差称为下偏差，孔的下偏差和轴的下偏差分别用EI和ei表示。

实际尺寸减去基本尺寸所得的代数差称为实际偏差。合格工件的实际偏差应在上、下偏差之间。

(二)尺寸公差

尺寸公差又简称为公差，它是指最大极限尺寸减去最小极限尺寸之差，或上偏差减去下偏差之差。它是尺寸的允许变动量。尺寸公差是一个没有符号的绝对值。

(三)零线与公差带

为了直观地看出基本尺寸、极限尺寸、极限偏差和尺寸公差之间的关系，常使用极限与配合图解和尺寸公差带图，如图 5-11 所示。

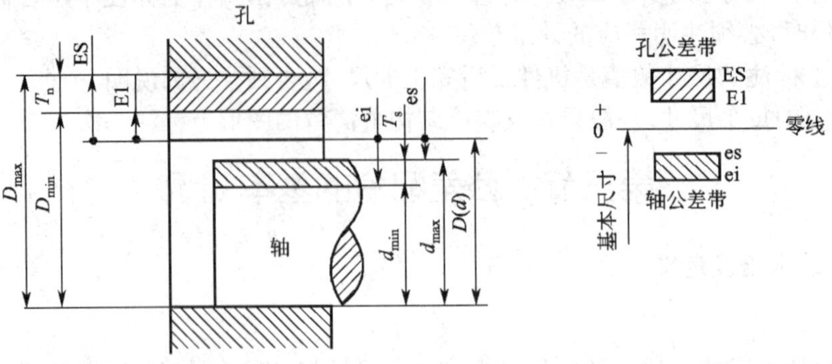

(a) 极限与配合图解　　(b) 尺寸公差带图

图 5-11　极限与配合图解和尺寸公差带图

图 5-11 中，零线是表示基本尺寸的一条直线，以其为基准确定偏差及公差。在其下方画有向上带有箭头的尺寸线并标有基本尺寸值。零线以上为正偏差，零线以下为负偏差，零偏差与零线重合。

在尺寸公差带图解中，公差带是由代表上偏差和下偏差或最大极限尺寸和最小极限尺寸的两条直线所限定的一个区域。它是由公差的大小和其相对零线的位置和基本偏差来确定的。

(四)极 限 制

极限制是指经标准化的公差与偏差制度。前面所讲的公差与偏差及后面所要介绍的标准公差系列和基本偏差系列均为 GB/T 1800 所规定的极限制中的公差与偏差。极限制的意义是利用极限偏差或极限尺寸来控制零件的合格性，以保证零件之间的配合要求。

三、间隙配合

间隙配合是指具有间隙(包括零间隙)的配合。间隙配合时，孔的公差带在轴的公差带上，如图 5-12 所示。

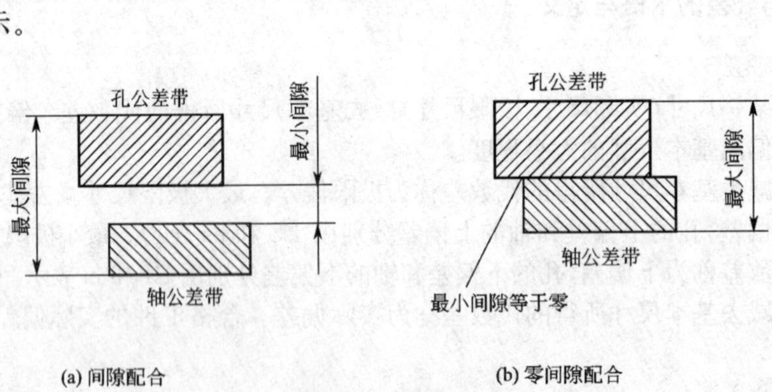

(a) 间隙配合　　(b) 零间隙配合

图 5-12　间隙配合

由于孔、轴的尺寸允许在各自公差带内变动，所以孔、轴配合的间隙也是变动的。其中，最松配合状态发生在孔为最大极限尺寸而相配合的轴为最小极限尺寸时，装配后间隙最大，称为最大间隙(X_{max})；而在最紧配合状态下孔为最小极限尺寸，而配合的轴为最大极限尺寸，装配后间隙最小，称为最小间隙（X_{min}）。

四、过盈配合

过盈配合是指具有过盈（包括零过盈）的配合。过盈配合时，孔的公差带全部在轴的公差带之下，如图 5-13 所示。

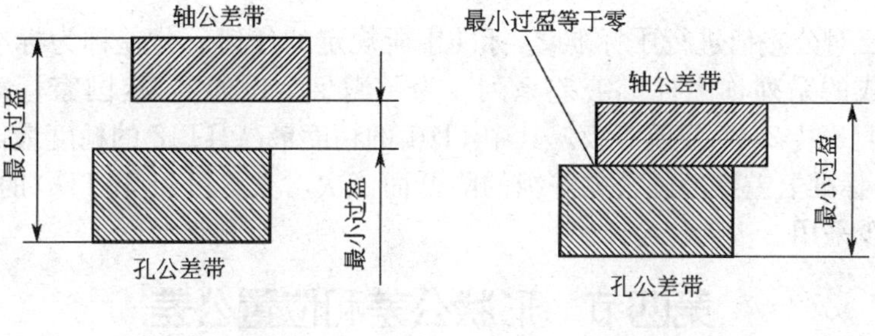

(a) 最大过盈配合　　(b) 最小过盈配合

图 5-13　过盈配合

同样，由于孔、轴的实际尺寸允许在公差带内变动，因而配合的过盈量也是变动的。当孔为最小极限尺寸而与其相配合的轴为最大极限尺寸时，配合处于最紧状态，称为最大过盈（Y_{max}）；当孔为最大极限尺寸而与其配合的轴为最小极限尺寸时，配合处于最松状态，称为最小过盈（Y_{min}）。

五、过渡配合

过渡配合是指可能具有间隙或过盈的配合。过渡配合时，孔的公差带与轴的公差带相互交叠，如图 5-14 所示。

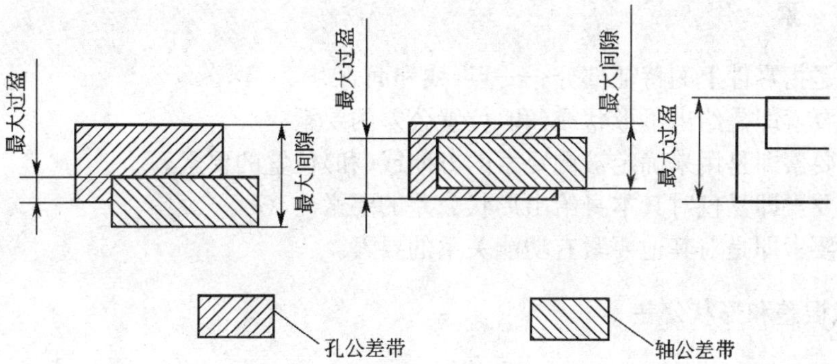

图 5-14　过渡配合

同样，孔、轴的实际尺寸允许在其公差带内变动。当孔的尺寸大于轴的尺寸时，具有间隙；当孔的尺寸小于轴的尺寸时，具有过盈。

六、配合公差

配合公差为组成配合的孔、轴公差之和，它是允许间隙或过盈的变动量。配合公差反映孔、轴的装配精度，即配合部位的松紧变动情况。

（一）基轴制配合

基本偏差为一定的轴的公差带与不同基本偏差的孔的公差带形成各种配合关系的一种配合制度。

（二）基孔制配合

基本偏差为一定的孔的公差带与不同基本偏差的轴的公差带形成各种配合关系的一种配合制度。

国家标准已对公差值进行了标准化，标准中所规定的任何一公差称为标准公差。由若干标准公差所组成的系列称为标准公差系列。为了满足生产的需要，国家标准设置了 IT01、IT0、IT1、…、IT18 共 20 个公差等级。其中 IT01 的精度最高，IT18 的精度最低。在基本尺寸相同的情况下，标准公差数值随公差等级的降低而依次增大。IT01 和 ITO 的精度最高，但在工业制造中很少采用。

第四节　形状公差和位置公差

一、形状和位置误差的产生

任何机械产品在加工过程中，不论加工设备和方法如何精密、可靠，功能如何齐全，由于加工设备、刀具、夹具及原材料的内应力、切削力等各种因素的影响，除导致尺寸产生误差外，所加工的零件和由零件装配而成的组件或产品都不可能完全达到图样规定的理想形状和相互间的准确位置。零件在实际加工中所得到的形状和相互间的位置相对于其理想形状和位置的差异就是形状和位置误差。

由于形状和位置误差对产品的装配性能、使用性能等会造成很大的影响，因此，在产品设计时为保证产品零件之间的可装配性及使用性能，除了对零件的尺寸误差限制外，还需要对某些关键的要素给出形状和位置公差的要求。

二、要　　素

1. 要素是指零件上的特征部分——点、线和面。
2. 被测要素即是给出了形状或（和）位置公差的要素。
3. 基准要素即是用来确定被测要素的方向或（和）位置的要素。
4. 单一要素即是仅对其本身给出形状公差的要素。
5. 关联要素即是对其他要素有功能关系的要素。

三、形状误差和形状公差

（一）形状误差

被测实际要素对其理想要素的变动量称为形状误差。测量时理想要素相对于实际要素的位置应按最小条件来确定。

所谓“最小条件”是指在确定理想要素的位置时，应使理想要素与实际要素相接触，并使被测实际要素对理想要素的最大变动量最小。

图 5-15 为评定给定平面内直线度误差的示例。图中 A_1B_1、A_2B_2、A_3B_3，是理想要素的不同位置，h_1、h_2、h_3 分别是被测实际要素对 3 个不同位置的理想要素的最大变动量，由于 $h_1<h_2<h_3$，因此 A_1B_1 就是符合最小条件的理想要素。在评定被测实际要素的直线度误差时，就

应以 A_1B_1 位置为评定基准。

(二)形状公差

被测实际要素的形状相对于理想要素的形状所允许的最大变动量称为形状公差,也就是形状误差的最大允许值。

形状公差是单一实际要素的形状所允许的变动全量。因为形状公差无基准,所以形状公差的方向和位置都是浮动的。

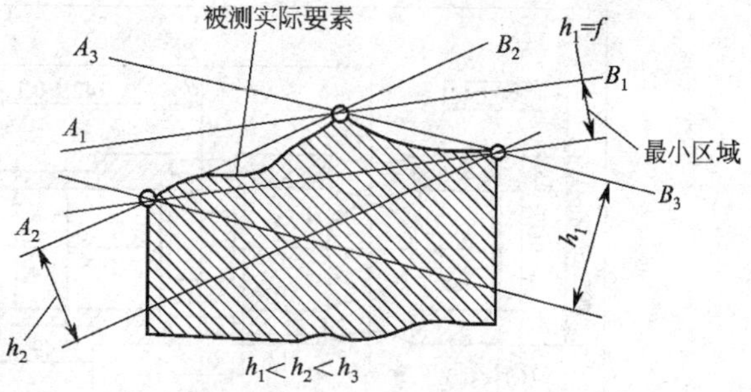

图 5-15 理想形状的位置

四、位置误差和位置公差

(一)位置误差

位置误差是指实际要素的位置对其理想要素的位置的变动量。位置误差包括定向误差、定位误差及跳动误差。

(二)位置公差

位置公差是关联实际要素的位置对基准所允许的变动全量,也就是位置误差的最大允许值。

五、形状和位置公差带

形状和位置公差带是由形状、大小、方向和位置 4 个要素所组成的。

第五节 零 件 图

任何一台机器都是由不同零件和部件组成的,由于它们的作用各不同,因而它们的结构、形状乃至材料、加工过程也不相同。分析了解这些零件的表达方式、尺寸标注、技术要求和加工方法,并根据图纸找出主视图、基本视图及其他视图的位置,搞清剖视、剖面的剖切方法、位置、数量、目的及彼此间的关系。对所制作的零件有一个初步的认识,才能制造出合格的机械零件。

零件图的内容包括:一组图形、完整的尺寸、必要的技术要求和标题栏。图 5-16 是轴套零件图的表示方法。

(一)该零件的名称是轴套,材料是 45 钢,比例是 1∶25,属于缩小比例。

(二)该零件共用了 5 个图形来表达,其中主视图作了全剖视,A—A 是全剖视图,B—B 是移出剖面图,D—D 是局部放大图,还有一个是局部放大图。

(三)在主视图中,左边两条虚线的距离是 16,与两条虚线右边相连圆的直径是 ϕ40。中间正方形的边长是 36。中间 40 长的圆柱孔的直径是 ϕ78。

(四)该零件长度方向的尺寸基准是右端面,宽度和高度方向的尺寸基准是轴线。

(五)主视图中,227 和 142±0.1 属于定位尺寸,40 和 49 属于定形尺寸;①所指的曲线是 ϕ40 圆柱孔与 ϕ60 圆柱孔的相贯线,②所指的曲线是 ϕ40 圆柱孔与 ϕ95 圆柱的相贯线。

(六)尺寸 ϕ132±0.2 的最大极限尺寸是 ϕ132.2,最小极限尺寸是 ϕ131.8,公差是 0.4。

(七)轴套零件上表面 Ra 值要求最小的是 0.8μm,最大的是 6.3μm。

(八) | ◎ | ϕ0.04 | C | 表示:ϕ95h6 圆柱的轴线对 ϕ60H7 圆柱孔轴线的同轴度公差值为 ϕ0.04。

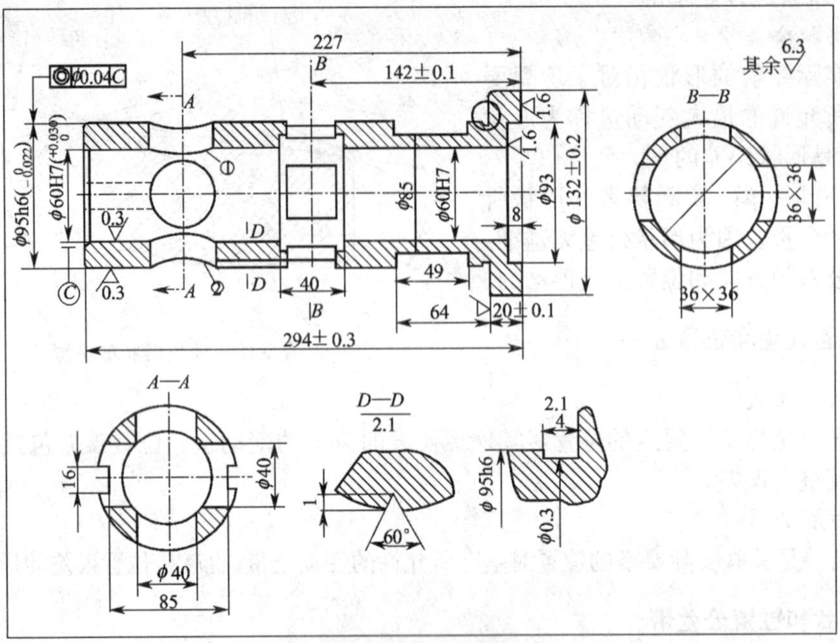

图 5-16　轴套零件图

第六节　装　配　图

一、装配图的用途及形式

装配图是表示产品及其组成部分的连接、装配关系的图样。装配图中还应包括装配和检验所必需的数据和技术要求。由于装配图使用场合不同,常见的形式有:

(一)在新设计或测绘装配体时,要求画出装配图,用来确定各零件的结构、形状、相对位置、工作原理、连接方式和传动路线等,以便在图上判别、校对各零件的结构是否合理,装配关系是否正确、可行等。这类装配图,要求把各零件的结构、形状尽可能表达完整,基本上能根据它画出各零件的零件图。

(二)当加工好的零件进行装配时,用来指导装配工作能顺利地进行的装配图。这种装配图着重表明各零件之间的相互位置及装配关系,而对每个零件的结构、对同装配无关的尺寸,没有特别的要求。

(三)只表示机器安装关系及各部件之间相对位置的装配图。这种装配图,只要求画出各部件的外形。不论哪一种形式的装配图,都是生产中的重要技术文件。

二、装配图应包括下列内容

(一)一组视图。用来表达装配体的结构、形状及装配关系。

(二)必要的尺寸。标注出表示装配体性能、规格及装配、检验、安装时所需的尺寸。

(三)技术要求。用符号或文字注写装配体在装配、试验、调整、使用时的要求、规则、说明等。

(四)零件的序号和明细表。组成装配体的每一个零件,按顺序编上序号,并在标题栏上方列_出明细表,表中注明各种零件的名称、数量、材料等,以便于读图及进行生产准备工作。

(五)标题栏。注明装配体的名称、图号、比例以及责任者的签名和日期等。

三、装配图图例(图 5-17)

(一)齿轮油泵由 9 种共 14 个零件组成,其中有 1 种共 6 个标准件,标准件的名称规格是螺钉 M6×16、GB 65—1985。

(二)齿轮油泵共用了 4 个图形来表达,其中主视图作了和全剖视,左视图采用了局部剖视画法,并有拆卸 2 处作了局部剖视,图中 A 向、B 向是局部视图。

(三)装配图中,尺寸 $\phi14\,\frac{H7}{P6}$、$\phi15\,\frac{H7}{f6}$ 是配合尺寸,尺寸 65 是规格(性能)尺寸,尺寸 70 是安装尺寸,尺寸 $28.56_{-0.003}^{\ 0}$ 是装配尺寸,尺寸 110、86、96 是外形(总体)尺寸。

(四)尺寸 $\phi35\,\frac{H7}{f6}$ 中,$\phi35$ 是基本尺寸,H7 是孔的公差代号,f6 是轴的公差代号,它们属于

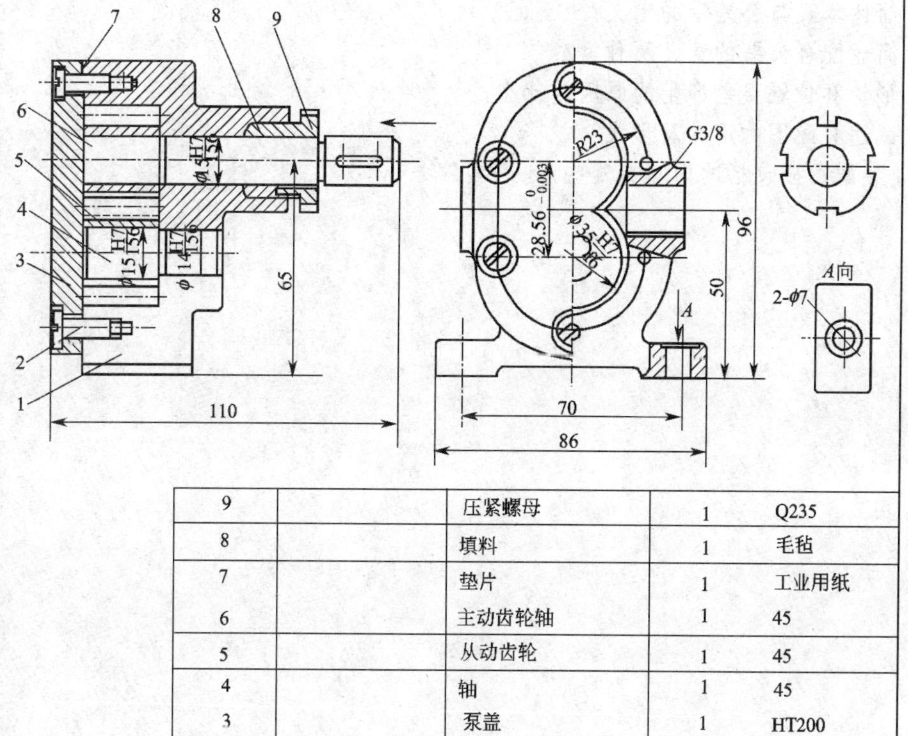

9		压紧螺母	1	Q235
8		填料	1	毛毡
7		垫片	1	工业用纸
6		主动齿轮轴	1	45
5		从动齿轮	1	45
4		轴	1	45
3		泵盖	1	HT200
2	GB65-85	螺钉M6 ×16	6	35
1		泵体	1	HH150
序号	代号	名称	数量	材料
重量		比例 1:1.5		
制图			齿轮油泵	
审核			TZ-07	

图 5-17 齿轮泵装配图

基孔制的间隙配合。$\phi14\,\frac{H7}{P6}$属于基孔制的过盈配合。

(五)件 7 垫片的材料是工业用纸,件 8 填料的材料是毛毡,它们在油泵中起密封作用。件 5 从动齿轮中间有上、下两个小通孔,起进油润滑作用。

(六)尺寸 G3/8 中的 G 表示非螺纹密封的管螺纹,3/8 表示螺纹尺寸代号。

(七)件 3 泵盖与件 1 泵体属于螺钉连接,件 1 泵体与件 9 压紧螺母属于螺纹连接。

复习思考题

1. 简述正投影的定义及我国规定的正投影方法有哪些?
2. 视图的种类有哪些?
3. 装配图中零部件序号及其编排方法的基本要求是什么?
4. 装配图对尺寸标注有何要求?
5. 简述基本尺寸、极限尺寸的定义?
6. 简述零线与公差带的定义?
7. 简述配合公差的意义及种类?
8. 形状和位置误差产生的原因是什么?
9. 试述装配图的用途及形式?
10. 装配图应包括的内容有哪些?

第六章 钳工基础

第一节 锉 削

锉削是一种从容的手工切削方法，是钳工基本操作之一，锉削的质量和效率取决于钳工的技艺。锉削技能训练，从锉削姿势开始，扩展到复杂的表面、沟槽、孔眼及各种相配合的表面的锉削，逐步实践锉削动作的控制与把握，对锉削工具的选择与运用，从中体会锉削技艺的要点。这种有意识的实践可以使受训练者较快地掌握锉削技艺。

一、锉削作业的特点与内容

用锉刀从工件表面上锉掉多余的金属，使工件达到需要的尺寸、形状和表面粗糙度，这种加工方法叫锉削。锉削是一种精加工方法，锉削的尺寸精度最高可达 0.01 mm 左右，表面粗糙度精度最高可达 $R_a0.8\ \mu m$ 左右。锉削的工作范围较广，在工件的内外表面、孔、沟槽及各种形状复杂的表面上，一般都能进行锉削加工。在零件加工、部件装配、机械修配等单件小批量生产中广泛应用。在工具制造中，锉削是常用的加工方法。近年来，由于数控切削技术的迅速普及，一些传统上由钳工锉削完成的复杂表面改用数控切削加工和控电加工实现，在效率和精确性方面，都是手工操作无法比拟的，例如用数控线切割机床制作样板。

锉削所使用的工具非常简单、廉价，锉削的作业环境非常灵活，一些机床无法完成，或不便采用机械作业的场合，锉削将是一种适用的选择。在大型、高精机械产品的研制中锉削也有重要用途。

锉削的质量和效率取决于钳工的技艺。操作者对锉削动作的控制与把握，对锉削工具的选择与运用，对工件表面实施锉削的步骤与做法是技艺的要点。通过有意识的实践可以较快地掌握锉削技艺。

锉削主要内容为锉削外平面和曲面；锉削内、外角和复杂的表面；锉削沟槽、孔眼和各种形状的配合表面。

锉削作业使用的工具，除了夹持工件的虎钳以及清理锉屑的刷子外，就是各种锉刀。锉刀由碳素工具钢制成，并经淬硬处理，一般硬度在 62～67HRC 之间。锉刀的切削作用是靠锉刀齿实现的。锉刀齿通常是由剁齿机剁成，或者用铣齿法制成，凡是剁齿的锉刀，它的切削角 δ 都大于 90°，锉齿的工作过程是切削，这种锉刀虽然理想，但成本太高，因此不能广泛应用。它主要用于锉软金属，如锡和铝等。

二、锉刀齿纹的种类分为单齿纹和双齿纹两种

(一)单齿纹锉刀上的齿纹按同一方向排列。锉削宽度等于锉齿的全长。因此，使用这种锉刀工作较费劲，并且也容易被切屑塞满。这种锉刀一般仅用来锉软金属和表面粗糙度精度要求较高的表面。

(二)双齿纹锉刀上的齿纹是交叉排列的。双齿纹和单齿纹的区别是双齿纹的刀刃是间断的，也就是说长刃上分成许多小齿。这样能使切屑折断，不致被切屑塞住，所以切削比较省力。

(三)锉刀按断面形状分为普通锉刀,其中有齐头扁锉、尖头扁锉、方锉、圆锉、半圆锉、三角锉等;特种锉刀有刀口锉、菱形锉、扁三角锉、椭圆锉、圆肚锉等,锉刀的用途见表6-1。

表6-1 锉刀的种类与类型

名　称	外形特点	锉齿特点	用　途
大方锉	正方形、向头部逐渐缩小	四面有齿	平面粗加工
大平锉	全长截面相等	两面或兰面有齿	平面粗加工
平头扁锉	长方形、向头部逐渐缩小	三面有齿	平面和凸起的曲面加工
方锉三角锉	正方形、向头部逐渐缩小 正三角形、向头部逐渐缩小	四面有齿 三面有齿	方形通孔方槽加工 三角形通孔三角槽加工
锯锉	向头部逐渐缩小	宽边双齿 狭边单齿	锯齿加工
刀口锉	向头部逐渐缩小	宽边双齿 狭边单齿	楔形燕尾形的通孔加工
圆锉	向头部逐渐缩小	大锉双齿 小锉单齿	圆孔和圆槽加工
半圆锉	向头部逐渐缩小	平面双齿 圆面单齿	平面和通孔加工
菱形锉	向头部逐渐缩小	双齿	有尖角的槽和通孔加工
扁三角锉	向头部逐渐缩小	下面一边双齿	有尖角的槽和通孔加工
橄榄锉	向头部逐渐缩小	全部双齿	半径较大的凹圆面加工
什锦锉(组锉)	向头部逐渐缩小	全部双齿	各种形状通孔加工
木锉	向头部逐渐缩小	锉齿大	软材料加工

(四)按锉刀的长度,规格有100 mm、150 mm、200 mm、250 mm、300 mm、350 mm、400 mm(4英寸、6英寸、8英寸、10英寸、12英寸、14英寸、16英寸)等。

锉刀表面不应该有毛刺、裂纹、崩齿、重齿、跳齿等缺陷。锉齿的粗细,决定于锉纹的齿距,分为粗锉、细锉、油光锉三类,每类锉刀又可细分为:1号(粗锉刀);2号(中锉刀);3号(细锉刀);4～6号(油光锉)。

三、选择锉刀要遵循下列原则

(一)选择哪种形状的锉刀,决定于工件的形状。

(二)选择锉刀齿,决定于工件的加工余量、精度和材料性质。

粗锉刀用于锉软金属、加工余量大、尺寸精度等级低和表面粗糙度精度要求低的工件,见表6-2。细锉刀用于跟粗锉刀相反的场合。此外,新锉刀的齿比较锋利,适合锉软金属,新锉刀用一段时间后再锉硬金属较好。

表6-2 按加工尺寸精度和表面粗糙度精度选择锉刀

锉　刀	适用场合		
	加工余量(mm)	尺寸精度(mm)	表面粗糙度(μm)
粗锉	0.5～1	0.2～0.5	R_a50以上
中锉	0.2～0.5	0.04～0.2	R_a25
细锉	0.05～0.2	0.01或更高	R_a12.5以下

四、使用锉刀的注意事项

正确地使用锉刀可延长其使用寿命，并使工具发挥最大的作用。

（一）不准用新锉刀锉硬金属。

（二）不准用锉刀锉淬硬材料。

（三）有硬皮或砂粒的铸件、锻件，要用砂轮磨掉后，才可以用半锋利的锉刀或旧锉刀锉削。

（四）锉刀要先使用一面，只有在该面磨钝后，或必须用锐利的锉齿加工时才用另一面。

（五）不得用手摸刚锉过的表面，以免再锉时打滑。

（六）锉刀不可重叠，或者和其他工具堆放在一起。

（七）被锉屑堵塞的锉刀，要用钢丝刷把锉屑刷去，若嵌入的锉屑大，要用铜片剔去，注意要顺着锉齿的方向剔除。

五、锉削力的运用和锉削速度

锉削时推力的大小由右手控制，而压力的大小是由两手控制的。为了保持锉刀的平移，两手用在锉刀上的力应始终保持锉刀平衡。为此，锉削时右手施加的压力随锉刀推动而逐渐增大，左手所施压力要随锉刀推动而逐渐减小，如图 6-1 所示。回程时不施加压力，以减少锉齿磨损。

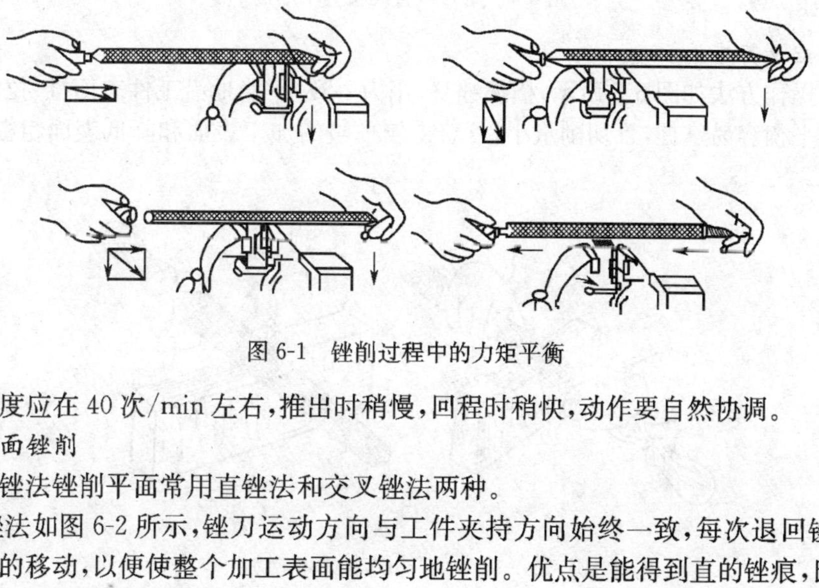

图 6-1 锉削过程中的力矩平衡

锉削速度应在 40 次/min 左右，推出时稍慢，回程时稍快，动作要自然协调。

（一）平面锉削

平面的锉法锉削平面常用直锉法和交叉锉法两种。

1. 直锉法如图 6-2 所示，锉刀运动方向与工件夹持方向始终一致，每次退回锉刀时应在横向作适当的移动，以便使整个加工表面能均匀地锉削。优点是能得到直的锉痕，比较整齐美观，一般较大平面和最后锉光都用这种方法。

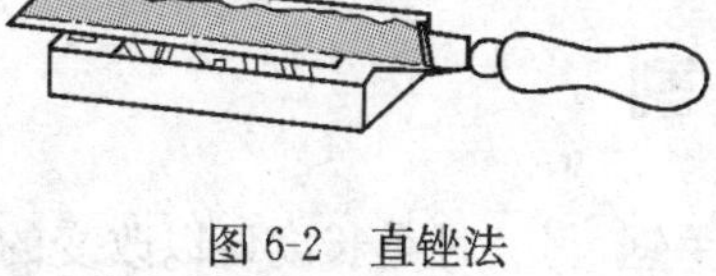

图 6-2 直锉法

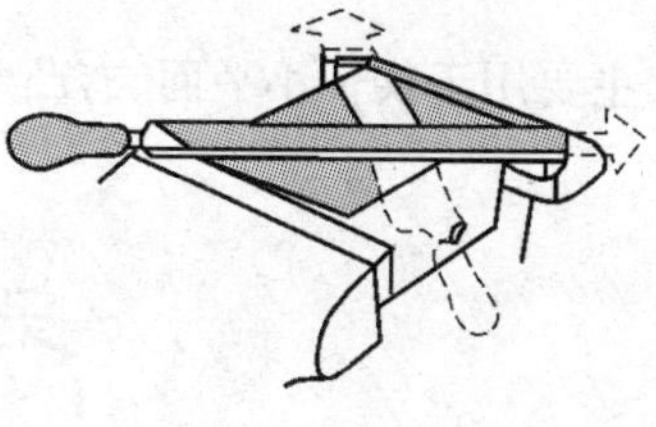

图 6-3 交叉锉

2. 交叉锉法如图 6-3 所示为交叉锉法。锉削时,锉刀运动方向与工件夹持方向成一定角度,下一次锉削与上次锉纹交叉。工件键削表面上有交叉网纹,能明显地看出高低差别,因此容易把平面锉平。交叉锉法一般用于粗锉,而精锉时必须用直锉法,以使锉痕变直。

(二)检查平面度

检查平面度的方法通常采用刀口直尺(或钢尺)用透光法来检查锉削平面的平面度。刀口直尺应垂直放在被测工件表面上,如图 6-4(a)所示,同时需要在被测面的横向、纵向、对角方向多处逐一测量,如图 6-4(b)所示。观察刀日与工件光隙判断误差大小,如图 6-4(c)所示。用塞尺确定误差值,以各检查部位中最大值为平面度误差值。

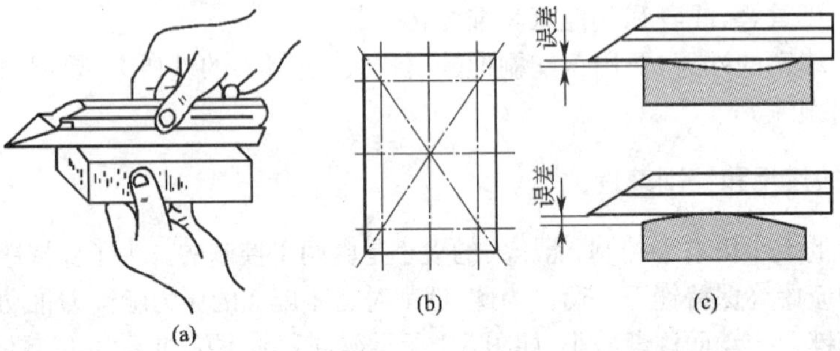

图 6-4　用刀口直尺检查平断度

(三)推锉及其应用

推锉的操作方法如图 6-5 所示,横握锉身,用力一致,平稳地沿工件表面推、拉锉刀。由于推锉时锉刀平衡容易掌握,且切削量小,可获得较平整的加工表面和降低表面粗糙度,并能获得顺向锉纹。

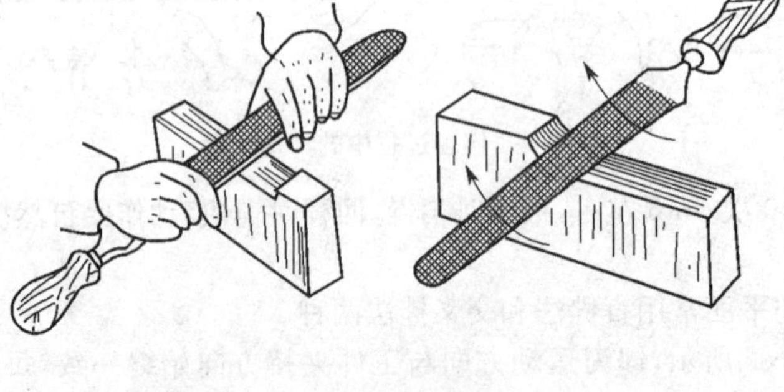

(a) 推锉狭平面　　(a) 推锉内圆弧面

图 6-5　推锉及其应用

推锉主要用于狭长小平面、有凸台的狭长平面或内圆弧面[图 6-5(b)]的粗锉加工及修整锉纹等。

第二节　锯　　割

常用的手锯有两种,一种是长度不能改变的固定式手锯,另一种是长度可以改变的调节式手锯,调节式手锯可以使用不同长度的锯条。钢锯架手锯的形式如图 6-6 所示。

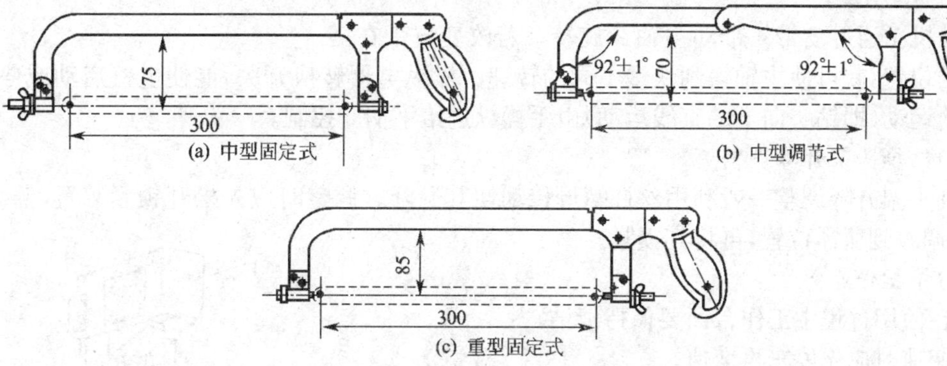

(a) 中型固定式　(b) 中型调节式　(c) 重型固定式

图 6-6 钢锯架手锯的形式

锯条一般用工具钢制成，也可以用合金钢制作。工具钢或合金钢制成的锯条，需经淬火处理。锯条的规格用锯条两端安装孔之间的距离(mm)表示，最常用的为 300 mm 锯条。中型调节式钢锯架，可以使用 200 mm、250 mm、300 mm 等 3 种锯条。为了减少切割时的摩擦并避免锯割时将锯条卡在锯缝内，锯齿制成后，需按一定规律向左右错开，排列成一定形状，成为锯路。如齿距较小，以2～3齿偏左，2～3 齿偏右的排列，称为波浪形锯路。较大齿距的锯条排列成一齿偏左，一齿偏右，称为交叉形锯路。齿距的大小，以每英寸内锯齿数表示。一般分为细、中、粗 3 种。因为在实际锯割工作中是推锯用力，所以在将锯条安装到锯架上时，应使锯齿的齿尖朝前。

手锯操作方式灵活，适用于多种场合。如分割各种材料或半成品；去掉工件上的多余部分；在工件上锯槽等。但是，切削效率低，劳动强度大。

第三节 钻 孔

在机器上，孔是一种应用广泛而又重要的机械构造。孔的主要作用是作为连接机械结构的螺钉、铆钉和销钉孔；作为气压、液压机件上的流体通过孔；传动件、支承件的安装孔；零件上的减重孔、防裂孔、工艺孔等。孔的形状有圆孔及非圆孔，直孔及非直孔之分。其中以圆柱孔应用最为广泛。其主要原因在于圆柱孔的加工最为方便、经济。

用钻头在实心工件上加工孔叫做钻孔。

钻孔时，刀具相对工件同时进行两种运动：刀具绕本身轴线进行连续旋转，叫做主切削运动，刀具沿轴线方向运动，叫做进给运动。

常用钻孔机械有手电钻、手风钻、台式钻床、立式钻床、摇臂钻床。此外，手扳钻、手摇钻属于手动钻孔工具，效率较低，但它构造简单，携带方便，操作容易，在远离作业场所、缺乏动力源等特殊作业条件下，需要使用这样的工具。

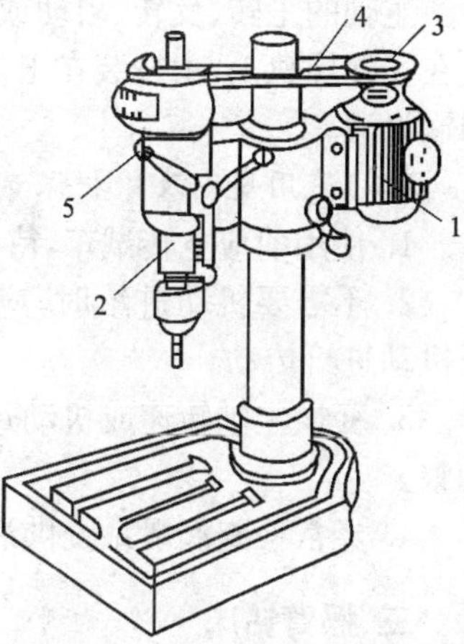

图 6-7 台式钻床

1—电机；2—主轴；3—皮带轮；4—三角皮带；5—进给手柄

一、台式钻床

简称台钻是一种小型钻床，一般加工直径在 12 mm 以下的孔。其构造如图 6-7 所示。

(一)传动变速

电动机 1 通过皮带 4 带动主轴 2 旋转。若改变皮带在塔轮 3 上的位置,就可使主轴得到快慢不同的转速。操纵电器转换开关,能使电机启动或停止。主轴进给运动(即钻头向下的直线运动)由手操纵进给手柄 5 控制。

(二)钻轴头架升降调整

钻轴头架升降调整一般利用丝杠螺母传动使其升降。调整时应先松开锁紧装置,摇动升降手柄,调整到所需位置,再将其锁紧。

(三)维护保养

1. 在使用过程中工作台面要保持清洁。

2. 变速时应先停车再变速。

3. 钻通孔时,必须使钻头通过工作台的让刀孔,或在工件下垫上垫铁以免钻坏工作台面。

4. 工作完毕后必须将外露滑动面及工作台面擦净,并对各滑动面及各注油孔注油润滑。

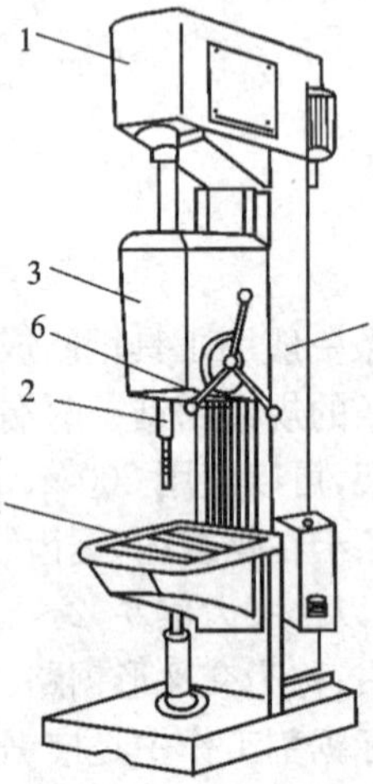

图 6-8　立式钻床

1—主轴变速箱;2—主轴;3—进给变速箱;4—工作台;5—立柱;6—进给手柄

二、立式钻床

简称立钻,其组成部分如图 6-8 所示,一般用来钻中型工件上的孔,其最大钻孔直径有 25 mm、35 mm、40 mm、50 mm几种。

(一)主要机构的使用调整

主轴变速箱 1 位于机床的顶部,主电动机安装在它的后面。变速箱左侧有两个变速手柄,按机床变速标牌调整这两个手柄的位置,能使主轴工获得各种转速。进给变速箱 3 安装在立柱 5 上,它的位置高度按被加工工件的高度进行调整。进给变速箱正面有两个进给变速手柄,按进给速度标牌调整手柄位置,可获得所需的机动进给量。

主轴的正转、反转、启动或停止是靠安装在进给变速箱左侧的手柄来控制的。工作台 4 安装在立柱导轨上,由按装在工作台下面的升降机构操纵。这种机床备有冷却泵,钻削时可供冷却润滑液。

(二)使用规则及维护保养

1. 使用前应空转试车,待机床正常运转后才可操作。

2. 不需要机动进给时,应将三星手柄端盖向里推,断开机动进给传动。

3. 变换主轴转速或机动进给量时,必须在停车后进行调整。

4. 经常检查润滑系统供油情况。

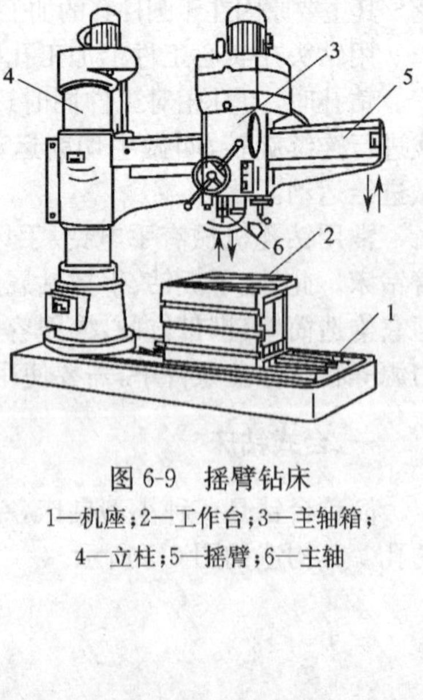

图 6-9　摇臂钻床

1—机座;2—工作台;3—主轴箱;4—立柱;5—摇臂;6—主轴

三、摇臂钻床

摇臂钻床的组成部分如图 6-9 所示。

工件安装在机座 1 或其上的工作台 2 上。主轴箱 3 装在可绕垂直立柱 4 回移的摇臂 5 上。并可沿摇臂上水平导轨往复运动。由于主轴变速箱能在摇臂上做大范围的移动，而摇臂又能绕立柱回转 360°。因此，可将主轴调整到机床加工范围内的任何位置上。在摇臂钻床上加工多孔工件时，工件不动，只要调整摇臂和主轴箱在摇臂上的位置即可。主轴移到所需位置后，摇臂可用电动胀闸锁紧在立栓上，主轴箱可用偏心锁紧装置固定在摇臂上。

摇臂钻床的主轴转速范围和进给量范围较大，加工范围广泛，可用手钻孔、扩孔、锪孔、铰孔、攻丝等多种孔加工。

四、标准麻花钻的构造

标准麻花钻是钻孔的主要刀具，它的构造有 3 种基本形式。这 3 种形式的区别在于柄部，分别适合于不同的装卡方式。

标准麻花钻头由钻柄部、颈部及工作部分组成。钻柄是钻头使用时被装卡的部分，大直径钻头的钻柄都是圆锥形的，如图 6-10 所示，其末端为扁尾，作用是防止钻头与主轴锥孔(或钻套)之间发生相对转动。小直径钻头的钻柄是圆柱形的。更小直径的钻头柄部直径大于钻身直径，以便装卡。大直径钻头的颈部是磨削钻头外径时的砂轮越程槽。

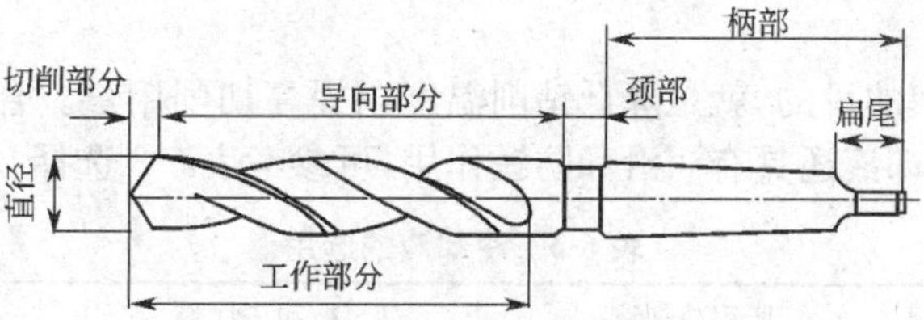

图 6-10 标准麻花钻的构造

钻身包括导向部分和切削部分，导向部分的两端存在直径差，在每 100 mm 长度上为 0.03～0.1 mm，近切削部分端为大端，称为倒锥。近似圆柱体上有两道对称的螺旋槽，沿螺旋槽有两条狭长的刃带。螺旋槽的作用是容纳和排除切屑、导入冷却液和润滑液，刃带的作用是减少钻头和孔壁的摩擦，并引导钻头沿着轴线的方向前进。

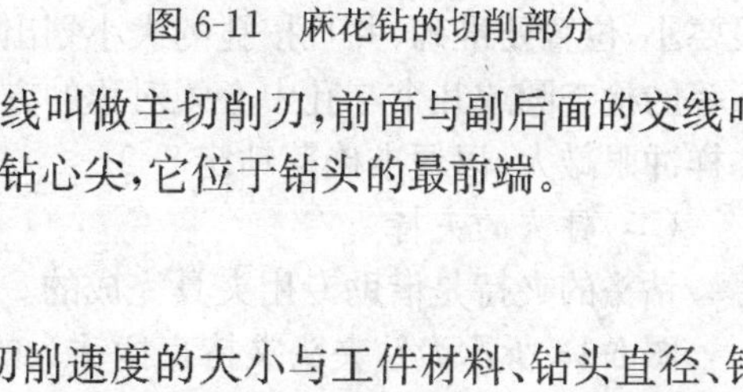

图 6-11 麻花钻的切削部分

如图 6-11 所示，切削部分由前面、主后面、副后面、主切削刃、副切削刃和横刃等组成。前面就是指螺旋槽表面，主后面是指与待加工的孔底相对的面，副后面就是指刃带表面，前面和主后面的交线叫做主切削刃，前面与副后面的交线叫做副切削刃，两个主后面的交线叫做横刃，横刃又叫钻心尖，它位于钻头的最前端。

五、钻孔切削用量的选择

切削用量的选择是指选择切削速度和走刀量，切削速度的大小与工件材料、钻头直径、钻头材料、冷却液的使用以及走刀量的大小等因素有关。很明显，切削速度越大生产效率就越高，但是钻头越容易磨损，甚至退火。走刀量的大小与钻头直径及工件材料有关，过大的走刀量会使钻头扭断。钻孔的切削用量多凭经验选择，一般来说，用小钻头钻孔时，转速应快些，走刀量要小些；用大钻头钻孔时，转速要慢些，走刀量要适当大些。钻硬材料时，转速要慢些，走刀量要小些；钻软材料时，转速要快些，走刀量要大些。若用小钻头钻硬材料时，可以适当地减慢速度。

切削用量也可以通过查表法来确定,查表时先根据钻孔直径在表中查出切削速度 v 和走刀量 S,然后根据切削速度公式求出钻头每分钟转数,如果机床上没有这种转速和走刀量,可选用相近的数值。

钻头转动时,在钻头直径上一点的线速度 v 叫做切削速度(主运动速度),单位为 m/min。它可由下式计算

$$v=\frac{\pi Dn}{1\ 000}$$

式中 D——钻头直径(mm);

n——钻头每分钟转数(r/min)。

六、冷却液的合理选用

钻削温度对于切削用量的提高起着阻碍作用,因为随着切削用量的加大,摩擦及切屑变形所产生的热量也不断增加,从而使钻头和工件的温度急剧上升,其结果是一方面造成钻头的快速磨耗甚至使钻头退火而失去切削能力,另一方面还会造成工件的变形,降低钻孔的质量。

钻孔时使用冷却液的目的,就是降低钻削温度以提高切削用量。合理选用冷却液的依据是被加工材料,一般冷却液还具有润滑和防锈作用,可参考表 6-3 选择。

表 6-3 冷却液的选用

被加工材料	所用冷却液	被加工材料	所用冷却液
碳钢、铸钢、可锻铸铁	乳化液	黄铜、青铜、铝	干钻或乳化液
合金钢	硫化油	硬橡皮、电木	干钻
铸铁	干钻或乳化液	赛璐珞、硬纸板	

七、钻孔方法

钳工钻孔方法与生产规模有关,单件小批生产时要借助划线来保证其加工位置的正确。本节主要介绍划线钻孔的方法。

(一)钻孔前工件划线

钻孔前,必须按孔的位置、尺寸要求,划出孔位的十字中心线,并打上中心样冲眼。要求冲眼要小,位置要准确;并且按孔的大小划出孔的圆周线;对直径较大的孔,应同时划出几个大小不等的检查圆或几个与孔中心线对称的方格,做为钻孔时的检查线,如图 6-12 所示;然后将中心样冲眼敲大,以便准确落钻定心。

(二)钻头的夹持

钻头的夹持是借助专用夹具完成的。

图 6-13 所示为钻夹头夹持直柄钻头的情形。先将钻头柄塞入钻夹头的三卡爪 a)内,其夹持长度不能小于 15 mm。然后用钻头夹头专用钥匙 3 旋转夹头外套 2,使环形螺母 4 带动三只卡爪沿斜面移动,使三个夹爪同时张开或合拢,达到松开或夹紧钻头的目的。

利用尾部莫氏锥度与钻床主轴莫氏锥孔直接连接,也可借助钻头套与主轴连接。钻套是用来装夹锥柄钻头的夹具。钻头直径不同时,锥柄的莫氏锥度也不同,而钻床主轴内孔只有一个锥度,当较小的钻头要装入较大的钻床主轴孔时、应用钻套做过渡连接。

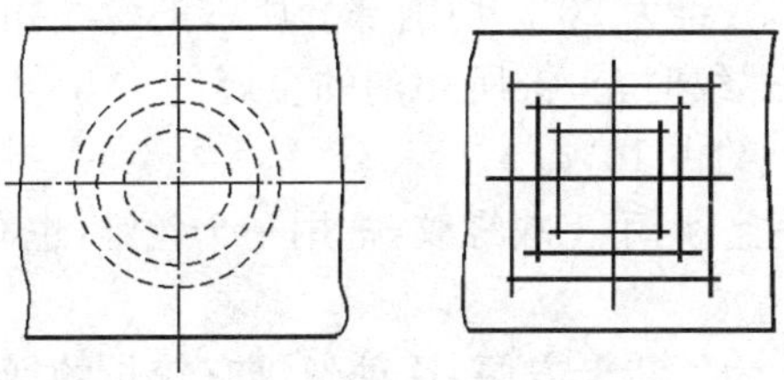

图 6-12　钻孔时的检查线

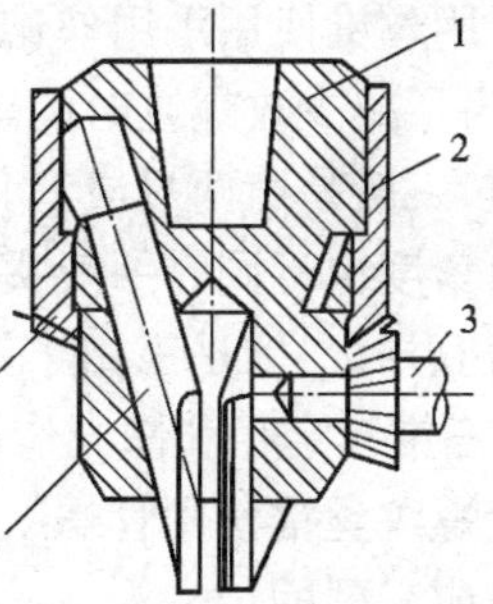

图 6-13　钻夹头

钻套以莫氏锥度为标准，有 5 种不同规格，如 6-14(b)所示。安装时如图 6-14(a)所示，从钻套中取出钻头，要借助楔铁，如图 6-14(c)所示。

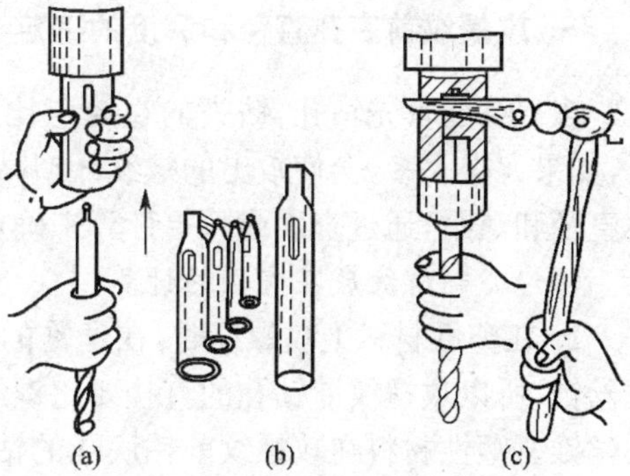

图 6-14　锥柄钻头装拆

八、工件的装夹

根据工件形状及钻削力的大小，采用不同装夹方法以保证钻孔质量和安全。常用的基本装夹方法有：

(一)中，小长方体工件用平口钳装夹。要注意工件表面与钻头垂直。钻通孔时，工件底部应垫上垫铁，空出落钻部位，以免钻坏虎钳。钻孔直径超过 8 毫米时，要考虑将平口钳与钻床固定。

(二)轴类零件可用 V 形铁装夹。装夹时应使钻头轴线与 V 形铁对称中心面重合，以保证钻孔通过工件轴心线。

(三)在较大工件上钻直径大于 10 mm 的孔时，应用压板夹持工件，要注意压板螺栓应尽量靠近工件，垫铁应比工件压紧表面高度稍高，以保证足够压紧力，并避免工件在夹紧过程中移动。

(四)异型零件或加工基准在侧面的工件用角铁进行装夹。因钻孔对切削力作用在角铁安装面之外，故角铁应用压板固定在钻床工作台上。

(五)小型工件或薄板钻小孔时，用手虎钳夹持。

(六)短圆柱工件端面钻孔对，可利用三爪卡盘装夹工件。

第四节　攻丝、套扣

丝锥是攻内螺纹的一种刀具，也叫螺丝攻，用工具钢或高速钢制成。丝锥由切削部分、导向部分、柄部组成。切削和导向部分有数道纵槽(或螺旋槽)而形成切削刃，其中切削部位的前角为 0～10°，后角为 6°～8°，导向部分其切削刃前角等于零。柄部呈圆柱形，末端有方头，用以安装在扳手上并传递力矩。

丝锥一般分为手用丝锥、管螺纹丝锥、机用丝锥三种。

(一)手用丝锥使用手用丝锥时,安装在扳手上,用手工攻螺纹。由于考虑到丝锥的切削能力,同时也为了减少攻螺纹时的阻力,可把一个螺纹孔的攻螺纹工作,分成两次或三次进行,所以手用丝锥,一般是由两只或三只组成一套。同一套丝锥的头锥、二锥、三锥的大径不同,切削部分的斜角角度也不同。一般头锥为4°,二锥为10°,三锥为20°。切削部分所占的螺纹扣数,头锥一般为五扣,二锥是三扣半,三锥是两扣。在攻螺纹时,头锥所切削的金属约占60%,二锥占30%,三锥起定径和修光作用,切削的金属较少,约占10%。

(二)管螺纹丝锥使用管螺纹丝锥时,安装在扳手上,用手工攻螺纹,常用一个丝锥,也有用两个丝锥组成一副的。

(三)机用丝锥要装在机械上,靠机械来攻螺纹。为了装卡方便,这种丝锥有较长的柄,切削部分也比手用丝锥长。利用钻床机动攻螺纹时,可将机用丝锥装在快换防折断攻螺纹夹头上进行。

各种丝锥的规格,都刻在丝锥的柄部,如M8、M10等。

一、攻螺纹前底孔直径和深度的确定

攻螺纹前首先钻孔,钻头的直径应比螺纹的小径略大些,否则丝锥容易在孔中扭断。相反,如果大得太多,会使攻出的螺纹牙型高度不够而成废品。钻头的直径应按被加工螺纹的公称直径和螺距,通过查表或简单计算来确定。

(一)公制螺纹底孔直径的计算

1. 在塑性材料上攻螺纹时,在丝锥的螺纹槽会内挤压出一部分金属,这部分金属容易挤住丝锥,所以攻螺纹前钻孔的直径要比螺纹的小径稍大一些,从而能形成完整螺纹,且又不挤住丝锥。塑性材料在攻螺纹前钻底孔的钻头直径可用下面公式计算:

$P<1$ 时　　$d=D-P$

$P>1$ 时　　$d=D-(1.04\sim1.06)P$

式中 P——螺距(mm);

d——攻螺纹前钻头直径(mm);

D——螺纹公称直径(mm)。

普通螺纹直径与螺距见表6-4。

表6-4　普通螺纹直径与螺距

公称直径 mm	螺距 p/mm		公称直径 mm	螺距 p/mm	
	粗牙	细牙		粗牙	细牙
3	0.5	0.35	20	2.5	2、1.5、1
4	0.7	0.5	24	3	2、1.5、1
5	0.8	0.5	30	3.5	2、1.5、1
6	1	0.75	36	4	3、2、1.5
8	1.25	1、0.75	42	4.5	3、2、1.5
10	1.5	1.25、1、0.75	48	5	3、2、1.5
12	1.75	1.5、1.25、1	56	5.5	4、3、2、1.5
16	2	1.5、1	64	6	4、3、2、1.5

2. 在脆性材料上攻螺纹时,不会挤压出金属,所以钻底孔直径虽然比螺纹小径大,但大得

不如钻塑性材料时多,否则攻出的螺纹形状不完整。其钻头直径,可用下式计算:

$$d=D-1.1P$$

(二)攻螺纹前底孔深度的确定

在盲孔(不通孔)上攻螺纹时,由于丝锥起切削作用的部分,不能切制出完整的螺纹,所以钻孔深度至少要等于需要的螺纹长度加上丝锥切削部分的长度,这段长度大约等于螺纹公称直径 D 的 0.7 倍,即

$$钻孔深度=有效螺纹长度+0.7D$$

(三)攻螺纹用润滑液的选择

攻螺纹时,在孔和丝锥之间使用润滑液可以减少摩擦,起冷却作用,提高螺纹的表面粗糙度精度,延长丝锥的使用寿命。润滑液的选择主要根据被攻螺纹材料,例如,铸铁用煤油或不用润滑液;钢用机油、乳化液、菜子油;青铜或黄铜用菜子油;紫铜或铝合金用煤油。

二、攻螺纹操作注意事项

(一)头锥攻入底孔后,继续攻入时,旋转阻力是均匀的。如旋转阻力不匀,不能强行攻入,及时找出原因,避免造成丝锥折断的严重后果。攻丝必须依头锥,二锥、三锥的顺序攻削至标准尺寸。头锥攻过后,先用手将二锥旋入,再装上铰杠攻丝。以同样办法攻三锥。

(二)底孔直径要合适。如孔径过大,则造成牙型不全,可能成为废品;孔径过小不好攻,易折断丝锥。

(三)退出丝锥时,避免单手急速拨转扳手,要靠惯性自转退出,以免失控损坏丝锥和工件。

(四)用可调活动扳手攻螺纹时,要一只手掌握丝锥方向又给以压力,另一只手旋转扳手,以避免把丝锥扳歪,保证切削工作顺利进行。

三、折断丝锥的处理方法

如丝锥折断,应仔细观察,分析情况,采用适当方法谨慎操作,退出螺孔中的断锥。

(一)用比丝锥纵槽略细的钢丝,插入丝锥的槽中,拧出丝锥,这种方法适用于直径较大的丝锥。

(二)用特制的尖錾子,慢慢地转着敲出丝锥,这种方法适用于折断部分与孔口平齐、直径较小的丝锥。

(三)如果折断部分露在孔外,可小心地用钢丝钳子拧出。

(四)对难以取出的丝锥,可先用气焊加热把折断在孔内的丝锥退火。退火后,选择合适的钻孔方法将断丝锥钻去。

(五)用电火花打孔的方法打掉断丝锥。

四、套丝(套扣)

用板牙在圆杆上切削出外螺纹称为套丝。

(一)板　　牙

板牙是加工外螺纹的工具,是用合金工具钢或高速钢并经淬火硬化而成的。

圆板牙本身就是一个圆螺母,在端面钻几个排屑孔而形成刀刃。它由切削部分、校准部分和排屑孔组成。板牙切削部分两端有切削锥角,其锥角一般为 30°~60°,前角一般为 15°~25°,后角为 7°~9°。板牙的中间一段是校准部分,也是套丝时的导向部分。前角为 4°~6°,后

角为0°。

板牙外圆上有四个锥坑和一条V形槽,下面两个锥坑中心线与板牙半径方向一致,是用于固定板牙于板牙架上的。用紧固螺钉顶紧后,可传递扭矩进行套丝。板牙上面两个锥坑的中心线不通过板牙中心。当板牙磨损后,可用锯片砂轮沿板牙V形槽磨割出通槽,用铰杠上另两个紧固螺钉,拧紧顶入板牙上面两个锥坑,使板牙的螺纹直径尺寸变小。调整时,应用标准螺纹样件进行尺寸校对。

(二)板牙架板牙架是装夹板牙的工具。

(三)套丝前毛坯准备

1. 套丝前圆杆直径的确定。与攻丝相同,套丝切削过程中也有工件挤压变形发生,使螺纹牙顶增高。所以,圆杆直径应稍小于螺纹大径,一般圆杆直径用下式计算:

$$d_{杆}=d-0.13p$$

式中 $d_{杆}$——套丝前圆杆直径,mm;

d——螺纹大径,mm;

p——螺距,mm。

2. 圆杆毛坯倒角

为了使板牙在套丝开始时容易切入工件并作正确引导,圆杆端部要倒角。倒角后端部为锥半角15°~20°的锥体。最小半径可略小手螺纹小径,使切出的螺纹端部不出现"锋口"和"卷边"。

3. 工件装夹。因工件为圆杆,套丝切削力又较大,所以工件要用V形夹块或厚铜衬装夹,确保安全和不夹坏工件。

(四)套丝动作要领

1. 始套。用右手掌按住铰手中部,沿圆杆的轴向施加压力,左手配合使板牙架顺向旋进,转动要慢,压力要大,并保证板牙端面与圆杆垂直,不歪斜。在板牙旋入2~3圈后,要及时检查板牙与圆杆垂直情况并及时借正。

2. 正常套丝。进入正常套丝后,不再加压力,让板牙自然引进,以免损坏螺纹和板牙,要经常倒转以断屑。

3. 冷却润滑。在钢件上套丝时要加冷却润滑液,以减少纹牙表面粗糙度和延长使用寿命。一般情况下用机油或浓缩的乳化液,要求较高时可用工业植物油。

第五节 研 磨

用研磨工具和研磨剂从工件表面上磨掉一层极薄的金属,使工件达到精确的尺寸、准确的几何形状和很小的表面粗糙度值。这种加工方法称为研磨。研磨是在其他金属加工方法不能满足工件精度和表面粗糙度要求时所采用的精密加工方法。在量具、仪器的制造和修理中,应用尤其广泛。

一、研磨的基本原理

手工研磨的一般方法如图6-15所示,即在研磨工具(研具,图6-15中为平板)的研磨面上涂上研磨剂,在一定压力下,工件和研具按一定轨迹作相对运动,直至研磨完毕。

在研磨过程中,研磨剂中微小颗粒(磨料)被压嵌在研具表面上。这些细微的磨料具有较高的硬度,像无数刀刃。由于研具和工件的相对运动,半固定或浮动的磨粒就在工件和研具之间作运动轨迹很少重复的滑动和滚动。因而对工件产生微量的切削作用，均匀地从工件表面切去一层极薄的金属。借助于研具的精确型面，从而使工件逐渐得到准确的尺寸精度及合格的表面粗糙度。

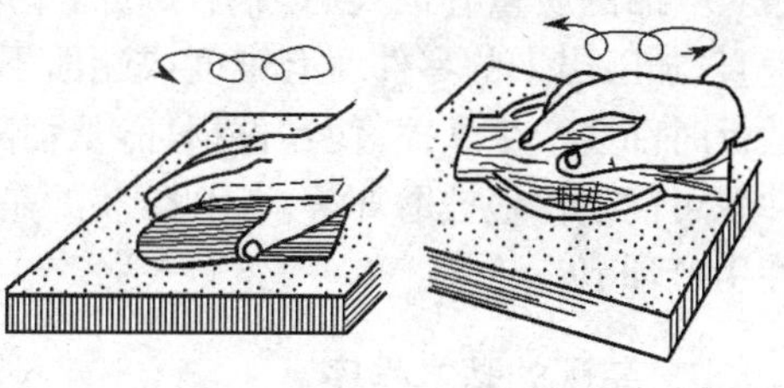

图 6-15 平面研磨

化学作用有的研磨剂还起化学作用。例如，采用氧化铬、硬脂酸等化学研磨剂进行研磨时，与空气接触的工件表面，很快形成一层极薄的氧化膜，而且氧化膜又很容易被研磨掉，这就是研磨的化学作用。

在研磨过程中，氧化膜迅速形成(化学作用)，又不断地被磨掉(物理作用)。经过这样多次反复，工件表面就很快地达到预定的要求。由此可见，研磨加工实际体现了物理和化学的综合作用。

二、研磨的作用

(一)减少表面粗糙度值　与其他加工方法比较，经过研磨加工后的表面粗糙度值最小，一般情况表面粗糙度值为 $R_a1.6 \sim 0.1\ \mu m$，最小可达 $R_a0.012$。

(二)能达到精确的尺寸精度　通过研磨后的工件，尺寸精度可达到 0.001～0.005 mm。

(三)能改进工件的几何形状精度　可以使工件得到准确的形状。用一般机械加工方法产生的形状误差都可以通过研磨的方法校正。

(四)能延长使用寿命　由于研磨后零件表面粗糙度值小，形状准确，所以零件的耐磨性，抗腐蚀能力和疲劳强度都相应提高。

三、研磨余量

因为研磨是微量切削，每研磨一遍所能磨去的金属层不超过 0.002 mm。因此研磨余量不能太大，一般研磨量在 0.005～0.030 mm 之间比较适宜。有时研磨余量就留在工件的公差以内。

四、研磨剂

是由磨料和研磨液调和而成的混合剂。磨料在研磨工作中起切削作用，研磨工件的效率、精度和表面粗糙度值都与磨料有密切的关系，常用磨料有以下三种：

(一)氧化物磨料

氧化物磨料有粉状和块状两种，主要用于碳素工具钢、合金工具钢、高速钢和铸铁工件的研磨。

(二)碳化物磨料

碳化物磨料呈粉状。它的硬度高于氧化物磨料，除用于一般钢铁材料制件的研磨外，主要用来研磨硬质合金、陶瓷和铬钢之类的高硬度工件。

(三)金刚石磨料

金刚石磨料分人造和天然的两种。天然金刚石磨料切削能力、硬度比氧化物、碳化物磨料都高，实用效果也好。但由于价格昂贵，一般多采用人造金刚石磨料。这种磨料用予硬质合金、铬钢、宝石、玛瑙和陶瓷等高硬材料的精研磨加工。

第六节 装　配

一、装配工作的重要性

按照一定的技术要求，将零件连接或固定起来，使之成为产品的过程，称为装配。装配工作对产品的质量有很大的影响,例如,车床的主轴与拖板导轨装得不平行或者与横溜板导轨不垂直,加工出来的零件就有锥度或端面不平;装配时零件表面碰伤或者配合面不清洁等,机器运行时都会产生摩擦,使零件损坏,从而降低机器的使用寿命;装配时油路堵塞不通,运行后零件就可能很快地被磨坏等。因此,装配是一项非常重要而细致的工作,是获得整机质量的关键性生产环节。

二、装配的基本程序

(一)装配前的准备

1. 研究和熟悉装配图的技术要求,了解产品的结构和零件的作用以及相互间的连接关系。

2. 确定装配的方法、步骤和所需的工具。

3. 领取并清洗零件,清洗前,零件表面的毛刺,应用油石磨去,作业时注意不要损伤零件表面的精度。清洗时,可用柴油、煤油去掉零件上的锈蚀、切屑、油污及其他脏物,然后涂一层润滑油。对于橡胶制品,严禁用汽油清洗,以防发胀变形。

(二)装配的两个阶段

1. 部件装配。将两个以上的零件装配成一体,使其成为完整的或不完整的机构,称为部件。部件装配后,应根据工作要求进行调整和试验,合格后才可进入总装配。

2. 总装配。将各部件和零件装配成产品的过程。

(三)调整和试车

对产品进行精度检验,并进行调整和试车,使产品达到质量要求。

(四)喷漆和装箱一般由涂装工和包装工完成。

三、零件的连接形式

在装配过程中,零件的连接形式会直接影响产品装配的顺序和质量,在装配前,必须首先确认机器零件间的连接形式。

(一)固定连接

1. 固定可拆卸的连接如螺纹、键、销连接等。

2. 固定不可拆卸的连接如焊接、铆接、过盈连接等。

(二)活动连接

1. 活动可拆卸的连接如圆柱面、圆锥面、螺旋面等间隙配合的连接。

2. 活动不可拆卸的连接如滚动轴承等。

四、装配工作的一般要求

(一)装配时,应检查零件与装配有关的形状和尺寸精度是否合格,有无变形、损坏等。应注意零件上的各种标记,防止装错。

(二)各种变速和变向机构的装配,必须做到位置正确,操纵灵活,手柄位置和变速表应与机器的运转要求相符合。

(三)固定连接的零、部件,不允许有间隙。活动连接的零件,允许有正常间隙,并能灵活均匀地按规定方式运动。

(四)各种运动部件的接触表面,必须保证有足够的润滑,油路必须畅通。对于旋转零件或部件必要时，应做静平衡或动平衡试验。

(五)各种管道和密封部件，装配后不得有渗漏现象。

(六)高速运动机构的外面，不得有凸出的螺钉头、销钉头等。

(七)每一部件装配完后，必须仔细检查和清理干净，尤其是在封闭的箱内，例如齿轮箱等，不得有任何杂物遗留在内。

(八)试车前，应检查各部件连接的可靠性和运动的灵活性，特别是运动部件中有无遗漏的零件或工具、防护罩是否装上等。试车时，从低速到高速逐步进行，不可一开始就开高转速。根据试车情况，进行必要的调整，使其达到运转的要求，注意不能在运转中进行调整。

五、螺纹连接的装配方法

(一)拧紧螺钉的方法

螺钉的拧紧程度和次序，对装配精度和机器寿命都有影响，因此必须采用正确的拧紧方法。

1. 条形工件如图 6-16(a)所示，螺钉的数量很多时，先分别将螺钉拧到与工件接触，但不要加力。然后按图示的顺序号 1、2……依次拧到拧紧程度的 1/3 左右，以后再按上述次序拧到 2/3 左右，最后再按次序全部拧紧。这样才能使全部螺钉的拧紧程度一致，同时被连接的工件也不会变形。

2. 方形工件如图 6-16(b)所示，分布在四角上的螺钉，应该对称交叉拧紧，也就是按次序号先把 1 和 2 拧紧 1/3，再分别将 3 和 4 拧紧 1/3，然后按同一次序再拧紧。

3. 圆形工件如图 6-16(c)所示，与方形工件的拧法相同。

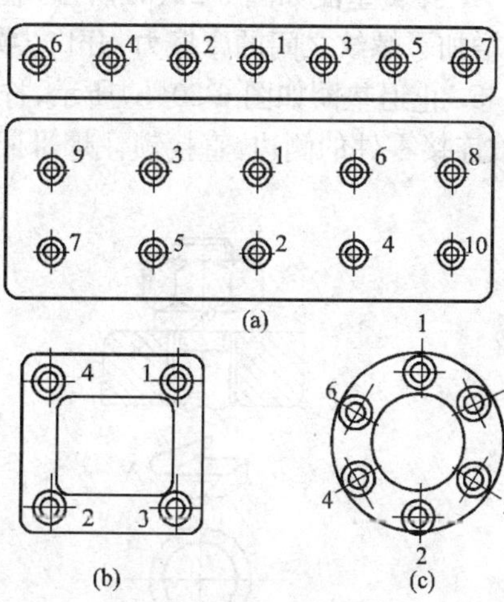

图 6-16　拧紧螺纹的次序

(二)螺纹连接的防松装置

机器在工作中会产生振动，使螺纹连接逐渐松脱，失去原有的紧固作用。因此，螺纹连接常要加防松装置。

1. 锁紧螺母防松装置如图 6-17 所示，是依靠两螺母间的摩擦力来防松。缺点是会增加被连接零件的重量，同时在高速运转时也不够可靠。

2. 开槽螺母与开口销防松装置如图 6-18 所示，开口销通过开槽螺母穿入螺栓孔内防松。

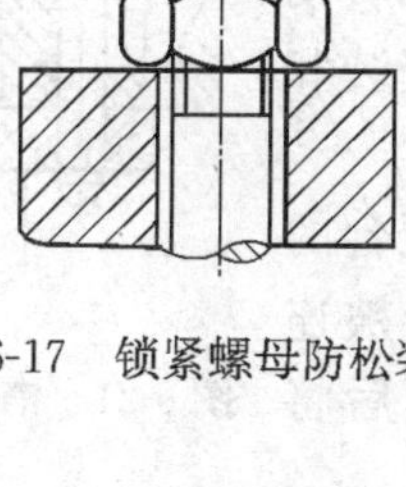

图 6-17　锁紧螺母防松装置

图 6-18　开槽螺母与开口销防松装置

3. 铁丝防松装置如图 6-19 所示,成对螺栓或成组螺栓可用铁丝来防松。拴铁丝时,必须把铁丝拉紧并且注意穿铁丝的方向。图 6-19 (a)、(b)中 1 是正确穿法,2、3 是不正确穿法。

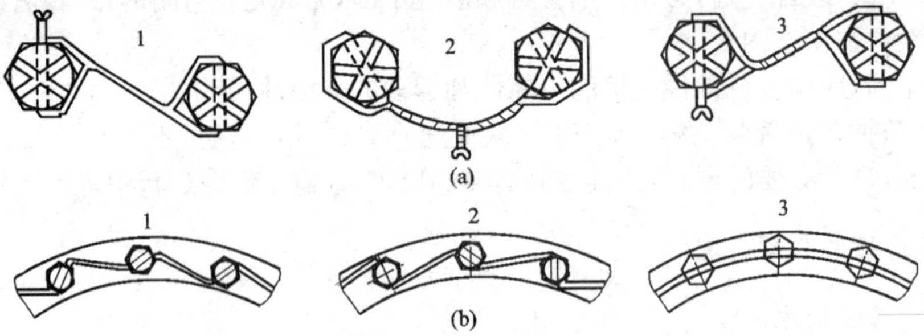

图 6-19　铁丝防松装置

4. 弹簧垫圈如图 6-20(a)所示,在螺母下面垫上弹簧垫圈后,垫圈的弹力使螺母稍稍偏斜,增加了螺纹之间的摩擦力,开口尖端垫圈可阻止螺母的自动回松。

5. 止退垫圈如图 6-20(b)所示,拧紧螺母后,将垫圈的一边弯到螺母的侧边上,另一边弯到被连接零件的侧边,直接锁住螺母回松。

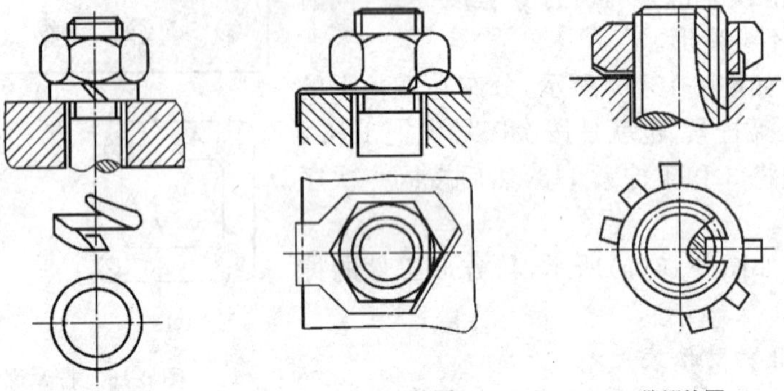

(a) 弹簧垫圈　(b) 止退垫圈　(c) 带翅垫圈

图 6-20　垫圈防松

6. 带翅垫圈如图 6-20(c)所示,垫圈上有个内翅,可以插入螺钉杆上预先铣好的浅槽中,圆螺母上也开有槽,螺母拧紧后,就把垫圈上的外翅弯到螺母的一个槽中。这种防松装置广泛地应用在滚动轴承的固定中。

六、销连接的装配

销连接是用销钉把机件连接在一起,使它们之间不能互相转动或移动,如图 6-21 所示。用销钉连接的零件,能比较容易地安装和拆卸。

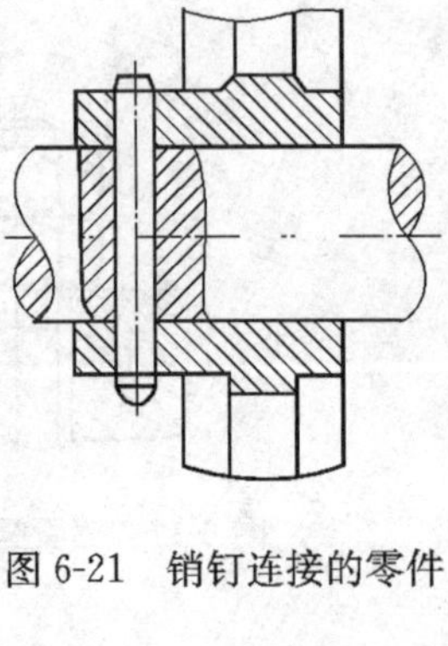

图 6-21　销钉连接的零件

圆柱销多是经过盈配合固定在孔中,如装拆就要损坏配合的坚固性和连接的准确性,故应换用新的。装配时,先将两个被连接件紧固在一起进行钻、铰销孔,并严格控制配合精度,然后将选择合适的销钉涂上润滑油，装入孔内。打入销钉时不要用力过大，以免将销钉头打毛或镦粗。在装配定位销时，定位销孔必须在两零件的位置经过精确调整并固定后，再进行钻孔和铰孔。

七、键连接的装配

通过键连接，可在机器的轴上装上齿轮、皮带轮、蜗轮等零部件，并使它们与轴联成一体，传递转矩。常见的键连接装配形式有：

1. 普通平键连接的装配，平键的横截面有正方形和长方形。其结构简单，容易制造，所以应用很普遍。装配平键时，在键的两侧，应有一些过盈，而键的顶面和轮毂间必须有一定间隙，键的底面应与槽底接触。

轮毂、轴与键进行装配时，如过紧可进行修整，但不能产生松动。一般是先把键配入轴的键槽内，然后试装轮毂。拆键时，可用手虎钳、克丝钳或虎钳，将键两侧垫上铜皮把轴槽内的键夹出来。

2. 楔键连接的装配，楔键的上平面带有 1∶100 的斜度，轮毂的键槽也要有同样的斜度，一端有钩头，主要是便于键的拆装。装配时，用锤打入，楔键的上顶面与轮毂的键槽相接触，键的两侧有一定间隙。楔键除能传递转矩外，还能传递单向轴向力，缺点是安装时容易使轮毂发生倾斜和偏心。

3. 滑键连接的装配，滑键为平键的一种，它不仅能带动轮毂旋转，并能使轮毂沿轴线方向来回移动，所以轮毂与轴和键为间隙配合。为了防止键从轴槽中跳出，可在键上加装埋头螺钉固定。滑键的拆装方法与平键相同，但是滑键本身较长，为了便于拆卸，在键上制有螺纹孔，只要把螺钉拧入孔内，便可把键顶出来。

4. 半圆键连接的装配又称月牙键，半圆键一般用在直径较小的轴或锥形轴上，以传递不大的转矩，如机床上手轮和轴的连接等。这种键的装配方法与平键相同，但键在键槽中可以滑动，能自动适应轮毂中的斜度。

5. 花键连接的装配当用一个键不能传递足够的转矩时，就可采用花键，如汽车、拖拉机以及切削力较大的机床传动轴等。花键连接与其他键连接相比，优点是轴上零件能正确地对准中心，适于转速高的场合；由于接触面大，所以可传递的动力也大。

花键轴的齿数，是按轴径和传递的动力大小来决定，一般有 4，6，8，10…，其中齿数 $z=6$ 最为常用。

在装配过程中，必须清除掉花键上的毛刺和锐边，防止发生咬住现象。禁止用手锤猛击，以防止轮毂倾斜，甚至擦伤花键。装配后，应用手晃动轴上的轮，不能感觉到有任何间隙，零件移动的松紧程度要均匀，不允许有局部的倾斜或花键的咬塞。

八、带轮的装配

带轮装在轴上，一般采用零间隙配合，并且靠键连接来传递转矩，如图 6-22 所示是带轮在轴端上的 5 种固定方法。

安装时，首先按轴和轮毂孔中的键槽来修配键，涂上润滑油后，再把带轮压装在轴上。压装时，最好采用专用螺旋压入工具，如图 6-23 所示。不要直接敲打带轮的端部，特别在已装进机器里的轴上安装带轮时，敲打不但会损伤轴颈，而且会损伤其他机件。压装后，可通过垫板对轮毂轻轻敲打，以消除因倾斜而产生的卡住现象。

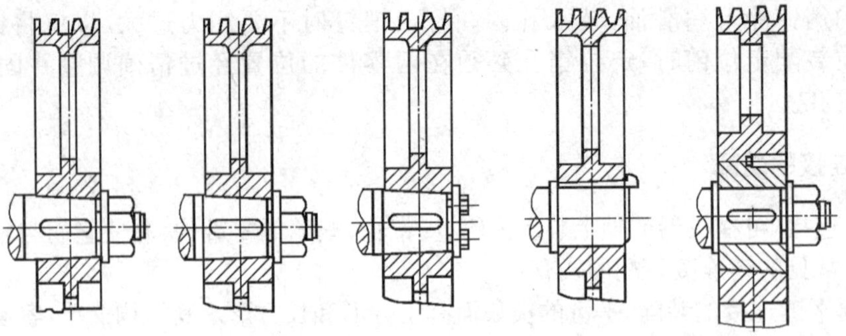

图 6-22　带轮在轴端上固定方法

带轮装到轴上后,应在轮缘处检查其径向及端面圆跳动。较大的带轮可用划针盘来检查,较小的带轮可用百分表来检查。

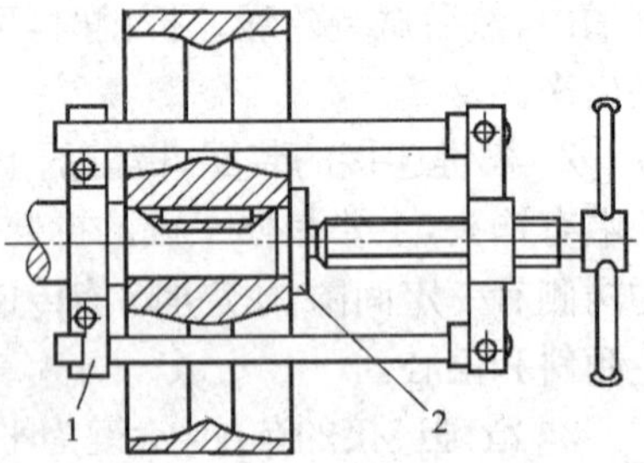

图 6-23　螺旋压入工具

1—卡头;2—压板

用划针盘检查时,把划针盘安置在底座上,并使划针轻轻地抵住轮缘及端面上的最高处,手动旋转带轮,找出跳动位置,并用粉笔标上标记,然后测定针尖与轮面之间的间隙。如果圆跳动量过大,则必须找出原因来进行修整。检查轴是否弯曲、轮孔和轴的配合间隙是否正确等。

带轮之间的相对位置对带传动质量有影响,如果两个带轮安装时有过大的偏移,会使皮带的张力不均匀,造成皮带自行滑脱和加速磨损,尤其是 V 带传动,所以对于带轮的相对位置必须经过检查和调整。

当两轮轴间的距离不大时,可以用直尺检查,如图 6-24(a)所示。图 6-24(b)所示方法是将线的一端系在一个轮的轮缘上拉紧另一端,并使线贴住此轮的端面,然后测定另一轮的端面是否跟线贴住,如果没有贴住,则可测定线与轮端面之间的间隙 a 的大小,进行调整。如两轮宽度不同,可将线系在宽轮上,用上述方法进行检查,但窄轮与线之间应有 1/2 两轮宽度差的间隙。

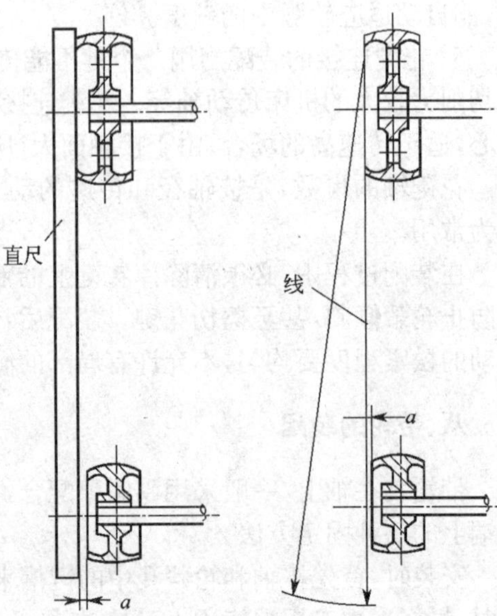

图 6-24　带轮安装位置的检查

皮带安装在带轮上,其张紧力的大小,通常在实际工作中凭经验决定。在安装新皮带时,其最初张紧力应比正常张紧力大,可保证工作过一段时间后,皮带仍能保持有一定的张紧力,带张紧程度以大拇指能按下 10～15 mm 为宜。

九、联轴器的装配

(一)凸缘式联轴器的装配方法

如图 6-25 所示,先在轴 1 和轴 5 上,修配键 4

和安装圆盘，将直尺靠紧基准圆盘的凸缘，例如移动圆盘 2 或移动轴 5 并使它与圆盘 3 紧贴着直尺进行找正。再转动轴 5，并用塞尺测量间隙 Z，要求间隙处处相同。

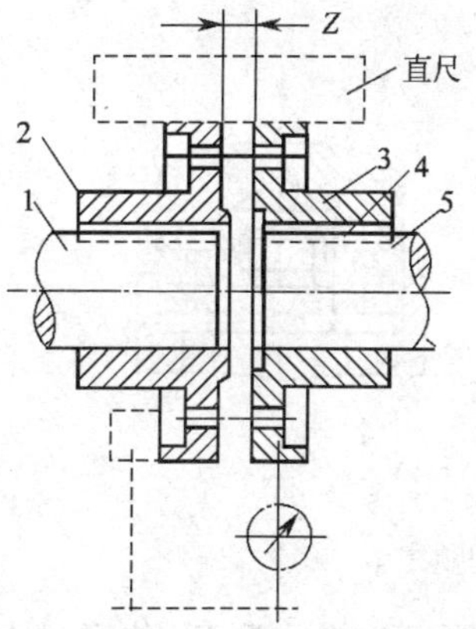

图 6-25 凸缘式联轴器的装配

1、5—轴；2、3—圆盘；4—键

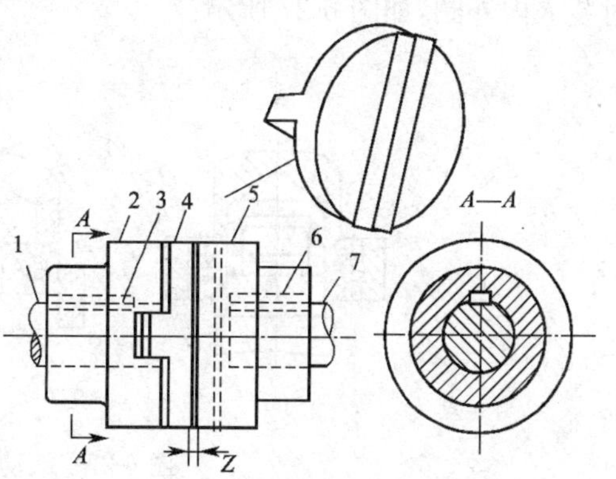

图 6-26 十字滑块联轴节的装配

1、7—轴；2、5—套筒；3、6—键；4—圆盘

初步找正后，将百分表固定在圆盘 2 上，并使测头抵在圆盘 3 的凸缘上，找正圆盘 3。然后移动轴 5，使圆盘 2 的凸肩少许插进圆盘 3 的台阶孔内，最后转动轴 5，检查两个圆盘端面间的间隙，如果间隙均匀，则移动轴 5 使两圆盘端面靠紧，最后用螺栓紧固。

（二）十字滑块联轴器的装配方法

如图 6-26 所示，联轴器在工作时允许两轴线有一定的径向偏移和倾斜，所以比较容易装配。它的装配顺序是分别在轴 1 和轴 7 上修配键 3 和 6、安装套筒 2 和 5，并用直尺靠套筒外圆的方法来找正。再在两套筒间安装中间圆盘 4，并移动轴，使套筒与圆盘间留有少量间隙 Z，一般为 0.5～1 mm。

十、滚动轴承的装配

（一）滚动轴承装配前的准备工作

1. 认真了解滚动轴承的有关技术文件和工艺规程，如滚动轴承的支承结构、轴向固定方式及配合性质等。

2. 检查滚动轴承的型号是否与图样的规定一致。

3. 清洗轴承。若滚动轴承是用防锈油封存的，可用汽油或煤油擦洗轴承内孔和外圈表面，然后用软布擦净。对于用厚油或油脂封存的大型轴承，则需在装配前采用加热清洗的方法清洗；对于两端有防尘盖、密封圈或涂有防锈和润滑两用油脂的滚动轴承，则不需要清洗。

4. 检查装配环境是否清洁，不允许周围环境有尘埃。金属微粒等。对于精密轴承，则应在无尘室中进行装配。

5. 检查与轴承相配合零件的相关尺寸，以满足配合性质的要求。相关尺寸是指轴承内圈与轴、轴承外圈和座孔的配合尺寸。

（二）滚动轴承装配要点

1. 装配的基本原则：不得直接敲击滚动轴承内外圈、保持架和滚动体；装配的压力应直接作用在待配合的套圈端上,绝不允许通过滚动体传递压力。

2. 滚动轴承的安装顺序:对于不可分离型滚动轴承,应先装入内圈,再装入外圈,或者同时装入内外圈,如图 6-27 所示。

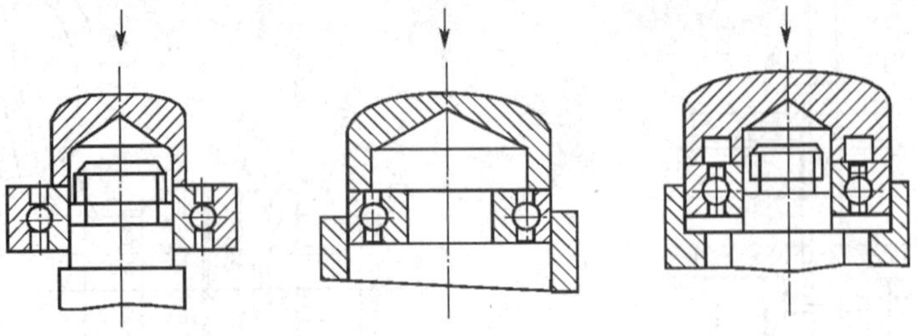

图 6-27 滚动轴承套圈的装配顺序

对于分离型滚动轴承(如圆锥滚子轴承),由于轴承外圈可以自由脱开,装配时内圈和滚动体一起装在轴上,外圈装在座孔内,然后再调整它们的游隙。

3. 滚动轴承的压入方法:装配小型滚动轴承,可采用套筒及手锤均匀地敲击;装配中型滚动轴承,由于过盈量较大,可采用手扳压力机、螺旋压力机压入,如图 6-28 所示;装配大型滚动轴承,可采用温差装配法,即将滚动轴承加热到 110 ℃,然后与常温轴配合进行装配。

(三)拆卸滚动轴承的方法

滚动轴承的拆卸方法与其结构有关,对于拆卸后还要重复使用的滚动轴承,拆卸时不能损坏轴承的配合表面,不能将拆卸力作用在滚动体上,要将力作用在套圈上。对于小型和中型滚动轴承,可采用机械拆卸法。机械拆卸法有压力机拆卸法和拆卸器拆卸法两种,如图 6-29 所示。对于大型滚动轴承,则可采用液压法及温差法等进行拆卸。

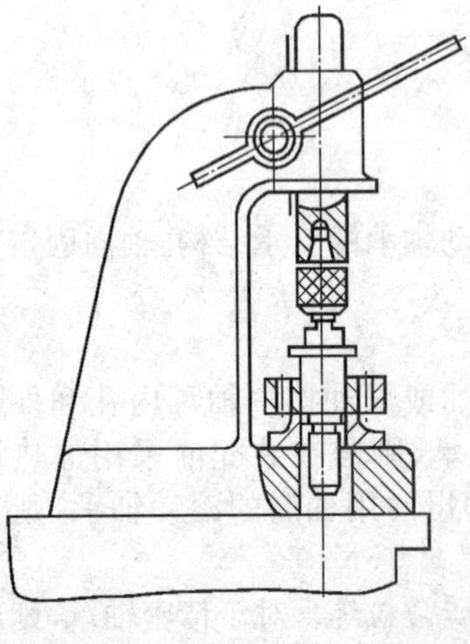

图 6-28 压力机压入滚动轴承

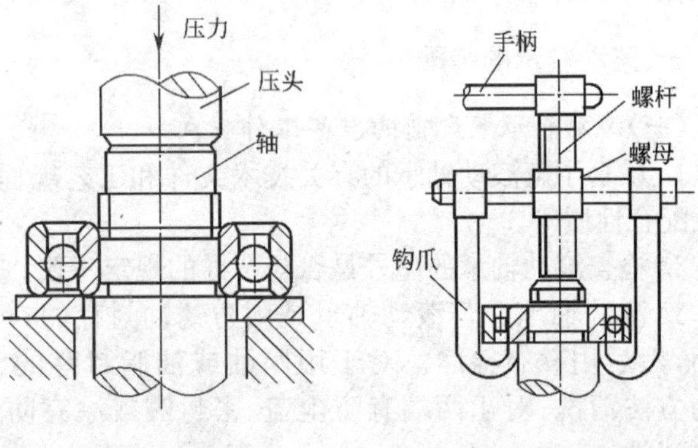

(a) 用压力机拆卸　(b) 用拆卸器拆卸

图 6-29 滚动轴承的拆卸

十一、编制装配工艺规程的步骤

产品的装配工艺规程是在一定生产条件下,用来指导产品的装配工作的。因而装配工艺规程的编制也必须依照产品的特点和要求以及工厂生产规模来制定。掌握足够的原始资料以后，就可以着手编制装配工艺规程。装配工艺规程的编制步骤如下：

(一)分析装配图，了解产品结构特点，确定装配方法。

(二)确定装配的组织形式根据工厂的生产规模和产品的结构特点，即可决定装配的组织形式。

(三)确定装配顺序。装配顺序基本上是由产品的结构和装配组织形式决定的。产品的装配总是从基准零件开始，从零件到部件，从部件到产品，从下到上，以不影响下道工序的进行为原则，有秩序地进行。

(四)划分工序在划分工序时，应考虑以下两点：

1. 流水作业时，整个装配工艺过程划分为多少道工序，必须取决于装配节奏的快慢。

2. 组件的重要部分，在装配工序完成后必须加以检查，以保证质量。重要而又复杂的装配工序，不易用文字明确表达时，还必须画出部件局部的指导性装配图。

(五)选择工艺设备。根据生产产品的结构特点和生产规模，应尽量选用先进装配工具和设备。

(六)确定检验方法。根据产品结构特点和生产规模尽量选用先进的检验方法。

(七)确定工人等级和工时定额。根据工厂的实际经验和统计资料及现场实际情况确定工人等级和工时定额。

(八)编写工艺文件。装配工艺技术文件主要是装配工艺卡(有时需编写更详细的工序卡)，它包含有完成装配工艺过程所必需的一切资料。

编制工艺规程，在保证装配质量的前提下，必须是生产率最高而又是最经济的。因此，必须根据实际条件，尽力采用最先进的技术。

复习思考题

1. 如何选用锉刀？
2. 使用锉刀有哪些注意事项？
3. 如何正确对工件进行锉削？
4. 试述钻孔作业的过程？
5. 试述套丝作业过程？
6. 试述研磨加工的优点？
7. 试述零件装配的过程？
8. 螺纹连接常用的防松方法有哪些？
9. 试述轴承装配的方法？
10. 试述编制装配工艺规程的要点及原则有哪些？

第七章　量具的使用

第一节　基本概念

测量在机械制造业中是保证产品质量的一个重要手段。从本质上讲，测量就是将被测量的量和一个作为计量单位的标准量进行比较，以获得被测量值的一个过程。因此，要确定被测量值，不仅需要建立计量单位，而且需要具体体现计量单位的器具，比如确定物体的长度需要直尺、游标卡尺，测量钢珠的直径需要千分尺等。凡能用来直接或间接测出被测对象量值的计量装置统称为计量器具，俗称为量具。

量具的参数和特性主要包括：刻度间距、刻度值、测量范围、刻度尺示值范围、示值误差、示值稳定性、量程、测量力、测量误差、测量方法极限误差等。量具的这些参数从不同角度反映了量具的功用和性能，也是选用量具的依据。

一、刻度间距

量具刻度尺上相邻两刻线间的距离叫刻度间距，或叫刻度。刻度间距一般在 0.75～2 mm 之间，例如百分尺固定套筒上的刻度间距为 1 mm。

二、刻 度 值

刻度尺上每个刻度间距所代表的测量数值叫刻度值，或叫分度值。实际上刻度值是指量具所能读出的最小读数值，所以刻度值习惯上又称为最小刻度值。例如百分尺微分筒上每个刻度间距代表被测量尺寸为 0.01 mm，则百分尺的刻度值就是 0.01 mm。

对于数字式计量器具，因为没有刻度标记，所以不称分度值，而称为分辨率。分辨率是指仪器显示的最末一位数字间隔所代表的被测量值。

三、测量范围

量具所能测量出的最大和最小尺寸的范围叫作量具的测量范围。例如外径千分尺的测量范围有 0～25 mm、25～50 mm、50～75 mm 等。

四、刻度尺示值范围

刻度尺示值范围是指量具能进行绝对测量的被测量值范围。例如，25～50 mm 测量范围的外径百分尺固定套筒上有 25～50 mm 的刻度，它代表的被测量数值为 25 mm，则它的刻度尺示值范围是 25 mm。

五、示值误差

鉴定量具时，量具指示的数值与所用基准件(如块规等)的尺寸数值之差叫示值误差。

六、示值稳定性

在测量条件不作任何改变的情况下，对同一尺寸进行重复测量时，所测结果的最大值与最小值的代数差叫示值稳定性，也叫示值的变动性。示值稳定性一般允许为 0.1～0.3 倍刻度值。

七、量　　程

测量范围上限值和下限值的代数差称为量具的量程。

八、测 量 力

在测量过程中，量具或量仪的测量面与被测面接触时，接触处产生的力叫测量力。测量力不能太大，以免引起被测件变形而造成测量误差；测量力也不能太小，以免脏物及油层等影响测量结果。

九、测量误差

测量所得的值与被测件的数值之差叫测量误差。测量误差分为系统误差、偶然误差和疏忽误差。

十、测量方法极限误差

在一定的测试条件下，用一定的量具和一定的测量方法测量时，所产生的最大测量误差叫测量方法极限误差。正确合理地选用量具是保证产品质量的重要条件之一。选择量具要考虑以下几个问题：测量误差和加工误差的分配问题，被测对象的精度要求，结构尺寸的大小、形状、重量，零件的材料，加工的工艺方法，量具的精确度，零件生产的批量及经济性等。因此，选择量具要考虑多种因素，必须根据实际情况进行具体分析。

第二节　钢尺及使用方法

常用钢尺的刻线有公制和英制两种。按长度分，有 1 000 mm、500 mm、300 mm 和 150 mm 四种规格。另外，盒尺（卷尺）有 1～10 m 多种规格，其中 1 m 及 2 m 为常用规格。尺上的最小刻度为 0.5 mm，对 0.5 mm 以下的尺寸就要用卡尺、千分尺等有副尺的量具来测量。

钢尺必须经常保持良好的状态，不能损伤和弯曲，钢尺的短边和长边应相互垂直，应根据零件形状灵活使用钢尺。测量圆柱形零件的长度时，要使钢尺和圆柱的中心轴线平行，测量圆柱形零件端面的外径和孔径时，要用尺靠着零件端面摆动，直到读得最大数值，才是正确的直径尺寸。

用钢尺测量工件时，可能由于尺上的刻线粗细不匀、尺在工件上的方位不对或测量者的视差等原因产生测量误差，因此，钢尺的测量精度较低。

第三节　游标卡尺及使用方法

在机器制造和修理当中，经常用到游标卡尺，这是因为游标卡尺的测量精度较钢尺高。游标卡尺有公制、英制两种,公制游标卡尺按读数精度分,有0.02 mm、0.05 mm及0.1 mm三种规格。游标卡尺一般用膨胀系数较小的钢料制成,其卡爪的测量面经淬火处理,主尺也经过淬火和时效处理,测量精度较高。

一、游标卡尺的结构

常见游标卡尺的结构如图7-1所示,它由主尺1、副尺2和卡爪3、4及紧固螺钉5组成。内、外固定卡爪与主尺制成一整体,而内、外活动卡爪与副尺(即游标尺)制成一体,并可在主尺上滑动。主尺上的刻度,公制的每格为1 mm,副尺上的刻度,每格不足1 mm。当两个卡爪合拢时,主、副尺上的零线应相重合。在两卡爪分开时,主、副尺刻线即相对错动。测量时,根据主、副尺错动位置,即可在主尺上读出毫米整数,在副尺上读出毫米小数。紧固螺钉可使副尺固定在主尺某一位置,以便读数。

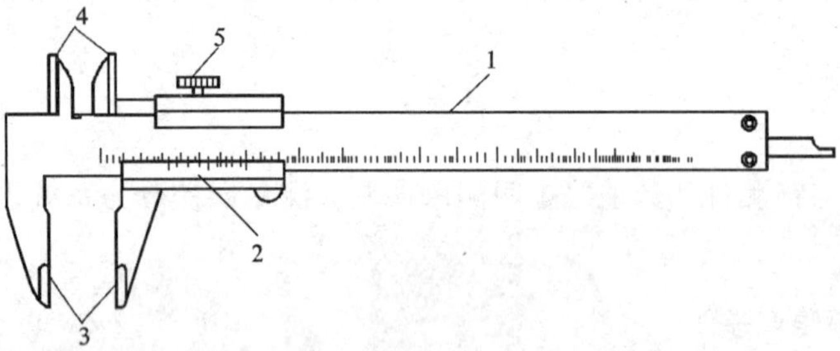

图7-1　游标卡尺

1—主尺;2—副尺;3—外卡爪;4—内卡爪;5—紧固螺钉

双面游标卡尺结构如图7-2所示。为了调整尺寸准确和方便,在副尺3上装有微调装置5。需要微动调节时,可将螺钉4紧固,松开螺钉2,转动滚花螺母6,通过小螺杆7使副尺微动。上量爪1用来测量孔距等。下量爪8的内侧面可测量外径和长度;外侧量是圆弧面,可测量孔径或沟槽,测量时,游标卡尺的读数值应加下量爪的宽度$2t$(通常$2t=10$ mm)。

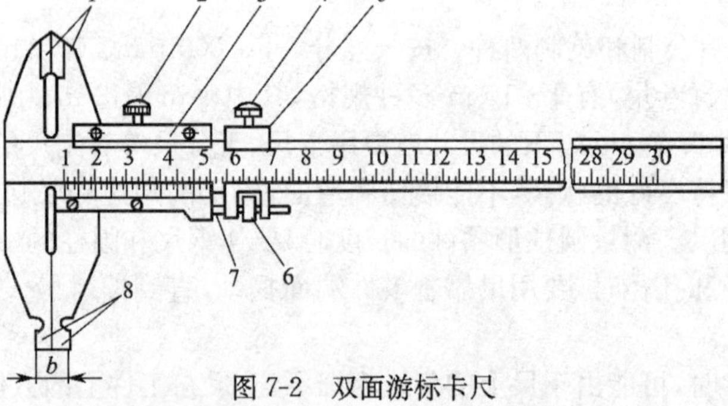

图7-2　双面游标卡尺

1—上量爪;2—游标螺钉;3—游标;4—微调装置螺钉;

5—微调装置;6—滚花螺母;7—小螺杆;8—下量爪

二、游标卡尺的刻线原理及读法

游标卡尺按其测量精度,有$\frac{1}{10}$ mm(0.1)、$\frac{1}{20}$ mm(0.05)和$\frac{1}{50}$ mm(0.02)三种。其中以

$\frac{1}{50}$ mm游标卡尺应用最广，现将其刻线原理和读数方法简述如下。

(一)刻线原理

主尺每小格为 1 mm，副尺刻线总长为 49 mm，并等分为 50 个格，因此每格为$\frac{49}{50}$=0.98 mm。主尺与副尺相对一格之差为 0.02 mm，所以其测量精度为 0.02 mm。

(二)读数方法用游标卡尺测量工件时，读数方法分三个步骤。

1. 读出副尺上零线左面主尺的毫米整数；

2. 读出副尺上哪一条线与主尺刻线对齐，并计算出尺寸(第一条零线不算，第二条线起每格算 0.02 mm)。

3. 把主尺和副尺上的尺寸加起来即为测得尺寸。

(三)深度游标尺及使用方法

深度游标尺如图 7-3 所示，可用来测量零件上孔及沟槽的深度、台阶的高度等，它的刻线原理和读数方法与游标卡尺一样。使用时先把尺框贴紧零件表面，再使主尺慢慢伸到底部读取数值。游标深度尺的使用和维护保养的方法均与游标卡尺一样。

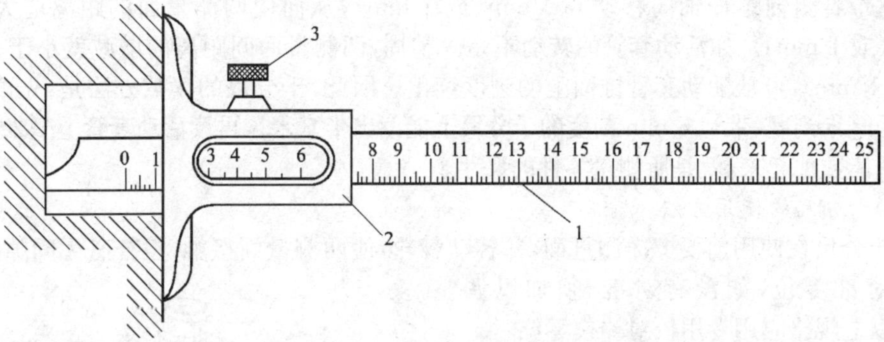

图 7-3　深度游标尺

1—主尺；2—副尺框；3—紧固螺钉

第四节　千分尺及使用方法

千分尺的测量精度是 0.01 mm。按照用途的不同，可分为外径千分尺、内径千分尺、深度千分尺及螺纹千分尺等，生产中常用的是前两种。

一、外径千分尺

外径千分尺用来测量零件的外径、长度和厚度等，按测量范围分有 0～25 mm、25～50 mm、50～75 mm 等多种规格。

(一)外径千分尺的结构原理

外径千分尺由弓架、测轴螺杆等组成，如图 7-4 所示。螺杆是右旋螺纹，螺距为 0.5 mm，也有 1 mm 螺距的螺杆，螺杆的一端是圆柱测量杆，经淬硬并磨光，装在弓架上的固定套管内，它的端面和砧座量面平行。

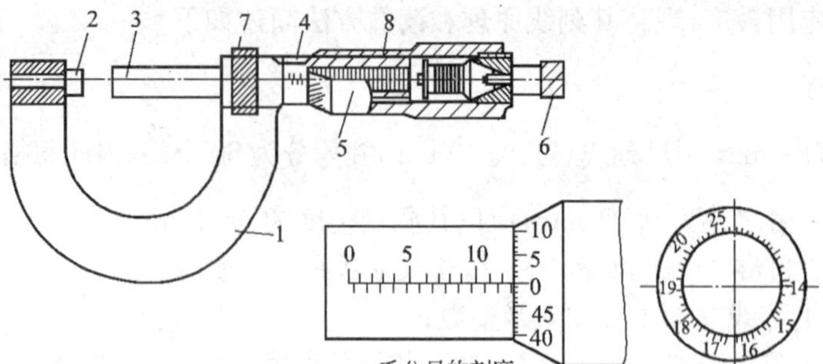

千分尺的刻度

图 7-4　外径千分尺

1—弓架；2—砧座；3—测轴螺杆；4—固定套管；5—活动套管；6—棘轮；7—制动环；8—套管

(二)千分尺的读数原理与读数方法

当活动套管带着测轴螺杆旋转时，两测量面间的距离大小，可以从套管的刻度上直接读出。

由于测轴螺杆的螺距为 0.5 mm(或 1 mm)，所以当活动套管在固定套管上转动一周，活动套管就带着测轴螺杆轴向移动 0.5 mm(或 1 mm)，从而使两测量面的距离增大或减小 0.5 mm(或 1 mm)。如活动套管的转动不是一整周，两测量面间距离的增减就小于 0.5 mm(或小于 1 mm)，可从活动套管锥面上的刻度读出。因此，千分尺的读数方法是：先读出固定套管上的毫米刻度(带 0.5 mm 刻度的千分尺上能读出半毫米)，再读活动套管上毫米小数，然后把两个读数加起来，就是所测量零件的尺寸。

(三)千分尺的使用方法

1. 千分尺在使用前要擦净测量面，并转动棘轮，使两测量面接触，检查有无间隙，套管刻线是否对准零位，如没有对准，须加以调整，25 mm 以上规格应用专用校对棒校零位。

2. 要把被测量零件的毛刺去掉并擦拭干净。

3. 在测量时，最好用双手操作千分尺，如图 7-5 所示。在两测量面将要接近零件表面时，就不要再直接旋转活动套管而要转动棘轮。当棘轮发出“卡、卡”声音时，就表示两测量面已和零件表面接触。

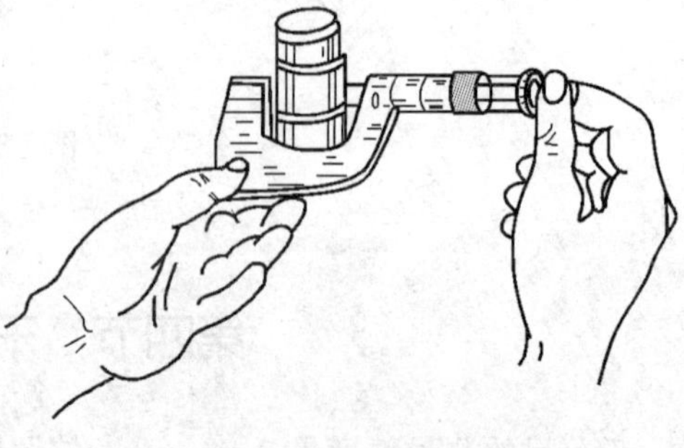
图 7-5　千分尺的一般使用方法

4. 读取尺寸时，最好不从零件上取下千分尺读数，因为这样容易使千分尺量面磨损，失去精度。在读尺寸时，要防止在固定套管上多读了半格或少读了半格。

测量时，千分尺的测轴中心线，要与零件的被测长度方向相互平行，不要歪斜。当测量小零件时，必须使用左手握着零件进行测量，用右手单独操作。测量较大零件时，要把零件适当安放后，再进行测量。不允许用千分尺测量正在旋转着的零件，须等零件转动完全停止后，才能进行测量。

二、内径千分尺

内径千分尺用来测量零件的孔径和沟槽等，按测量范围分有 5～30 mm、25～50 mm、50～

75 mm、150～600 mm 等多种规格。

(一)卡爪式内径千分尺的结构特点有两个卡脚,尺寸标注数字跟外径千分尺相反,其余和外径千分尺没有区别,如图 7-6 所示。由于两卡爪有一定厚度,所以测量范围不能从零开始,一般由 5 mm 或 25 mm 开始。

(二)量杆式内径千分尺的结构特点

其由内套管 3、压在内套管中的量头 1 所组成,如图 7-7 所示。外套管 6 和螺杆 5 相连,并旋入内套管 3 内。螺杆的球形量头 7,经过螺母 7 上的孔露在外面。锁紧装置 4 可以把螺杆固定在所需要的位置上,螺母 2 用来保护套筒端部与螺纹,使它们不致损坏。接长杆就旋在端部螺纹上。

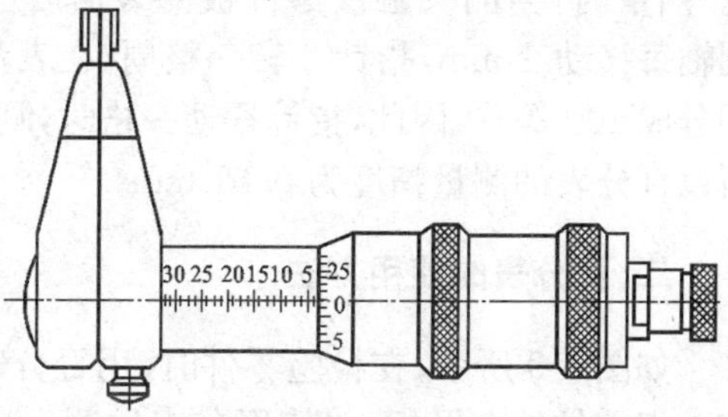

图 7-6　卡脚式内径千分尺

接长杆是钢制的量杆,两端有管接头 9、10,当接长杆的一端装在千分尺上时,先拧下螺母 2,如图 7-7(b)所示,此时千分尺上的量头压挤量杆,使它另一端的测量面伸出端面,然后再把螺母 2 拧在另一端接头 9 上。

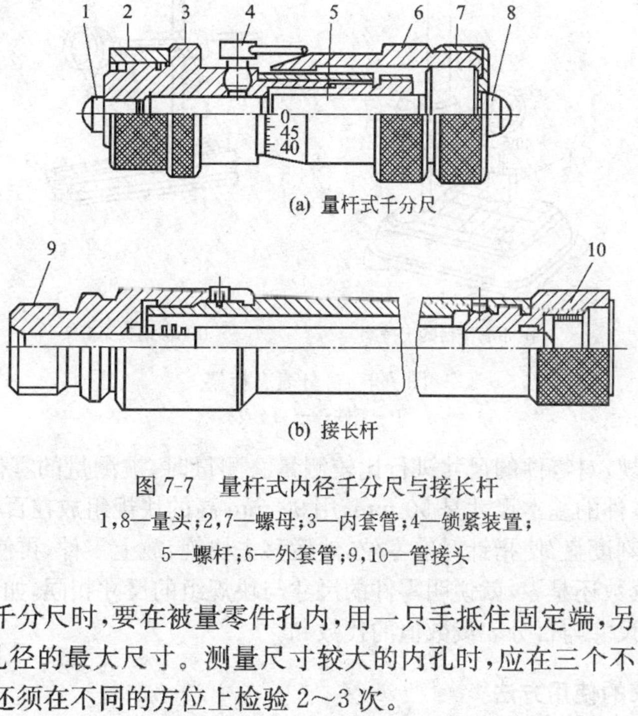

图 7-7　量杆式内径千分尺与接长杆

1,8—量头;2,7—螺母;3—内套管;4—锁紧装置;

5—螺杆;6—外套管;9,10—管接头

(三)使用内径千分尺时,要在被量零件孔内,用一只手抵住固定端,另一只手做上下前后摆动,以获得接近孔径的最大尺寸。测量尺寸较大的内孔时,应在三个不同的位置上进行测量,在每个位置上,还须在不同的方位上检验 2～3 次。

第五节　百分表及使用方法

百分表如图 7-8 所示,是零件加工和机器装配中,检查零件尺寸和形状误差的主要量具,它常被用来测量零件表面的平面度、直线度、零件两平行面间的平行度和圆形零件的圆度、圆跳动等。百分表的测量范围有 0～3 mm、0～5 mm、0～10 mm 三种规格。

一、百分表的读数原理

常用百分表的结构如图 7-8 所示,测轴 1 的下端装有测头 2。测量时,当测头触及零件被测表面后,测轴能上下移动。测轴每移动 1 mm,指针 3 转一整周,在表盘 4 上的刻线把圆周分成 100 等分,因此,指针摆动一格时,测轴移动 0.01 mm。所以百分表的测量精度为 0.01 mm。

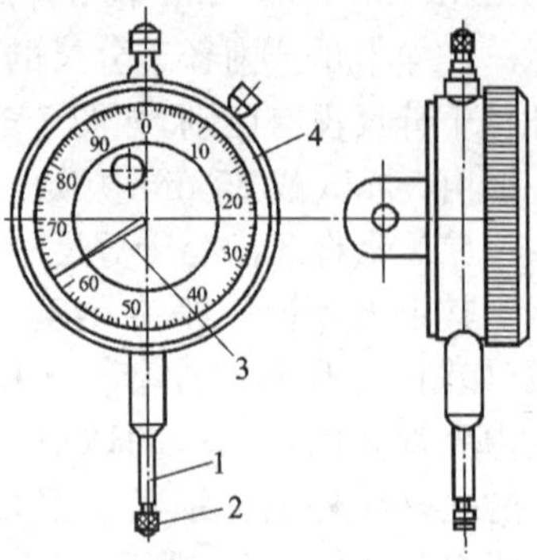

图 7-8　百分表

1—测轴;2—测头;3—指针;4—表盘

二、百分表的使用方法

如图 7-9 所示,在检验零件时,用百分表夹持架夹持百分表。把零件放在平板上,使百分表的测头压到被测零件的表面上,再转动刻度盘,使指针对准零位,然后移动百分表(或零件),来测量零件的平面度或平行度。测量轴时,将需要检验的轴,装在检验架上或 V 形铁上,使百分表的测头压到轴的表面上,用手转动轴,就可读出轴的圆跳动量。

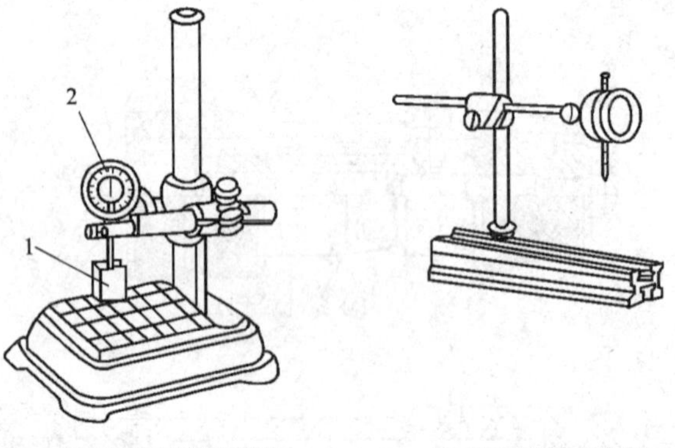

(a) 带有平台的夹持架　　(b) 移动式夹持架

图 7-9　百分表夹持架

1—工件;2—百分表

用百分表和块规,对零件的尺寸进行比较测量。测量时,被测量的零件和块规,都要放在检验平板上,例如零件的基本尺寸是 90 mm,用 90 mm 高的块规组放在百分表测头下面,使测头触及块规并转动刻度盘,使指针对准零位,然后移去块规,放上零件,再使百分表的测头与零件表面接触,如果读数还是零,就说明零件的尺寸与块规组的尺寸相同,如果不相同,则零件的尺寸就是块规组的尺寸与百分表读数值的代数和。

三、内径百分表的使用方法

用于测量圆柱孔尺寸误差的百分表,叫做内径百分表,如图 7-10 所示,它测量范围最小为 6 mm,最大可达 1 000 mm。

内径百分表由百分表、连杆和可调测量棒组成,连杆的一端与百分表相连,另一端与不同长度的可调测量棒连接。内径百分表可用来测量一定范围内的孔径尺寸,同时也可用来检验圆柱孔的锥度、圆度等误差。使用内径百分表时,要用外径千分尺或标准环规先校准尺寸,使百分表的指针指向零位,并把可调测量棒上的紧固螺母拧紧后,再进行测

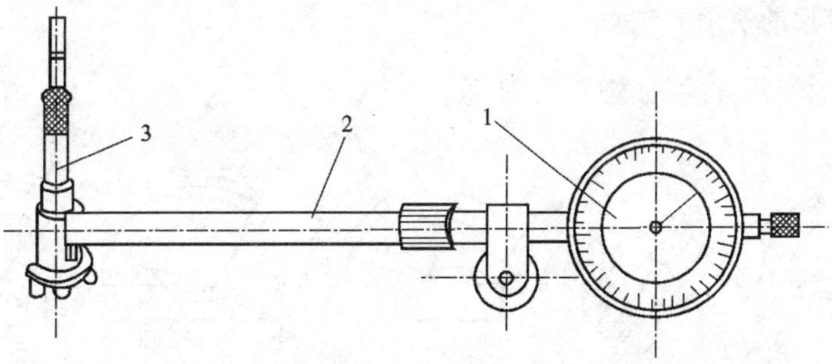

图 7-10　内径百分表

1—百分表；2—连杆；3—可调测量棒

量。

当使用内径百分表测量孔径时，因为内孔有形状误差，所以，不应只在一个位置上测量，而应在几个不同的位置上进行认真、细致的测量。测量前，最好先用内卡钳粗测一下孔径尺寸，然后再用百分表测量，这样可以避免因孔径太小而把百分表弄坏，同时还可防止读错百分表读数。使用内径百分表时，校准零位后，表上的刻度盘不能转动，如果转动了，就须重新校对零位，否则就不能测得正确读数。

第六节　万能角度尺及使用方法

万能角度尺适用于测量零件的内外角度。按游标刻度值分为 27 和 57 两种规格，误差分别为±2′和±5′。它同刀口尺和直角尺配合使用时，可以测量 0～320°范围内的任意内角度，以及 40°以上的任意外角度，如图 7-11 所示。

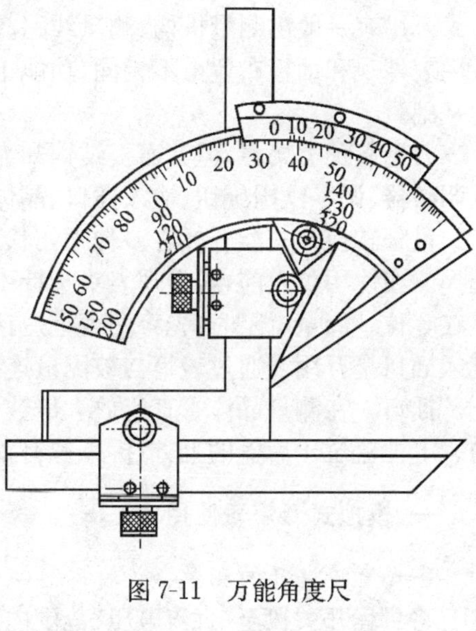

图 7-11　万能角度尺

一、万能角度尺的刻线原理及读数方法

万能角度尺也属于游标类量具，它的刻线原理与游标卡尺相同，不同的是万能角度尺是利用主、副尺刻线角度差来读出角度值。以 2′万能角度尺为例，说明其刻度原理及读数方法。

主尺刻线每格为 1°，零线位于主尺左侧，零线左边共刻有 40 个格即为 40°，零线右边共刻有 80 个格即为 80°。副尺刻线将主尺上 29°所占有的弧长等分为 30 格，每格所对的角度为$\frac{29^\circ}{30}$，因此副尺 1 格与主尺 1 格角度相差为：

$$1^\circ-\left(\frac{29^\circ}{30}\right)=\left(\frac{1^\circ}{30}\right)=2'$$

测量角度时，先看副尺零线在主尺上错过几个整格，此数即为整度数，再找副尺上第几条刻线与主尺刻线恰好对齐，读出分数，然后把两者相加，就是所测量的角度值。

二、万能角度尺的使用方法

万能角度尺的使用方法,如图 7-12 所示。

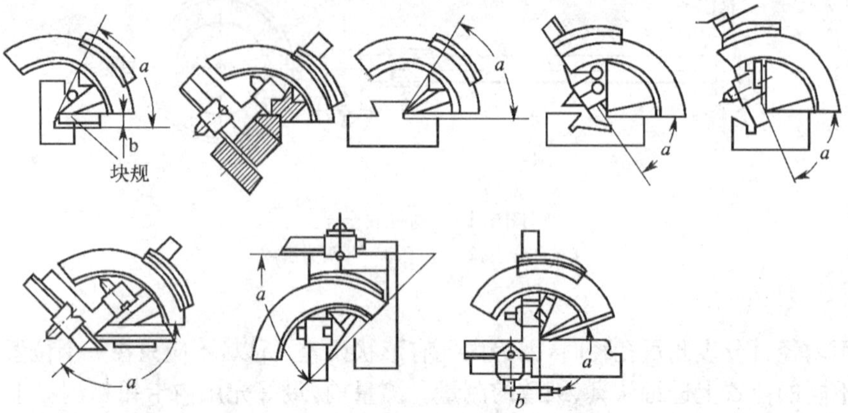

图 7-12　万能角度尺的使用方法

第七节　万用表及其使用方法

万用表是一种多电量、多量程的便携式电测仪表。常用的万用表有模拟式万用表和数字式万用表,这里先介绍模拟式万用表。万用表一般都能测直流电流、直流电压、交流电压、直流电阻等电量。有的万用表还能测交流电流、电容、电感及晶体三极管的 h_{FE} 值等。

万用表一般由测量机构、测量线路、功能及量程转换开关三个基本部分构成。各种型号的万用表外观和面板布置虽不相同,功能也有差异,但三个基本组成部分是构成各种型号万用表的基础。

万用表种类繁多,但其面板结构却大同小异。前面板装有标度盘、量程转换开关、机械零点调整器、调零欧姆旋钮、输入插口、晶体管直流放大倍数 h_{FE} 插口,后面板附有电池盒。

量程转换开关配合标有多种工作状态和量程范围的指示盘,用来完成测试功能和量程的选择。在使用仪表前,若发现表头指针不在零位,可用螺丝刀旋动机械零点调整器,使指针调整在零位。测量电阻时,先将两表笔短接,调节调零欧姆旋钮,使指针能对准在零欧姆刻度上。输入插口是万用表通过表笔与被测量连接的部位。使用时测试棒红、黑两杆应分别插入"+"、"—"插口。在测量晶体管直流放大倍数 h_{FE} 时,按晶体管类型将三个电极对应插入 e、b、c 插口内。电池盒位于后盖的上方,拆下螺钉抽出盖板,可更换电池。

一、模拟式万用表使用方法

(一)直流电压的测量

将量程开关拨至"直流电压"范围内的适当量程挡,测试棒的红黑短杆分别插入"+"、"—"输入插口,长杆并接于被测电压的正负端。当量程开关拨到挡位时,指针读数乘以相应的倍数就等于被测电压。

(二)交流电压的测量

将量程开关拨至"交流电压"的适当量程挡,测试棒的红、黑长杆并接于被测电压的两端,其方法与直流电压的测量类同。

（三）直流电流的测量

将量程开关拨至“直流电流”的适当量程挡，测试棒的红黑长杆串接到被测电流电路中，使电流从红笔流入，黑笔流出。指针读数乘以相应的倍率就等于被测电流。在测试未知量的电流或电压时，应先将量程开关拨至最高量限挡，然后逐渐减少至适当量限，以免损坏仪表。测量高压或大电流时，应严格遵守操作规程，不准带电转动开关旋钮，注意人身安全。

（四）电阻的测量

将量程开关拨至电阻范围的适当量程挡，先将测试棒红黑表笔短接，指针即向满度方向偏转，调节调零欧姆旋钮，使指针对准欧姆零，然后将测试棒分开接入被测电阻。待指针偏转后，读出指针读数，再乘上该挡的倍率，就是被测电阻值。

当测试棒短接指针不能调至零位时，说明电池电压不足，应更换新电池。每次改挡后都应将两表笔短接，重新调零。同时严禁在被测电阻带电的状态下进行电阻测量，以免损坏仪表。

二、数字万用表

1. 直流电压的测量。将量程开关拨至“DC V”范围内的适当量程挡，黑笔插入“COM”插口（以下各种测量都相同），红笔插入相应“V · Ω”插口，将电源开关拨至“ON”，表笔接触测量点以后，显示屏上便出现测量值。

2. 交流电压的测量。将量程开关拨至“AC V”范围内适当量程挡，表笔接法同上，其测量方法与测直流电压相同。

3. 直流电流的测量。将量程开关拨至“DC A”范围内适当的量程挡，当被测电流小于 200 mA，红表笔应插入“mA”插口，接通表内电源，把仪表串接入测量电路，即可显示读数。当被测电流大于 200 mA，量程开关只能置于 10 A 挡，红表笔应插入“10 A”插口，显示值以“安”为单位。

4. 交流电流的测量。将量程开关拨至“AC A，”范围内适当的量程挡，红表笔也按量程不同插入“mA”或“10 A”插口，测量方法与测直流电流相同。

5. 电阻的测量。将量程开关拨到“Ω”范围内适当的量程挡，红表笔插入“V · Ω”插口。例如：量程开关置于 20 M 或 2 M 挡，显示值以“兆欧”为单位，200 挡显示值以“欧”为单位，2k 挡显示值以千欧为单位。

6. 线路通、断的检查。将量程开关拨至蜂鸣器挡，红黑表笔分别插入“V · Ω”和“COM”插口。若蜂鸣器发出叫声，说明线路接通。反之，表示线路不通或接触不良。

三、注意事项与维护

（一）测量前，应校对量程开关位置及两表笔所接的插孔，无误后再进行测量。严禁在测量高电压或大电流时拨动开关，以防产生电弧，烧毁开关触点。

（二）对无法估计的待测量，应选择最高量程挡测量，然后根据显示结果选择合适的量程。

（三）严禁带电测电阻。用高阻挡测电阻时，应防止人体电阻并入待测电阻而引起测量误差。

（四）数字万用表的频率特性较差，测交流电量的频率范围为 45～500 Hz，且显示的是正弦波电量的有效值。因此待测电量是其他波形的非正弦电量，或超过其频率范围，测量误差会增大。

(五)仪表保存时应特别注意环境条件,不放置在高温或潮湿的环境。

(六)仪表测量误差增大,常常是因为电源电压不足,测量时应注意欠压指示符号,及时更换电池,每次测量结束都应关闭电源,以延长电池使用寿命。

第八节　兆欧表及其使用方法

一、兆欧表的用途

兆欧表又称摇表,是一种专门用来测量绝缘电阻的便携式仪表,在电气安装、检修和试验中,应用十分广泛。

电气设备绝缘性能的好坏直接关系着设备的正常运行和人身安全。表明绝缘性能的一个重要指标是绝缘电阻的大小。绝缘材料在使用过程中,由于发热、污染、受潮及老化等原因,其绝缘电阻将逐渐降低,因而可能造成漏电或短路等事故。这就要求必须定期对电机、电器及供电线路的绝缘性能进行检查,以确保设备正常运行和人身安全。

如果用万用表来测量设备的绝缘电阻,那么测得的只是在低压下的绝缘电阻值,不能真正反映在高压条件下工作时的绝缘性能。兆欧表与万用表不同之处是本身带有电压较高的电源,一般由手摇直流发电机或晶体管变换器产生,电压为500～5 000 V。因此,用兆欧表测量绝缘电阻,能得到符合实际工作条件的绝缘电阻值。

二、兆欧表的选择

兆欧表的选择,主要是选择它的电压及测量范围。高压电气设备绝缘电阻要求高,须选用电压高的兆欧表进行测试;低压电气设备内部绝缘材料所能承受的电压不高,为保证设备安全,应选择电压低的兆欧表。选择兆欧表测量范围的原则是不使测量范围过多地超出被测绝缘电阻的数值,以免因刻度较粗而产生较大的读数误差。另外还要注意有些兆欧表的起始刻度不是零,而是1 MΩ或2 MΩ。这种兆欧表不宜用来测量处于潮湿环境的低压电气设备的绝缘电阻,因为在这种环境中的设备绝缘电阻较小,有可能小于1 MΩ,在仪表上读不到读数,容易误认为绝缘电阻为1 MΩ或为零值。

三、兆欧表的正确使用与维护

(一)测量前要先切断被测设备的电源,并将设备的导电部分与大地接通,进行充分放电,以保证安全。用兆欧表测量过的电气设备,也要及时接地放电,方可进行再次测量。

(二)测量前要先检查兆欧表是否完好,即在兆欧表未接上被测物之前,摇动手柄使发电机达到额定转速(120 r/min),观察指针是否指在标尺的"∞"位置。将接线柱"线"(L)和"地"(E)短接,缓慢摇动手柄,观察指针是否指在标尺的"0"位。如指针不能指到该指的位置,表明兆欧表有故障,应诊修后再用。

(三)必须正确接线。兆欧表上一般有三个接线柱,分别标有L(线路)、E(接地)和G(屏蔽)。其中L接在被测物和大地绝缘的导体部分,E接被测物的外壳或大地,G接在被测物的屏蔽环上或不需测量的部分。接线柱G是用来屏蔽表面电流的。如测量电缆的绝缘电阻时,由于绝缘材料表面存在漏电电流,将使测量结果不准,尤其是在湿度很大的场合及电缆绝缘表面又不干净的情况下,会使测量误差很大。为避免表面电流的影响,在被测物的表面加一个金属屏蔽环，与兆欧表的“屏蔽”接线柱相连。这样，表面漏电流不经过兆欧表的测量机构，因此从根本上消除了表面漏电流的影响。

（四）接线柱与被测设备间连接的导线不能用双股绝缘线或铰线，应该用单股线分开单独连接，避免因铰线绝缘不良而引起误差。为获得正确的测量结果，被测设备的表面应用干净的布或棉纱擦拭干净。

（五）摇动手柄应由慢渐快，若发现指针指零，说明被测绝缘物可能发生了短路，这时就不能继续摇动手柄，以防表内线圈发热损坏。手摇动速度要保持均匀，不可忽快忽慢而使指针不停地摆动。通常最适宜的速度是 120 r/min。

（六）测量具有大电容设备的绝缘电阻，读数后不能立即停止摇动兆欧表，否则已被充电的电容器将对兆欧表放电，有可能烧坏兆欧表。应在读数后一方面降低手柄转速，一方面拆去接地端线头，在兆欧表停止转动和被测物充分放电以前，不能用手触及被试设备的导电部分。

（七）测量设备的绝缘电阻时，还应记下测量时的温度、湿度、被试物的有关状况等，以便于对测量结果进行分析。

第九节　钳形电流表及其使用方法

使用电流表测量电流时，必须停电断开电路以后接入电流表，才能进行测量。在要求不停电就测量电流的场合，通常使用钳形电流表。例如，用钳形电流表可以不停电测量运行中的交流电动机的工作电流，从而很方便地了解负载的工作情况。

钳形电流表准确度较低，通常为 2.5 级或 5 级，但它不需切断电路即能测量，因而应用很广泛。在使用钳形电流表时要注意以下几点：

一、测量前应先估计被测电流的大小，选择合适的量程挡。若无法估计则应先用较大量程挡测量，然后根据被测电流的大小再逐步换成合适的量程。

二、测量时被测载流导线应放在钳口内的中心位置，以免增大误差。

三、为使读数准确，钳口的结合面应保持良好的接触，如有杂声，应将钳口重新开合一次。若杂声依然存在，应检查钳口处有无污垢存在，如有污垢可用汽油擦干净。

四、测量较小电流时，为了使读数较准确，在条件许可时，可将被测导线多绕几圈，再放进钳口进行测量，实际电流值等于仪表的读数除以放进钳口中的导线圈数。但每次只能测某一相电流，若将三相对称交流电负载电源线同时卡入测量，则结果将为 0（即方法错误）。

五、测量完毕一定要把仪表的量程开关置于最大量程位置上，以防下次使用时，因疏忽大意未选择量程就进行测量，造成损坏仪表的意外事故。

第十节　使用和维护量具的注意事项

一、使用量具的注意事项

（一）对不熟悉的量具或量仪，在使用前必须了解该量具或量仪的工作原理、性能和读数方法，仔细阅读使用说明书和有关技术资料。

（二）杜绝使用不合格的量具。

（三）量具应定期检定，及时送检。

（四）对于需在使用前校零的量具和量仪，应在使用前先校零。

（五）使用量具前应擦净量具或量仪的测量面。

（六）使用精密量具或量仪时，不能用力过猛。对于有控测力机构的量具或量仪，在测量时应使用这种机构。

（七）不能用量具或量仪测量运动中的零件。因为在运动中测量不仅容易损坏量具或量仪，同时也极易发生工伤事故。

（八）为了减小测量误差，对于重要尺寸最好在同一位置多测量几次取其平均值。

（九）在测量精密零件时，为防止温度引起测量误差，在有条件时应使测量房间的温度达到要求。

（十）为减小测量读数误差，应在光线充足的地方用双眼正视进行测量读数。

二、维护量具的注意事项

（一）不要用油石、砂纸等硬的东西擦量具或量仪的测量面；非计量人员不得随便拆卸量具，量具的维修应由有资质的计量部门进行。

（二）存放量具的地方要清洁、干燥，无腐蚀性气体，也不允许把量具放在磁场近旁，以免磁化。

（三）当手上有汗或潮湿时，不允许用手摸量具或量仪的测量面，以免测量面锈蚀。

（四）对于有光学读数装置的量仪、量具，不要用手摸光学镜面，以免弄脏镜面而影响测量。

（五）对于有电气装置的量具或量仪，使用时要注意使用的电压，千万不能搞错。

（六）量具、量仪在存放时，不要和其他工具放在一起，以防碰伤损坏。

（七）量具、量仪用完后要擦拭干净，松开紧固装置，在测量面涂上少许防锈油后，存放在合适的地方。

复习思考题

1. 量具的参数和特性有哪些？
2. 如何读数游标卡尺数值？
3. 如何使用千分尺？
4. 使用内径千分尺时，应注意什么？
5. 如何用百分表和块规，对零件的尺寸进行比较测量？
6. 使用量具的注意事项有哪些？
7. 维护量具的注意事项有哪些？

职业技能

第八章 初 级 工

第一节 通用部分:钳工制作技能

一、方孔定位板制作

(一)毛坯尺寸:54 mm×54 mm×4 mm;材料:Q235。

(二)设备:划线平台、方箱、钳台、台虎钳、台式钻床

(三)工具:中扁锉、中方锉、划规、划针、手锤、样冲、ϕ8 mm手用铰刀、ϕ7.9 mm直柄麻花钻、ϕ4 mm直柄麻花钻、ϕ2 mm直柄麻花钻、ϕ10 mm直柄麻花钻、活络铰手、锯弓、锯条。

(四)量具:0~150 mm游标卡尺、0~300 mm高度游标尺、0~25 mm外径千分尺、25~50 mm外径千分尺、100×63矩形角尺、0~150 mm直钢尺。

(五)图样(图8-1):

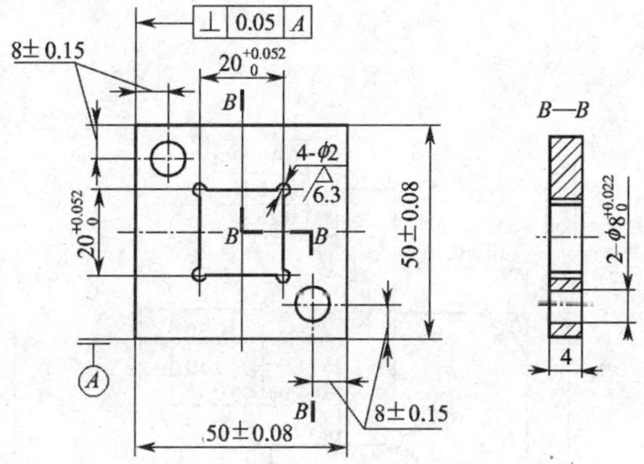

图 8-1

(六)制作时间:4 h。

(七)评分标准(表8-1):

表8-1 方孔定位板制作考件评分标准

序号	考核项目	考核要求	配分	评分标准
1	尺寸精度	50±0.08	10	超差无分
2	尺寸精度	50±0.08	10	超差无分
3	尺寸精度	$20^{+0.052}_{0}$	20	超差0.01扣4分
4	尺寸精度	$20^{+0.052}_{0}$	20	超差0.01扣4分
5	尺寸精度	8±0.15(两处)	4	超差无分
6	尺寸精度	8±0.15(两处)	4	超差无分

续上表

序号	考核项目	考核要求	配分	评分标准
7	尺寸精度	2-$\phi 8^{+0.022}_{0}$	12	超差无分
8	尺寸精度	4-ϕ2(IT13)	2	超差无分
9	表面粗糙度	R_a6.3(4处)	2	R_a值大1级扣0.5分
10	表面粗糙度	R_a1.6(10处)	10	R_a值大1级扣0.5分
11	垂直度公差	0.05	6	超差无分
12	安全文明	安全文明有奖规定	违反有关规定，酌情扣总分1~50分安全文明	

二、直角定位块制作

(一)毛坯尺寸:62 mm×62 mm×8 mm;材料:45号钢。

(二)设备:划线平台、方箱、钳台、台虎钳、台式钻床。

(三)工具:中扁锉(粗齿、中齿、细齿)、錾子、划规、划针、手锤、样冲、ϕ3 mm直柄麻花钻、ϕ6.8 mm直柄麻花钻、ϕ10 mm直柄麻花钻、M8丝锥、整形锉、活络铰手、锯弓、锯条。

(四)量具:0~150 mm游标卡尺、0~300 mm高度游标尺、100刀口尺、50~75 mm外千分尺、100×63矩形角尺、0~150 mm直钢尺、半径规。

(五)图样(图8-2):

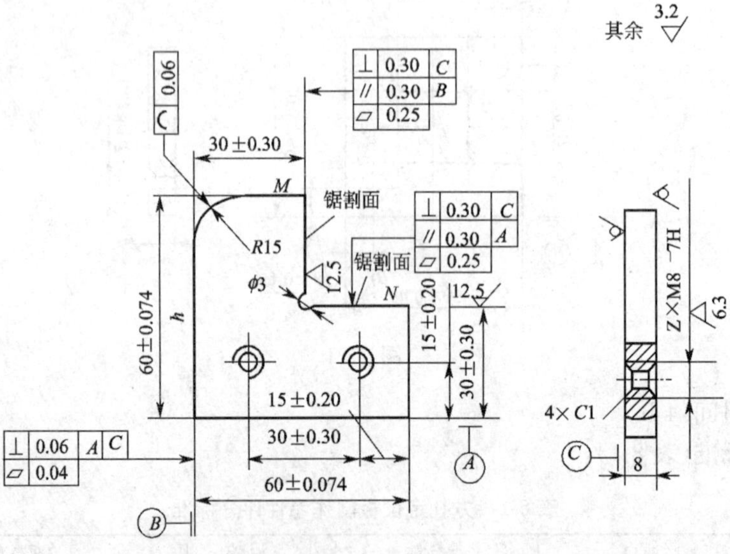

图 8-2

(六)技术要求:1. 锐边倒圆R0.3 mm。2. 锯削面不准修锉。

(七)评分标准(表8-2)。

三、锉削、錾削、锯割、铰孔组合基本操作

(一)毛坯尺寸:ϕ60 mm×20 mm;材料:Q235。

(二)设备:划线平台、方箱、钳台、台虎钳、台式钻床。

（三）工具：中扁锉、錾子、划规、划针、手锤、样冲、ϕ10 mm 手用铰刀、ϕ9.8 mm 直柄麻花钻、活络铰手。

表 8-2 直角定位块制作考件评分标准

序号	考核内容	考核要求	配分	评分标准
1	尺寸精度	60±0.074(2 处)	16	每处超差扣 8 分
2	表面粗糙度	R_a3.2 μm(2 处)	4	大于 R_a6.3 μm 不得分
3	尺寸精度	30±0.30(2 处)	10	每处超差扣 5 分
4	表面粗糙度	R_a12.5 μm(2 处)	2	大于 R_a25 μm 不得分
5	尺寸精度	30±0.30	6	超差不得分
6	尺寸精度	15±0.20	3	超差不得分
7	尺寸精度	15±0.20	4	超差不得分
8	倒角	4×C1	2	超差不得分
9	螺纹孔	M8-7H(2 处)	8	每处超差扣 4 分
10	表面粗糙度	R_a6.3 μm(2 处)	3	大于 R_a12.5 μm 不得分
11	线轮廓度公差	0.06	5	超差不得分
12	表面粗糙度	R_a3.2 μm	2	大于 R_a6.3 μm 不得分
13	平面度公差	0.25(2 处)	8	每处超差扣 4 分
14	平行度公差	0.30(2 处)	10	每处超差扣 5 分
15	垂直度公差	0.30(2 处)	8	每处超差扣 4 分
16	垂直度公差	0.06	6	超差不得分
17	平面度公差	0.04	4	超差不得分
18	安全文明	安全文明有奖规定	违反有关规定，酌情扣总分 1～50 分安全文明	

（四）量具：0～150 mm 游标卡尺、0～300 mm 高度游标尺、0°～320°万能角度尺、25～50 mm 外径千分尺、100×63 矩形角尺、0～150 mm 直钢尺、125 mm 刀口尺。

（五）图样（图 8-3）：

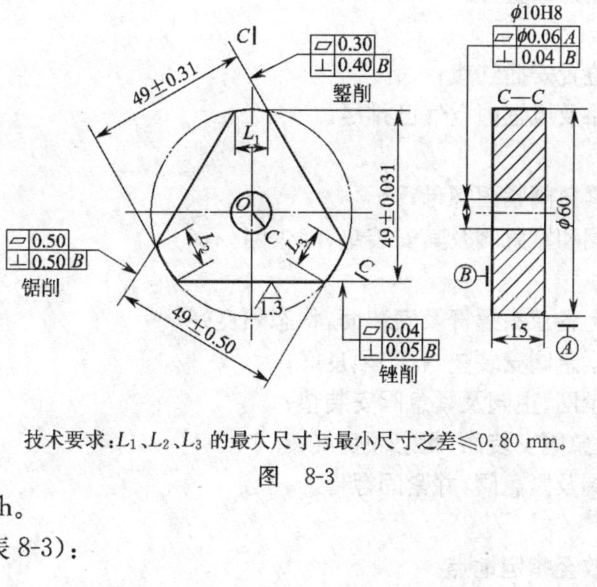

技术要求：L_1、L_2、L_3 的最大尺寸与最小尺寸之差≤0.80 mm。

图 8-3

（六）制作时间：4h。

（七）评分标准（表 8-3）：

表 8-3　锉削、錾削、锯割、铰孔组合操作考件评分标准

序号	考核内容	考核要求	配分	评分标准
1	锉削	公差等级:IT9	30	超差不得分
2		形位公差:平面度 10 级,垂直度 8 级		超差不得分
3		表面粗糙度:R_a3.2		升高一级不得分
4	錾削	公差等级:IT14	25	超差不得分
5		形位公差:平面度 12 级,垂直度 12 级		超差不得分
6		表面粗糙度:R_a25		升高一级不得分
7	锯削	公差等级:IT15	25	超差不得分
8		形位公差:平面度 12 级,垂直度 12 级		超差不得分
9		表面粗糙度:R_a50		升高一级不得分
10	铰孔	公差等级:IT8	10	超差不得分
11		形位公差! 垂直度 10 级,同轴度 12 级		超差不得分
12		表面粗糙度:R_a1.6		升高一级不得分
13	安全文明	安全文明有奖规定	违反有关规定,酌情扣总分 1～50 分	

第二节　客 车 制 动

一、现车拆装分配阀

(一)作业方法、步骤

准备→防护→拆卸分配阀→安装分配阀→完工

1. 准备

(1)检查工具、材料,需齐备;

(2)劳动保护用品穿戴整齐。

2. 防护

(1)在车辆显目位置安插红旗;

(2)确认空气管路及风缸内空气已排尽。

3. 拆卸分配阀

(1)拆卸主阀和紧急阀紧固螺母;

(2)依次拆卸主阀和紧急阀及其安装垫、滤尘网。

4. 安装分配阀

(1)检查中间体上各双头螺杆及安装面,状态须良好;

(2)检查主阀及紧急阀安装垫,状态须良好;

(3)依次安装滤尘网、主阀及紧急阀安装垫;

(4)检查主阀、紧急阀安装面,状态须良好;

(5)依次安装主阀及紧急阀,并紧固螺母。

5. 完工

工具、材料须摆放至指定地点。

(二)质量标准

1. 分配阀、中间体安装面、安装垫表面须清洁。

2. 分配阀安装后,各紧固螺栓及螺母不得松动。

(三)安全注意事项

拆装过程中,应防止工具、材料跌落。

二、104 分配阀配件超声波清洗

(一)作业方法、步骤

准备→清洗配件→配件漂洗→配件防锈→吹扫烘干→完工。

1. 准备

(1)检查工具、材料,需齐备;

(2)劳动保护用品穿戴整齐;

(3)打开总进水阀,启动电源;

(4)按比例配置清洗液(清洗 1∶8、防锈 1∶20);

(5)加温超过 30℃时打开超声波按钮。

2. 清洗配件

(1)内部配件和阀体分别放入不同的清洗槽内进行超声波清洗,时间为 5~10 min;

(2)重新清洗第一次清洗不到位的内部配件和阀体。

3. 漂洗

清洗完的配件、阀体的放入漂洗槽内,对配件、阀体进行漂洗作业。

4. 防锈

经漂洗配件、阀体放入防锈槽内,对配件、阀体进行防锈作业。

5. 吹扫、烘干

(1)经防锈的配件、阀体先吹扫表体,再吹扫各孔及通路;

(2)经吹扫的配件、阀体放入烘干机进行烘干作业;

(3)烘干的配件、阀体放在干净的存放盘内,在检修记录卡签字确认,配件、阀体随输送线至组装岗位。

6. 完工

(1)把清洗槽内的清洗液排放干净,清除槽内污物,搞好卫生;

(2)整理工作台,工具按规定摆放,关闭电器、风源开关,清扫场地。

(二)质量标准

1. 加温清洗液,各清洗剂达到规定温度后,方可使用超声波;

2. 超声波清洗时间一般设置为 3~5 min;

3. 清洗不到位者重新清洗;

4. 经漂洗配件、阀体应放入放锈槽内进行防锈作业;

5. 经防锈的配件、阀体应先吹扫表体,再对各孔及通路吹扫并烘干。

(三)安全注意事项

1. 配件应轻拿轻放;

2. 清洗时要注意动作柔和,防止清洗液飞溅。

三、检查、试验制动软管总成

(一)作业方法、步骤

准备→检查→试验→干燥→涂打标记→储存→完工

1. 准备

(1)检查工具、材料,需齐备;

(2)劳动保护用品穿戴整齐;

(3)对制动软管总成吹尘除垢。

2. 检查

(1)对制动软管总成进行外观检查;

(2)确定风压达到工作要求后,将制动软管总成连接到试验台上,安装波纹接头堵头;

(3)操作试验台,将制动软管总成落入水槽内;

(4)打开进水开关,向水槽注水。

3. 试验

(1)待水槽水位达到或超过软管总成胶管上平面 5 mm 后,开始试验;

(2)通以 600～700 kPa 压力空气对软管进行气密试验;

(3)气密试验后,排除软管内压力空气,通以 1 000 kPa 压力水进行膨胀试验,在试验过程中检测软管胶管外径膨胀量。

4. 干燥

试验完毕后,须用压缩空气吹尽制动软管总成内外残留水滞。

5. 涂打标记

经检修试验合格的软管总成,须用黑色调和漆涂掉旧标记,用白色磁漆如图 8-4 所示涂打检修标记。

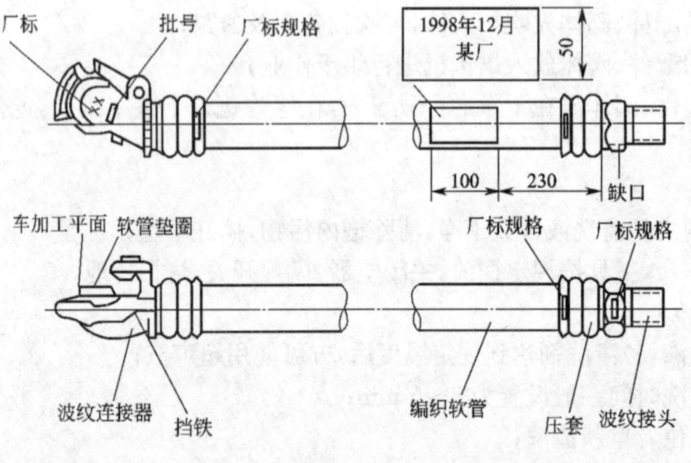

图 8-4

6. 储存

检修试验合格的软管总成备用储存时须对两端采取可靠防尘措施(防尘堵须采用外罩式),不得重压和接近热源。

7. 完工

(1)将工具、材料整齐摆放指定地点;

(2)打开排水阀,清除试验台内外积水;

(3)清扫工作场地。

(二)质量标准

1. 制动软管总成外观检查有下列情况时,该管报废:

(1)胶管老化、脱层、破损时报废。

(2)波纹接头、波纹连接器与胶管结合部状态须良好,脱开时报废。

(3)连接器体裂纹时报废,垫圈槽须无变形,平面无毛刺,连接部分状态良好。

(4)接头裂纹或螺纹秃扣者报废。

(5)软管总成使用寿命超过 6 年(以生产日期为准),生产标记不清晰者报废。

2. 气密试验时,软管总成须在水槽内保压 5 min,不得漏泄,如发生气泡在 10 min 内消失者可以使用。

3. 膨胀试验时,保压 2 min,测量胶管外径膨胀超过原形尺寸 6%(3 mm)时,长度变形超过原形尺寸 1.5%(690 管:7 mm,780 管:9 mm)时,发生破裂、漏泄、局部凸起、局部膨胀有显著差异时,不得使用。

(三)应急处理技能

1. 连接器处漏泄时,需排尽管内风、水压后,卸下软管总成,检查更换皮碗后重新安装试验;

2. 堵头处漏泄时,需排尽管内风、水压后,卸下堵头,检查密封圈,状态良好后重新安装试验。

(四)安全注意事项

制动软管总成连接器及波纹接头堵头安装须严密,注意高压风、水使用安全。

四、检修、试验缓解阀或球芯塞门

(一)作业方法、步骤

准备→分解→检修→清洗→组装→试验—涂打标记—储存—完工

1. 准备

(1)检查工具、材料,需齐备;

(2)劳动保护用品穿戴整齐;

(3)对缓解阀或塞门吹尘除垢。

2. 分解

(1)折角塞门:取出塞门把手插销,取下手把,卸下阀盖螺栓,依次卸下阀盖、阀芯、密封圈、密封垫。

(2)缓解阀、截断塞门:抽出塞门把手插销,取下手把,卸下阀杆压帽、阀体压帽及密封垫,抽出阀芯、阀杆及密封垫。

3. 检修

检查阀体及配件外观质量。

4. 清洗

清除球芯塞门内积水、污垢,将各部擦拭干净。

5. 组装

按分解逆顺序依次组装。

6. 试验

(1)折角塞门、截断塞门

①塞门于关闭位置,通以 600～700 kPa 压力空气,手把开闭 2～3 次后关闭,用肥皂水检查塞门芯头部、阀盖处不得泄漏,在通风口涂以肥皂水,保压 1 min 不得漏泄。

②堵住通风口出口,塞门于开通位,通以 600～700 kPa 压力空气,用肥皂水检查塞门芯头部、阀盖处不得泄漏。

(2)缓解塞门

①于关闭位置,通以 600～700 kPa 压力空气,手把开闭 2～3 次后关闭,用肥皂水检查塞门芯头部、阀盖处不得泄漏,在通风口涂以肥皂水,保压 1 min 不得漏泄。

②堵住通风口出口,塞门于开通位,通以 600～700 kPa 压力空气,用肥皂水检查塞门芯头部、阀盖处不得泄漏。

③塞门反装于实验台上(通风出口与风源连接),手把于关闭位置,通过压力空气排气口应大量排风,然后切断风源。

7. 涂打标记

各塞门检修试验合格后,在阀体上涂打白瓷漆段简称标记。

8. 储存

塞门储存时须采取防尘措施(防尘堵须采用外罩式)。

9. 完工

(1)将工具、材料整齐摆放至指定地点;

(2)清扫工作台及工作场地。

(二)质量标准

1. 检修时,有下列情况时,应按如下方法处理:

(1)阀体裂纹、各部螺纹不良及手把止挡失效时更换;

(2)尼龙密封件老化、磨损,阀芯气密面有划痕时更换;

(3)橡胶密封件全部更新;

(4)阀芯销不良时更换,应采用不锈钢件。

2. 组装时,各部零件内外表面须清洁,活动 O 形沟槽,球体表面须均匀涂抹 7501 硅脂;安装手把、把手圆销必须铆死,圆开口销开口角度大于 60°。

(三)应急处理技能

1. 堵住通风口进行开通试验时,阀芯头部或阀盖处漏泄,应检查密封圈、垫是否缺、损。

2. 组装后手把开关不灵活,应检查球芯密封垫安装是否正位,球芯面硅脂是否缺、少。

3. 缓解阀排气孔漏风,应检查阀与阀座之间夹是否有杂物,阀胶垫有无破损,弹簧有无折损或作用不良。

(四)安全注意事项

尼龙密封件严禁用汽油或腐蚀性液体擦洗。

第三节　货车制动

一、软管检查及试验

(一)作业方法、步骤

外观检查→检测→软管试验→涂打标记→贮存。

1. 外观检查

制动软管在装车使用前需进行以下内容的检查，不良时必须整套更换，不得进行修理。

(1)编织制动软管总成的使用寿命为 6 年。

(2)软管外表面不得有缺胶、杂质、破损。

(3)连接器体须无裂纹、变形，连接部分状态良好，连接器及接头表面须无气孔、无毛刺。

(4)压套须铆压均匀一致、端正、镀层完好。

(5)标志清晰、位置居中。

(6)检测尺寸须符合要求。

(7)软管体老化、破损、脱层时更换。

(8)软管胶垫须更换新品。

2. 软管风、水压试验

(1)风压漏泄试验

将编织制动软管总成置于水槽内，通以压缩空气达到 650～700 kPa 后保压 5 min，编织制动软管总成须无漏泄、破裂，软管发生气泡在 10 min 内逐渐减少并消失者可使用。

(2)水压试验

以 1 000 kPa 的水压进行强度试验，保压 2 min 须无破损、外径无局部凸起，软管膨胀后直径大于 ϕ57 mm 时更换。水压试验后须清除管内积水。

3. 涂打标记

经风、水压试验合格的编织制动软管总成，在软管中部外面涂打段代号及年月等检修标记，汉字字号为 20 号，日期字号为 15 号，标记颜色为白色，标记应涂打清晰，位置正确。

4. 贮存

(1)存放前，先用干燥空气吹净内部残剩的水分、污染物等，并对接头、连接器两端作好封闭，(须是用外套式防尘装置)防止污染。

(2)分类存放，故障的总成式软管单独存放。

(3)对故障的总成式软管进行编号，对其故障原因、部位、编号及制造厂家、年月做好记录，并在软管上用白漆写上编号，在故障部位打上明显的标记。

(二)质量标准

1. 检测

(1)外径为(53±1) mm。

(2)长度(715±10) mm 或(980±10) mm。

(3)连接器加工尺寸：符合 TB 60—1989 要求的量规，通止规合格。

(4)接头尺寸：符合螺纹环规，通止规合格。

2. 软管风、水压试验

(1)风压试验不发生下列情况之一者为合格：

①软管外围局部凸起，或周围膨胀有显著差异以及漏泄者；

②软管破裂或接头部分漏泄(但在软管表面或端部发生非连续小气泡，逐渐减少并在 10 min 内消失者可以使用)。

(2)水压进行强度试验不发生下列情况之一者为合格：

①软管处径膨胀超过原型:新品 6 mm,旧品 8 mm。

②软管长度变形大于 1.5%(585 总成为 9 mm,850 总成为 13 mm)。

③软管破裂、漏水。

(三)故障处理(应急处理)

故障:在与试验器连接中,若软管接头处漏泄,多为软管胶垫磨耗过限或质量不良。

处理:更换良好软管胶垫。

(四)安全注意事项

1. 在分解或组装时,应缓慢启动风阀,夹持工件应注意手部位置,防止受伤。

2. 风水压试验中应确保软管连接器及接口良好,堵头严密,并密切注意各压力表显示压力是否正常。

3. 在软管抬起时,不得转动软管和加压。

二、塞门检修及试验

(一)作业方法、步骤

清扫分解→检修→组装→试验→涂打标记。

1. 清扫分解。

(1)清除塞门体外部尘垢、除锈。

(2)分解塞门把手、弹簧托盖、塞门芯,分解后各零件须清洗干净,用软布擦拭干净。

2. 检修锥形折角塞门。

3. 组装。

将塞门芯、弹簧、托盖、把手依次组装。

4. 锥形折角塞门试验。

装于试验器上,堵住出风口,通以 600 kPa 风压,并将手把开闭四、五次后手把置于开通位置,在接合处、阀体涂以肥皂水,然后手把置于关闭位置,将出风口堵去掉,在出风口涂肥皂水,保压 10 s。

5. 涂打标记

试验合格后,在塞门外体打上段简称标记。

(二)质量标准

1. 塞门体内腔分解后应用去硅脂洗涤并用软布擦拭干净。

2. 锥形折角塞门检修质量标准:

(1)塞门体有裂纹或丝扣乱扣、铜套松动时更换,塞门体磨损严重者更换。

(2)弹簧折断或衰弱严重时更换。

(3)塞门芯上部方头折断时应进行铜焊焊接或更换,焊后加工至原型,顶部无开通线者加工。

(4)塞门芯孔开量小于图纸尺寸时,加工至原型。

(5)塞门芯磨伤及凹凸不平者或不圆时,较严重者可先刮、锉加修后塞门以 100~120 号金刚砂对研,然后以擦铜油对研,直至各部光泽一致为止;研磨时在塞门芯周围涂以研磨剂,实行上下转动并调转方向的研磨方法研磨。

3. 组装要求:

(1)塞门芯周围涂以适量 89D 制动缸脂,托盖丝扣处缠聚四氟乙烯带,然后拧紧于塞门体上。

(2)手把插销必须使用标准品,从左向右装入,须用专用塞门销安装牢固,不得用开口销或半截插销。

(3)塞门手把除转换塞门外,均与塞门体平行为开通位置。

(4)托盖拧紧。

4. 锥形折角塞门试验:

(1)装于试验器上,堵住出风口,通以 600 kPa 风压,并将手把开闭四、五次后手把置于开通位置,在接合处、阀体涂以肥皂水不得有漏泄,然后手把置于关闭位置,将出风口堵去掉,在出风口涂肥皂水,保压 10 s,肥皂泡不破裂为合格。

(2)塞门手把开闭作用灵活。

(3)试验合格后,在塞门外体打上段简称标记,标记必须清晰、正确。

(三)故障处理(应急处理)

故障:若塞门管接口漏泄,多为塞门芯划伤、碰痕。

处理:可刮、锉修理,修理后与塞门体用 100～120 号金刚砂对研,然后用玻璃粉或擦铜油对研,直至塞门芯各部呈现一致的光泽,研磨时在塞门芯表面涂以研磨剂,采用上下转动并调转方向的方法研磨。

(四)安全注意事项

注意压缩空气使用的安全。

三、缓解阀检修及试验

(一)作业方法、步骤

清扫分解→检修→组装→试验。

1. 清扫分解。

(1)清除缓解阀体外部尘垢、除锈。

(2)分解缓解阀,分解后各零件须清洗干净,用软布擦拭干净。

2. 检修缓解阀。

3. 组装。

4. 缓解阀试验。

将缓解阀装于试验台上,通以压力为 600 kPa 的压缩空气。缓解阀处于关闭位置时,在阀体及排风口处涂肥皂水检查漏泄;并拉、压阀杆。

(二)质量标准

1. 缓解阀杆、弹簧、内腔分解后应用去硅脂洗涤并用软布擦拭干净。

2. 缓解阀检修质量标准:

(1)阀体裂纹时更换。

(2)阀杆弯曲、裂纹或阀杆头部磨耗严重影响作用时更换。

(3)弹簧衰弱或折断时更换。

(4)托盖及阀体螺纹损伤时更换。

(5)缓解阀拉杆直径小于 $\phi7$ mm 时更换,手把接口处须焊固。

(6)缓解阀阀杆销两端须铆固。

3. 组装要求:

(1)组装时,在螺纹上缠聚四氟乙烯薄膜后拧紧。

(2)组装后,压动阀杆时须留有间隙。

4. 缓解阀试验:

(1)将缓解阀装于试验台上,通以压力为 600 kPa 的压缩空气。缓解阀处于关闭位置时,在阀体及排风口处涂肥皂水不得漏泄。

(2)拉、压阀杆时,空气应畅通排出,松开压阀杆后,须自动恢复原位,不得漏泄。

(三)故障处理(应急处理)

故障:若缓解阀排气口漏泄,多为阀芯胶垫压痕过深、老化等质量不良。

处理:更换阀芯胶垫。

(四)安全注意事项

注意压缩空气使用的安全。

四、更换软管

(一)作业(操作)方法、步骤

1. 准备配件、材料。

所需配件、材料:编织制动软管总成,良好,1 根;聚四氟乙烯带若干;肥皂水及桶,1 只。

2. 准备设备及工具。

所需设备及工具:货车用单车试验器、红旗、管钳、活动扳手、刷子。

3. 插红旗。

4. 拆卸编织制动软管总成。

(1)关闭本端折角塞门。

(2)卸下编织制动软管总成。

5. 更换良好的编织制动软管总成。

(1)检查良好的编织制动软管总成,在软管接头处绕聚四氟乙烯带。

(2)组装编织制动软管总成,拧紧。

6. 检查、试验。

(1)检查连接处机械状态。

(2)按规定作业连接单车试验器,加装风堵,确认安全后,将单车试验器回转阀手把置 1 位,向车辆制动管充气至定压后,保压。

(3)在连接处涂肥皂水,检查泄漏情况。

(4)摘除单车试验器。

7. 撤红旗,整理工具、设备。

(二)质量标准

1. 编织制动软管总成须经风、水压试验合格,并有检修标记。

2. 编织制动软管总成接头丝扣须拧紧 3 扣以上,不准倒拧。

3. 新换上的制动软管连接处涂肥皂水检查不得鼓泡,漏泄不超限。

4. 试验后编织制动软管总成、球芯折角塞门标记字迹须整齐、清楚。

(三)故障处理(应急处理)

故障:若软管接头处漏泄,多为软管胶垫磨耗过限或质量不良。

处理:更换良好软管胶垫。

(四)安全注意事项

1. 作业前、作业完须插、撤红旗。
2. 作业前，将总风管道中的水及污物排净后再连接单车试验器。
3. 摘除车辆软管风堵时，注意安全。
4. 作业时，穿戴防护用品须齐全。

第九章　中　级　工

第一节　通用部分：钳工制作技能

一、制作限位块

（一）毛坯尺寸：61 mm×61 mm×18 mm，材料：45 钢。

（二）设备：划线平台、方箱、钳台、台虎钳、台式钻床。

（三）工具：中扁锉（粗、细）、划针、划规、锯弓、锯条、手锤、样冲、ϕ12 mm 锪孔钻、ϕ10 mm 直柄麻花钻、ϕ6.8 mm 直柄麻花钻、ϕ3 mm 直柄麻花钻、M8 丝锥、活络铰手。

（四）量具：0～300 高度游标尺、0～150 游标卡尺、0～25 千分尺、25～50 千分尺、50～75 千分尺、0～320°万能角度尺、100×63 刀口直角尺。

（五）图样（图 9-1）：

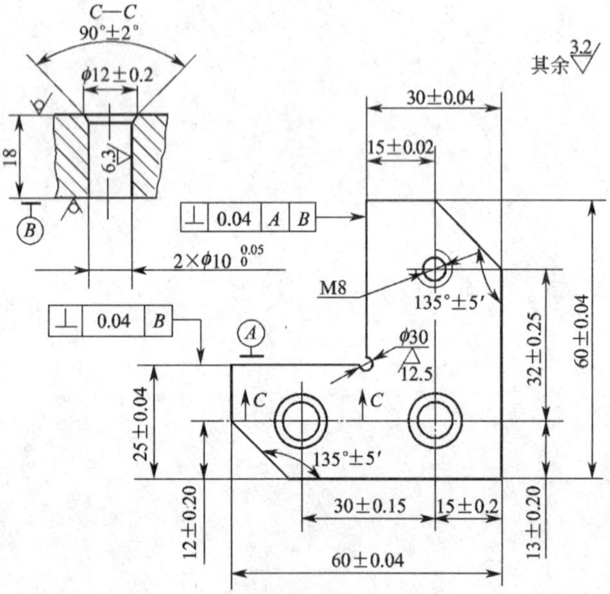

图　9-1

（六）制作时间：6h。

（七）评分标准（表 9-1）：

二、锉、铰孔、攻螺纹组合凸形块操作

（一）毛坯尺寸：65 mm×65 mm×12 mm，材料：Q235。

（二）设备：划线平台、方箱、钳台、台虎钳、台式钻床。

表 9-1 限位块制作考件评分标准

序号	考核内容	考核要求	配分	评分标准
1	垂直度公差	0.04	6	超差不得分
2	垂直度公差	0.04(A、B 基准)	12	超差不得分
3	尺寸精度	30±0.15	10	超差不得分
4	尺寸精度	30±0.04	6	超差不得分
5	尺寸精度	25±0.04	6	超差不得分
6	尺寸精度	32±0.25	6	超差不得分
7	尺寸精度	15±0.20	6	超差不得分
8	尺寸精度	60±0.04(2 处)	6	超差不得分
9	螺纹孔	M8	4	不合格不得分
10	尺寸精度	15±0.20	3	超差不得分
11	尺寸精度	12±0.20	3	超差不得分
12	角度公差	135°±5′(2 处)	9	超差不得分
13	表面粗糙度	R_a3.2 μm(9 处)	15	超差不得分
	两孔精度	$2\times\phi10^{+0.05}_{0}$	4	超差不得分
	表面粗糙度	R_a6.3 μm(2 处)	4	不合格不得分
14	安全文明	安全文明有奖规定	违反有关规定，酌情扣总分 1～50 分安全文明	

(三)工具：中扁锉、方锉、划针、划规、锯弓、锯条、手锤、样冲、ϕ10 mm 手用铰刀、ϕ9.8 mm 直柄麻花钻、ϕ6.8 mm 直柄麻花钻、ϕ11.5 mm 直柄麻花钻、ϕ3 mm 直柄麻花钻、M8 丝锥、活络铰手。

(四)量具：0～300 高度游标尺、0～150 游标卡尺、0～25 千分尺、25～50 千分尺、50～75 千分尺、100×63 刀口直角尺。

(五)图样(图 9-2)：

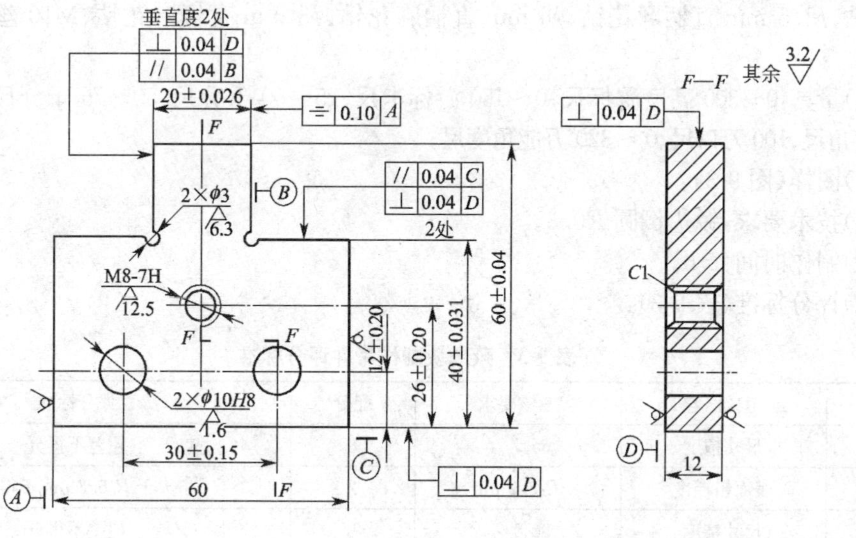

图 9-2

(六)制作时间:5 h。

(七)评分标准(表 9-2):

表 9-2 锉、铰孔、攻螺纹组合凸形块制作考件评分标准

序号	考核内容	考核要求	配分	评分标准
1	尺寸精度	30±0.15	10	超差不得分
2	尺寸精度	20±0.04	8	超差不得分
3	对称度公差	0.06	10	超差不得分
4	尺寸精度	26±0.20	8	超差不得分
5	尺寸精度	40±0.04(2 处)	10	超差不得分
6	平行度公差	0.04(3 处)	15	超差不得分
7	表面粗糙度	R_a3.2 μm(7 处)	14	超差不得分
8	垂直度公差	0.04(5 处)	12	超差不得分
9	螺纹孔	M8	2	不合格不得分
10	两孔精度	2×ϕ10H7	4	超差不得分
11	表面粗糙度	R_a1.6 μm(2 处)	4	超差不得分
12	尺寸精度	12±0.20	2	超差不得分
13	倒角	C_1	1	超差不得分
14	安全文明	安全文明有奖规定	违反有关规定,酌情扣总分 1~50 分安全文明	

三、燕尾块制作

(一)毛坯尺寸:66 mm×51 mm×10 mm,材料:45 号钢。

(二)设备:划线平台、方箱、钳台、台虎钳、台式钻床。

(三)工具:粗、中、细扁锉、三角锉、整形锉、划针、划规、锯弓、锯条、手锤、样冲、ϕ12 mm 直柄麻花钻、ϕ8.5 mm 直柄麻花钻、ϕ6 mm 直柄麻花钻、ϕ3 mm 直柄麻花钻、M10 丝锥、活络铰手。

(四)量具:0~300 高度游标尺、0~150 游标卡尺、25~50 千分尺、50~75 千分尺、100 mm×63 mm直角尺、100 刀口尺、0°~320°万能角度尺。

(五)图样(图 9-3):

(六)技术要求:锐边倒圆 R0.3。

(七)制作时间:5 h。

(八)评分标准(表 9-3):

表 9-3 燕尾块制作考件评分标准

序 号	考核内容	考核要求	配分	评分标准
1	尺寸精度	$65_{-0.074}^{0}$	8	超差不得分
2	表面粗糙度	R_a3.2 μm	2	大于 R_a6.3 μm 不得分
3	尺寸精度	$50_{-0.062}^{0}$	8	超差不得分
4	表面粗糙度	R_a3.2 μm	2	大于 R_a6.3 μm 不得分

续上表

序　号	考核内容	考核要求	配分	评分标准
5	尺寸精度	35±0.20	6	超差不得分
6	尺寸精度	15±0.08	8	超差不得分
7	尺寸精度	20±0.20	2	超差不得分
8	尺寸精度	15±0.10	2	超差不得分
9	尺寸精度	12.5±0.10	2	不合格不得分
	尺寸精度	25±0.20	4	超差不得分
	尺寸精度	$6^{+0.20}_{0}$	3	超差不得分
	角度误差	60°±6′(2 处)	10	超差不得分
10	表面粗糙度	$R_a3.2$ μm	4	大于 $R_a6.3$ μm 不得分
11	尺寸精度	$6^{+0.10}_{0}$(2 处)	4	超差不得分
12	尺寸精度	$\phi12^{+0.20}_{0}$	3	超差不得分
13	表面粗糙度	$R_a6.3$ μm	2	大于 $R_a12.5$ μm 不得分
	倒角	2×C1	2	每处超差扣 1 分
	螺纹	M10-7H	4	超差不得分
	表面粗糙度	$R_a6.3$ μm	2	大于 $R_a12.5$ μm 不得分
	平行度公差	0.05	6	超差不得分
	垂直度公差	0.05	7	超差不得分
	对称度公差	0.06	9	超差不得分
14	安全文明	安全文明有奖规定	违反有关规定,酌情扣总分 1~50 分安全文明	

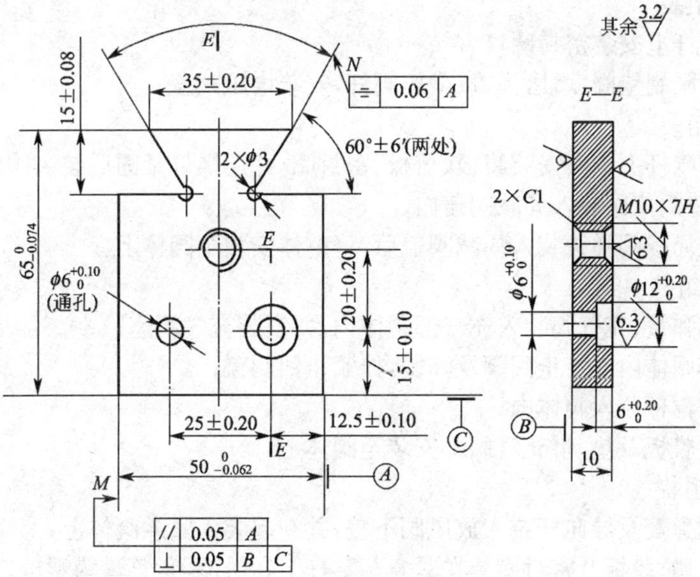

图 9-3

第二节 客车制动

一、组装、试验104型分配阀

(一)作业方法、步骤

准备→组装→试验→储存→完工

1. 准备

(1)配件、材料准备

成套104型分配阀体及配件。

(2)工具、设备准备

扳手、开刀、尖嘴钳、老虎钳、肥皂水、毛刷、秒表、风源净化装置、705试验台

2. 组装

(1)作用部组装

①将上下鞲鞴、膜板及密封圈用压帽安装至主鞲鞴杆上;

②将稳定杆、弹簧及座安装到主鞲鞴杆上后,安装稳定弹簧挡圈;

③向主鞲鞴杆上安装滑阀、节制阀及弹簧,并用滑阀插销固定;

④将主鞲鞴安装至阀体内;

⑤安装作用部下盖。

(2)均衡部组装

①将上下鞲鞴、膜板及密封圈用压帽安装至均衡鞲鞴杆上;

②安装均衡部阀体上缩孔堵;

③安装均衡弹簧、均衡阀、滤尘网,安装均衡上盖;

④将均衡鞲鞴安装至阀体内,安装均衡下盖。

(3)增压部组装

①向增压阀杆上安装密封圈;

②安装增压限制垫圈、增压弹簧、增压阀杆,安装增压阀盖。

(4)局减部组装

①向局减鞲鞴杆上依次安装膜板、盖板、密封圈,并用螺母紧固后装入阀体;

②将毛毡、垫圈依次装入局减阀盖内;

③将压圈及局减阀弹簧装入局减阀盖后,将整体安装至阀体上。

(5) 充气部组装

①将充气阀弹簧、充气阀装入充气部阀体内,并安装充气阀座;

②向充气部阀体内安装止回阀及弹簧,拧紧止回阀盖;

③将充气鞲鞴杆装入阀体内;

④安装充气膜板及垫,将充气阀部安装至阀体上。

(6)紧急阀组装

①将放风阀弹簧及导向杆装入放风阀下盖,并一起装入紧急阀体上;

②将上下鞲鞴、膜板及密封圈装在紧急鞲鞴杆上,并拧紧紧急鞲鞴螺母。

③安装紧急阀上盖。

3. 试验

(1)主阀试验

开控制阀 K1 将主阀卡紧在主阀安装座上，总风源压力应在 650 kPa 以上，调压阀调至 600 kPa，限压阀调到 50 kPa。开风门，1、4、5、6、7、8，关其他风门。

①初充气和充气位漏泄试验

操纵阀手把(以下简称手把)置一位，注意观察工作风缸和副风缸压力表的上升，充至 600kPa(以下简称定压)后用肥皂水检查各结合部漏泄情况。

②紧急制动位漏泄试验

关风门 14 手把置二位，制动管压力升至 40 kPa 后，移置三位，开风门 10。当副风缸压力达到 580 kPa 后，关风门 10，待压力稳定后，关风门 4，观察制动管压力上升情况，制动管压力上升 10 s 内不得超过：新品 15 kPa；洗检及修理品 20 kPa。试毕开风门 4，手把置一位。

③ 制动和缓解灵敏度试验

待工作风缸和副风缸充至定压后，手把置四位，减压 40 kPa，移置三位保压 1 min，然后再置二位缓解。关风门 7，观察容积风缸压力上升情况，容积风缸压力上升在 10 s 内不得超过：新品 10 kPa，洗检及修理品 20 kPa。试毕开风门 7。

④局减阀试验

待工作风缸和副风缸充至定压后，关风门 7，堵住大排气口，手把置四位，当制动缸压力开始上升时，手把移至三位，待制动缸压力稳定后关风门 8，待 20 s 后开风门 8 和 18。当制动管压力表压力开始下降时，关风门 18。注意观察制动缸压力表的压力。试毕手把置一位，卸下排气口堵，开风门 7。

⑤稳定试验

待工作风缸和副风缸充至定压后，手把置三位，开放风门 14 A，制动管降压 50 kPa 后，关闭风门 14 A。试毕手把置一位。

⑥紧急增压部分试验

待工作风缸和副风缸充至定压后，手把置五位，在制动管减压 250～320 kPa 后，保压 2 min，不得起增压作用。

⑦全缓解试验

关闭风门 14，开风门 1，手把置一位。待工作风缸和副风缸充至定压后，手把移置五位，当容积风缸上升至平衡压力时，将手把移置三位保压，待压力稳定后，手把移至一位。

⑧均衡灵敏度试验

待工作风缸和副风缸充至定压后，关风门 1、7 和 8。手把置 8 位，排尽制动管余风后，开风门 7A，11 和 18，手把置二位。注意观察容积风缸压力表(单针)压力(当风门排气口开始排风时容积风缸压力表的指示值)。试毕手把置于八位，排尽余风后，关风门 7A，11、18；开风门 1、7、8、14、15、16，排尽余风后，关 K1，卸下主阀。

(2)紧急阀试验

开控制阀 K2，将紧急阀卡紧在安装座上。开风门 1、2 关其他风门。总风源压力应在 650 kPa以上。调压阀调整为 600 kPa。

①紧急室充气和紧急放风阀漏泄试验

手把置一位，注意观察紧急室压力的上升；充至定压后用肥皂水检查各结合部，不得有漏泄。待压力稳定后，关风门 2，在 20 s 内制动管压力不得下降。

②紧急灵敏度及紧急室排风试验

开风门2,手把置一位,待紧急室充至定压后,开、关风门14 2～3次,使紧急阀发生紧急放风作用2～3次,然后关风门14,待紧急室充至定压后,手把置八位,注意观察制动管和紧急室压力下降情况。

③安定试验

手把置一位,待紧急室充至定压后,手把置六位减压200 kPa,再移至三位,要求:紧急室压力应尾随制动管压力下降,不得发生紧急排风作用。试验完毕手把置八位,开风门13,将风压排尽后,关K2,卸下紧急阀。

4. 储存

对安装面及排气口采取防尘保护。

5. 完工

①工具、材料及台账须存放指定地点,摆放整齐;

②完工后做到工完料净场地清。

(二)质量标准

1. 组装

(1)组装前须将阀外部件和阀内部零件擦拭干净。

(2)滑阀及座、节制阀及座、滑阀弹簧顶面等金属摩擦面须涂适量黏度为300±30的201甲基硅油,组装时不得碰伤滑阀及座。

(3)各阀导向杆、密封圈及活动摩擦部及充气膜板的突起缘外周须涂少量7057硅脂,组装时不得损伤密封圈。为防止生锈,可在阀体及各阀盖结合面上涂沫一薄层硅脂。

(4)滑阀弹簧应高出滑阀套顶面3 mm左右,弹簧销(严禁使用铜质弹簧销)安装须牢固。

(5)各鞲鞴(主鞲鞴带滑阀及节制阀)阀杆装入阀体内拉动时,动作须灵活,阻力须适当。充气鞲鞴及紧急鞲鞴组装后,在阀体内按动时,须有活动量。

(6)各弹簧不得错装,装配须正位(安定弹簧顶端面须嵌入紧急鞲鞴的槽穴中)各鞲鞴膜板边缘须完全安装入槽。

(7)各处密封圈不得错装及漏装,各结合面上的固定(异形)密封圈须高出座槽留有适当压量。

(8)组装后各部须紧固,各螺栓须平均拧紧且露有丝扣。

2. 主阀试验

(1) 初充气和充气位漏泄试验

①工作风缸由零充至580 kPa的时间新品为60～80 s,洗检及修理品为60～90 s。

②整个充气过程副风缸压力不得超过工作风缸压力。当工作风缸压力达到580 kPa时,副风缸压力应不得低于560 kPa。

③工作风缸和副风缸压力表的上升,充至定压后用肥皂水检查各结合部,不得有漏泄;局减排气口,在5 s内肥皂泡直径不得大于25 mm。

(2)紧急制动位漏泄试验

①检查大、小排气口及局减阀盖小孔处不得漏泄。

(3)制动和缓解灵敏度试验

①制动灵敏度。应在制动管降压20 kPa以前,发生局减作用,减压40 kPa前发生制动作用。

②保压1 min,不得发生自然缓解。

③从手把移置三位起到局减室排气终了的时间不得超过:新品10 s,洗检及修理品15 s。

(4)缓解灵敏度试验。

从手把移至二位小排气口开始排气的时间不得超过 15 s。

(5) 局减阀试验

①局减阀关闭压力应为 50～70 kPa。

②制动缸压力上升在 20 s 内不得超过 10 kPa。

③局减阀开放压力不得小于 20 kPa。

(6) 稳定试验

制动管降压 50 kPa 以前,不得发生局减和制动作用。

(7)全缓解试验

①容积风缸压力由 400 kPa 降至 40 kPa 的时间:新品 4.5～7 s;洗检及修理品 4.5～8 s。

②制动缸压力应随容积风缸压力下降,两者压差不得超过 25 kPa。

(8)均衡灵敏度试验

当风门排气口开始排风时容积风缸压力表的指示值不大于 15 kPa。

2. 紧急阀试验

(1)紧急室充气和紧急放风阀漏泄试验

紧急室压力由零上升至 580 kPa 的时间为:新品 40～55 s;洗检及修理品 40～60 s。

(2)紧急灵敏度及紧急室排风试验

①在制动管减压 70～100 kPa,应发生制动管紧急排风作用。

②紧急室压力由发生制动管紧急排风开始到降至 40 kPa 的时间:新品应为 14～18 s;洗检及修理品 12～20 s。

(三)安全注意事项

1. 向试验台安装分配阀时,应注意手持位置,避免夹伤。

2. 试验完毕,应确认各风缸压缩空气排尽后,方可取下分配阀。

二、检修、试验单元制动缸

(一)作业方法、步骤

准备→分解→清洗→检修→组装→试验→油漆标记→填写记录→存储→完工

1. 准备

(1)配件、材料准备

单元制动缸、2 号低温脂。

(2)工具、设备准备

扳手、单元缸试验台、尖嘴钳、压装专用工装、游标卡尺。

(3)对单元制动缸外体进行除垢吹尘

2. 分解

(1)膜板式单元缸

①拆下橡胶防尘套,将丝杠组成按逆时针方向旋下;

②卸下缸体与缸盖连接螺栓,依次取下缸盖、橡胶膜板、活塞杆;

③卸下导向螺栓,取出活塞杆组成及缓解弹簧;

④分解活塞杆组成。

(2)活塞式单元缸

SYSZ(PDZ)系列单元制动缸

①取下防尘套,将吊耳连同丝杠等组成件按逆时针方向旋下;

②先卸下螺钉,取下孔用弹簧挡圈和止环、前调整螺母组成;

③卸下前压盖及后压盖上的组装螺栓,将后盖组成与前体组成分离;

④取出活塞组成(包括橡胶皮碗、活塞及活塞支撑环)、后调整弹簧、后调整螺母座组成、隔环;

⑤将前体组成移出,卡紧缓解弹簧座;

⑥将前套筒及缓解弹簧座从前体组成中取出;

⑦分解前、后调整螺母组成。

STG 系列单元制动缸

①卸下压盖螺栓,卡紧卡簧,卸下后盖,取出活塞组成;

②按逆时针方向旋下丝杠组成;

③取出孔用弹簧挡圈、导向套;

④卸下导向螺栓,取下活塞杆组成;

⑤分解活塞杆组成。

3. 清洗

(1)将缸体及内部零件分开,分别置于超声波清洗机内清洗干净;

(2)取出工件,用清水冲洗干净,以压力空气将工件吹干。

4. 检修

(1)橡胶及尼龙密封圈更换新品;

(2)各弹簧有折损、锈蚀、衰弱、变形时更换;

(3)前、后调整螺母、前齿环损坏更换新品,前调整螺母与前齿环啮合面磨耗超过原齿高三分之一无法正常啮合时更新。螺母套在丝杠上转动须灵活,动作须均匀稳定。

(4)滤尘网更新,排气堵须畅通;

(5)紧固环及吊耳上的齿磨耗量不得大于原齿高的二分之一,超过时报废;

(6)紧固环在螺杆上不得有松动现象,销轴必须铆死;

(7)防尘套更新;

(8)膜板式单元缸膜板及尼龙密封圈更换新品;

(9)活塞式单元缸皮碗有龟裂、破损、变形时更新。

5. 组装

(1)组装前将各运动件、皮碗圆周活动接触部及弹簧涂上适量 2 号低温脂;

(2)按分解时的逆顺序进行组装;

(3)单元缸缸盖组装螺栓上挂标注检修牌,标注检修牌打上段简称、检修编号。

6. 试验

(1)漏泄试验

将定压为 450 kPa～600 kPa 的压力空气向单元制动缸充气,待压力稳定后保压 1 min,膜板式制动缸不得漏泄,活塞式制动缸漏泄须小于 5 kPa。

(2)作用性能试验

①将风压调整到 400 kPa,对单元制动缸进行三次充气、排气试验,各运动件动作应平稳,作用灵活,制动及缓解作用应正常,不得有卡滞现象及异响。

②在正常缓解状态,单元制动缸的吊耳的最外端面与调节板间的间隙应为(6±1)mm。

(3)调整量试验

①将风压调整到 400 kPa，将吊耳及丝杠组成向缓解方向拧到最小位置，然后向单元制动缸充气，使活塞杆伸出后再排气，活塞杆迅速恢复原位。按同样方法进行多次试验，使螺杆伸出量达到最大值，并测量前 3 次每次螺杆伸出量及最终螺杆伸出量，须符合规定。

②最小调节量的试验：将风压调整到 400 kPa，一次制动后，单元制动缸的吊耳紧压调节板，然后缓解，将 2 mm 厚的调节板取下，向单元制动缸再充气，吊耳仍须紧压调节板。

7. 油漆标记

单元缸外表面涂刷防锈漆（不锈钢除外）和面漆。

8. 填写记录

经试验合格的单元缸须填写《单元制动缸检修试验记录》。

9. 存储

试验合格的单元制动缸，封堵进气管口。

10. 完工

(1)配件、工具、材料、台账等须整齐摆放指定地点。

(2)清扫工作台及工作场地，做到工完料净场地清。

(二)质量标准

(1)外体腐蚀深度不得大于 3 mm；

(2)缸盖腐蚀深度不得大于 1.2 mm；

(3)其他金属零件磨损不得大于 0.5 mm；

(4)衬套磨耗超过 1 mm 时更新，衬套压装时允许凸出基体表面 1 mm，或凹入 2 mm；

(5) 各型单元缸缓解簧须符合表 9-4、表 9-5 要求；

表 9-4 缓解簧参数 单位：mm

型号	SP2	SP13	SP4	SP12	SP14
缓解簧径	8	8	8	8	8
缓解簧自由高±3	160	160	102	102	102

表 9-5 缓解簧参数 单位：mm

型号	SYSZ6	SYSZ7	SYSZ8	SYSZ10	STG1	STG2	STG3	STG4
缓解簧径	6.5	6.5	6.5	7	8	8	8	8
缓解簧自由高±3	90(120)	135(165)	135(165)	165	112	165	110	164

(6)各型单元缸鞲鞴行程及螺杆调整量须符合表 9-6、表 9-7 要求；

表 9-6 各型单元缸鞲鞴行程及螺杆调整量 单位：mm

型号	鞲鞴行程	一次最大调整量	调整范围
SP2	≥28(28～30)	≥7(8～14)	95～100
SP13	≥25	≥7	95～100
SP16	≥17(18～20)	≥3(4～8)	75～80
SP19	≥17(18～20)	≥3(4～8)	75～80
SP4	≥17(14～16)	≥4(5～7)	75～80
SP12	≥13	≥3	75～80
SP14	≥25	≥7	95～100

表 9-7　各型单元缸鞲鞴行程及螺杆调整量　　单位：mm

制动缸类型	型　号	鞲鞴行程	一次最大调整量	调整范围
盘形制动缸	STG2	28～32	≥10	≥90(90～100)
	STG4	22～26	≥8	≥90(90～100)
踏面清扫器	STG1	16～20	≥5	≥80
	STG3	16～20	≥5	≥80
盘形制动缸	SYSZ8	20～24	≥8	≥100(100～110)
	SYSZ10	28～30	≥8	≥100(100～110)
踏面清扫器	SYSZ6	20～24	≥8	≥90(100～110)
	SYSZ7	20～24	≥8	100～110
盘形制动缸	PDZ8	20～22	≥8	≥90
	PDZ10	20～22	≥8	≥90
踏面清扫器	PDZ6	20～22	≥8	≥90

(7)活塞式单元缸后调整螺母与轴承接触处的磨耗量大于 1 mm,轴承变色、锈蚀,保持架缺损、变形时报废;

(8)活塞式单元缸尼龙零件磨耗量不大于 0.4 mm。尼龙支承环不得开口、缺损。

(三)应急处理技能

1. 试验时,呼吸口漏泄,膜板式应检查膜板是否穿孔;活塞式应检查皮碗边缘是否卡、脏;

2. 试验时,后盖边缘漏泄,应检查安装螺栓是否紧固,检查活塞式单元缸密封垫是否缺、损。

(四)安全注意事项

1. 拆装弹簧挡圈时,应避免弹出伤人;

2. 使用压装专用工装时,注意手持位置,避免夹伤;

3. 膜板上不得粘有油脂;

4. 搬运时,应摆放稳固,避免跌落。

三、校验单车试验器机能

(一)作业方法、步骤

准备→检查→校验

1. 准备

(1)配件、材料准备

单车试验器。

(2)工具、设备准备

15.5 L 风缸、秒表、肥皂水。

2. 检查

(1)压力表粘贴有检定标记,且在有效期内;

(2)单车连接软管无破损。

3. 校验

(1)将单车试验器和容积为 15.5L 的制动管容积风缸相连,再将进风端和风管相连,打开风源;

(2)往复移动回转阀手柄;

(3)将调整阀调整至 500 kPa,将回转阀手把置一位,待制动管压力充至 500 kPa 后,用肥皂水检查各连接处;

(4)制动管风缸压力至 500 kPa 时,三位保压,排风阀处关闭位置,在回转阀排气口涂肥皂水;

(5)分别试验手把在各位置时的充排气时间;

(6)机能检查合格后,关闭风源,将客车单车试验器制动管压力调整至 600 kPa;

(7)试验完毕后,打上检修标记。

(二)质量标准

1. 往复移动回转阀手柄,其动作应轻便灵活;

2. 充风校验时,各连接处不应出现漏泄现象。在回转阀排气口上涂肥皂水,5s 内气泡不得破裂;

3. 制动管风缸压力至 500 kPa 时,三位保压,排风阀处关闭位置,在回转阀排气口涂肥皂水,5s 内肥皂泡直径不得大于 20 mm;

4. 客车单车试验器各位置充排风时间应符合如下要求:

(1)二位:列车管压力由 50 kPa 升至 150 kPa 时间 19～20 s;

(2)四位:列车管压力由 500 kPa 降至 400 kPa 时间 10～11.5 s;

(3)五位:列车管压力由 500 kPa 降至 300 kPa 时间 6～7.5 s;

(4)六位:列车管压力由 500 kPa 降至 200 kPa 时间 3～3.5 s。

(三)安全注意事项

风管路各部连接须可靠,注意压缩空气的使用安全。

四、校验 705 试验台机能

(一)作业方法、步骤

准备→校验→记录→完工

1. 准备

(1)配件、材料准备

705 试验台。

(2)工具、设备准备

秒表、毛刷、肥皂水。

2. 校验

(1) 将带塞门的主阀安装座盖板和紧急阀安装座盖板分别夹在主阀和紧急阀安装座上,将调压阀压力调整到 600 kPa,将限压阀压力调整到 50 kPa。

(2)制动管和紧急室系统漏泄校验

①开风门 1、2、4、13,关其他风门,手把移至 1 位,待制动管和紧急室充至定压后,用肥皂水检查制动管和紧急室、管系、表管及风门 14 和 14A 均不得漏泄。

②关风门 13,开紧急阀安装座盖板的紧急室排气塞门,其排气口不得漏泄。关风门 2,开紧急阀安装座制动管排气塞门,待排尽余风后,用肥皂水检查,不得有漏泄。

③关风门4,开主阀安装座盖板的制动管排气塞门,用肥皂水检查主阀制动管排气塞门排气口,不得有漏泄。

④关风门1,开风门4,待排尽余风后,用肥皂水检查制动管、排气塞门排气口,肥皂泡保持1min,不得破裂。

(3) 压力风缸系统漏泄校验

①关风门15,开风门5、9,手把移置1位,待压力风缸充至定压后,用肥皂水检查压力风缸管系、表管和风门15,不得漏泄。

②关风门5、9,开主阀安装座盖板上压力风缸排气塞门,待排尽余风后,用肥皂水检查排气口,不得漏泄。

(4) 容积风缸系统漏泄校验

①关风门7A、17,开风门7、11,手把移至1位,待容积风缸充至定压后,用肥皂水检查容积风缸管系、表管和风门17,不得漏泄。

②关风门11,开容积风缸出孔排气塞门,待排尽余风后用肥皂水检查,并保持1min,不得有漏泄。试毕关闭容积风缸出孔排气塞门。

③手把移至8位,排尽余风后,开风门7A、11,手把移至2位,限压阀应在50 kPa排风,然后置3位,应在30 kPa以上停止排风,待压力稳定后,关风门7A,注意观察容积风缸压力表(单针)在10s内不得下降5 kPa。

④关风门7和7A,手把移至1位,开容积风缸入孔排气塞门,待排尽余风后,用肥皂水检查,不得漏泄。观察容积风缸压力表(单针)30s内不得上升。

(5) 操纵阀机能检查

①准备:开控制阀K1和K2,分别将主阀及紧急阀安装座盖板卡紧在主阀和紧急阀安装座上,并关闭盖板上各排气塞门。然后开风门1、2、4,关其他风门,总风源压力确认在650~700 kPa,调压阀调整制动管压力为600 kPa。

②操纵阀漏泄试验:

将操纵阀手把置1位,待制动管压力充至600 kPa,将手把移置6位,减压200 kPa,再将手把移至3位,保压1 min,要求制动管压力不得上升。

③操纵阀充排气时间测定

确认总风源压力不得低于650 kPa,将操纵阀手把依次移至2、4、5、6、7、8位,测定制动管压力在规定变化范围内的时间。

④风门14A排风时间的测定

待制动管充至定压后,关风门1,开风门14A,测定:制动管压力在规定变化范围内的时间。

(6)检查完毕后,将主阀安装座盖板和紧急阀安装座盖板分别卸下。

(二)质量标准

1. 操纵阀充气时间:

手把移至2位,测定制动管压力由50 kPa升至150 kPa的时间为50~52 s。

2. 操纵阀手把至如下位置时的排气时间:

(1)4位:待制动管充至定压600 kPa后,将手把移置4位,测定制动管压力由600 kPa降至500 kPa的时间为18~20 s。

(2)5位:待制动管充至定压600 kPa后,将手把移至5位,测定制动管压力由600 kPa降至 400 kPa 的时间为 6.5～7 s。

(3)6 位：待制动管充至定压后，将手把移至 6 位，测定制动管压力由 600 kPa 降至400 kPa 的时间为 5～5.5 s。

(4)7 位：待制动管压力充至定压后，手把移至 7 位，测定制动管压力由 600 kPa 降至 300 kPa的时间为 6.5～7 s。

(5)8 位：待制动管压力充至定压后，将手把移至 8 位，测定制动管压力由 600 kPa 降至 300 kPa 的时间为 5～5.5 s。

(6)风门 14 排气时间的测定：待制动管充至定压后，关风门 1，开风门 14 的同时测定：制动管压力由 600 kPa 降至 40 kPa 的时间应不大于 1.5 s。

3. 风门 14A 的排风时间

由 600 kPa 降至 540 kPa 的时间应为：55～65 s。

(三)安全注意事项

1. 安装座盖板和紧急阀安装座安装时应注意手持位置，避免夹伤；

2. 校验完毕，各风缸压缩空气排尽后方可拆卸主阀安装座盖板和紧急阀安装座盖板。

五、分析、处理 104 型分配阀故障

(一)充气及漏泄试验

1. 工作风缸充气慢

(1)上盖结合部漏泄

处理：更换密封圈。

(2)充气孔缩小

处理：校正充气孔或更换滑阀。

(3)滑阀充气孔与阀座充气孔错位

处理：校正充气孔或更换滑阀。

2. 压力风缸充气快

(1)主活塞膜板破损、穿孔

处理：更换膜板。

(2)活塞中间 25 mm×2.4 mm 的 O 形圈漏泄

处理：更换 O 形圈后紧固压紧螺母。

(3)充气孔过大

处理：校正充气孔或更换滑阀。

3. 副风缸充气慢

(1)充气活塞顶杆过短或松动

处理：加修或更换。

(2)增压阀杆下部 O 形圈破损

处理：更换 O 形圈。

4. 副风缸充气快

(1)充气活塞顶杆过长

处理：加修或更换。

(2)充气阀漏泄

处理:加修或更换。

(3)增压阀杆上部O形圈破损

处理:更换O形圈。

(二)紧急制动位综合试验

1. 发生增压作用

(1)停止圈未装

处理:加装。

(2)增压阀下部O形圈破损

处理:分解后检查更换处理。

2. 制动管压力上升10 s内大于20 kPa

(1)止回阀故障

处理:修理或更换。

(2)增压阀上部O形圈破损

处理:更换。

(3)局减阀O形圈破损

处理:更换。

(4)主活塞膜板穿孔

处理:更换。

(5)上、下活塞间直径为25 mm×2.4 mm的O形圈漏。

处理:更换。

判断时,先关6号风门。如副风缸压力下降,则为原因1或2;关8号风门,制动缸压力下降为原因3;关5号风门,压力风缸压力下降为原因4或5。

3. 大排气口漏

原因:均衡活塞导向杆25 mm×2.4 mm的O形圈漏。

处理:更换。

4. 制动缸压力高于容积室压力

(1)缩孔Ⅱ偏小

处理:疏通缩孔Ⅱ。

(2)均衡部阻力过大

处理:更换O形圈或更换作用阀弹簧。

5. 制动缸压力偏低不足420 kPa

缩孔Ⅱ偏大

处理:更换。

(三)制动缓解灵敏度试验

1. 制动灵敏度差

(1)止回阀漏

处理:更换。

(2)活塞间25 mm×2.4 mm的O形圈漏

处理:更换。

(3)主活塞阻力大

处理:研磨滑阀或更换节制阀。不发生制动时,制动管与压力风缸压差大于 20 kPa。应更换主活塞。

2. 自然缓解

(1)节制阀漏

处理:研磨节制阀与座。

判断:原因 1,保压时制动管压力上升形成缓解压力差。原因 2,保压时压力风缸压力下降,形成缓解压力差。

(2)止回阀漏

处理:分解后用砂布磨平。

3. 缓解慢

原因:阻力大。

处理:研磨滑阀或更换节制阀弹簧。

(四)全制动试验

1. 不制动

(1)均衡膜板破损

处理:更换均衡膜板。

(2)阀座到容积室通道堵塞

处理:分解后疏通。

2. 不缓解

(1)阀座与小排气通路堵塞

处理:分解后疏通。

(2)均衡阀开胶

处理:更换均衡阀。

(五)局减阀试验

1. 20 s 内制动压力上升大于 10 kPa

原因:局减阀 O 形圈漏

处理: 更换。

2. 关闭时压力大于 70 kPa

原因:弹簧太强

处理:更换弹簧。

3. 开放时压力小于 20 kPa

原因:弹簧弱。

处理:更换弹簧。

(六)稳定性试验

稳定性不良时的处理:

(1)稳定弹簧过弱

处理:更换弹簧。

(2)阀座充气孔与滑阀充气孔错位

处理:更换滑阀与节制阀。

(七)紧急阀充气试验

1. 紧急室充气慢

(1)充气孔偏小

处理:疏通充气孔。

(2)结合部密封圈破损

处理:更换。

2. 充气快

(1)充气孔偏大

处理:焊修后用0.5 mm钻头重新钻孔或更换。

(2)16 mm×3 mm密封圈漏

处理:更换密封圈。

(3)膜板穿孔

处理:更换膜板。

3. 排气口漏

(1)放风阀漏

处理:用0号砂布磨平或更换。

(2)25 mm×2.4 mm的O形圈漏。

处理:更换O形圈。

(八)紧急灵敏度试验

1. 无紧急制动作用

(1)缩孔Ⅲ过大

处理:更换。

(2)膜板穿孔

处理:更换。

(3)安定弹簧过强

处理:更换。

(4)活塞杆过短

处理:更换。

判断:1、2项列车管与紧急室不能形成压力差。3、4项有压差但灵敏度低。

2. 安定试验安定性不良

(1)缩孔Ⅲ偏小

处理:疏通缩孔Ⅲ。

(2)安定弹簧过弱

处理:更换。

(3)紧急活塞杆过长

处理:更换或加修活塞杆。

六、分析、处理F8型分配阀故障

(一)充气缓解时的故障

1. 缓解口漏泄

原因:平衡阀动作不灵活或有异物;电空阀部分的放大阀处有异物。

处理:修理或更换平衡阀,清除异物。

2. 紧急放风阀漏泄

(1)动作不灵活或有异物

处理:修理或更换放风阀或清除异物;

(2)弹簧变形

处理:更换弹簧。

(二)常用制动时的故障

1. 常用制动感度差或不起制动作用

原因:副风缸充气止回阀漏泄。

处理:检查充气止回阀是否灵活,有异物时清除;表面不平时修理或更换。

2. 常用制动时发生意外紧急制动

(1)辅助阀常用排风堵堵塞或不畅

处理:疏通或更换。

(2)放风阀弹簧变形

处理:更换。

3. 制动保压时故障

(1)副风缸止回阀漏泄

处理:修理或更换。

(2)限压阀下部限制孔不畅

处理:疏通。

七、用试验台试验 ST1-600 型闸调器性能

(一)作业方法、步骤

准备→正常间隙试验→螺杆全行程伸长试验→螺杆全行程缩短试验→间隙减少试验→灵敏度试验→间隙增大试验→手动调整试验→完工

1. 准备

(1)准备配件、材料

ST1-600 型闸调器。

(2)准备工具、设备

闸调器试验台、扳手、垫板、直尺。

(3)调整制动缸压力为 300 kPa;调整 A 值,使制动缸鞲鞴行程为 100~200 mm;调整垫片的厚度,使螺杆 L 值为 0~50 mm。

2. 正常间隙试验

制动缓解二次后测量制动缸鞲鞴行程及螺杆工作长度。

3. 螺杆全行程伸长试验

放长控制杆,每次加垫 120 mm,共加 5 次。每加 3 次垫,制动缓解 4 次,共约 20 次。

4. 螺杆全行程缩短试验。

放下控制杆,撤去全部垫,制动缓解五次,测量螺杆工作长度。

5. 间隙减少试验。

加垫 40 mm。制动缓解三次,测量螺杆工作长度及鞲鞴行程。

6. 灵敏度试验

连续加垫 2 次,每次加 10 mm;连续减垫 2 次,每次减 10 mm。每次制动缓解后测量螺杆长度变化量。

7. 间隙增大试验

减垫 40 mm,制动缓解 2 次。

8. 手动调整试验:顺时针、逆时针分别旋转外体 1～2 转(旋转扭矩不得大于 30 N·m)。

(二)质量标准

1. 正常间隙试验要求:制动缸鞲鞴行程=原始行程±5 mm;螺杆工作长度不变。

2. 螺杆全行程伸长试验时每次制动时闸调器外体旋转;螺杆长度每次伸长(30±3)mm;伸至全行程 600 mm 为止。

3. 间隙减少试验时

(1)制动缓解三次,要求:第一次制动时,制动缸鞲鞴行程缩短并且外体旋转,缓解后测量螺杆工作长度伸长(30±3)mm;

(2)第二次制动缓解不测量;第三次制动时,鞲鞴行程为原始行程±5 mm;缓解后,螺杆工作长度伸长(40±3)mm。

4. 灵敏度试验时,螺杆每次伸长(10±2)mm;螺杆每次相应缩短(10±2)mm。

5. 间隙增大试验

(1)第一次制动时,制动缸鞲鞴行程伸长,缓解后,螺杆工作长度恢复至原始长度±4 mm;

(2)第二次制动后,制动缸鞲鞴行程恢复至原始行程±5 mm,缓解后,螺杆工作长度保持不变。

6. 手动转动闸调器外体,螺杆相应伸长和缩短。

(三)安全注意事项

制动或缓解时,禁止进行测量和调整作业。

第三节　货车制动

一、安全阀检修及试验

(一)作业方法、步骤

清扫分解→检修→组装→试验→涂打标记。

1. 清扫分解

(1)清除安全阀体外部尘垢、除锈。

(2)分解安全阀,分解后各零件须清洗干净,用软布擦拭干净。

2. 检修安全阀。

3. 组装

将阀芯、阀杆及弹簧装入阀体内,拧入调整螺套至适当位置待试验。

4. 安全阀试验。

在专用试验台上旋转调整螺套,试验安全阀开放、关闭压力,检查漏泄。安装螺帽后,重复试验 1～2 次。

5. 涂打标记

(1)组装试验合格后进行铅封。

(2)涂打 190 kPa 字样。

(二)质量标准

1. 安全阀杆、调整螺套、弹簧、阀芯、内腔分解后应洗涤并用软布擦拭干净。

2. 安全阀检修质量标准：

(1)各零件裂纹、变形时更换。

(2)阀与座接触不严时用 400 号金刚砂研磨。

(3)阀杆与调整螺套须有不大于 1 mm 的间隙。阀与套间隙不大于 0.2 mm，大于时换阀调整。

(4)阀体下部螺纹缺损时更换。

(5)弹簧折断、弯曲或自由高低于 70 mm 时更换，新品弹簧自由高须为 $73^{+3.5}_{1.0}$ mm。

3. 组装要求：

(1)组装时，在阀杆、阀芯上涂以适量 120 阀用改性甲基硅油。

(2)调整螺套螺纹拧入长度不少于 15 mm(即 10 扣以上)。

4. 安全阀试验：

(1)安全阀须在压力升至 190 kPa 前排风，降至 160 kPa 前停止排风。

(2)且不得漏泄。

5. 涂打标记：

(1)组装试验合格后进行铅封，须用直径 0.5～0.9 mm 铁丝铅封，铅封检修单位代号须明显。

(2)涂打 190 kPa 字样，字号为 20 号，不得堵塞排气孔。

(三)故障处理(应急处理)

故障：若风压在 160 kPa 下，安全阀排气口漏泄，多为阀芯划伤、碰伤；

处理：更换阀芯或磨修处理。

(四)安全注意事项

注意压缩空气使用的安全。

二、GK 阀检修

GK 阀检修

(一)作业方法、步骤

外部清洗→分解阀体及零部件→检测→组装。

1. 外部清洗

将 GK 阀定点分类排放整齐，先进行外部清扫后用压缩空气进行彻底吹尘，再放入外部清洗机，在清洗外体时，做到外部无明显污垢。

2. 分解及清洗各零部件

分解各各零部件，将分解后的各零部件在超声波清洗机内清洗，并烘干。

3. 检测

(1)分解各部。

(2)加修或更换有裂纹的阀体、阀盖。

(3)主活塞环与活塞室铜套、主活塞环与槽接触须严密。

(4)研磨滑阀、滑阀座、节制阀并用高压风吹扫各孔。

(5)疏通清洗各限制孔及缩孔。

(6)更换有松动或内壁划伤严重的铜套。

(7)检测分配阀各种弹簧。

4. 组装

(1)组装滑阀、节制阀及各活动摩擦部件。

(2)顺序将各配件装入阀内,弹簧不得装错。

5. 完工

整理工作台,工具按规定摆放,关闭电气开关,清扫场地。

(二)质量标准

1. 外部清洗时应将 GK 阀定点分类排放整齐,先进行外部清扫后用压缩空气进行彻底吹尘,再放入外部清洗机,在清洗外体时,做到外部无明显污垢。

2. 分解阀体及零部件检测时要求:

(1)分解各部,各橡胶膜件更换合格新品。

(2)阀体、各阀盖有裂纹时更换,安装面有碰伤时加修或更换。

(3)活塞环装入槽内须无过松、过紧或局部卡滞现象。

(4)滑阀、滑阀座、节制阀等滑动面有划伤、接触不严密时研磨,组装前必须用高压风吹扫各孔。

(5)各限制孔及缩孔有堵塞时,须用直径小于各孔直径的钢针疏通清洗。

(6)各铜套有松动或内壁划伤严重者更换。

(7)GK 阀各种弹簧须按表 9-8 要求进行检测。

表 9-8　GK 型三通阀弹簧参数表　　单位:mm

序　号	弹簧名称	自由高	加载 4.5 N 的高度
1	递动弹簧	65~68.5	3~57
2	减速弹簧	31.5~34	24.5~30.9
3	止回阀弹簧	41~45	30~34
4	紧急外弹簧	34.5~35.5	全压缩三次后应恢复自由高尺寸

(8)各零部件用对橡胶件无腐蚀的清洗剂清洗后吹干。

(9)厂修时须用游标卡尺测量滑阀、滑阀座、节制阀、活塞环,磨耗超限者更换。GK 阀滑阀及座、节制阀、活塞环检修限度见表 9-9。

表 9-9　GK 型三通阀检修限度表　　单位:mm

序　号	检 测 项 目		检修限度	备　注
1	作用部铜套内径差不大于		0.04	
2	铜套内径不大于		89.4	
3	主充风沟	长度	12.7±0.1	
		宽度	2.5±0.2	
		深度	1.2±0.1	该限度指半径

续上表

序 号	检测项目		检修限度	备 注
4	补助充风沟	长度	8.7±0.1	
		宽度	2.5±0.2	
		深度	1.2±0.1	该限度指半径
5	选配后活塞环搭口间隙不大于		0.5	指工作状态下
6	选配后活塞环开口间隙		0.1～1.0	指自由状态下
7	滑阀座剩余厚度不小于		39.8	
8	滑阀剩余厚度不小于		10.9	
9	节制阀剩余厚度不小于		5.5	
10	滑阀在活塞杆前后移动间隙		5.4～6.0	原型为5.5

3. 组装要求：

(1)各摩擦面给以适量的三通阀油或硅油，组装时严禁碰伤或划伤零件，组装后试验其阻力须适当。

(2)滑阀组合后，销钉不得松动，两端与滑阀两侧要平齐一致。

(3)滑阀弹簧须调整比套高出 3 mm 左右，滑阀在主活塞杆内的前后间隙须保持 5.4～6.0 mm，涨圈开口处须在充风沟相对侧。

(4)风筒盖胶垫装在阀体上(盖垫允许反位)，然后将风筒盖用螺栓均匀拧紧。

(5)在主活塞杆与减速弹簧杆顶靠时，滑阀与减速弹簧杆尾部之间隙应在 0.1～1.5 mm 范围内。

(6)紧急活塞与紧急阀座，紧急阀与紧急活塞或止回阀配合部须圆滑，紧急活塞与铜套应有 0.1～0.3 mm 的间隙，紧急活塞与紧急阀座内孔配合间隙不小于 0.2 mm，严禁将筒统件与非筒统件混装在一起。

(7)按组装顺序将紧急部的各零件下体，将胶垫气密线面向阀体侧安装，下体与阀体用螺栓均匀拧紧。

(三)故障处理(应急处理)

1. 故障

(1)充风沟尺寸不符合规定引起充风过快或制动感度不良；

(2)GK 型三通阀局部减压量超过规定；

(3)滑阀与滑阀座之间阻力较大，缓解感度作用不良。

2. 处理

(1)充风沟尺寸不符合规定引起充风过快或制动感度不良时，更换三通阀体。因主活塞内侧的环状突起部接触不严引起充风过快时，不得将滑阀室铜套的充风沟焊小。

(2)GK 型三通阀局部减压量超过规定时，可在阀下体旁道孔上加装 $\phi1.4$～$\phi1.6$ mm 缩孔的铜片堵。

(3)锡青铜材质(颜色发红)的滑阀与滑阀座之间阻力较大，缓解感度作用不良时，可与硅锰黄铜(颜色发白)的滑阀或滑阀座配用。

(四)安全注意事项

1. 分解阀体时应轻拿轻放,防止阀体落地伤人。

2. 注意压缩空气的使用安全性。

3. 完工时应整理工作台,工具按规定摆放,关闭电气开关,清扫场地。

三、103阀检修

(一)作业方法、步骤

外部清洗→分解阀体及零部件→检测→组装。

1. 外部清洗

将103分配阀定点分类排放整齐,先进行外部清扫后用压缩空气进行彻底吹尘,再放入外部清洗机,在清洗外体时,做到外部无明显污垢。

2. 分解及清洗各零部件

(1)主阀分解的顺序依次为充气部、作用部、均衡阀部、局减阀、减速部、均衡部(包括空重车调整部)、紧急二段部。

(2)将分解后的各零部件在超声波清洗机内清洗,并烘干。

3. 检测

(1)分解各部,各橡胶膜板、夹心阀、O形密封圈。

(2)加修或更换有裂纹的阀体、阀盖。

(3)加修或更换划伤的阀口、导向杆、导向套。

(4)研磨滑阀、滑阀座、节制阀并用高压风吹扫各孔。

(5)疏通清洗各限制孔及缩孔。

(6)更换有松动或内壁划伤严重的铜套。

(7)检测分配阀各种弹簧。

4. 组装

(1)组装滑阀、节制阀及各活动摩擦部件。

(2)顺序将各配件装入阀内,弹簧不得装错。

5. 完工

整理工作台,工具按规定摆放,关闭电气开关,清扫场地。

(二)质量标准

1. 外部清洗时应将103分配阀定点分类排放整齐,先进行外部清扫后用压缩空气进行彻底吹尘,再放入外部清洗机,在清洗外体时,做到外部无明显污垢。

2. 分解阀体及零部件检测时要求:

(1)分解各部,各橡胶膜件更换合格新品。

(2)阀体、各阀盖有裂纹时更换,安装面有碰伤时加修或更换。

(3)各阀口、导向杆、导向套的导向面有划伤时加修或更换。

(4)滑阀、滑阀座、节制阀等滑动面有划伤、接触不严密时研磨,组装前必须用高压风吹扫各孔。

(5)各限制孔及缩孔有堵塞时,须用直径小于各孔直径的钢针疏通清洗。

(6)各铜套有松动或内壁划伤严重者更换。

(7)103分配阀各种弹簧须按表9-10要求进行检测。

表 9-10 103 阀弹簧参数表

序 号	名 称	自由高(mm)	试验压缩高(mm)	试验负荷(N)
1	稳定簧	35.5～34	24～21	20
2	均衡阀簧	42.5～36.3	27～23	50
3	减速簧	78～74	47.5～43.5	140
4	安定簧	52.5～48.3	25～21	28
5	放风阀簧	50.5～46.5	全压缩三次恢复自由高	—
6	跳跃簧	65.5～61.5	全压缩三次恢复自由高	—
7	紧急二段阀簧	55.5～51.5	全压缩三次恢复自由高	—
8	局减阀簧	55.5～51.5	全压缩三次恢复自由高	—
9	止回阀簧	26～24.5	全压缩三次恢复自由高	—
10	充气阀簧	26～24.5	全压缩三次恢复自由高	—
11	节制阀簧	15～13.5	全压缩三次恢复自由高	—

(8)各零部件用对橡胶件无腐蚀的清洗剂清洗后吹干。

(9)检修时须用游标卡尺测量滑阀、滑阀座、节制阀,磨耗超限者更换。103 阀滑阀及座、节制阀检修限度见表 9-11。

表 9-11 103 阀零部件检修限度表 单位:mm

序 号	名 称	检测项目	原 型	限 度	检测器具
1	滑阀	滑阀厚度不小于	17±0.15	16	游标卡尺
		缓解槽深度不小于	3	2.2	或样板
2	节制阀	节制阀厚度不小于	6±0.2	5	游标卡尺或样板
3	主阀体组成	滑阀套阀面高不大	$45.5^{+0.39}_{0}$	46.8	游标卡尺或塞规

3. 组装要求:

(1)滑阀、节制阀的滑动面和阀座涂以少量硅油或硅脂,不得使用其他油代替。

(2)各导向杆、密封圈及各活动摩擦部涂少量硅脂。

(3)充气膜板的凸起缘外周涂少量硅脂或硅油。

(4)空重车位调整的偏心轴与轴孔涂少量软干油。

(5)顺序将各配件装入主阀、紧急阀内,弹簧不得装错。

(6)装局减、紧急二段阀时须注意不得损伤 O 形胶圈。

(7)各活塞及主活塞带滑阀、节制阀装入体内拉动时,动作必须灵活,阻力适当,充气活塞、紧急活塞在阀体内须有活动量。

(8)各活塞膜板边缘必须完全入槽。在装阀盖时各螺栓应均匀拧紧,防止偏压。

(9)各导管须完整,组装各盖时须平均拧紧螺栓。

(10)空重车位调整杆动作必须灵活,作用正确。

(11)各阀盖须有 O 形圈,不得涂铅粉油。

(12)各活动密封圈在组装时涂以适量的 7057 硅润滑脂或经批准使用的其他油脂,不准使用其他油脂代替。

(三)故障处理(应急处理)

1. 故障:

(1)各阀口、导向杆有划伤;

(2)滑阀、滑阀座、节制阀等滑动面有划伤、接触不严密;

(3)滑阀与滑阀座之间阻力较大,缓解感度作用不良。

2. 处理:

(1)各阀口、导向杆有划伤时可用油石磨修或更换。

(2)滑阀、滑阀座、节制阀等滑动面有划伤、接触不严密时研磨,组装前用高压风吹扫各孔,清洗干净。

(3)锡青铜材质(颜色发红)的滑阀与滑阀座之间阻力较大,缓解感度作用不良时,可与硅锰黄铜(颜色发白)的滑阀或滑阀座配用。

(四)安全注意事项

1. 分解阀体时应轻拿轻放,防止阀体落地伤人。

2. 注意压缩空气的使用安全性。

3. 完工时应整理工作台,工具按规定摆放,关闭电气开关,清扫场地。

四、更换120/120-1阀

(一)作业(操作)方法、步骤

1. 准备配件、材料:

所需配件、材料:120/120-1阀,良好,1套;肥皂水及桶,1只。

2. 准备设备及工具:

所需设备及工具:红旗、管钳、活动扳手、刷子。

3. 插红旗。

4. 拆卸120/120-1阀。

(1)关闭截断塞门。

(2)排出各项工作风缸内的压力空气。

(3)卸下120/120-1阀主阀及紧急阀和安装胶垫。

5. 更换良好的120/120-1阀。

(1)安装新的胶垫。

(2)检查良好的120/120-1阀主阀及紧急阀,卸下防尘堵及垫。

(3)组装120/120-1阀主阀及紧急阀,螺栓平均拧紧。

6. 检查

(1)检查螺栓坚固状态。

(2)开放截断塞门。

7. 撤红旗,整理工具、设备。

(二)质量标准

1. 120/120-1阀主阀及紧急阀须经微控试验台试验合格。

2. 检修标记完整、清晰,检修期限不超过6个月。

3. 螺栓平均拧紧。

(三)故障处理(应急处理)

故障:组装螺帽拧不进,多因组装螺栓或螺帽丝扣损坏。

处理:更换组装螺栓或螺帽。

(四)安全注意事项

1. 作业前、作业完须插、撤红旗。

2. 作业时,穿戴防护用品须齐全。

五、研磨滑阀座、滑阀

(一)作业方法、步骤

滑阀座研磨→滑阀研磨。

1. 准备

(1)精度在2级以上的标准平板1～2块;优质灰铸铁或铅制作的并经标准平板校平的工作平板2～3块(尺寸应小于标准平板)。

(2)滑阀座用油石研磨时,油石规格为:粗磨用150～180号,细磨用240～320号,精磨用400～600号,油石的硬度按滑阀座材质选用,硅黄铜选用中软油石,锡青铜选用中硬油石,油石的尺寸应与滑阀座等宽,长度为滑阀长度加行程尺寸。

2. 研磨操作

(1)手工研磨滑阀

①将金刚砂均匀撒在铅平台上(工作平台),再用铸铁平台平面朝下压在铅平台上,缓慢拉动铸铁平台约1 min,使金刚砂压入铅平台表面,然后用毛刷清除多余的金刚砂。

②用两手分持已擦净油垢的滑阀两端或两侧,在铅平台上沿滑阀纵轴方向往返研磨。两手用力要平均,研磨行程用力要一致,往返速度不宜太快。研磨一段时间后,将滑阀调转180°继续研磨,以免偏磨。在最后细磨时,研磨路线应与滑阀纵轴成45°左右的角度,使滑阀面磨成交叉纹路,然后将滑阀清洗干净。

(2)手工研磨滑阀座

①研磨前清洗滑阀座上的油垢,检查滑阀座两侧的油沟,无油沟或沟深不足0.2 mm者,须开制。

②将选好的油石固定在研磨棒上,然后将油石平放于滑阀座上、左右两手分别握住研磨棒两端,平均用力作往复移动进行研磨。移动行程不宜过短或过长。

③研磨操作过程中应勤检查,清除磨下的粉末以及油石平面附着的铜屑。滑阀座经粗磨大致良好后,应进行细磨,以免过多磨损滑阀座面。

④油石在使用中应经常在平台上校对与找平,防止油石不平影响研磨质量。

(3)用机械研磨滑阀座

①先检查研磨机各传动部分,确认良好后,试车、给油。

②将滑阀座清洗干净后,将整个阀体牢固地安放在研磨机安装座上。

③确认滑阀座保持水平后,将校对良好的油石用卡板装好置于滑阀座上并把研磨棒压在油石卡板上。

④启动研磨机开始研磨,研磨中及时调整压力弹簧弹力和卡具,使研磨棒保持水平。

⑤研磨过程中,可根据研磨面的光泽,判断滑阀座接触面状态,也可根据油石面上的所挂铜屑分布情况判断滑阀座接触面状态,如油石研磨面上所挂铜屑分布均匀,说明已基本磨平。

然后将滑阀座清洗干净。

(二)质量标准

1. 滑阀研磨面须呈现均匀的交叉纹路。

2. 滑阀座经研磨后须呈现均匀的条状光泽;滑阀座面两侧的油沟深度不小于 0.2 mm。

(三)故障处理(应急处理)

故障:油石不平。

处理:油石校对,用金刚砂须粒度均匀,粗校对用金刚砂粒度为 80 目,精校对用金刚砂粒度为 180 目。根据油石状态,在平板上进行油石粗校对和精校对,油石接触点要均匀。

六、KZW 系列空重车调整阀检修

KZW-4G 型及 KZW-4G(A、B、C、D)型传感阀和调整阀检修

(一)作业方法、步骤

外部清扫→分解阀体及零部件检测→组装。

(二)质量标准

1. 外部清扫

可用高压水或清洗机清除外部污垢。

2. 分解阀体及零部件检测

(1)分解各部,对零件阀腔进行清洗,并吹扫干净。

(2)阀体,各阀盖有裂纹时更换,安装面不良时加修或更换。

(3)检查各孔,不得堵塞,有堵塞现象时,用小于孔径的钢针疏通。

(4)各橡胶部分一律更换合格新品。

(5)活塞的阀口有磕伤时,可用油石修理或更换。

(6)各弹簧无锈蚀,主要尺寸应符合表 9-12 及表 9-13 要求。

表 9-12 KZW 系列传感阀弹簧参数表

序号	名 称	自由高(mm)	工作高(mm)	工作负荷(N)	数量	适用型号
1	复原弹簧	63+1−3	29	51.8+1.6−5	1	KZW-A21、KZW-4GA
		75.5+1−3	34	47.5+1.2−4	1	KZW-A27、KZW-4GC
		63+1−3	23	60+1.5−4.5	1	KZW-4
2	调压弹簧	53.5 0−2	33	433 0−42	1	KZW-A21、KZW-4GA
		60 0−2	36	305 0 −26	1	KZW-A27
		60 0 −2	36	255 0 −21	1	KZW-4GC
		52.2 0 −2	36	254.8 0 −32	1	KZW-4
3	夹心阀弹簧	30.2+1 −2	13	23.42+1.5 −3	1	KZW-A21、KZW-4GA、KZW-A27 KZW-4GC、KZW-4
4	复位弹簧	168.6+5 −10	87.5	65+4 −8	1	KZW-A21、KZW-4GA、KZW-A27、KZW-4GC

表 9-13 KZW 系列调整阀弹簧参数表

序号	名 称	自由高(mm)	工作高(mm)	工作负荷(N)	数量	适用型号
1	压力弹簧	19±1	13	165.4±28	1	
		19±1	15	90±24	1	KZW-4
2	阀芯弹簧	30+1 −2	13.3	11.3+0.7 −1.4	1	
		30+1 −2	19	6+0.5 −1	1	KZW-4
3	显示弹簧	36+1 −2	19.3	56.5+3.5 −7	1	
		36+1 −2	16.5	130+7 −14	1	KZW-4

注:未注明适用型号者为除 KZW-4 型外的其他型号。

(7)传感阀触杆有锈痕时用零号砂纸打磨干净,弯曲时调整或更换。

(8)调整阀各活塞及铜套上有划痕影响使用时更换。显示活塞杆有锈痕时打磨干净,显示牌须翻动正常。

3. 组装

(1)传感阀组装

①将良好的止回阀装入活阀腔内,再用孔用弹性挡圈固定。

②在触杆、活阀表面涂硅脂后装入阀体,用手推动触杆,应伸缩自如。

③阀盖上装入密封圈后拧入阀体。

(2)调整阀组装

①显示活塞及杆涂以适量硅脂后,装入腔内,用手推动时,应灵活,阀盖应拧紧。

②将止回阀装入主活塞腔内,再在主活塞活动面涂适量硅脂后,把活塞组成装入阀体,要注意膜板保持正位,边缘要完全入槽。

③将上盖组装在阀体后,均匀拧紧组装螺栓。

(三)故障处理(应急处理)

故障:

(1)触杆 $\phi18$ mm 柱面划伤;

(2)显示活塞 $\phi8$ mm 柱面划伤。

处理:

(1)触杆 $\phi18$ mm 柱面划伤时可用细砂纸或油石打磨修理或更换,表面须光滑。

(2)显示活塞 $\phi8$ mm 柱面划伤时可用细砂纸或油石打磨修理或更换。

(四)安全注意事项

1. 配件应轻拿轻放。

2. 清洗时要注意防止清洗液飞溅。

七、TWG-1 型传感阀和调整阀检修

(一)作业方法、步骤

外部清扫→分解阀体及零部件检测→组装。

(二)质量标准

1. 外部清扫

可用高压水或清洗机清除外部污垢。

2. 分解阀体及零部件检测

(1)分解阀体各部,对零件阀腔进行清洗并吹扫干净。

(2)阀体,各阀盖有裂纹时更换,安装面不良时,加修或更换。

(3)各孔有堵塞时,用小于孔径的钢针疏通。

(4)各橡胶部分一律更换合格新品。

(5)传感阀顶杆组成,螺纹自锁机构失效或触头组成端部的耐磨垫过度磨损时更换。

(6)各弹簧须无锈蚀,主要尺寸应符合表 9-14 及表 9-15 要求。

表 9-14 TWG-1 型自调装置弹簧参数表

序号	部　位	名　称	规　格	装配负荷(N)	工作高(mm)	工作负荷(N)
1	WG-1 型传感阀	止回阀簧	ϕ0.5×ϕ9.2/7	0.64±0.1	3	1.29±0.2
2		复原簧 A 型	ϕ2×ϕ32.5/203	43.24±5.2	62	63.51±7.6
3		顶杆簧 A 型	ϕ3.2×ϕ25.4/57.5	23.5±2.8	36	337±40
4		复原簧 C 型	ϕ2×ϕ32.6/212	36.1±4.3	75	61.1±7.3
5		顶杆簧 C 型	ϕ3.2×ϕ25.5/71.5	17.96±2.2	42	353.17±42.4
6	T-1 型调整阀	指示器弹簧	ϕ2×ϕ36.2/23.5	14.9±1.8	9	39.28±4.7
7		跃升弹簧	ϕ2.5×ϕ32/78	87.3±10.5	27	108.6±13
8		充气阀簧	ϕ0.8×ϕ15/25	0.8±0.1		

表 9-15 TWG-1 型空重车自动调整装置零件限度表

序号	名称	检测项目	原型	限度值	检测器具
1	活塞	长槽边缘距活塞下端部距离不小于	$6^{+0.1}_{0}$	5 mm	游标卡尺或样板
2	顶杆组成	触头组成与顶杆组成的装配力矩不小于		3 N·m	力矩扳手
		ϕ25 mm 的外圆杆在全长范围内弯曲变形不大于		0.5 mm	刀口尺
3	触头组成	减摩垫露出触头的高度不小于	3 mm	1 mm	游标卡尺或样板

(7)滤尘网须清洗干净,有变形、损坏时更换。

3. 组装

(1)组装前各橡胶件应擦拭干净,各零部件应保持清洁。

(2)组装时,各活动密封圈涂以适量的硅脂。

(3)各活塞、顶杆涂硅脂后装入阀体内,用手推动时,应伸缩自如。

(4)活塞膜板组装时要保持正位边缘要完全入槽。

(5)装阀盖时各螺栓要均匀拧紧。

(三)故障处理(应急处理)

故障:

(1)传感阀顶杆、触头上的通气孔和调整阀的排气塞堵塞。

(2)传感阀触头、调整阀下盖上的滤尘缩堵堵塞。

(3)传感阀活塞内的阀口、调整阀体中的阀口损伤时修理或更换。

处理:

(1)传感阀顶杆、触头上的通气孔和调整阀的排气塞堵塞用通针疏通。

(2)传感阀触头、调整阀下盖上的滤尘缩堵堵塞时用直径小于 $\phi 2$ mm 的通针疏通，并清洗干净。

(3)传感阀活塞内的阀口、调整阀体中的阀口损伤时修理或更换。

(三)安全注意事项

1. 配件应轻拿轻放。

2. 清洗时要注意动作柔和，防止清洗液飞溅。

第十章　高　级　工

第一节　通用部分:钳工制作技能

一、角度样板制作

(一)毛坯尺寸:85 mm×70 mm×3 mm;材料:Q235。

(二)设备:划线平台、方箱、钳台、台虎钳、台式钻床。

(三)工具:中扁锉(中齿、细齿各一)、三角锉、划规、划针、手锤、样冲、ϕ2 mm 直柄麻花钻、涂料、刮刀、毛刷。

(四)量具:0～150 mm 游标卡尺、0～300 mm 高度游标尺、0°～320°万能角度尺、25～50 mm 外千分尺、100×63 刀口直角尺、0～150 mm 直钢尺、125 mm 刀口尺

(五)图样(图 10-1):

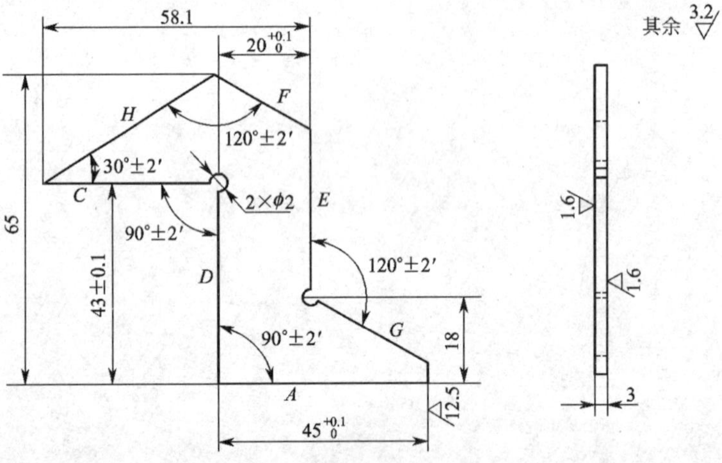

图　10-1

(六)制作时间:7 h。

(七)评分标准(表 10-1):

表 10-1　角度样板制作考件评分标准

序号	考核内容	考核要求	配分	评分标准
1	角度公差	90°±2′(2 处)	20	一处超差扣 10 分
2	角度公差	120°±2′(2 处)	20	一处超差扣 10 分
3	角度公差	30°±2′	10	超差不得分
4	尺寸精度	20^{+1}_{0} mm	8	超差不得分
5	尺寸精度	(43±0.1)mm	8	超差不得分

续上表

序号	考核内容	考核要求	配分	评分标准
6	尺寸精度	$45^{+0.1}_{0}$	8	超差不得分
7	尺寸精度	65、58.1、18、2×ϕ2 mm	2	一处超差扣0.5分
8	表面粗糙度	R_a3.2 μm（8处）	14	一处升高1级扣0.5分
9	安全文明	安全文明有奖规定	违反有关规定，酌情扣总分1～50分安全文明	

二、异形板制作

（一）毛坯尺寸：65 mm×75 mm×8 mm；材料：Q235。

（二）设备：划线平台、方箱、钳台、台虎钳、台式钻床。

（三）工具：中扁锉（中齿、细齿各一）、三角锉、半圆锉、划规、划针、手锤、样冲、ϕ3 mm直柄麻花钻、ϕ7.8 mm直柄麻花钻、ϕ8 mm手用铰刀、活络铰手、锯弓、锯条、扁錾、毛刷、软钳口。

（四）量具：0～150 mm游标卡尺、0～300 mm高度游标尺、0～25 mm外千分尺、100×63矩形直角尺、0～150 mm直钢尺、125 mm刀口尺、半径规、量块。

（五）图样（图10-2）：

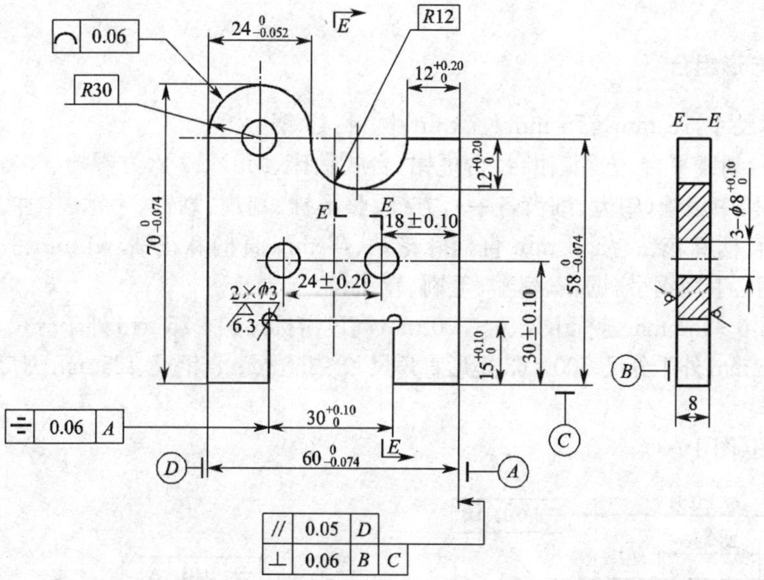

图 10-2

（六）制作时间：5h。

（七）评分标准（表10-2）：

表10-2 角度样板制作考件评分标准

序 号	考核内容	考核要求	配分	评分标准
1	尺寸精度	$60^{0}_{-0.07}$	8	超差不得分
2	对称度公差	0.06	8	超差不得分
3	尺寸精度	$30^{+0.10}_{0}$	6	超差不得分

续上表

序　号	考核内容	考核要求	配分	评分标准
4	尺寸精度	$58_{-0.07}^{0}$	5	超差不得分
5	垂直度公差	0.06	6	超差不得分
6	表面粗糙度	$R_a3.2\ \mu m$(4处)	8	超差不得分
7	三个圆孔尺寸精度	$3\times\phi8_{0}^{+0.10}$	6	超差不得分
8	圆弧线轮廓度(R12)	0.06	16	超差不得分
9	R12圆弧表面粗糙度	$R_a3.2\ \mu m$	4	超差不得分
10	平行度公差	0.05	4	超差不得分
11	尺寸精度	24±0.20	4	超差不得分
12	尺寸精度	$12_{0}^{+0.20}$	4	超差不得分
13	尺寸精度	$15_{0}^{+0.10}$	4	超差不得分
14	尺寸精度	18±0.10	2	超差不得分
15	尺寸精度	$24_{-0.05}^{0}$	4	超差不得分
16	尺寸精度	$12_{0}^{+0.20}$	4	超差不得分
17	尺寸精度	$30_{0}^{+0.10}$	2	超差不得分
18	安全文明	安全文明有奖规定	违反有关规定，酌情扣总分1～50分安全文明	

三、制作方形组合

(一)毛坯尺寸:75 mm×75 mm×7 mm;材料:45钢

(二)设备:划线平台、方箱、钳台、台虎钳、台式钻床、M8×12六方螺栓、6×14锥销。

(三) 工具:中扁锉(中齿、细齿各一)、方锉、整形锉、划规、划针、手锤、样冲、ϕ2mm直柄麻花钻、ϕ5 mm直柄麻花钻、ϕ5.8 mm直柄麻花钻、ϕ7 mm直柄麻花钻、ϕ6 mm手用锥铰刀、M8丝锥、活络铰手、手用锯弓、锯条、扁錾、毛刷、软钳口。

(四)量具:0～150 mm游标卡尺、0～300 mm高度游标尺、0～25 mm外千分尺、25～50 mm外千分尺、50～75 mm外千分尺、100×63矩形直角尺、0～150 mm直钢尺、125 mm刀口尺、塞尺。

(五)图样:

1. 配合图(图10-3)

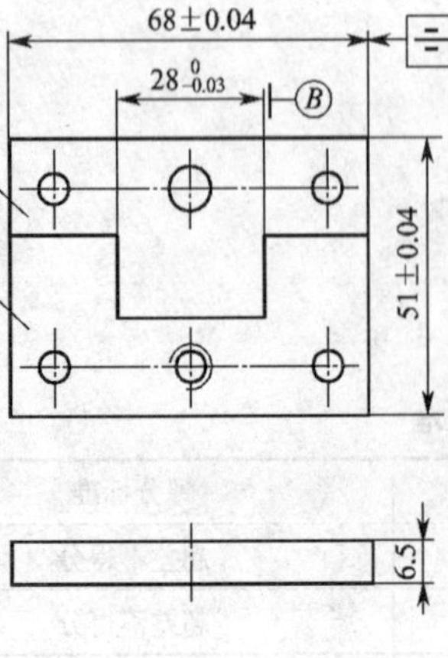

图　10-3

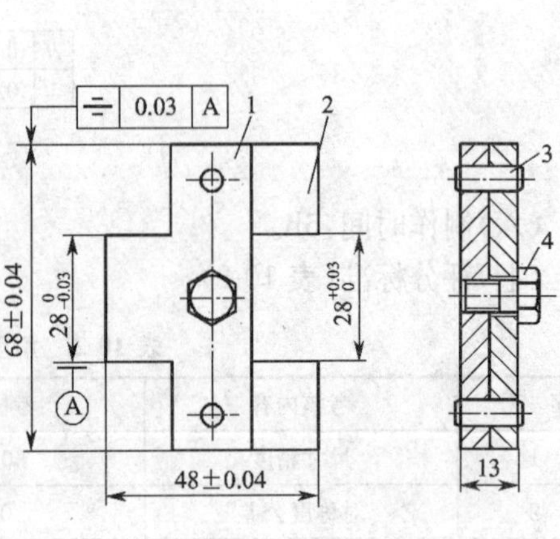

图　10-4

2. 装配图(图 10-4)

3. 零件图凸方形(图 10-5)

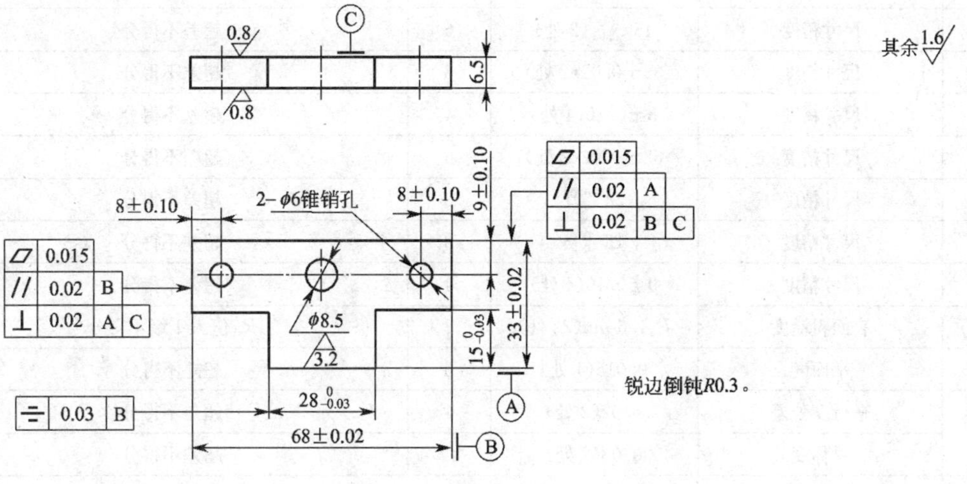

图　10-5

4. 零件图凹方形(图 10-6)

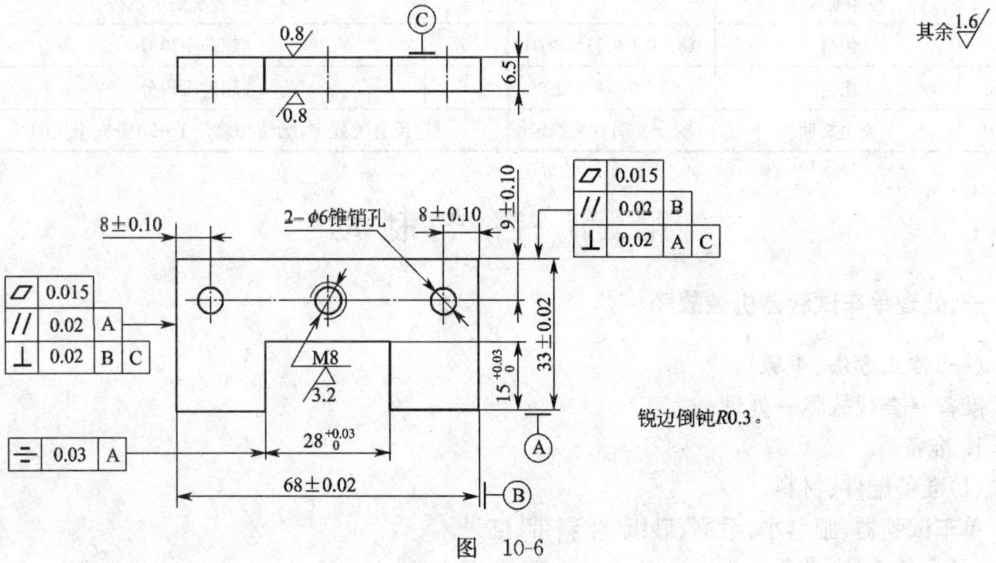

图　10-6

(六)技术要求:

1. 件 1、件 2 在配合位置作透光检查,配合间隙不大于 0.06 mm。

2. 件 1、件 2 在装配位置平面应贴合,0.06 mm 塞尺不能塞入。

3. 两圆锥销应紧密配合,其两端露出部分应符合一般装配技术要求。

4. 装配图中 1 为凸方形、2 为凹方形、3 为锥销、4 为六方螺栓。

(七)制作时间:7 h。

(八)评分标准(表 10-3):

表 10-3 方形组合制作考件评分标准

序号	考核内容	考核要求	配分	评分标准
1	尺寸精度	$28_{-0.03}^{0}$	3	超差不得分
2	尺寸精度	$15_{-0.03}^{0}$(2处)	6	超差不得分
3	尺寸精度	33±0.02(2处)	6	超差不得分
4	尺寸精度	8±0.10(4处)	4	超差不得分
5	尺寸精度	68±0.02(2处)	6	超差不得分
6	尺寸精度	$28_{0}^{+0.03}$	3	超差不得分
7	尺寸精度	$15_{0}^{+0.03}$	3	超差不得分
8	尺寸精度	9±0.10(4处)	4	超差不得分
9	表面粗糙度	R_a1.6 μm(22处)	8	R_a 值大1级不得分
10	平面度	0.015(4处)	6	超差不得分
11	平行度公差	0.02(2处)	4	超差不得分
12	对称度	0.03(2处)	12	超差不得分
13	垂直度	0.02(4处)	4	超差不得分
14	技术要求1(配合间隙)	0.06	15	超差0.01扣3分
15	技术要求2(配合间隙)	0.06	4	超差不得分
16	技术要求3		4	不符合装配要求不得分
17	组合	48±0.04、51±0.04	6	超差不得分
18	组合	68±0.04(2处)	4	超差不得分
19	安全文明	安全文明有奖规定	违反有关规定,酌情扣总分1~50分安全文明	

第二节 客车制动

一、处理单车试验器机械故障

(一)作业方法、步骤

准备→查找故障→处理→完工

1. 准备

(1)准备配件、材料

单车试验器、肥皂水、毛刷、砂纸、生料带、红丹。

(2)准备工具、设备

单车机能校验设备、管子钳、扳手、老虎钳、秒表。

2. 查找故障

(1)将单车试验器和容积为15.5 L的制动管容积风缸相连,再将进风端和风管相连,打开风源;

(2)往复移动回转阀手柄;

(3)将调整阀调整至500 kPa,将回转阀手把置一位,待制动管压力充至500 kPa后,用肥皂水检查各连接处;

(4)制动管风缸压力至 500 kPa 时，三位保压，排风阀处关闭位置，在回转阀排气口涂肥皂水；

(5)分别试验手把在各位置时的充排气时间；

(6)检修完毕后，关闭风源，将客车单车试验器制动管压力调整至 600 kPa。

3. 处理

(1)回转阀手柄不灵活、回转阀排气口在充气保压时漏泄、试验手把在各位置时的充排气时间不符合标准。

①回转阀及座接触面不洁

处理：清扫。

②回转阀底面及座接触不良

处理：用红丹油均匀涂抹在回转阀座表面，用回转阀底面与座配合，转动回转阀，检查回转阀底面红丹油分布情况并打磨。

③回转阀底面及座错位

处理：修理或更换。

④管系连接处漏泄

处理：分解检修。

⑤通孔堵塞

处理：疏通。

⑥回转阀零件裂损、弹簧状态不良

处理：更换。

(2)处理完毕后，应进行机能校验，合格后将调整阀调整至 600 kPa。

(二)质量标准

1. 制动管风缸压力至 500 kPa 时，三位保压，排风阀处关闭位置，在回转阀排气口涂肥皂水，5s 内肥皂泡直径不得大于 20 mm；

2. 客车单车试验器各位置充排风时间应符合如下要求：

(1)二位：列车管压力由 50 kPa 升至 150 kPa 时间 19～20 s；

(2)四位：列车管压力由 500 kPa 降至 400 kPa 时间 10～11.5 s；

(3)五位：列车管压力由 500 kPa 降至 300 kPa 时间 6～7.5 s；

(4)六位：列车管压力由 500 kPa 降至 200 kPa 时间 3～3.5 s；

(三)安全注意事项

操作回转阀动作应平和。

二、检修、试验差压阀

(一)作业方法、步骤

准备→分解→清洗→检修→组装→试验→标记→填写记录→存储→完工

1. 准备

(1)准备配件、材料

差压阀。

(2)准备工具、设备

砂纸、钢丝刷、扳手、卡钳、台虎钳、超声波清洗机、风枪、三阀试验台。

(3)除尘

①在差压阀两端装上防尘罩;

②彻底除去阀表面的锈垢及油垢。

2. 分解

(1)卸下两端弹簧卡子,滤尘网;

(2)拧下异形螺钉,取出密封垫;

(3)取下弹簧、垫片、单向阀;

(4)按同样顺序分解另一端。

3. 清洗

(1)将阀体外部及内部零件置于超声波清洗机内清洗干净。

(2)取出工件,用清水冲洗干净,用压力空气将工件吹干。

4. 检修

(1)滤尘网破损时更换新品。

(2)单向阀的橡皮座平面不平整,打磨或更换;老化、变质、缺损时更换;

(3)弹簧裂损、变形时,更换;

5. 组装

按分解逆顺序进行组装。

6. 试验

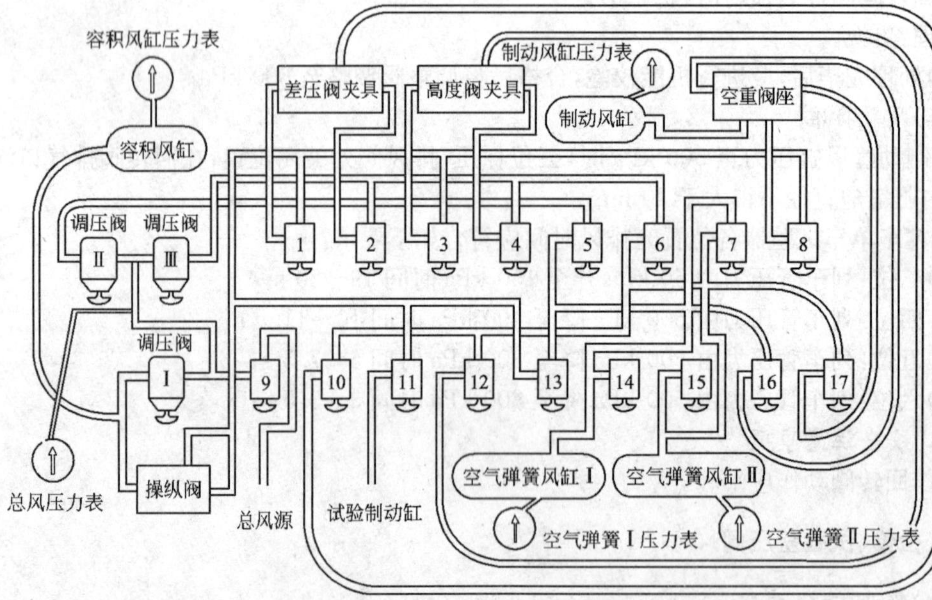

图 10-7　三阀试验台管系示意图

(1)压差正向试验

①将调压阀调整空气弹簧风缸Ⅰ的压力为 400 kPa。

②将差压阀置于差压阀气动夹具当中,开通气动夹具塞门,夹住差压阀。

③开通塞门 1、塞门 10、塞门 13。

④将操纵阀于排气位(或中立位,开通塞门 14),当空气弹簧风缸Ⅰ压力分别下降到 0 时,

记录空气弹簧风缸Ⅱ的压力，此时，观察两空气弹簧风缸的压力差。

⑤开通塞门15，将空气弹簧风缸Ⅱ中的压力降为0后，关闭塞门15。

⑥关闭塞门2，取出差压阀。

(2)压差反向试验

①将差压阀转向180度(调头)置于差压阀气动夹具中，开通气动夹具塞门夹住差压阀。

② 按“压差正向试验”方法及步骤，检查差压阀的反向压差。

③试验完毕后，将操纵阀置于排气位置并关闭所以塞门。

7. 标记

试验合格的差压阀在阀体上涂打段简称及检修编号。

8. 填写记录

经检修试验合格的差压阀填写《差压阀检修试验记录》。

9. 存储

储存时，须对差压阀两端采取可靠防尘保护。

10. 完工

(1)配件、材料、工具、台账等须存放指定地点，摆放整齐。

(2)清扫设备及工作场地，做到工完料净场地清。

(二)质量标准

1. 单向阀阀面用180目或以上规格砂纸磨平，无明显压痕；

2. 压差试验时，两空气弹簧风缸的压力差(150±20)kPa[CW-200K转向架用差压阀：(120±20)kPa]

(三)安全注意事项

夹紧差压阀时，应注意手持位置，避免夹伤。

三、检修、试验高度调整阀

(一)作业方法、步骤

准备→分解→清洗→检修→组装→试验→涂打标记→填写记录→存储→完工

1. 准备

(1)准备配件、材料

LV-3A型高度调整阀、硅油、密封胶。

(2)准备工具、设备

秒表、砂纸、钢丝刷、扳手、卡钳、台虎钳、超声波清洗机、风枪、三阀试验台。

(3)除尘

①在拆下的高度调整阀进排气口装上防尘罩；

②彻底除去阀表面的锈垢，油垢。

2. 分解

(1)退下连杆安装螺母螺栓，取下连杆；

(2)退下防尘罩螺栓，取下防尘罩。

(3)取下上盖，将阀体内的硅油倒出。

(4)分解进、排气阀体并依次取出。

(5)退下后盖螺栓，取下后盖及垫片，再从阀体内取出主轴及减震器支架组成。

(6)分解左右两端阀盖并取下O形圈,再取出液压缓冲活塞;分解活塞端面的孔用弹性挡圈,并取下弹簧及阀片。

(7)拆下油封罩壳,取出弹簧及单向阀。

(8)拆下单向阀盖,取出弹簧及单向阀。

(9)拆下上盖顶部的单向阀盖取出弹簧及单向阀。

(10)取下充、排气阀体上O形圈。

(11)分解进、排气阀体至尾部孔内的孔用弹性挡圈,取出滤尘网、阀杆导向套、弹簧座、弹簧、充、排气阀及阀杆。然后,分解充气阀体头部螺母并取出O形圈。

3. 清洗

(1)将阀体外部及内部零件置于超声波清洗机内清洗干净。

(2)取出工件,用清水冲洗干净,用压力空气将工件吹干。

4. 检修

(1)阀外体各阀盖、连杆有裂纹时更换,安装面碰伤时须加修或更换。

(2)橡胶O形圈须更换新品,油封变形、老化,密封作用不良的须更换新品。

(3)缓冲弹簧、缓冲弹簧支架、减震器作用不良时,更换。

(4)各阀座密封接触面不平整时修理,缺损时须更换。

(5)单向阀用180目或以上规格砂纸进行打磨,消除凹痕。

(6)弹簧裂损、变形时更换。

5. 组装

按分解时的逆顺序进行组装。

6. 试验

(1)试验准备

①开通塞门9,用调压阀Ⅰ调整试验压力到500 kPa。

②将高度调整阀置于高度阀气动夹具当中,开通塞门4,夹住高度调整阀。

③开通塞门3,塞门12和塞门13。

(2)无感带区及灵敏度试验

①高度阀杠杆摆动到水平位置。

②将操纵阀置于慢充气位,空气弹簧风缸Ⅰ的压力上升到500 kPa。将操纵阀置于保压。

③将杠杆慢慢向上移动5 mm,并保持不动,高度阀不得发生充气作用;继续将杠杆慢慢向上移动到7 mm,高度阀应发生充气作用。待空气弹簧风缸Ⅱ的压力上升到100 kPa时,再将杠杆摆动到水平位置。

④将杠杆慢慢向下移动5 mm,并保持不动,高度阀不得发生充气作用;继续将杠杆慢慢向下移动到7 mm,高度阀应发生排气作用。待空气弹簧风缸Ⅱ的压力下降到0为止。

(3) 动作延迟时间试验

①高度阀杠杆摆动到水平位置。

②将操纵阀置于充气位,空气弹簧风缸Ⅰ的压力上升到500 kPa。将操纵阀置于保压。

③除去高度阀杠杆游间,将杠杆迅速向下移动20 mm,并同时开始计时,到空气弹簧风缸Ⅱ开始升压时止,此时间为高度阀的给气延迟时间,待空气弹簧风缸Ⅱ的压力上升到100 kPa时,再将杠杆摆动到水平位置并除去游间,这时空气弹簧风缸Ⅱ的压力应不再上升。

④将高度阀杠杆向上移动20 mm并同时开始计时,到空气弹簧风缸Ⅱ开始降压(高度阀

排风口开始排风)时,此时间为高度阀的排风延迟时间[在(3±1)s 为合格]。

(4)空气流量试验

①高度阀杠杆摆动到水平位置。

②将操纵阀置于充气位,空气弹簧风缸Ⅰ的压力上升到 500 kPa。

③确认空气弹簧风缸Ⅱ中的风压为 0。

④除去高度阀杠杆游间,将杠杆迅速向下(上)移动 20 mm,记录空气弹簧风缸Ⅱ的压力从 0 上升到 200 kPa 的时间(应小于 7 s)和空气弹簧风缸Ⅱ的压力从 0 上升到 480 kPa 的时间(应小于 40 s),然后,将高度阀杠杆置于水平位置。

⑤除去高度阀杠杆游间,将高度调整阀杠杆迅速上(下)移 20 mm,记录空气弹簧风缸Ⅱ的压力从 480 kPa 下降到 300 kPa 的时间(应小于 7 s),然后将高整阀杠杆置于水平位置。

(5)漏泄试验

①操纵阀置于充气位,将空气弹簧风缸Ⅰ、Ⅱ的压力充到 500 kPa,用肥皂水检查排气口、单向阀盖孔及各结合部不得漏泄。

②关闭塞门 12,塞门 13,将操纵阀手柄置于排气位,关闭塞门 4,取出高度调整阀。

(6)试验完毕

试验完毕,将所有塞门置于关闭位置。

7. 标记

试验合格的差压阀在阀体上涂打段简称及检修编号。

8. 填写记录

检修试验合格后,填写《高度调整阀检修试验记录》。

9. 存储

储存时,须对高度调整阀两端采取可靠防尘保护。

10. 完工

(1)配件、材料、工具、台账等须存放指定地点,摆放整齐。

(2)清扫设备及工作场地,做到工完料净场地清。

(二)质量标准

1. 组装:

(1)用手左右推活塞,应活动自如。

(2)主轴尾部与后盖的安装孔配合不得有卡滞现象,主轴左右活动灵活自如。

(3)进排气阀阀杆须能自由滑动,复位性能良好。

2. 冲排气阀压紧螺母组装时丝扣部分须涂少量乐泰 767 或 777 螺纹密封胶。

3. 注硅油时,须左右转动主轴,添加到阀杆保持水平或±5 mm 左右,硅油按指定规格加注(规格黏度为 1 000±50CST),禁止使用代用油。

(三)安全注意事项

夹紧配件时,应注意手持位置,避免夹伤。

四、检修、试验空重车阀

(一)作业方法、步骤

准备→分解→清洗→检修→组装→完工

1. 准备

(1)配件、材料准备

U_{5A}型空重车阀。

(2)工具、设备准备

钢丝刷、扳手、卡钳、台虎钳、超声波清洗机、风枪、三阀试验台。

(3)除尘

在空重车阀进风口装上防尘套,彻底清除去阀体表面的锈垢及污渍,再以压力空气吹干净。

2. 分解

(1)如空重车阀因故障换下或经试验不合格又无法调整时,须进行分解检修。

(2)拆下 4 个六角螺母,把空重阀组成和安装座垫分别从阀座上取下,并取下密封垫上的过滤网。

(3)拆下 5 个十字螺栓,拆下侧盖和侧盖密封垫。

(4)拆下锁紧螺母,拆下测重弹簧盒,从滚轮推杆上卸下螺母,用销或工具打出调节螺母上的两个弹性销,取下调节螺母和滚轮推杆。

(5)从测重弹簧腔上取下调节螺套,依次取出测重弹簧,推力轴承,两个轴承圈和测重弹簧座,再退下 4 个螺母,取下测重弹簧腔,然后将弹簧推杆,滚轮推杆,滚轮支架和滚轮取出。

(6)取出固定杠杆的两个销上部杠杆、阀体和包括跃升机构在内的下部杠杆。

(7)拆下右侧 3 个螺母,取下测重皮膜腔,从活塞杆取下卡环和垫圈,推出活塞杆,分解大皮膜部分和小皮膜部分,取下大、小皮膜,将大、小皮膜部分分别分解大、小皮膜导套及两个小活塞,然后从膜板导套上取下两个 O 形圈,及从活塞连接杆上取下两个 O 形圈。

(8)拆下阀上部两个螺母,取下阀盖,给排阀弹簧和包括给排阀的导套组成部分,然后分解导套组成,从给排阀导套上轻轻拉出给排阀,分离膜板和给排阀导套,从导套组成中取出导套,最后从给排阀取下卡环,取下皮膜套,再从给排阀上取下皮膜。

(9)从给排阀腔内取下 O 形密封圈,退下 3 个螺母,取下给排阀腔和给排活塞弹簧,从给排阀腔内取下 O 形密封圈,然后取出皮膜和给排活塞,最后,从给排阀安装面上取下两个 O 形圈。

(10)拆下底部 4 个螺母,取出下盖和 O 形圈,取下皮膜和活塞并分离开。

3. 清洗

(1)将阀外体和内部零件分别置于超声波清洗机内清洗干净。

(2)取出工件,用清水冲洗干净,并用压力空气将工件吹干。

4. 检修

(1)阀体各阀盖安装面有碰伤时,须加修。

(2)密封垫、O 形圈作用不良者,更换新品,皮膜如状态良好可不更换,有夹渣,拉伤,穿孔,老化,变质者更换。

(3)弹簧有变形和折断时更换。

5. 组装

(1)按分解时逆顺序组装。

(2)组装后各部须紧固,各螺栓须平均拧紧,且留有丝扣。

6. 试验

(1)准备

①将空重车阀安装至试验台上。

②开通塞门 9,用调压阀Ⅰ调整容积风缸的压力为 420 kPa。

③开通塞门 5、塞门 6、塞门 8、塞门 16 和塞门 17。

(2)性能试验

①试验空车时,将调压阀Ⅱ、Ⅲ的压力,调至 275 kPa,当空气弹簧风缸Ⅰ和空气弹簧风缸Ⅱ达到 275 kPa 时,分别通过操纵阀的快、慢充气位对空重车自动调整阀进行制动和缓解试验,调整空重车阀的制动缸压力;重复制动和缓解数次,检查制动缸压力是否稳定。

②试验重车时先将容积风缸压力调至 420 kPa,再将调压阀Ⅱ、Ⅲ压力调至 420 kPa,当空气弹簧风缸Ⅱ、Ⅲ达到 420 kPa 后,分别通过操纵阀的快、慢充气位对空重车阀进行制动和缓解试验,调整空重车阀的制动缸压力;重复制动和缓解数次,检查制动缸压力是否稳定。

(3)漏泄试验

①将操纵阀置于快充气位,待制动缸压力不再上升为止,再将操纵阀置于中立位,测试制动缸压力每分钟下降不超过 10 kPa。

②将操纵阀置于排气位,待制动缸压力降为 0 后,关闭塞门 8、塞门 13、塞门 16 和塞门 17。

(4)试验完毕

试验完毕将空重车阀取下,关闭所有塞门。

7. 标记

试验合格的差压阀在阀体上涂打段简称及检修编号。

8. 填写记录

检修试验合格后,填写《空重车阀检修试验记录》。

9. 存储

储存时,须对空重车阀安装面采取可靠防尘保护。

10. 完工

(1)配件、材料、工具、台账等须存放指定地点,摆放整齐。

(2)清扫设备及工作场地,做到工完料净场地清。

(二)质量标准

1. 空车位试验时快充位和慢充位制动缸压力值:

(1)快充位:制动缸压力为(230±10)kPa;

(2)慢充位:制动缸压力为(210±10)kPa;

2. 重车位试验时快充位和慢充位制动缸压力为:

(1)快充位,制动缸压力为(330±10)kPa。

(2)慢充位,制动缸压力位(310±10)kPa。

(三)安全注意事项

1. 装卸、搬运空重车阀时,应拿稳、放好,避免跌落。

2. 膜板严禁用腐蚀性液体擦拭。

五、现车试验电子防滑器

(一)作业方法、步骤

准备→电源自动接通试验→漏泄试验→诊断试验→电源自动断电试验→主机手动上电→主机转休眠试验→记录→完工

1. 准备

(1)准备配件、材料

电子防滑器。

(2)准备工具、设备

单车试验器、秒表。

(3)试验准备

①确认电子防滑器安装、管、线路连接正确后连通电源。

②单车试验器每半月进行一次校对,每月进行一次机能检查。压力表须有检定合格证,每月检校一次。

③将单车试验器与风源及车辆连接并贯通。

④车上装设的各种风动装置均须处于车辆运行时的工作状态,且不得影响车辆制动机的正常作用。

2. 电源自动接通试验

将单车试验器手把移至二位慢慢充风,当制动管压力升至规定压力时,主机电源须自动接通。

3. 漏泄试验

(1)压力开关漏泄试验

单车试验器手把置于一位,制动主管压力充至定压(600 kPa)后,用肥皂水检查压力开关及接管各连接处均不得漏泄。

(2)防滑排风阀漏泄试验

①待制动系统充风至定压后,用单车试验器施行紧急制动;

②用肥皂水检查排风阀排风口及各连接处均不得漏泄。

4. 诊断试验

(1)将单车试验器手把置一位,使制动系统充风缓解。

(2)确认显示无故障代码,若显示故障代码,按“显示”键 3 s,进一步获得故障信息后处理,确认故障消除后,对故障信息按“清除”键消除。

(3)制动系统充风至 600 kPa,并施行紧急制动后,按“诊断”或“测试”按钮 3 s,显示器显示代码正确,车下依次观察 1 位轴到 4 位轴排风阀、单元缸动作,符合要求。

(4) 系统诊断试验完成后,显示器正常显示“99”、“88”等代码,出现故障代码时,处理故障后清除故障代码并再次进行诊断试验,直到无故障故障信息出现为止。

5. 电源自动断电试验

使制动系统充风缓解后,重新施行紧急制动,同时用秒表计时,不能再按主机上的按钮,此状态延续(30±2)min,主机自动关断电源。

6. 主机手动上电

按动任一按钮 3 s,显示窗再度激活,显示代码。

7. 主机转休眠试验

激活显示窗后,操作单车使列车管排风至风压低于规定压力时,并在 30 min 内禁止按动任一按钮,(30±2)min 后,显示窗应熄灭,工作指示灯应熄灭。

8. 记录

填写《制动系统交验记录单》。

9. 完工

(1)关闭风源、电源；

(2)工具、设备等放至指定地点，摆放整齐。

(二)质量标准

1. 诊断试验

(1)单元缸有制动缓解作用；

(2)排风阀充、排气声音正常；

(3)显示器顺序显示代码为：

①TFX：88-89-87-86-85-83-82-88 显示 82 后发生充、排气作用；

②MGS2：9999-8888-89-9999 显示 89 后发生充、排气作用；

③SWKP AS 20C：99-8888-89-99 显示 89 后发生充、排气作用。

2. 电源自动接通试验

(1)铁科院(TFX 型)：风压升至 180～210 kPa，主机电源灯亮，显示 88 或其他代码。

(2) KNORR(MGS2 型)：风压高于 187 kPa，主机电源灯亮，显示 9999 或其他代码。

(3) SAB WABCO(SWKP AS 20C 型)：风压高于 180 kPa，则主机电源灯亮，显示 99 或其他代码。

3. 主机转休眠试验

(1) 铁科院(TFX 型)：150～180 kPa。

(2) KNORR(MGS2 型)：＜187 kPa。

(3)SAB WABCO(SWKP AS 20C 型)：＜130 kPa。

(三)安全注意事项

1. 注意电源使用安全；

2. 诊断试验时，严禁触摸转向架夹钳机构；

3. 观察基础制动装置动作时，应防止磕碰；

4. 下车作业时，严禁跳车。

六、对非电空制动客车制动系统进行单车试验

(一)作业方法、步骤

准备→试验→记录→完工

1. 准备

(1)准备配件、材料

非电空制动客车。

(2)准备工具、设备

非电空单车试验器、卷尺、秒表、制动缸压力检测风表。

(3)试验前准备

①车上装设的各种风动装置均须处于车辆运行时的工作状态，且不得影响车辆制动机的正常作用。

②单车试验器作用良好，符合规定：

单车试验器每半月进行一次校对，每月进行一次机能检查。压力表须有检定合格证，每月检校一次。

③制动缸压力检测风表须有检定合格证,每三月进行一次检定。

④将单车试验器与风源及车辆连接并贯通。

2. 试验

(1)过球试验

实心尼龙球须通过制动主管进入网状回收器。

(2)漏泄试验

①用防尘堵堵住另一端软管出口,开折角塞门,关闭支管截断塞门。单车试验器回转阀手把(简称手把)置1位充风,待制动管达到规定压力后,用肥皂水检查各接头不得漏泄,手把移置3位保压1 min,观察制动管漏泄量。

②开放支管截断塞门,手把置1位充风,待各风缸充至规定压力后,在阀及各接头处涂肥皂水检查不得漏泄。将手把移置3位保压1min,观察全车漏泄量。

(3)自动间隙调整器及缓解阀试验。

①将制动缸鞲鞴行程调到205 mm以上,制动机充风至规定压力,手把置5位减压170 kPa后移置3位保压。用肥皂水检查制动缸连通管、调整器风筒连通管及塞门接口处不得漏泄。

②拉开缓解阀手把或关闭缓解塞门应大量排风,放开缓解阀手把或开放缓解塞门应停止排风。

③当制动机缓解,制动缸鞲鞴行程缩回至205 mm以下时,自动间隙调整器须发生作用(观察调整手把应顺时针旋转50°左右)。

(4)制动缸鞲鞴行程试验

①手把置1位充风至规定压力,移置五位减压170 kPa后,置3位保压,测量制动缸鞲鞴行程,检查各杠杆不得有抗衡,与各托架留有余量,两转向架制动状态均良好。

②手把置1位充风,制动机在缓解状态下,检查均衡杠杆与托之距离。

(5) 闸调器试验

①施行一次常用全制动缓解后,测量螺杆工作长度L(螺杆上刻环至闸调器护管的距离)。

②将试验用垫板(厚15 mm,宽60 mm,内弧面460 mm)插入任意一块闸瓦与轮踏面之间,施行二次常用全制动缓解,在第二次制动后,测量制动缸鞲鞴行程与原行程值之差。缓解后撤去垫板,施行二次常用全制动缓解。在第二次制动后测量制动缸鞲鞴行程与原行程值之差。

(6)制动、缓解感度试验

①手把置1位充风至规定压力,手把移置四位使制动管减压40 kPa后,立即移置3位保压,各型制动机均须在制动管减压40 kPa前发生制动作用,其局部减压量须符合规定。

②局部减压作用终止后,保压1min,不得发生自然缓解,随即将手把移置2位充风,记录缓解完毕所需时间。

(7)制动安定试验

①手把置1位充风至规定压力,在制动缸后盖上或分配阀排气口上安装压力表手把移置5位减压170 kPa后置3位保压,在减压过程中制动机不得发生紧急制动作用。

②将压力表安装在三通阀或分配阀排气口后,将手把置1位后保压1 min,观察制动缸漏泄量。

(8)紧急制动试验

①手把置1位充风至规定压力,将手把快速移至6位减压,观察制动机发生紧急制动作用的制动管减压量和制动缸压力值。

②试验完毕,打开压力表排风阀排尽制动缸风压,卸下压力表。

(9)阶段缓解试验

手把置1位充风至规定压力,手把移置五位减压170 kPa后立即移至3位保压,待压力稳定后,手把从3位移至2位充风,发生缓解作用(阀排风口排风)后立即移回3位保压,待阀停止排风后再移至2位充风,如此反复3次以上,每次均须发生阶段缓解作用。

(10)紧急制动阀试验及铅封

①手把置1位充风至规定压力,拉下紧急制动阀手把至全开位置,车辆须发生紧急制动作用。

②推上紧急制动阀手把,达规定压力后,检查紧急制动阀各部须无漏泄。

③试验合格后,用有段代号的铅封印穿以红色棉线将紧急制动阀进行铅封。

(11)压力表校对

①关闭支管截断塞门,手把置1位充风至规定压力,手把移置3位保压以单车试验器压力表校对车辆空气压力表,然后将手把移至五位顺次减压到500 kPa、400 kPa。观察两压力表示值差。

②校对后开放截断塞门。

(12)手制动机试验。

①拧紧手制动摇把,全车闸瓦须与车轮踏面贴紧(新闸瓦为中央部分),松开摇把缓解后,全车闸瓦应离开车轮踏面(无缓解弹簧的车辆除外)。

②手制动机作用须灵活,各部状态须良好。试验后应处于缓解状态。

3. 记录

检查试验完毕后按规定填写《制动装置交验记录表》。

4. 完工

(1)关闭风源;

(2)工具、材料存放指定地点,摆放整齐。

(二)质量标准

1. 漏泄试验

(1)制动管漏泄量不得超过10 kPa。

(2)全车漏泄不得超过10 kPa。

2. 制动缸鞲鞴行程试验

(1)手把置1位充风至规定压力,移置五位减压170 kPa后,置3位保压,测量制动缸鞲鞴行程须为185～200 mm。

(2)手把置1位充风,制动机在缓解状态下,均衡杠杆与托之距离须为1/2以上。

3. 闸调器性能试验

(1)施行一次常用全制动缓解后,测量螺杆工作长度L(螺杆上刻环至闸调器护管的距离)应为450～550 mm。

(2)使用垫板试验制动缸鞲鞴行程时,施行二次常用全制动缓解,在第二次制动后,测量制动缸鞲鞴行程与原行程值之差不大于10 mm。缓解后撤去垫板,施行二次常用全制动缓解。在第二次制动后测量制动缸鞲鞴行程与原行程值之差不大于5 mm。

4. 制动、缓解感度试验

(1)手把置1位充风至规定压力,手把移置4位使制动管减压40 kPa后,制动机局部减压量应为40 kPa。

(2)将手把移置2位充风,制动机应在45 s内缓解完毕。

5. 制动安定试验

手把置1位充风至规定压力后,制动缸漏泄不得超过10 kPa。

6. 紧急制动试验

紧急制动时制动缸压力值应在(420±10)kPa范围内。

7. 压力表校对

压力表示值差均不得超过±15 kPa。

(三)安全注意事项

1 试验时,严禁触摸转向架基础制动装置;

2. 观察基础制动装置动作时,应防止磕碰;

3. 上下车作业时,严禁跳车。

第三节 货车制动

一、103阀705试验台试验

由手动试验台试验时,人工开闭各开关。微机控制进行自动试验时,各开关均由微机控制自动开闭。

(一)作业方法、步骤

准备→试验→涂打标记、填写(打印)记录→贮存

1. 准备:

(1)检查试验台各压力表须在保证期内,机能良好。

(2)开控制阀K1、K2。

(3)调压至600 kPa后,限压阀调到50 kPa,开风门1、4、5、6、7、8,关闭其他风门,103阀调整到重车位。

2. 试验:

将主阀卡紧在安装座上,开K1。

(1)初充气和充气位漏泄试验

手把置1位,观察压力风缸和副风缸压力表上升,充气到定压后用肥皂水检查各结合部。工作风缸由零充至580 kPa的时间为130～150 s。整个充气过程中副风缸压力上升,不得超过工作风缸,当工作风缸压力充至580 kPa时,副风缸压力不低于560 kPa。

(2)紧急制动位漏泄试验

工作风缸、副风缸充至定压后,手把在1至8位往返移动2～3回,然后置1位。待压力风缸、副风缸重新充至定压后,手把置3位,开风门14。排尽制动管余风,用肥皂水涂各结合部及局减孔。然后关风门14,手把置二位,待制动管压力升至40 kPa时,移至3位,开风门10,当副风缸压力达580 kPa时,关风门10待压力稳定,关风门4。

(3)制动和缓解灵敏度试验

工作风缸、副风缸充气至定压后,手把置4位,减压40 kPa,移3位保压1 min,然后置2位

缓解。

(4)局减阀试验

压力风缸和副风缸充至定压后，关风门7，堵住大排气口，手把置4位，制动缸压力上升时，手把置3位。待制动缸压力稳定后，关风门8，待20s，开风门8和18。当制动管压力开始下降时，关风门18，观察制动缸压力表变化，然后手把置1位，卸下排气堵，开风门7。

(5)稳定试验

压力风缸、副风缸充至定压后，手把置3位，开风门14A，制动管减压50 kPa，后关闭风门14A，手把置1位。

(6)紧急二段阀跃升试验

压力风缸和副风缸充至定压后，关风门1，开风门14，观察容积风缸压力上升变化。

(7)全缓解试验

关风门14，开风门1，手把置1位，待压力风缸、副风缸达定压后，手把移置5位。当容积室压力升至平衡压力时，手把置3位保压。待压力稳定后，手把置2位。

(8)减速缓解和空车位压力试验

压力风缸、副风缸充至定压后，将空重车装置调整至空车位，然后手把置5位，当容积室压力至平衡压力后，手把移至3位保压，再置1位缓解。

(9)均衡灵敏度试验

压力风缸、副风缸充至定压后，关风门1、7、8，手把置8位，排尽制动管余风，开风门7A、11和18，手把置2位，记下风门18排气时的容积室压力，P18排气时，容积室压力应小于20 kPa。试毕，手把置8位，关风门7A、11、18，开风门1、7、8、14、15、16，排尽余风，关K1，卸下主阀。将紧急阀卡紧在安装座上，开K2。

(10)紧急室充气和紧急放风阀漏泄

开风门1、2，关闭其他风门。手把置1位，观察紧急室压力上升，充至定压后，用肥皂水检查各结合部。

(11)紧急阀灵敏度及紧急室排风试验

开风门2，手把置1位，待充至定压后，开关风门14 2～3次，使起紧急放风作用2～3次，然后关风门14，待紧急室充至定压后，手把置7位，观察制动管和紧急室压力下降。

(12)安定试验

手把至1位，紧急室充至定压后，手把置5位减压200 kPa，再移至3位。试毕，将手把移至8位，开风门13，将风压排尽后，关K2，卸下紧急阀。

3. 涂打标记、填写记录(或打印记录)。

4. 贮存：

经检修、试验合格的分配阀须将外露孔堵好，存放在专用箱柜内待用。

(二)质量标准

1. 试验台各压力表应在保证期内。

2. 充气位漏泄试验要求如下：

(1)压力风缸充至580 kPa时间，检修品为130～160 s，新品为130～150 s。

(2)充气过程中，副风缸压力不得超过压力风缸压力值，压力风缸压力达580 kPa时，副风缸不得低于560 kPa。

(3)大小排气口漏泄用漏泄指示器检查，2格升至3格时间不得少于5 s。

(4)局减排气口用肥皂水检查,5s 内肥皂泡不得大于 25 mm。

3. 紧急制动位漏泄试验时,制动管压力 10 s 内上升值:检修品:20 kPa;新品:15 kPa。

4. 制动和缓解灵敏度试验时要求如下:

(1)压降 20 kPa 前,有局减作用,40 kPa 前起制动作用。

(2)从手把置 3 位起,局减室排气时间:检修品为 15 s,新品为 10 s。

(3)保压 1min 不得自然缓解。

(4)关风门 7,容积风缸压力 10 s 上升:检修品不超过 20 kPa,新品不超过 10 kPa。

(5)手把置 2 位起 15 s 内应起缓解作用。

5. 局减阀试验要求:

(1)局减关闭压力应为 50～70 kPa;

(2)局减开放压力不得小于 20 kPa;

(3)制动缸压力 20 s 内上升不得超过 10 kPa。

6. 稳定试验要求:制动管减压 50 kPa 前不得发生局减和制动作用。

7. 紧急二段阀跃升试验要求:

(1)容积室压力迅速上升至 120～160 kPa,然后缓慢上升至平衡压力。

(2)容积室压力由 0 至 400 kPa 时间为 8～12 s。

8. 全缓解试验要求:

(1)容积室压力由 400 kPa 降至 40 kPa 时间在 4.5～8 s 内;

(2)制动缸压力应随容积风缸压力下降,两者压差应小于 25 kPa。

9. 减速缓解和空车位压力试验要求:

(1)空车位压力应为 180～210 kPa;

(2)容积室压力由 400 kPa 降至 40 kPa 时间为 23～29 s。

10. 均衡灵敏度试验中,手把置 2 位,P18 排气时,容积室压力应小于 20 kPa。

11. 紧急室充气和紧急放风阀漏泄要求:

(1)紧急室压力由 0 升至 580 kPa 时间为 40～60 s;

(2)压力稳定后,关风门 2,20 s 内制动管压力不得下降。

12. 紧急阀灵敏度及紧急室排风试验制动管和紧急室压力下降:

(1)制动管减压 100 kPa 前起紧急排风作用;

(2)紧急室压力由紧急排风起到降至 40 kPa 时间为 12～20 s。

13. 安定试验要求制动管压力降至 400 kPa 前不得发生紧急放风作用。

14. 标记涂打清晰并符合规定;填写记录准确、清楚。

15. 103 阀存放时应摆放整齐。

(三)故障处理(应急处理)

(1)充气时发生自然制动的原因:

①充气止回阀被粘住;

②滑阀与主活塞杆别劲。

(2)紧急制动后 20 s,制动管增压时紧急阀排风口漏的原因:

①放风阀弹簧过弱或折损,或放风阀导向杆密封圈过紧,因此,即使紧急室压力空气已全部排完,但放风阀仍未恢复到原来关闭的位置。

②放风阀与阀座间夹有杂物,形成制动管通向排气口的漏缝。

处理：

(1)充气止回阀被粘住时，清除油垢。

(2)滑阀与主活塞杆别劲时，组装正位。

(3)放风阀弹簧过弱或折损，或放风阀导向杆密封圈过紧时，更换弹簧或密封圈。

(4)放风阀与阀座间夹有杂物时，清除杂物。

(四)安全注意事项

1. 试验时必须严格遵守操作规程。

2. 注意压缩空气的使用安全性。

二、120/120-1 阀检修

(一)作业方法、步骤

外部清洗→分解阀体及零部件→检测→组装。

1. 外部清洗

将 120 阀定点分类排放整齐，先进行外部清扫后用压缩空气进行彻底吹尘，再放入外部清洗机，在清洗外体时，做到外部无明显污垢。

2. 分解及清洗各零部件

将分解后的各零部件在超声波清洗机内清洗，并烘干。

3. 检测

(1)分解各部，各橡胶件更换合格新品。

(2)加修或更换有裂纹的阀体、阀盖。

(3)加修或更换划伤的阀口、导向杆、导向套。

(4)研磨滑阀、滑阀座、节制阀并用高压风吹扫各孔。

(5)疏通清洗各限制孔及缩孔。

(6)更换有松动或内壁划伤严重的铜套。

(7)检测分配阀各种弹簧。

4. 组装

(1)组装滑阀、节制阀、导向杆、密封圈及各活动摩擦部件。

(2)顺序将各配件装入主阀、紧急阀内，弹簧不得装错。

5. 完工

整理工作台，工具按规定摆放，关闭电气开关，清扫场地。

(二)质量标准

1. 外部清洗时应将 120 阀定点分类排放整齐，先进行外部清扫后用压缩空气进行彻底吹尘，再放入外部清洗机，在清洗外体时，做到外部无明显污垢。

2. 分解阀体及零部件检测时要求：

(1)分解各部，各橡胶件更换合格新品。

(2)阀体、各阀盖有裂纹时更换，安装面有碰伤时加修或更换。

(3)各阀口、导向杆、导向套的导向面有划伤时加修或更换。

(4)滑阀、滑阀座、节制阀等滑动面有划伤、接触不严密时研磨，组装前必须用高压风吹扫各孔。

(5)各限制孔及缩孔有堵塞时，须用直径小于各孔直径的钢针疏通清洗。

(6)各铜套有松动或内壁划伤严重者更换。

(7)120 阀各种弹簧须按表 10-4 要求进行检测。

表 10-4　120/120-1 阀弹簧参数表

序号	弹簧名称		自由高(mm)	装配高(mm)	装配负荷 N
1	紧急阀	安定簧	54.5±1.5	38	6.5±0.8
2		先导阀簧	17.5±1.2	10.5	13.8±1.7
3		放风阀簧	33±1.5	22	51.6±6.2
4	缓解阀	缓解阀簧	48±1.5	32	39.6±4.8
5		止回阀簧	33±1.5	26	21.5±2.6
6		缓解阀手柄簧	37±1.5	31	108±13
7	主阀	止回阀簧	24.5～26	20	0.8±0.12
8		加速缓解阀簧	17.5±1.2	11.5	11.8±1.4
9		局减阀簧	51.5～55.5	41	36.1±4.3
10		减速簧	74～78	51	115±13.8
11		稳定簧	33.5～35.5	30.5	13.4±1.6
12		节制阀簧	18±0.7	12	18.3±1.8
13		紧急二段阀簧	51.5～55.5	41	36.1±4.3

(9)各零部件用对橡胶件无腐蚀的清洗剂清洗后吹干。

(10)厂修时须用游标卡尺测量滑阀、滑阀座、节制阀,磨耗超限者更换。120 阀滑阀及座、节制阀检修限度见表 10-5。

表 10-5　120/120-1 阀零部件检修限度表　　单位:mm

1	滑阀	滑阀厚度不小于	17±0.15	16	游标卡尺或样板
		缓解槽深度不小于	3	2.2	
2	节制阀	节制阀厚度不小于	6±0.2	5	游标卡尺或样板
3	缓解阀顶杆座	全长不小于	37±0.125	36	游标卡尺或样板
4	缓解阀手柄座	杆部弯曲不大于	—	2	刀口尺
5	紧急活塞杆	与紧急阀座接触部位的外径不小于	$\phi12^{-0.05}_{-0.12}$	$\phi11.7$	游标卡尺
6	主阀体组成	滑阀座底面与顶面圆弧最高点处距离不大于	45.5+0.390	46.8	游标卡尺或塞规

3. 组装

(1)滑阀、节制阀的滑动面和阀座涂以少量硅油或硅脂,不得使用其他油代替。

(2)各导向杆、密封圈及各活动摩擦部涂少量硅脂。

(3)充气膜板的凸起缘外周涂少量硅脂或硅油。

(4)空重车位调整的偏心轴与轴孔涂少量软干油。

(5)顺序将各配件装入主阀、紧急阀内,弹簧不得装错。

(6)装局减、紧急二段阀时须注意不得损伤 O 形胶圈。

(7)各活塞及主活塞带滑阀、节制阀装入体内拉动时，动作必须灵活，阻力适当，充气活塞、紧急活塞在阀体内须有活动量。

(8)各活塞膜板边缘必须完全入槽。在装阀盖时各螺栓应均匀拧紧，防止偏压。

(9)各导管须完整，组装各盖时须平均拧紧螺栓。

(10)各阀盖须有O形圈，不得涂铅粉油。

(11)各活动密封圈在组装时涂以适量的7057硅润滑脂或经铁道部批准使用的其他油脂，不准使用其他油脂代替。

(三)故障处理(应急处理)

故障：

(1)阀口不平整或轻微损伤；

(2)滑阀、滑阀座、节制阀等各滑动面接触不严密及有划伤；

(3)滑阀、节制阀的各孔、槽、限制孔及缩孔堵等孔堵塞；

(4)双头螺柱松动。

处理：

(1)阀口不平整或轻微损伤时，可用细油石研磨修复，研磨后将残留物清洗干净。

(2)滑阀、滑阀座、节制阀等滑动面有划伤、接触不严密时研磨，组装前用高压风吹扫各孔，清洗干净。

(3)滑阀、节制阀的各孔、槽、限制孔及缩孔堵等堵塞时可用小于各孔直径且硬度低于零件硬度的通针疏通，疏通时不得损伤孔边缘和内壁，清洗后吹干净。

(4)双头螺柱松动时须加螺纹锁固剂后重新组装。

(四)安全注意事项

1. 分解阀体时应轻拿轻放，防止阀体落地伤人。

2. 注意压缩空气的使用安全性。

3. 完工时应整理工作台，工具按规定摆放，关闭电气开关，清扫场地。

三、120/120-1阀试验台试验

由手动试验台试验时，人工开闭各开关。微机控制进行自动试验时，各开关均由微机控制自动开闭。

(一)作业方法、步骤

准备→试验→涂打标记、填写(打印)记录→贮存

1. 准备

(1)检查试验台各压力表须在保证期内。

(2)将主阀与缓解阀组装后开控制阀K1、K2，将主阀和紧急阀卡紧在其安装座上。

(3)调压至600 kPa后，开风门1、4、5、6、8，关闭其他风门。

2. 试验

(1)初充气和充气漏泄试验手把置1位充气，注意观察副风缸和压力风缸压力表。用肥皂水检查各接合部。

(2)紧急制动位漏泄试验

充至定压后，手把在1～8位间来回制动、缓解2～3次，然后置1位充至定压后，手把置3位，开风门14，排尽制动管余风后，关风门14，手把置2位，制动管压力升至40 kPa后，手把置

3 位,待压力稳定后,关风门 4,观察制动管压力的上升,试毕开风门 4。

(3)制动和缓解灵敏度试验

手把置 1 位,充至定压后,手把置 4 位减压 40 kPa 后移至 3 位,保压 1min 后,手把移至 2 位。

(4)局减阀性能试验

手把置 1 位,充至定压后,手把置 4 位,制动缸压力开始上升时,手把置 3 位,关闭风门 6,待制动缸压力稳定后,开风门 18,当制动管压力开始下降时,观察局减阀开放压力,关闭风门 18,待制动缸压力稳定后,观察局减阀关闭压力,试毕开风门 6。

(5)稳定性试验

手把置 1 位充至定压后置 3 位,开放风门 14A,待制动管减压 40 kPa 后,关闭风门 14A。

(6)紧急二段阀跃升试验

手把置 1 位,待充至定压后,手把置 3 位,开风门 14,观察制动缸压力,试后关风门 14。

(7)缓解试验

上项试验后,手把置 1 位缓解。

(8)加速缓解试验

充至定压后,手把置 5 位,减压 70 kPa 后,手把置 3 位保压,待压力稳定后,关风门 5,保持 20 s,观察压力风缸压力,然后开风门 5、18,当制动缸压力降至 100 kPa 时,关风门 18,手把置 2 位。

(9)逆流孔作用试验

手把置 1 位充至定压后,手把置 4 位减压 50 kPa 后,置 3 位保压,关风门 6、8,开风门 14A 后,制动管压力下降 20 kPa 时,关风门 14A,试毕开风门 6、8。

(10)缓解阀试验

充至定压后,手把置 8 位排尽制动管压缩空气。

(11)制动缸缓解试验

继上项试验后拉动缓解阀手柄,待制动缸开始缓解时松开手柄。

(12)副风缸和压力风缸排气及解锁试验

上项试验后,缓解阀手柄拉到最大位,副风缸及压力风缸压力降到 200 kPa 以下时,放开手柄,测副风缸排气时间。然后开风门 15、16,使副风缸、压力风缸压力降至 100 kPa,关风门 15、16,检查副风缸和压力风缸漏泄。然后开风门 18,关风门 8,待副风缸压力降至 40 kPa 时,关风门 16,观察控制屏板上的制动缸排气孔 P18 是否排气,然后开风门 16。试毕关风门 18、16,开风门 8。

(13)缓解阀手柄半开试验

手把置 1 位待副风缸和压力风缸充至定压后,拉缓解阀手柄至半开位,观察副风缸和压力风缸压力变化。

(14)主阀缓解试验

手把置 1 位,充至定压后,手把置 4 位,减压 50 kPa 后,手把再置 3 位,然后拉缓解阀手柄,待制动缸开始缓解时松开手柄,制动缸压力排尽后,手把置 5 位,再减压 40 kPa,制动缸应能产生再制动作用,手把再置 3 位。

(15)紧急室充气和紧急放风阀漏泄试验开风门 K2,将紧急阀卡在安装座上,开风门 1、2,关其他风门。手把置 1 位,紧急室压力由零升至 580 kPa 的时间应为 40～55 s。充至定压后,检查各结合部不得漏泄。待压力稳定后，关风门 2，制动管压力保持 20 s 不得下降，排气口不得漏泄。

(16)紧急灵敏度及紧急室排气时间试验

开风门 2，手把置 1 位，充至定压后，手把在 3 位同时开紧急排风阀二至三次，使紧急阀发生紧急放风作用二至三次后手把置 1 位，待紧急室充至定压后，手把置 3 位，开紧急排风阀排风，观察制动管和紧急室压力的下降。

(17)安定性试验

手把置 1 位充至定压后，手把置 8 位减压 200 kPa 后移回 3 位，观察制动管压力表。

(18)开控制阀 K1、K2，卸下 120/120-1 主阀和紧急阀。

3. 涂打标记、填写记录(或打印记录)。

4. 贮存。

(二)质量标准

1. 试验台各压力表须在保证期内，机能良好。

2. 初充气和充气漏泄试验要求。

(1)副风缸压力由零充至 580 kPa 的时间：配用直径 356 mm 制动缸为 240～290 s，配用直径 254 mm 制动缸为 290～340 s；整个充气过程压力风缸压力不得超过副风缸压力。

(2)当副风缸压力达到 580 kPa 时，压力风缸压力不得低于 560 kPa。

(3)用肥皂水检查各结合部不得漏泄。用漏泄指示器测定作用部排气口及局减排气口的漏泄，水面由第 2 格升至第 3 格的时间不得少于 10 s。

3. 紧急制动位漏泄试验

(1)用肥皂水检查各结合部不得漏泄。用漏泄指示器测定作用部及局减排气口漏泄，水面由第 2 格升至第 3 格的时间不得少于 10 s。

(2)局减阀盖小孔不得漏泄。

(3)制动管压力上升 10 s 内不得超过 15 kPa。

4. 制动和缓解灵敏度试验要求

(1)在制动管减压 20 kPa 以前发生局减作用，减压 40 kPa 以前发生制动作用。

(2)从手把置 3 位起，到局减室排气终止的时间不得超过 10 s。

(3)保压 1 min 不得发生自然缓解。关风门 8，制动缸压力上升 10 s 内不得超过 10 kPa，开风门 8，从手把置 2 位起到作用部排气口开始排气时间不得超过 15 s。

5. 局减阀性能试验

(1)局减阀开放压力，不得少于 20 kPa。

(2)关闭风门 18，待制动缸压力稳定后，局减阀关闭压力应为 50～70 kPa。

6. 稳定性试验

制动管减压 40 kPa 以前，不得发生局减、制动作用。

7. 紧急二段阀跃升试验

(1)制动缸压力应迅速上升至 120～160 kPa，然后缓慢上升至平衡压力。

(2)制动缸由 0 上升至 400 kPa 的时间：配用直径 356 mm 制动缸为 6～9s；配用直径 254 mm制动缸为 9～13 s。

8. 缓解试验制动缸压力从 350 kPa 降至 40 kPa 的时间：配用直径 356 mm 制动缸时为 13～17s；配用直径 254 mm 制动缸时为 18～23 s。

9. 加速缓解试验

(1)在 20 s 内压力风缸压力下降不得超过 5 kPa。

(2)制动缸开始缓解时,制动管压力应有跃升。

10. 逆流孔作用试验

保压后,制动管压力下降 20 kPa 时,副风缸压力应能随着下降,制动缸压力上升不得超过 20 kPa。

11. 缓解阀试验

制动缸压力由零升至 350 kPa 的时间不得超过 4 s,检查缓解阀手柄排气口不得漏泄。

12. 制动缸缓解试验

拉动缓解阀手柄,待制动缸开始缓解时松开手柄,从副风缸压力开始下降起,制动缸应在 3 s 内开始缓解。制动缸压力从 350 kPa 降至 40 kPa 的时间应≤4 s,检查上盖排气孔不得漏泄。

13. 副风缸和压力风缸排气及解锁试验

(1)副风缸压力从 450 kPa 下降至 200 kPa 的时间不得超过 20 s。

(2)当副风缸压力为 200 kPa 时,压力风缸压力应低于副风缸压力。

(3)缓解阀排气口及手柄处不得漏泄。

(4)在副风缸压力排至 40 kPa 前,制动缸排气口 P18 不得排气。在副风缸压力排尽前,P18 必须排气。

14. 缓解阀手柄半开试验

副风缸压力应先于压力风缸下降。

15. 主阀缓解试验中,制动缸压力排尽后,手把置 5 位,再减压 40 kPa,制动缸应能产生再制动作用。

16. 紧急室充气和紧急放风阀漏泄试验

(1)紧急室压力由零升至 580 kPa 的时间应为 40～55 s。

(2)充至定压后,检查各结合部不得漏泄。

(3)制动管压力保持 20 s 不得下降,在紧急阀排气口涂刷检漏剂进行检查,15 s 内只允许产生一个高度最大为 12 mm 的肥皂泡。

17. 紧急灵敏度及紧急室排气时间试验

(1)制动管减压 150 kPa 以前,应发生制动管紧急排风作用。

(2)制动管压力从发生紧急排风作用开始到降至 40 kPa 的时间不得大于 1.5 s。

(3)紧急室压力从制动管发生紧急排风作用开始到压力降至 40 kPa 的时间应为 14～18 s。

18. 安定性试验

制动管减压 200 kPa 后,紧急室压力应随制动管压力下降,不得发生制动管紧急排风作用。

试验合格后,应在规定的位置涂打标记,并按规定填写 120 阀试验记录,要求清楚、准确。

贮存时应定量储存、摆放整齐,并注意外部尘垢不得侵入阀体内部。

(三)故障处理(应急处理)

故障:充气缓解位主阀排气口漏泄过大,也即在副风缸充至 580 kPa 后,用漏泄指示器测主阀排气口漏泄,水面由第二格升至第三格的时间少于 10 s。

产生原因：

1. 滑阀与滑阀座研磨不良，或被异物拉伤，造成列车管或副风缸压力空气窜入制动缸缓解通路，从主阀排气口排向大气。

2. 组装别劲，造成列车管或副风缸压力空气窜入制动缸缓解通路，从主阀排气口排向大气。

3. 紧急二段阀上套或O形圈密封不良，造成列车管压力空气窜入制动缸缓解通路，从主阀排气口排向大气。

4. 半自动缓解阀与主阀连接面之间的橡胶垫装反或漏泄，造成加速缓解风缸或副风缸压力空气窜入制动缸缓解通路，从主阀排气口排向大气。

5. 加速缓解阀套或加速缓解阀顶杆上的O形圈密封不良，造成列车管或加速缓解风缸压力空气窜入制动缸缓解通路，从主阀排气口排向大气。

6. 滑阀套或阀体窜风漏泄，列车管或副风缸或加速缓解风缸压力空气窜入制动缸缓解通路，从主阀排气口排向大气。

处理：找到故障后，如为滑阀故障，须检修滑阀；如为别劲、橡胶垫装反故障，须校正；如为滑阀故障，须检修滑阀；如为密封圈、橡胶垫故障，则更换失效密封圈、橡胶垫；如滑阀套或阀体窜风，则报废。

（四）安全注意事项

1. 严格遵守操作规程。

2. 注意压缩空气的使用安全性。

四、TWG-1型空重车自动调整装置的传感阀和调整阀试验

（一）传感阀试验

1. 作业方法、步骤

空车位试验→重车位试验→半重车位试验→贮存。

(1)准备

①将试验台调压阀压力调整为360 kPa，关闭所有塞门，开K1传感阀专用转接座夹紧在705型试验台主阀安装座上。再将被试的传感阀紧固在专用转接座上。

②操纵阀置8位，开塞门1、4、5、8。

③试A型和B型阀时，将厚50 mm的垫块置于挡铁上；试C型和D型时，取下垫块。

(2)传感阀挡铁零点调试

调低挡铁位置，操纵阀置1位。待制动管及工作风缸压力稳定后，开塞门15，将挡铁上调至与传感阀触头刚好接触，关塞门15，操纵阀置8位。重复进行两次，确认零点后锁定挡铁。

(3)空车位制动及漏泄试验

操纵阀置1位，测定工作风缸由0升至300 kPa的时间应不超过12 s。压力稳定后工作风缸与制动管的压力差不得超过15 kPa。在传感阀各结合部及顶杆周围及触头排气孔处涂肥皂 水，不得漏泄。然后操纵阀置3位，关塞门4、8，观察制动管压力在15 s内不得下降。试毕开塞门4、8。

(4)空车位缓解试验

操纵阀置1位，待充满后，操纵阀置3位，开塞门14，工作风缸压力由300 kPa降至40 kPa

的时间不大于 9 s。最后工作风缸内压力应能排尽,传感阀顶杆应能完全缩回到缓解位。试毕关塞门 14。

(5)重车位制动,缓解及漏泄试验在挡铁上放置试验垫块(各型传感阀的垫块厚度 WG-1A、WG-1B:23 mm;WG-1C、WG-1D:31 mm),操纵阀置 1 位,待制动管压力稳定后,操纵阀置 3 位,关塞门 4、5、8,观察:制动管压力在 15 s 内不得下降;工作风缸压力为零;操纵阀置 6 位后,传感阀顶杆应完全缩回至缓解位。试毕开塞门 4、5、8,操纵阀置 6 位。

(6)半重车位试验

更换下表所示的各型传感阀试验垫块,操纵阀置 1 位。待制动管压力稳定后,操纵阀置 3 位,各型传感阀的工作风缸压力须符合表 10-6 要求。试毕操纵阀置 8 位,开塞门 14,待制动管工作风缸压力排尽后,关塞门 14,卸下传感阀。

表 10-6 各型传感阀的工作风缸压力

传感阀型号	试验垫块厚度(mm)	工作风缸压力(kPa)
WG-1A	18	105±25
WG-1B	18	180±25
WG-1C	24	100±25
WG-1D	24	125±25

(二)调整阀试验

1. 作业方法、步骤

空车位试验→重车位试验→半重车位试验→贮存。

(1)试验准备

将试验台调压阀压力调整为 360 kPa。关闭所有塞门,开 KK1,将调整阀专用转接座夹紧在主阀安装座上[调整阀转接座上装有手拉阀,用以模拟降压气室管的连通与截断,手接阀向右拉出时为开放(空车)位,向左推入时为关闭(重车)位]。

(2)空车位漏泄试验

开放塞门 1、4、5、8,向右开放手拉阀。操纵阀置 1 位,待制动管压力稳定后,关塞门 5、用肥皂水检查调整阀各结合部、各排气口及通汽口不得漏泄。然后关塞门 8,制动缸压力在 20 s 内上升不得超过 10 kPa。

(3)空车位制动试验

开放塞门 1、4、5、8,向右开放手拉阀。关闭其他塞门。操纵阀置 1 位与 2 位之间,观察工作风缸和制动缸初跃升压力(制动缸开始时应随同制动管一起缓慢上升到一个压力值后暂时停止升压)应在 50～70 kPa 范围内。然后操纵阀置 1 位,待制动管压力稳定后,工作风缸压力:A 型阀始终为零。B 型阀在制动缸压力达到跃升压力之后,工作风缸开始升压,并始终与制动管压力相同。制动缸压力:A 型阀应为(160±10) kPa,B 型阀应为(100±10) kPa。调整阀盖上的显示器应伸出。

(4)空车位缓解试验

上项试验后,操纵阀置 8 位,测定从操纵阀移至 8 位起制动缸压力下降至 40 kPa 的时间:A 型阀不超过 20 s,B 型阀不超过 24 s。制动缸压力应能排尽,而 B 型阀工作风缸压力应降至零。调整阀盖上的显示器应缩回。

(5)重车位制动试验

开放塞门1、4、5、8,关闭其他塞门,向左关闭手拉阀,将操纵阀置1位,待制动管压力稳定后,观察制动缸压力值:A型阀与制动管压力相同。B型阀为(220±10) kPa。

(6)重车位缓解试验 上项试验后,操纵阀置3位,开塞门14,制动缸压力应能排尽,B型阀工作风缸压力能降到0。试毕,操纵阀置8位,待制动管,工作风缸压力排尽后,关塞门14、卸下调整阀。

(三)贮　　存

存放期超过6个月须清洗换油,试验。

(四)安全注意事项

1. 分解阀体时应轻拿轻放,防止阀体落地伤人。

2. 注意压缩空气的使用安全性。

3. 完工时应整理工作台,工具按规定摆放,关闭电气开关,清扫场地。

五、KZW系列空重车自动调整装置的传感阀和调整阀试验

(一)作业方法、步骤

空车位试验→半重车位试验→重车位试验→贮存。

1. 准备

(1)调节调压阀使进气压力为500 kPa。

(2)试传感阀时,将试验用的标准调整阀安装在试验台上;试调整阀时,将标准传感阀安装在试验台上。再将待试的传感阀或调整阀安装在安装座上,安装时注意检查密封件是否良好。

(3)撤去挡块,对调整阀进行充排气,传感阀触杆应能完全伸出,缩回。

(二)质量标准

1. 空车位试验

(1)触杆间隙调整

将挡块和传感阀触杆的间隙调整为6 mm。

(2)制动试验充气

在充气过程中,容积风缸压力应在传感阀触杆碰到挡块后开始上升。待稳定后,制动缸压力A型应为150～170 kPa,B型应为90～110 kPa。调整阀的显示牌仍处在空车位。

(3)漏泄检查

试传感阀时用肥皂水涂抹传感阀各结合部,阀体,触杆和铜套间隙四周,触杆的排气孔不得漏泄;试调整阀时,用肥皂水检查调整阀与座结合部不得漏泄。关闭进风,保压1min;制动缸压力下降不得超过10 kPa。

(4)缓解试验

排调整阀内压缩空气,制动缸压力应下降,传感阀触杆应缩回,端部排气孔应排气,容积风缸压力应下降至零。

2. 半重车位试验

(1)触杆间隙调整

将挡块和传感阀触杆的间隙调整为15 mm。

(2)制动试验充气,在充气过程中,容积风缸压力应在传感阀触杆碰到挡块后开始上升。待稳定后,制动缸压力A型应为200～280 kPa,B型应为130～160 kPa,调整阀的显示牌应处在半重车位。

(3)漏泄检查

用肥皂水涂抹传感阀触杆和铜套间隙四周或调整阀结合部,不得漏泄。

(4)缓解试验

排调整阀内压缩空气,制动缸压力应下降,传感阀触杆应缩回,端部排气孔应排气,容积风缸压力应下降至零。

3. 重车位试验

(1)触杆间隙调整

将挡块和传感阀触杆的间隙调整为 25 mm。

(2)制动试验充气,在充气过程中,容积风缸压力应在传感阀触杆碰到挡块后开始上升。待稳定后,制动缸压力 A 型应为 350～360 kPa。B 型应为 210～230 kPa。调整阀的显示牌处在重车位。

(3)漏泄检查

用肥皂水涂抹传感阀触杆和铜套间隙四周,触杆的排气孔或调整阀各结合部不得漏泄;关闭进风,保压 1min;制动缸压力下降不得超过 10 kPa。

(4)缓解试验排调整阀内压缩空气,制动缸压力应下降,传感阀触杆应缩回,端部排气孔应排气,容积风缸压力应下降至零;空重车显示牌应复位。

4. 贮存存放期超过 6 个月须清洗换油,试验。

(三)安全注意事项

1. 分解阀体时应轻拿轻放,防止阀体落地伤人。

2. 注意压缩空气的使用安全性。

3. 完工时应整理工作台,工具按规定摆放,关闭电气开关,清扫场地。

六、人力制动机及基础制动装置检查

(一)作业方法、步骤

1. 所需配件、材料:待检查货车,1 辆;粉笔等。

2. 准备设备及工具:

所需设备及工具:检点锤、电筒、钢卷尺。

3. 插红旗。

4. 检查:

(1)检查人力动机状态。

(2)检查各制动杠杆、拉杆状态。

(3)检查制动梁。

(4)检查各风缸状态。

(5)检查制动主管、支管、连接管状态。

(二)质量标准

1. 人力动机

(1)制动状态时,链式手制动装置手制动轴链卷入量为 0.5～2 圈,脚踏式制动机链卷入量为 0.5～1 圈。装用 FSW 型手制动机或 NSW 型手制动机的车辆空车全缓解位时,前制动杠杆与手制动拉杆之间链条的松余量不小于 30 mm。

(2)手制动轴上、下端及手制动轴链羊眼螺栓的开口销及各扁开口销安装后须劈开卷起。

(3)各螺栓紧固。

2. 检查各制动杠杆、拉杆状态。

(1)各拉杆、杠杆组装圆销齐全,不大于 3 mm 间隙,开口销双向劈开的角度为 60°～70°。

(2)各附属配件须无松动、弯曲、变形、损坏,控制杠杆、控制杆、调整螺杆、连接杆等磨耗大于 3 mm 时卸下修理,裂纹时更换。

(3)各拉杆及托与摇枕间、固定支点与牵引梁间须有间隙。

(4)横跨梁与转向架移动杠杆及上拉杆的距离不小于 6 mm。

3. 检查制动梁。

(1)各闸瓦必须同材质,需密贴车轮。

(2)同一车辆上装用的制动梁型式须一致,装用的闸瓦型式须一致。

(3)槽钢制动梁安全链松余量为 20～50 mm,组合式制动梁安全链松余量为 40～70 mm。

(4)制动梁架与安全链吊座连接处裂纹或制动梁架与下拉杆安全吊座连接处裂纹时更换。

(5)制动杠杆裂纹时更换,腐蚀或磨耗超限时堆焊后加工或更换。

(6)闸瓦插销磨耗超限时更换。

4. 检查各风缸状态。

(1)副风缸、降压风缸、加速缓解风缸不得有裂纹。

(2)风缸吊、托架、垫木紧固。

(3)阀及缸类零部件安装须正位、牢固,缸与吊座间、制动管与吊座间原设计是木垫者须更换为尼龙垫或短纤维增强橡胶垫;

(4)各风缸、气室的吊架裂纹、弯曲时修理,吊卡腐蚀深度大于 25%时修理,折裂时更换,木垫损坏时更换。

(5)风缸采用圆钢 U 形吊和木垫安装的,须安装背母;采用螺栓组装的须加弹簧垫圈。

5. 检查制动主管、支管、连接管状态。

(1)制动主管、支管、连接管应进行外观检查,腐蚀深度大于壁厚度的 30%时更换。

(2)制动主管、支管、连接管、活接头、接头、吊卡等无折裂时,木垫良好,碰梁时调整,螺母松动时紧固。

(3)主管、支管穿过各梁处不得与底架各梁接触,间距不小于 3 mm。

6. 制动滑轮、拉杆与拉杆链、掣子锤、制动阀、安全阀、防盗罩、脚踏式制动机等的圆销与垫圈、螺栓与螺母均须等分焊固。

7. 环形缓解阀拉杆的拉手须封闭焊固,缓解阀拉杆组装与其他零部件不得相碰。

8. 无自防盗功能的货车空气制动阀、安全阀须安装防盗罩。

9. 软管连接器的最下端距轨面的距离不小于 120 mm。

10. 各塞门手把销不得以开口销或铁钉代替。

(三)故障处理(应急处理)

故障:

(1)制动主管、支管、连接管、活接头、接头、吊卡等折裂,木垫损坏。

(2)缓解阀拉杆组装与其他零部件相碰。

处理:

(1)制动主管、支管、连接管、活接头、接头、吊卡等折裂时更换,木垫损坏时更换。

(2)缓解阀拉杆组装与其他零部件相碰时,可将其局部折弯。

(四)安全注意事项

1. 作业时穿戴防护用品须齐全。

2. 作业前、作业完须插、撤红旗。

3. 作业完,工具放到指定位置,摆放整齐。

第十一章　技　　师

第一节　通用部分:钳工制作技能

一、制作四方换位相配

(一)毛坯尺寸:75 mm×71 mm×8 mm;材料:45。

(二)设备:划线平台、方箱、钳台、台虎钳、台式钻床。

(三)工具:中扁锉(中齿、细齿各一)、方锉、什锦锉、划规、划针、手锤、样冲、ϕ2 mm 直柄麻花钻、ϕ5 mm 直柄麻花钻、ϕ6 mm 直柄麻花钻、ϕ7.8 mm 直柄麻花钻、ϕ8 mm 手用铰刀、活络铰手、刮刀、毛刷、软钳口。

(四)量具:0～150 mm 游标卡尺、0～300 mm 高度游标尺、0～25 mm 外千分尺、25～50 mm 外千分尺、50～75 mm 外千分尺、100×63 刀口直角尺、0～150 mm 直钢尺、125 mm 刀口尺、0°～320°万能角度尺、百分表(带表座)、塞尺。

(五)图样(图 11-1):

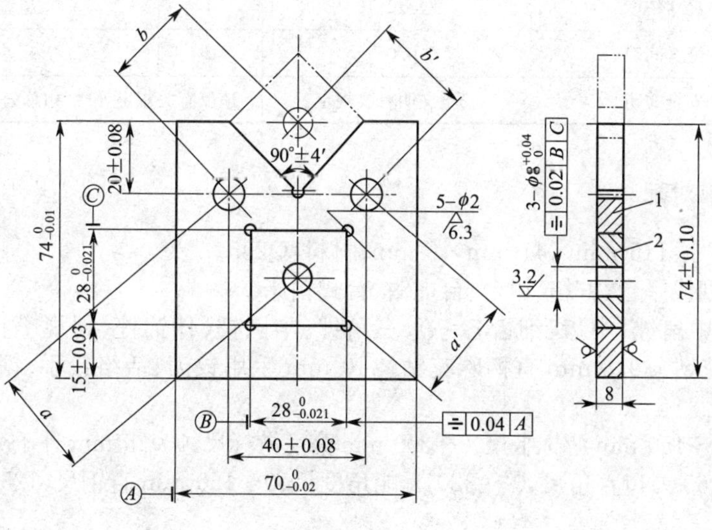

图　11-1

(六)技术要求:

1. 配合处为件 2 尺寸,件 1 按件 2 配作。
2. 配合(转向 180°配合)间隙 0.05。
3. a 和 a' 误差 0.10,b 和 b' 误差 0.10。
4. 锐边倒圆 R0.3,其余表面粗糙度 Ra1.6。

(七)制作时间:5 h。

(八)评分标准(表 11-1):

表 11-1 四方换位相配制作考件评分标准

序号	考核内容	考核要求	配分	评分标准
1	尺寸精度	$70_{-0.03}^{0}$	4	超差不得分
2	尺寸精度	$74_{-0.03}^{0}$	4	超差不得分
3	尺寸精度	15±0.03	6	超差不得分
4	尺寸精度	$28_{-0.021}^{0}$(2 处)	8	超差不得分
5	尺寸精度	20±0.08	6	超差不得分
6	表面粗糙度	Ra3.2 μm(3 处)	3	超差不得分
7	三个圆孔尺寸精度	$3\times\phi8_{0}^{+0.06}$	6	超差不得分
8	对称度公差	0.04	5	超差不得分
9	对称度公差	0.02	8	超差不得分
10	表面粗糙度	Ra1.6 μm(5 处)	14	超差不得分
11	尺寸精度	$a=a'$误差 0.10	4	超差不得分
12	尺寸精度	$b=b'$误差 0.10	4	超差不得分
13	角度公差	90°±4′	4	超差不得分
14	尺寸精度	74±0.10	4	超差不得分
15	配合间隙	0.05	16	超差不得分
16	安全文明	安全文明有奖规定	违反有关规定,酌情扣总分 1~50 分安全文明	

二、燕尾圆弧对配

(一)毛坯尺寸:115 mm×41 mm×8 mm;材料:Q235。

(二)设备:划线平台、方箱、钳台、台虎钳、台式钻床。

(三)工具:中扁锉(中齿、细齿各一)、三角锉、半圆锉、什锦锉、划规、划针、手锤、样冲、ϕ3 mm 直柄麻花钻、ϕ9.8 mm 直柄麻花钻、ϕ10 mm 手用铰刀、活络铰手、锯弓、锯条、毛刷、软钳口。

(四)量具:0~150 mm 游标卡尺、0~300 mm 高度游标尺、0~25 mm 外千分尺、25~50 mm 外千分尺、100×63 刀口直角尺、0°~320°万能角度尺、0~150 mm 直钢尺、125 mm 刀口尺、半径规。

(五)图样(图 11-2):

(六)技术要求:

1. 燕尾配合(翻转 180°配合)间隙 0.04。
2. 圆弧配合(翻转 180°配合)间隙 0.04。
3. 未标注公差尺寸按 GB 1804-m,锐边倒圆 R0.3。

(七)制作时间:7 h。

(八)评分标准(表 11-2):

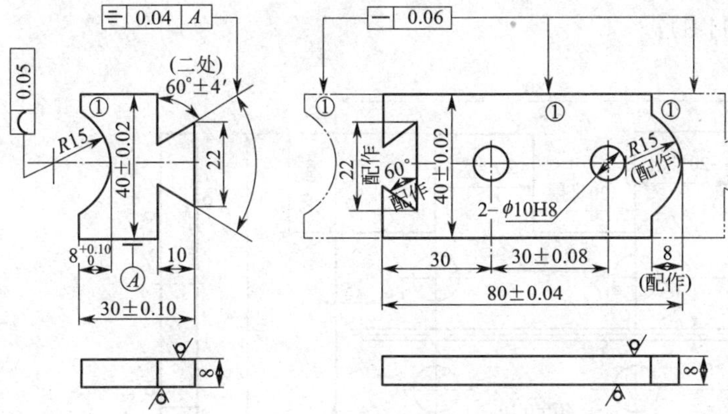

图　11-2

表 11-2　燕尾圆弧对配制作考件评分标准

序号	考核内容	考核要求	配分	评分标准
1	燕尾配合间隙	0.04	10	大于 0.6 不得分
2	直线度公差	0.06	8	超差不得分
3	角度公差	60°±4′	12	超差不得分
4	*R*15 线轮廓度公差	0.05	8	超差不得分
5	两个圆孔尺寸精度	2-ϕ10H8	8	超差不得分
6	尺寸精度	40±0.02	6	超差不得分
7	对称度公差	0.04	6	超差不得分
8	尺寸精度	40±0.04	6	超差不得分
9	尺寸精度	30±0.08	4	超差不得分
10	尺寸精度	30±0.1	2	超差不得分
11	尺寸精度	$8^{+0.10}_{0}$	2	超差不得分
12	尺寸精度	80±0.08	4	超差不得分
13	表面粗糙度	*Ra*1.6 (12 处)	17	大于 R_a3.2 不得分
14	60°角表面粗糙度	*Ra*1.6	4	超差不得分
15	圆弧配合间隙	0.04	3	大于 0.6 不得分
16	安全文明	安全文明有奖规定	违反有关规定,酌情扣总分 1～50 分安全文明	

三、制作凸凹直槽间接配

(一)毛坯尺寸:85 mm×85 mm×9 mm;材料:45 钢。

(二)设备:划线平台、方箱、钳台、台虎钳、台式钻床

(三) 工具:中扁锉(中齿、细齿各一)、方锉、整形锉、划规、划针、手锤、样冲、ϕ3 mm 直柄麻花钻、ϕ9.8 mm 直柄麻花钻、ϕ10 mm 手用铰刀、活络铰手、锯弓、锯条、扁錾、毛刷、软钳口。

(四)量具:0～150 mm 游标卡尺、0～300 mm 高度游标尺、0～25 mm 外千分尺、50～75 mm 外千分尺、100×63 刀口直角尺、0～150 mm 直钢尺、125 mm 刀口尺、杠杆百分表及表

架、量块。

(五)图样(图 11-3):

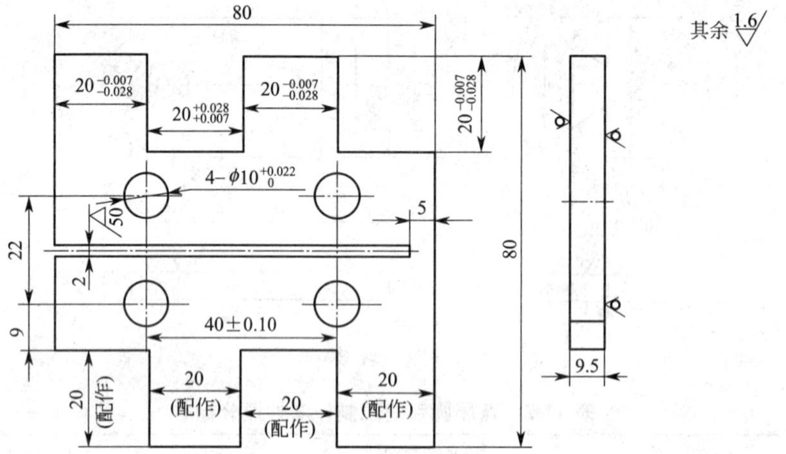

图 11-3

(六)技术要求:

1. 按图示尺寸加工好,经检验后,在 2 mm 槽处锯开。

2. 件 1、件 2 结合面单边间隙不大于 0.06。

(七)制作时间:6 h。

(八)评分标准(表 11-3):

表 11-3 凸凹直槽间接配制作考件评分标准

序号	考核内容	考核要求	配分	评分标准
1	尺寸精度	$20^{-0.007}_{-0.028}$	24	超差不得分
2	尺寸精度	$20^{+0.028}_{+0.007}$	8	超差不得分
3	4 个圆孔尺寸精度	$\phi10^{+0.022}_{0}$	8	超差 0.01 扣 1 分
4	尺寸精度	40±0.10	5	超差不得分
5	其他	10 处(IT12)	5	超差不得分
6	配合间隙	技术要求 2	40	超差 0.01 扣 4 分
7	表面粗糙度	*Ra*1.6 (20 处)	10	*Ra* 值大 1 级扣 0.3 分
8	安全文明	安全文明有奖规定	违反有关规定,酌情扣总分 1~50 分安全文明	

第二节 客车制动

一、分析、处理制动系统故障

(一)作业方法、步骤

准备→单车检查并处理故障→单车试验并处理故障→记录→完工

1. 准备

(1)准备配件、材料

25G 型客车。

(2)准备工具、设备

单车试验器、管钳、扳手、手锤、电筒、卷尺、深度尺、秒表、制动缸压力测试风表。

2. 单车检查并处理故障

(1)检查制动管系,不良时处理;

(2) 检查风缸,不良时处理;

(3) 检查制动缸,不良时处理;

(4)检查车底架基础制动装置,不良时处理;

(5) 检查手制动机,不良时处理;

(6)检查紧急制动阀,不良时处理;

(7) 检查其他制动配件,不良时处理。

3. 单车试验及故障处理

(1)确认车上装设的各种风动装置均须处于车辆运行时的工作状态,且不得影响车辆制动机的正常作用。

(2)单车试验器每半月进行一次校对,每月进行一次机能检查。压力表须有检定合格证,每月检校一次。

(3)单车试验,并对故障进行处理。

4. 记录

列出故障清单。

5. 完工

(1)配件、工具、材料存放指定地点,摆放整齐;

(2)清扫工作场地,做到工完料净场地清。

(二)质量标准

1. 单车检查

(1)制动管系

①过球试验不合格时,必须分段查找,排除故障,直至实心尼龙球通过制动主管进入网状回收器。

②管系裂损折断时更换,腐蚀深度超过管壁厚 1/3 时更换。原型管壁厚度参照表 11-4 掌握;

表 11-4 原型管壁厚度 单位:mm

焊接钢管		无缝钢管	
公称通径	壁 厚	外 径	壁 厚
Dg15	2.75(2.25)	22	4.5
Dg20	2.75	28	4.5
Dg25	3.25	34	4.5

③管系卡子及吊架松动时紧固,帆布垫或木垫丢失时加装,腐蚀破损时更换,并涂防腐漆;

④穿过各梁处不得与梁接触,螺纹部分若缠绕聚四氟乙烯薄膜,不得超出螺纹部分,并留有一扣以上完整螺纹。

(2)风缸

①各部裂纹、腐蚀超过 1/2 者更换；

②各风缸吊架弯曲变形时调修，裂纹或腐蚀超过 25％者更换。吊架螺栓须紧固并露扣，背母或弹簧垫圈齐全，垫木损坏时更换；

③风缸接头腐蚀、裂损时焊修或更换。风缸焊修后，须进行 900 kPa 水压试验，保持 5 min，不得产生裂纹和渗水现象。

（3）制动缸

①检查吊架、杠杆托须无裂纹，吊装螺栓须有背母或弹簧垫圈，螺栓（包括后盖螺栓）松动时紧固，不露扣者更换；

②前盖及缸体腐蚀超过 1/2 时更换。

（4）车底架基础制动装置

①变形时调修，腐蚀或磨耗超过原型 50％者更换，吊架螺栓须有背母或弹簧垫圈，松动时紧固；

②杠杆、拉杆裂纹、折断或磨耗超过 3 mm 时更换，弯曲变形时调修。拉杆及调整丝套螺纹不良时更换；

③各销套松动、裂纹者换套，圆销及套裂纹或磨耗超过 1 mm 者更换，与销套装配间隙超过 2 mm，时换套或销。圆销帽外径须大于套外径 2 mm 及以上；

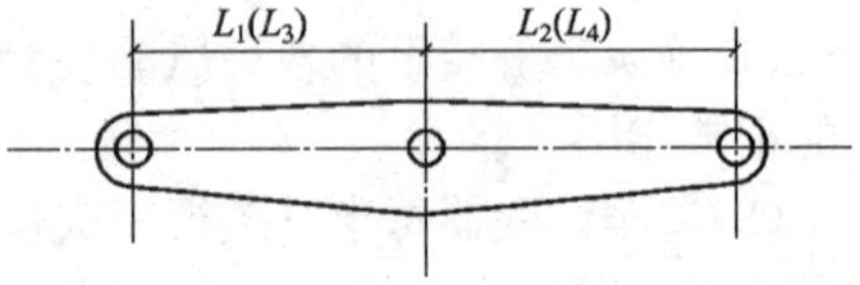

图 11-4

④各制动杠杆的相邻孔距须按规定测量（表 11-5、图 11-4）校对其偏差，超过 5 mm 者更换或加修；

表 11-5　相邻孔距表

自重（t）	制动缸直径（英寸）	202 转向架		205～209 转向架	
		L_1(mm)	L_2(mm)	L_1(mm)	L_2(mm)
34～36	14	360	480	395	445
	16	305	535	340	500
36～38	14	370	470	405	435
	16	315	525	350	490
38～40	14	380	460	420	420
	16	330	510	360	480
40～42	14	390	445	430	410
	16	340	500	375	465
42～45	14	405	435	440	400
	16	350	490	385	455
45～48	14	420	420	455	385
	16	365	475	400	440
48～51	14	430	410	465	375
	16	375	465	410	430
51～54	14	445	395	480	360
	16	390	450	425	415
54～57	14	455	385	490	350
	亚 6	400	440	435	405
57～60	14	465	375	500	340
	16	410	430	445	395
60～64	14	480	360	515	325
	16	425	415	460	380

⑤各杠杆、拉杆组装时圆销插入方向竖孔由上向下、横孔由里向外，其横动量大于 2 mm 者在铁垫圈内侧加装橡胶垫圈；开口销须使用新品，对称劈开角度为 60°～70°，圆销横动量不得超过 1 mm；

⑥基础制动装置装配后各部不得产生蹩劲和抗衡，转动或移动须灵活。

⑦闸瓦厚度小于 30 mm 时更换，同一制动梁两端闸瓦厚度差超过 5 mm 时，更换处理；

⑧闸片厚度小于 15 mm 或同缸两闸片厚度差大于 5 mm 时，须同时更换。

(5)手制动机

①手制动机轴弯曲时调直，各件裂纹时更换；

②手制动链环、链蹄环应为标准件，链裂纹时焊修。焊后须施行 14 715 N 拉力试验，无裂纹和永久变形；

③配件须齐全良好，各紧固件松动时紧固；

④齿轮箱或蜗轮蜗杆箱须分解清扫干净，磨耗严重作用不良时更换。箱盖须有垫，螺母须紧固；

⑤螺杆及套螺纹不良时更换；

⑥摇把方孔与轴间隙过大影响作用时加修或更换，轴上防脱螺钉孔滑扣时攻丝；

⑦手制动机旋转摇把须灵活。螺旋式手制动机紧闸后，螺纹部分须有 75 mm 以上的余量。

(6)紧急制动阀

手把拉下方向应朝外，手把距地面(1.8±0.05)m，铅封状态良好。

(7)空气压力表精度为 1.5(1.6)级，量程为 1 000 kPa，铅封良好，有检定合格证并应检查有效期(有效期的计算方法为，从 A 级修竣工日起算，向后顺推 6 个月加 10 天)。安装后牢固正位(垂直并与墙板平行)，卡子螺丝紧固。

(8)其他制动配件检查

①集尘器体、盒等裂纹时更换，通风方向须正确(体上箭头应指向制动阀侧)，集尘器体不垂直时调整，安装松动者拧紧；

②缓解阀组装牢固后与拉手连接须良好，杠杆与拉手须有间隙并不得蹩劲；

③检查塞门手把开闭位置应正确(手把与塞门体平行时，排水塞门为关闭位置，其他塞门为开通位置；缓解塞门于关闭位置时，塞门芯上排风小孔应朝向制动缸侧)组装后须牢固正位。折角塞门安装后须与铅垂线呈 30°夹角，其尺寸位置须符合图 11-5 规定；

④制动软管总成安装须牢固，其连接器口平面须与车体中心线呈 45°夹角；

⑤分配阀安装螺栓露扣，分配阀(或三通阀)排气口上应安装标准型排气管，管口朝下；

⑥闸调器体，各连接件紧固状态良好。

2. 单车试验

(1)确认车上装设的各种风动装置均须处于车辆运行时的工作状态，且不得影响车辆制动机的正常作用。

(2)单车试验器每半月进行一次校对，每月进行一次机能检查。压力表须有检定合格证，每月检校一次。

(3)单车试验(作业方法及步骤参见职业

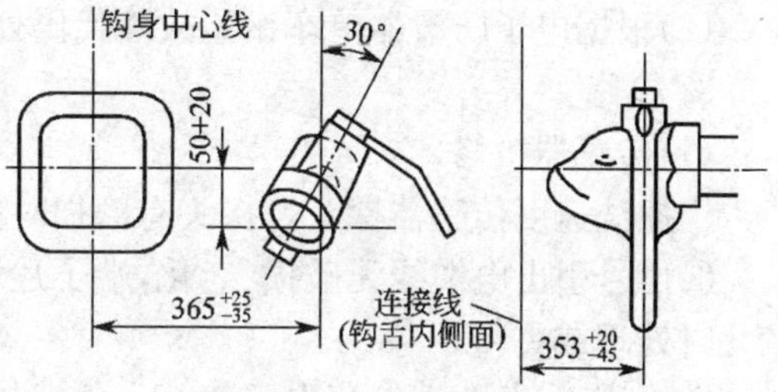

图 11-5 折角塞门尺寸位置

技能高级工之题六要求),并对故障进行处理。

①管系漏泄时,须查找泄漏故障点并进行检修或更换;

②制动机性能不良时须更换故障分配阀;

③制动缸鞲鞴行程不符合(190±10 mm)时,按如下方法调整:

A. 调整转向架上拉杆、均衡杠杆拉杆圆销孔位或旋转拉杆调整螺套,调整拉杆长度,并使两转向架各闸瓦间隙相当(制动缸鞲鞴行程长短与拉杆长度成正比)。

B. 旋转自动间隙调整器调整手把,顺时针转动可缩短鞲鞴行程,反之则伸长。调整手把转一周,鞲鞴行程可变化 6 mm,调整后螺杆须留有 1/2 以上余量;

④闸调器工作长度调整:

A. 将均衡杠杆拉杆圆销置最外孔,旋转法兰螺套使两转向架闸瓦间隙相当;

B. 旋转调节控制杆,使控制距离 A(控制杆头与闸调器后盖之间距离)为 190 mm 左右,将控制杆连接在制动缸杠杆上,连续施行常用全制动 2～3 次,测量鞲鞴行程如不符时,重新调整控制距离 A(鞲鞴行程的长短与控制距离 A 值的调整成反比);

C. 施行一次常用全制动缓解后,测量螺杆工作长度 L(螺杆上刻环至闸调器护管的距离)应为 450～550 mm,不符时调整法兰螺套或拉杆眼孔位置(拉杆伸缩与螺杆工作长度成反比)。单独改变二位端拉杆长度,还可使各杠杆在托架上的相对位置发生变化,以此解决抗托问题。调整后须再次制动、缓解并测量螺杆工作长度 L 值。

(三)安全注意事项

1. 试验时,严禁触摸转向架基础制动装置运动或连接部位;

2. 观察基础制动装置动作时,应防止磕碰;

3. 上下车作业时,严禁跳车。

二、检修、试验电子防滑器,根据电子防滑器单车试验故障代码处理故障

(一)作业方法、步骤

准备→预检→检修→综合性能试验→完工

1. 准备

(1)准备配件、材料

电子防滑器配件、煤油、502 胶水。

(2)准备工具、设备

防滑器检修试验台、刻字打码机、数字兆欧表、插针螺丝刀、扳手、金相砂纸。

2. 预检

(1)按作业步骤 4 要求对电子防滑器进行综合性能试验;

(2)根据电子防滑器单车试验故障代码处理故障

3. 检修

(1)传感器检修

①擦洗速度传感器探头。探头有磨损时更新。

②信号引出电缆线无破损、老化,端子片焊(压)接良好,屏蔽线完好,其绝缘套管无破损、老化时处理或更新。

③检测正、负两端直流电阻值,正、负端与屏蔽层间无短路,常态下用 500V 兆欧表测试绝缘,不良者更新。

④速度传感器护管、喉箍须更新。

(2)主机检修

①主机分解内部检查，主机外观良好，无变形，破损。

②主机控制板外观检查，各控制板接插部位良好，无烧损、打火、变形现象，安装时应接触良好。控制板上各元器件外观良好，清洁，无变色虚焊、烧损等现象。

(3)防滑排风阀检修

①清除污垢和腐蚀部分。腐蚀深度大于 2 mm 或腐蚀面积大于所在面的 1/3 时更新。

②分解防滑排风阀(组合件不需分解)。

③用煤油清洗 CD、PD 先导动铁心外的所有非橡胶零件，用去油清洗液清洗 CD、PD 先导动铁芯。用白布擦净各零件，用压缩空气吹净阀内各气路，保证先导气路畅通。

④检查各零部件，有裂缝、变形、锈蚀等缺陷须修复或更换。

⑤检查阀体的不锈钢阀口和两侧板 CD、PD 小阀口，有损伤时须用 600 目金相砂纸(或 600 目水磨砂纸)打磨修复。

⑥检查 C 与 G、P 与 G 的电阻值，用 500V 兆欧表测试 C、G、P 分别对阀体的绝缘电阻，不良时组件更新。

⑦检查 CD、PD 的先导动铁芯内白色上密封垫和黑色橡胶下密封垫，有凸出先导头圆形端面者，白色上密封垫用 600 目金相砂纸(或 600 目水磨砂纸)打磨修复，橡胶下密封垫须更换。

⑧在试验台作检漏试验时，阀体钢珠处漏气时可在漏气处滴 502 胶水，静置 24h，胶水干透后重新检漏，达到无漏气。

⑨检修时充、排风膜片及各种 O 形密封圈、底座密封垫须更换。

⑩清除滤尘网上的污物，更换破损的滤尘网。

⑪各紧固件锈蚀、磨损时须更换。

⑫防滑排风阀检修后，外表面须进行防锈处理。

⑬组装时按分解逆过程进行。

⑭检修后的防滑排风阀在试验台上试验。

(4)压力开关检修

①分解压力开关。

②检查弹簧状态，折断时更换。橡胶膜片更新。

③紧固件锈蚀时更新。RC3/8 英寸内螺纹损坏时更换下盖板。

④用万用表检测微动开关触点情况，通常触点(COM)与常闭(NC)为通，触点(COM)与常开(NO)为断，在触点被压时，触点(COM)与常闭(NC)为断，触点(COM)与常开(NO)为通。

⑤组装压力开关。

⑥试验

压力开关与试验台上试验。

4. 综合性能试验

(1)将试验合格的 4 个防滑排风阀和 4 个速度传感器接到主机上，并接通电源。按主机诊断键，主机显示须正常，排风阀动作响声正常。通过压力开关接线端子的连通和断开，观察主机通断电动作和时间须正确。

(2)定性试验：整套防滑器按规定进行连接，将四个速度传感器按安装要求安装在一个测速齿轮上并给主机接通电源。然后,按“诊断”按钮,进行静止诊断。通过静止试验后,启动测速齿轮,使测速齿轮加速转动,防滑器须能正常工作;使测速齿轮减速转动,防滑器能控制防滑排风阀产生动作。完成后,若主机显示正确,则说明此套防滑器地面试验合格。

5. 记录

打印试验记录。

6. 完工

(1)配件、工具、材料存放指定地点,摆放整齐;

(2)清扫工作场地,做到工完料净场地清。

(二)质量标准

1. 传感器检修

(1)检测正、负两端直流电阻值须在 1 000～2 000 Ω 之间;

(2)常态下绝缘电阻值须大于 10 MΩ。

2. 防滑排风阀检修

(1)C 与 G、P 与 G 的电阻值须为 180～350 Ω;

(2)C、G、P 分别对阀体的绝缘电阻须大于 10 MΩ。

3. 防滑排风阀组装时须符合以下要求:

(1)O 形密封圈与其接触的平面之间不得夹垫漆皮、铝屑等。

(2)先对齐侧板接触底板与中间体接触底板的面,再上紧侧板螺钉,组装后,中间体与底板间不得有漏气的缝隙,原型 O 形密封圈确实不能压紧,无法密封,可将其换成 $\phi20\times2.8$、$\phi26\times2.8$ 的非标准 O 形密封圈。

(3)排风先导弹簧和充风先导弹簧,充风膜板弹簧和排风膜板弹簧两两不能对调。

4. 防滑排风阀在试验台的检测标准见表 11-6(KNORR 型按说明书标准试验)。

表 11-6 防滑排风阀的检测标准

项 目	符 号	标准值	备 注
慢充性能	P0	>80 kPa	慢充气时最大压力
阶排性能	P1	<350 kPa	阶段排气 5 次的瞬间压力值
直排性能	P2	<20 kPa	电直排 2 s 的瞬间压力值
阶充性能	P3	>150 kPa	阶段充气 5 次的瞬间压力值
电排 1.2 s	P4	<80 kPa	电直排 1.2 s 的瞬间压力值
直通缓解	P5	<5 kPa	缓解后剩余压力
泄漏量	ΔP	<5 kPa/min	工作压力(500±20)kPa

5. 压力开关检修

(1)组装后零部件齐全,顶杆与触点须有一定间隙。

(2)压力开关试验标准

①铁科院(TFX 型):风压升至 180～210 kPa,指示灯亮;风压降至 150～180 kPa 时,指示灯灭。

② KNORR(MGS2 型):风压高于 187 kPa,指示灯亮。风压降至<187 kPa 时,指示灯灭。

③ SAB WABCO(SWKP AS 20C 型):风压高于 180 kPa,指示灯亮。风压降至<130 kPa

时,指示灯灭。

6. 综合性能试验

(1)向综合性能试验台安装的电子防滑器配件须为同厂家,同系列;

(2)根据电子防滑器故障代码信息,按以上检修要求处理相应故障。

(三)安全注意事项

1. 注意用电安全;

2. 橡胶膜片不得碰上汽油等溶剂;

3. 向综合性能试验台安装电子防滑器配件时,注意手持位置,避免夹伤;

4. 从综合性能试验台拆卸电子防滑器配件前,应确认各风缸已排尽压缩空气。

三、分析闸调器故障的原因并提出防止措施

(一)某旅客列车在运行途中某车辆的闸调器控制推杆发生弯曲

1. 原因分析

闸调器在作用时引起推杆弯曲是由于闸瓦间隙过大,在制动时当控制杆头接触闸调器后盖后,闸瓦与车轮间的间隙还很大,随着制动拉力的增大,当主弹簧全压死后若闸瓦还未抱轮,则制动拉力将全部集中在控制推杆上,最终引起控制推杆的弯曲变形。同时还有可能引起闸调器内部弹簧的折断、轴承破碎、螺母卡死等故障而引起闸调器失效。

(1)闸瓦间隙过大是由于在车辆运行过程中闸瓦一次性因磨损脱落了数块。

(2)更换闸瓦时转动外体使间隙增大过大而后未反转调回。

2. 防止措施

(1)在平时检车时注意闸瓦的状态,如发现闸瓦的状态不良应及时更换。

(2)在更换闸瓦后注意反转外体调小闸瓦间隙,但不能过小。

(二)某旅客列车在运行途中某车辆的闸调器前盖脱出外体

1. 原因分析

闸调器在作用时引起前盖脱出外体是由于闸瓦间隙过小,在制动时当闸瓦抱轮后,控制杆头与闸调器后盖的间隙还很大,随着制动拉力的增大,引导螺母要带动外体旋转并使闸调器接近控制杆头,引导弹簧要受压缩,当引导弹簧全压死后若闸调器外体还未接触控制杆头,则由于外体仍有转动趋势而引导螺母(控制前盖)已经不能转动,外体与前盖之间将产生很大的剪切力切断防脱螺钉而使前盖脱出外体。同时还有可能引起闸调器内部弹簧的折断、轴承破碎、螺母卡死等故障而引起闸调器失效。

闸瓦间隙过小是由于在更换闸瓦后反转外体圈数过多。

2. 防止措施

在更换闸瓦后反转外体,以免过小调小闸瓦间隙。

第三节 货车制动

一、单车试验器机能检查

(一)作业方法、步骤

准备→试验。

1. 准备

(1)检查压力表是否到期。

(2)将单车试验器和容积为 15.5 L 的制动管容积风缸相连,再将进风端和风管相连。

(3)往复移动回转阀手柄。

(4)将调整阀调整至 500 kPa,待制动管压力充至 500 kPa 后,用肥皂水检查各连接处。

2. 试验

(1)制动管风缸压力至 500 kPa 时,三位保压,排风阀处关闭位置,在回转阀排气口涂肥皂水。

(2)经改造的单车需增加项目:

①常用排风阀排风时间测试:制动管容积风缸压力稳定后,手把置三位,开常用排风阀。

②紧急排风阀排风时间测试:制动管容积风缸压力稳定后,手把置三位,开紧急排风阀。

(3)试验完毕后,打上检修标记。

(二)质量标准

1. 压力表到期更换,回转阀每月分解检查研磨一次。

2. 往复移动回转阀手柄,其动作应轻便灵活。

3. 各连接处不应出现漏泄现象。在回转阀排气口上涂肥皂水,5 s 内气泡不得破裂。

4. 制动管风缸压力至 500 kPa 时,三位保压,排风阀处关闭位置,在回转阀排气口涂肥皂水,5s 内肥皂泡直径不得大于 20 mm。

5. 各位置充排风时间符合表 11-7 要求。

表 11-7 单车试验器充风或排风时间表

位　置	充风或排风(kPa)	孔径参考尺寸(mm)	时间(s)
1 位:急充风位	—	ϕ6.4	—
2 位:缓充风位	50 升至 150	ϕ0.6	50~52
3 位:保压位	—	—	—
4 位:感度试验位	500 降至 400	ϕ0.9	15~16.5
5 位:安定试验位	500 降至 300	ϕ2.0	8~9
6 位:紧急制动位	500 降至 200	ϕ3.7	3.5~5
安定试验位(120 阀、120-1 阀用)	500 降至 300	ϕ2.8	4~5
紧急制动位(120 阀、120-1 阀用)	500 降至 200	ϕ6.0	1.5~2.5

(三)故障处理(应急处理)

故障:制动管风缸压力至 500 kPa 时,3 位保压,排风阀处关闭位置,在回转阀排气口涂肥皂水,5 s 内肥皂泡直径大于 20 mm。多为回转阀结合面有划伤、碰伤。

处理:回转阀分解检查研磨。

(四)安全注意事项

1. 注意压缩空气的安全使用。

2. 往复移动回转阀手柄时,应注意手柄位置的正确性。

3. 连接风管时应注意先连接单车试验器制动管容积风缸,再将进风端和风管相连。

二、701 试验台机能检查

(一)作业步骤、方法

1. 准备

(1)准备校验盖板、秒表；

(2)卸下试验台活塞止棒；

(3)控制阀手柄全部推进于关闭位，再关其他风门，然后开9号风门；

(4)K、H阀手把置于8位，F阀手把置于1位；

(5)调整调压阀压力为500 kPa；

(6)安装座用3号安装盘及胶垫、装上堵盘，然后开放1号风门、卡紧堵盘。

2. 各风门、各阀漏泄试验

(1)7、9号风门及F阀漏泄试验

F阀置于2位、K阀置于3位、H阀移至1位，制动管压力达500 kPa时，移回3位，保压1 min，漏泄时在7号风门软管通风孔及9号风门排风孔涂肥皂水检查。

(2)12、13号风门及K、H阀漏泄试验

①制动管压力达500 kPa时，K、H阀于3位保压1 min或在K、H阀的回转阀排气口涂肥皂水。然后开放12、13号风门，注意制动管压力变化。

②H阀移1位制动管压力达500 kPa后，关12、13号风门，H阀移4位减压200 kPa后移回3位，待压力稳定后，注意制动管压力变化。

(3)14、15、16、17号风门试验

将3号盘胶垫的副风缸与制动缸气路口里边断开，使其连通，开放1号风门卡紧堵盘。漏泄试验方法与前项程序相同，而用F阀充排气、保压及减压，注意副风缸与制动缸压力的变化。

(4)2、4、6、11号风门试验

①K、H阀于3位，F阀移7位，副风缸及制动缸压力达500 kPa后，F阀移回2位，保压1 min或在4、6、11号风门排气口涂肥皂水检查。

②关闭2、3号风门，开放4、11号风门，观察制动缸压力变化，也可在4、11号风门排气口涂肥皂水检查。

(5)管路、连接处、风门体及控制阀试验

风压调至650 kPa以上，顺次开放2、3、8、12、13、14、15、16、17号风门，并将K、H阀由1位移至8位，F阀由1位移至7位往复数次，分别置于保压位，在各阀及管路、接头、风门等连接处涂肥皂水检查。

(6)5、8号风门漏泄试验，关5、8、7、9及1号风门，卸下堵盘，H阀于1位，在安装座5、8号风门通风口涂肥皂水检查。

(7)开放0、1号风门，在各回转阀盖与杆接缝处涂肥皂水，再把手把分别移至各位置观察。

3. H阀机能检查

(1)H阀

①第一位开风门12、13，制动管容积风缸容积为15.5 L，由储风缸来的压力空气经由6.4 mm孔送入制动管容积风缸。

②第二位开风门12、13，制动管容积风缸容积为15.5 L，由储风缸来的压力空气经由0.57 mm孔送入制动管容积风缸。

③第四位关风门12及13，制动管容积风缸容积为11.5 L，制动管容积风缸的压力空气经由0.8 mm孔排气。

④第五位开风门12、13，制动管容积风缸容积为15.5 L，制动管容积风缸的压力空气经由

0.9 mm 孔排气。

⑤第六位开风门 12、13,制动管容积风缸容积为 15.5 L,制动管容积风缸的压力空气经由 2 mm 孔排气。

⑥第七位关风门 12 及 13,制动管容积风缸容积为 11.5 L,制动管容积风缸的压力空气经由 3.3 mm 孔排气。

⑦第八位开风门 13、23,制动管容积风缸容积为 15.5 L,制动管容积风缸的压力空气经由 3.8 mm 孔排气。

注:稳定性试验,F 阀置于 2 位,K 阀置 3 位,H 阀置 1 位,待制动管压力达 500 kPa 后,将 H 阀置于保压位,再将制动管的压力经 9 号风门由 0.4 mm 孔排出于大气,排气速度应为 51～70 kPa/min。

(二)质量标准

1. 试验前,先将控制阀手柄全部推进于关闭位,再关闭其他风门,然后开放 0 号风门,给风阀感度应控制在 10 kPa 以内。

2. 各风门、各阀漏泄试验

(1)7、9 号风门及 F 阀 7、9 号风门不得漏泄。F 阀排风孔处肥皂泡 2 mm 直径不大于 25 mm。

(2)12、13 号风门及 K、H 阀漏泄试验

①制动管压力应有明显下降。排气口处肥皂泡 1 min 直径不大于 25 mm。

②制动管压力在 1 min 内不得上升。

(3)14、15、16、17 号风门漏泄试验

关 14 和 16 后关 15、17 号开 14 和 16 副风缸与制动缸压力均不得下降。

(4)2、4、6、11 号风门漏泄试验

①保压 1 min 副风缸及制动缸压力不得下降;涂肥皂水不得漏泄。

②副风缸及制动缸压力不得下降,涂肥皂水检查不得起泡。

(5)管路、连接处、风门体及控制阀试验各处不得漏泄。

(6)5、8 号风门漏泄试验各处不得漏泄。

(7)各回转阀盖与杆接缝处,手把分别移至各位。均不得漏泄。

3. H 阀机能检查

(1)第一位开风门 12、13,制动管容积风缸容积为 15.5 L,由储风缸来的压力空气经由 6.4 mm 孔送入制动管容积风缸,要求制动管容积风缸压力很快升到定压。

(2)第二位开风门 12、13,制动管容积风缸容积为 15.5 L,由储风缸来的压力空气经由 0.57 mm 孔送入制动管容积风缸,其压力由 50 kPa 上升到 150 kPa 的时间应为 53～56 s。

(3)第四位关风门 12 及 13,制动管容积风缸容积为 11.5 L,制动管容积风缸的压力空气经由 0.8 mm 孔排气,其压力由 500 kPa 降至 400 kPa 的时间应为 14～15.5 s。

(4)第五位开风门 12、13,制动管容积风缸容积为 15.5 L,制动管容积风缸的压力空气经由 0.9 mm 孔排气,其压力由 500 kPa 降至 400 kPa 的时间应为 15～16.5 s。

(5)第六位开风门 12、13,制动管容积风缸容积为 15.5 L,制动管容积风缸的压力空气经由 2 mm 孔排气,其压力由 500 kPa 降至 300 kPa 的时间应为 8～9 s。

(6)第七位关风门 12 及 13,制动管容积风缸容积为 11.5 L,制动管容积风缸的压力空气经由 3.3 mm 孔排气,其压力由 500 kPa 降至 200 kPa 的时间应为 3.5～5 s。

(7)第八位开风门13、23,制动管容积风缸容积为15.5 L,制动管容积风缸的压力空气经由3.8 mm孔排气,其压力由500 kPa降至200 kPa的时间应为3.5～5 s。

4. F阀机能检查

(1)第二位在F阀侧面排气口涂以肥皂水,在10 s内允许产生不大于25 mm的肥皂泡,或副风缸压力下降1 min不得超过5 kPa(顶杆在缩回位)。

(2)第三位先将F阀移至1位,待副风缸压力调到420 kPa时,再移回3位,待压力稳定后关闭2号风门,副风缸压力在1 min内上升不得超过7 kPa(顶杆在推出位)。

(3)第四位在此位置副风缸的压缩空气经由0.8 mm孔排气,其压力由420 kPa降至330 kPa的时间应为55～62 s(顶杆在推出位)。

(4)第五位在此位置顶杆使滑阀的急制动孔经常处于开放状态,且在不妨碍急制动孔联络的情况下而使副风缸与制动缸的联络加以限制。同时由储风缸来的压力空气经此位置向副风缸供气,其压力由300 kPa上升到440 kPa的时间应为5～6 s(顶杆在推出位)。

(5)第六位由储风缸来的压力空气经此位置向副风缸供气,其压力由300 kPa上升到440 kPa的时间应为2.5～4 s(顶杆在推出位)。

(6)第七位由储风缸来的压力空气应迅速向副风缸供给(顶杆在缩回位)。

(7)稳定性试验中将制动管的压力经9号风门由0.4 mm孔排出于大气,排气速度应为1～70 kPa/min。

(三)故障处理(应急处理)

故障:风门及K、H阀漏泄过限。主要为风门垫漏泄或电磁阀故障。

处理:风门垫漏泄者,更换;电磁阀故障者检修或更换。

(四)安全注意事项

1. 严格遵守操作规程。

2. 试验前,先将控制阀手柄全部推进于关闭位,再关闭其他风门,然后开放0号风门。

3. 注意压力空气的安全使用。

三、705试验台机能检查

(一)作业步骤、方法

各风门及管系漏泄试验→操纵阀机能检查。

1. 各风门及管系漏泄试验

(1)准备

①先检查压力表是否到期。

②将带截门的主阀安装座盖板和紧急阀安装座盖板分别卡紧在主阀和紧急阀安装座上,给风阀调整到600 kPa,限压阀调整到50 kPa。

(2)制动管和紧急室系统漏泄试验

①开风门1、2、4、13,关其他风门,操纵阀置1位,待制动管和紧急室充至定压后,在制动管和紧急室管系、压力表管路及风门14、14A处涂肥皂水。

②关风门13,拧开紧急阀安装座盖板上的紧急室孔截门,排尽风压,然后涂肥皂水。关风门2,拧开紧急阀安装座盖板上的制动管孔截门,待排尽风压后,涂肥皂水检查。

③关风门4,拧开主阀安装座盖板上的制动管截门,风压排尽后涂肥皂水检查。

④关风门1,开风门4,风压排尽后,在主阀制动管孔上涂肥皂水,保持1 min。

(3)压力风缸系统漏泄试验

①关风门 11、15,开风门 5、9,操纵阀置 1 位,待压力风缸充至定压后,在压力风缸管系、表管和风门 15 处涂肥皂水检查。

②关风门 5、9,开主阀安装座盖板上的压力风缸截门,待风压排尽后,在截门口上涂肥皂水检查。

(4)容积室风缸系统漏泄试验

①关风门 7a、17,开风门 7、11,操纵阀置 1 位。待容积室风缸充至定压后,在容积室风缸管系,表管和风门 17 处涂肥皂水检查。

②关风门 11,拧开容积室风缸出孔截门,风压排尽后,在截门口上涂肥皂水检查,保持 1 min。试验完毕,关闭截门。

③操纵阀 8 位,风压排尽后,开风门 7a、11,操纵阀移至 2 位,然后操纵阀手把置于 3 位。待压力稳定后,关风门 7a,注意观察容积室风缸的单针压力表。

④关风门 7a 和 7,操纵阀置 1 位,开容积室风缸入孔截门,排尽风压后,涂肥皂水检查。

(5)副风缸系统漏泄试验

①关风门 16,开风门 6、10,待副风缸充至定压后,用肥皂水检查副风缸管系、表管及风门 16。

②关风门 6 和 16,开主阀安装座盖板上的副风缸截门,风压排尽后,用肥皂水检查副风缸截门口。

(6)制动缸系统漏泄试验

①关风门 28,开风门 8 和 12,待制动缸充至定压后,用肥皂水检查制动缸管系、表管和风门 18。

②关风门 8、12,开主阀安装座盖板上的制动缸截门,风压排尽后,在制动缸截门口处涂肥皂水检查。

2. 操纵阀机能检查

(1)准备

①开控制阀 k1 和 k2,分别将主阀、紧急阀安装座盖板卡在主阀、紧急阀安装座上。开风门 1、2、4,关其他风门,总风源压力应在 650 kPa 以上,给风阀调整为 600 kPa。测定操纵阀充、排气时间时,应从显示制动管与压力风缸压力双针压力表的制动管压力的上升或下降值为基 准,但应从显示制动管与紧急室压力双针压力表的制动管压力下降值来校对第八位的排气时间(以排除风门 2 通路狭小之弊)。

(2)操纵阀漏泄试验操纵阀 1 位,待制动管压力达 600 kPa 后,移至 6 位减压 200 kPa,然后移至 3 位保压 1 min。

(3)操纵阀的回转阀各孔充、排气时间测定。

①充气时间测定

确认总风源压力不得低于 650 kPa,然后将操纵阀手把从 3 位移至 2 位,测定制动管压力由 50 kPa 升至 150 kPa 的时间。

②排气时间测定

4 位:待制动管压力充至定压后,操纵阀手把放 4 位,测定制动管压力由 600 kPa 降至 500 kPa 的时间。

5 位:待制动管压力充至定压后,操纵阀手把放 5 位,测定制动管压力由 600 kPa 降至

400 kPa 的时间。

6 位:待制动管压力充至定压后,操纵阀手把放 6 位。测定制动管压力由 600 kPa 降至 400 kPa 的时间。

7 位:待制动管压力充至定压后,操纵阀手把放 7 位,测定制动管压力由 600 kPa 降至 300 kPa 的时间。

8 位:待制动管压力充至定压后,操纵阀手把改 8 位,测定制动管压力由 600 kPa 降至 300 kPa 的时间。

(4)风门 14 排气时间测定

操纵阀手把放 1 位,待制动管压力充至定压后,关风门 1,开风门 14,测定制动管压力由 600 kPa 降至 400 kPa 的时间。

(5)风门 14A 排气时间测定

待制动管充至定压后,关风门 1,开风门 14A,确定制动管压力由 600 kPa 降至 540 kPa 的时间。

(6)排风阀排气时间测定

待制动管充至定压后,操纵阀置三位,开排风阀,确定制动管压力由 600 kPa 降至 300 kPa 的时间。

(二)质量标准

1. 每季对 705 型试验台操纵阀分解检修。

2. 准备时应先检查压力表须无过期。

3. 制动管和紧急室系统漏泄试验要求:

(1)在制动管和紧急室管系、压力表管路及风门 14、14A 处涂肥皂水检查,不得有漏泄。

(2)关风门 13,拧开紧急阀安装座盖板上的紧急室孔截门,排尽风压,然后涂肥皂水检查,不得漏泄。关风门 2,拧开紧急阀安装座盖板上的制动管孔截门,待排尽风压后,涂肥皂水检查,不得漏泄。

(3)关风门 4,拧开主阀安装座盖板上的制动管截门,风压排尽后涂肥皂水检查,不得漏泄。

(4)关风门 1,开风门 4,风压排尽后,在主阀制动管孔上涂肥皂水,保持 1 min,不得有漏泄。

4. 压力风缸系统漏泄试验要求:

(1)在压力风缸管系、表管和风门 15 处涂肥皂水检查,不得有漏泄。

(2)关风门 5、9,开主阀安装座盖板上的压力风缸截门,待风压排尽后,在截门口上涂肥皂水检查,不得有漏泄。

5. 容积室风缸系统漏泄试验要求:

(1)容积室风缸管系,表管和风门 17 处涂肥皂水检查,不得有漏泄。

(2)容积室风缸风压排尽后,在截门口上涂肥皂水检查,保持 1 min 不得有漏泄。

(3)操纵阀置 8 位,风压排尽后,操纵阀移至 2 位,限压阀应在 50 kPa 时放风,然后操纵阀手把置于 3 位,应在 30 kPa 以上停止排风。待压力稳定后,关风门 7a,容积室风缸的单针压力表在 10 s 内不得下降 5 kPa。

(4)操纵阀置 1 位,拧开容积室风缸入孔截门,排尽风压后,涂肥皂水检查,不得有漏泄;容积室风缸单针压力表指针在 30 s 内不得上升。

6. 副风缸系统漏泄试验要求:

(1)副风缸充至定压后,用肥皂水检查副风缸管系、表管及风门 16,不得有漏泄;

(2)副风缸风压排尽后,用肥皂水检查副风缸截门口,不得有漏泄。

7. 制动缸系统漏泄试验要求:

(1)制动缸充至定压后,用肥皂水检查制动缸管系、表管和风门18,不得有漏泄;

(2)制动缸风压排尽后,在制动缸截门口处涂肥皂水检查,不得有漏泄。

8. 操纵阀机能检查要求:

(1)开控制阀K1和K2,分别将主阀、紧急阀安装座盖板卡在主阀、紧急阀安装座上。开风门1、2、4,关其他风门,总风源压力应在640 kPa以上。给风阀调整为600 kPa,测定操纵阀充、排气时间时,应从显示制动管与压力风缸压力双针压力表的制动管压力的上升或下降值为基准,但应从显示制动管与紧急室压力双针压力表的制动管压力下降值来校对第8位的排气时间(以排除风门2通路狭小之弊)。

(2)操纵阀漏泄试验。

操纵阀置1位,待制动管压力达600 kPa后,移至6位减压200 kPa,然后移至3位保压1 min,要求制动管压力不得上升。

(3)操纵阀的回转阀各孔充气时间:制动管压力由50 kPa升至150 kPa的时间,应为50~52 s。

(4)操纵阀的回转阀各孔排气时间:

①4位:待制动管压力充至定压后,操纵阀手把放4位,测定制动管压力由600 kPa降至500 kPa的时间,应为18~20 s。

②5位:待制动管压力充至定压后,操纵阀手把放5位,测定制动管压力由600 kPa降至400 kPa的时间,应为6.5~7.0 s。

③6位:待制动管压力充至定压后,操纵阀手把放6位。测定制动管压力由600kpa降至400 kPa的时间,应为5~5.5 s。

④7位:待制动管压力充至定压后,操纵阀手把放7位,测定制动管压力由600 kPa降至300 kPa的时间,应为6.5~7 s。

⑤8位:待制动管压力充至定压后,操纵阀手把放8位,测定制动管压力由600 kPa降至300 kPa的时间,应为5~5.5 s。

(5)风门14排气时间,即制动管压力由600 kPa降至540 kPa的时间,应为2~2.5 s。

(6)风门14A排气时间,即制动管压力由600 kPa降至540 kPa的时间,应为55~65 s。

(7)排风阀排气时间,即制动管压力由600 kPa降至300 kPa的时间,应为4~4.5 s。

(三)故障处理(应急处理)

故障:风门及K、H阀漏泄过限。主要为风门垫漏泄或电磁阀故障。

处理:风门垫漏泄者,更换;电磁阀故障者检修或更换。

(四)安全注意事项

1. 严格遵守操作规程。

2. 主阀安装座盖板和紧急阀安装座盖板分别卡在主阀和紧急阀安装座上时,应确保卡紧。

3. 给风阀调整到600 kPa,限压阀调整到50 kPa。

四、脱轨自动制动阀组装

(一)作业(操作)方法、步骤

1. 所需配件、材料:装有脱轨自动制动装置的货车,1辆;检修合格的脱轨制动阀,1个;专用销钉，若干个；聚四氟乙烯胶带及黑铅粉若干；肥皂水及桶，1 只。

2. 所需工具和设备：

单车试验器、红旗、管钳、活动扳手、刷子。

3. 插红旗。

4. 关闭脱轨自动制动装置截断塞门。

5. 将检修后经合格的脱轨自动阀组装除拉环之外的部分安装到车体的安装座上，并用螺栓紧固。连接支管与阀体的制动阀杆并将法兰组装螺栓紧固。

6. 在整车落成前将顶梁组成向上旋至不能旋转为止，以防落车时撞坏制动阀杆。

7. 车辆落车后，调整顶梁下平面与车轴上边缘的距离 ΔY_2 至规定范围(表 11-8)。

表 11-8　ΔX、ΔY_1 及 ΔY_2 取值范围

轴重	转向架型号	ΔX	ΔY_1	ΔY_2
21 t	转 8、K2	80±10	35～43	85±2
	K4	80±10	35～43	105±2
25 t	K5、K6	75±10	35～43	100±2

8. 用圆销和不锈钢抽芯铆钉将顶梁组成调节杆与作用杆销接在一起。

9. 将拉环两端头分别插入顶梁组成上的两个限位筒中，调整车轴下边缘至拉环的距离 ΔY_1 及车轴左右边缘与拉环的距离 ΔX(如图 11-6 所示)至规定范围。如 ΔY_1 比规定值大，取下拉环，逆时针方向转动顶梁将顶梁上移；如 ΔY_1 比规定值小，则顺时针方向转动顶梁将顶梁下移[顶梁转动一圈，向上(下)移动 3.5 mm]。

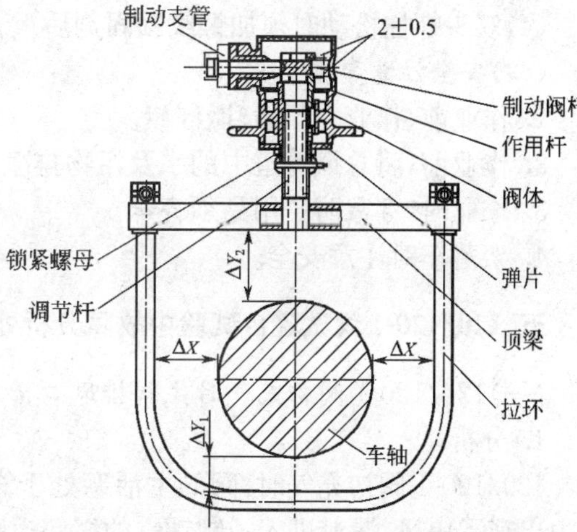

图　11-6

10. 用圆销和不锈钢抽芯铆钉将拉环与顶梁组成限位筒销接在一起。将圆销锁的锁头插入簧座。

11. 开放脱轨自动制动装置截断塞门。

(二)质量标准

1. 调整拉环、顶梁与车轴的间隙值须在平直道上进行。

2. 重新调整旁承间隙或车钩高后必须重新检查并调整拉环、顶梁与车轴的位置尺寸。

3. 单车试验时，须将球阀手把置于开放位(手把与支管平行)，然后按扫进行；单车缓解感度试验的操作方法仅决定于主风管长度，与是否安装脱轨制动阀无关。

4. 安装脱轨自动制动装置的车辆在进行起吊车体及顶车操作前应先拆除拉环；若未拆除拉环就起吊或顶车使拉环与车轴接触，必须检查脱轨制动阀是否正常；若弹片损坏、制动阀杆断裂或制动阀杆端头与作用杆孔上、下间隙值(2±0.5)mm 超标，应更换脱轨制动阀。

5. 安装脱轨制动阀的车辆禁止用天车(或吊车)抬起车辆一端来移动车辆及禁止锤击拉环、顶梁。

6. 安装脱轨制动阀的车辆出厂投入运用前，应将球阀手把涂白色油漆，并将其置于开放位。

7. 当车辆脱轨打断制动阀杆后,可先关闭球阀手把,再将脱轨车辆起复后拉到附近的站修所检修,这样可缩短线路恢复运行的时间。

8. 脱轨自动制动装置组装后 ΔX、ΔY_1 及 ΔY_2 的值须符合规定。

9. 脱轨自动制动装置组装调整完成后须随整车进行单车试验,各零部件及结合部不得漏泄。

(三)故障处理(应急处理)

1. 故障

(1)阀口不平整或轻微损伤;

(2)滑阀、滑阀座、节制阀等各滑动面接触不严密及有划伤;

(3)滑阀、节制阀的各孔、槽、限制孔及缩孔堵等孔堵塞;

(4)双头螺柱松动。

2. 处理

(1)阀口不平整或轻微损伤时,可用细油石研磨修复,研磨后将残留物清洗干净。

(2)滑阀、滑阀座、节制阀等滑动面有划伤、接触不严密时研磨,组装前用高压风吹扫各孔,清洗干净。

(3)滑阀、节制阀的各孔、槽、限制孔及缩孔堵等堵塞时可用小于各孔直径且硬度低于零件硬度的通针疏通,疏通时不得损伤孔边缘和内壁,清洗后吹干净。

(4)双头螺柱松动时须加螺纹锁固剂后重新组装。

(四)安全注意事项

1. 作业前、作业完须插、撤红旗。

2. 作业前,将总风管道中的水及污物排净后再连接单车试验器。

3. 作业时,穿戴防护用品须齐全。

4. 架落车时注意安全。

五、120/120-1 阀试验台试验中故障分析处理

(一)120/120-1 阀初充气时主阀排风口排风不止

1. 分析

120/120-1 阀初充气时,阀的主活塞处于充气缓解位,制动缸的缓解通路是沟通的,只有阀内出现了串风、漏泄进入了制动缸的缓解通路内,才会出现排风不止的现象。分析方法和思路可用框图表示如下:在充气缓解位时,从其形成的通路上分析此现象,可能的故障部位有三个,即作用部、紧急二段阀、加速缓解阀。

(1)作用部故障

如果作用部的滑阀与座之间密贴不良,滑阀室的风窜入滑阀座上的 Z1 或 Z3 孔,经制动缸的缓解通路进入主阀排风口排入大气。造成作用部的滑阀与座之间密贴不良的原因主要有:

①滑阀与座有划伤;

②滑阀与座有砂尘;

③滑阀与座研磨不良;

④滑阀弹簧失效。

(2)紧急二段阀故障

紧急二段阀下部 Z5、Z6 空腔与制动缸相通。若紧急二段阀杆密封圈失效，造成上、下窜风，就会引起主阀排风口排风。

(3)加速缓解阀故障

加速缓解阀套或加速缓解阀顶杆的 O 形密封圈密封不良、加速缓解阀顶杆反装，就造成了制动管压缩空气窜入主阀排风口。

2. 故障处理

找到故障后，如为滑阀故障，须检修滑阀；如为密封圈故障，则更换失效密封圈。

(二)120/120-1 阀加速缓解作用不良

1. 分析

120/120-1 控制阀产生任何一个动作都是由两个因素决定：第一，产生动作的压差；第二，动作过程中的阻力。根据这两个因素对 120 阀在不同作用位置下主要配件的位置变化、通路形成和走向进行分析和判断。因此加速缓解作用不良故障原因为：

(1)压差方面的原因

①加速缓解活塞膜板破，两侧不能形成压差，活塞不动作，以致不产生加速缓解。

②夹心阀破损或套上密封圈破损，造成加速缓解风缸与制动管之间无压差或压差很小，以致加速缓解作用不良。

(2)动作阻力方面的原因

夹心阀脱胶或止回阀脱胶，造成夹心阀或止回阀不能开启或开启很慢，以致加速缓解作用不良。

2. 处理

加速活塞膜板破裂时更换，夹心阀损坏或密封圈失效时更换。

(三)常用制动不良

1. 分析

120/120-1 阀常用制动不良故障原因：

(1)压差方面的原因

①作用部

a. 如果 f1、l3、l4 过大，制动管减压时，促使副风缸向制动管的逆流增大，从而延缓了主活塞两侧压差的形成，造成常用制动不良。

b. 主活塞膜板穿孔、破损，同样会促使副风缸向制动管的逆流增大，从而延缓了主活塞两侧压差的形成，造成常用制动不良。

②加速缓解阀

加速缓解阀 H3 空腔通加速缓解风缸，L11 空腔通制动管。如果夹心阀破、与座间有砂尘，就会造成制动管减压时，加速缓解风缸向制动管逆流，从而延缓了制动管减压速度，造成主活塞两侧压差形成速度延缓，导致常用制动不良。

(2)动作阻力方面的原因

①滑阀润滑不良；

②滑阀、节止阀或阀座研磨不良；

③滑阀室内混有砂尘等。造成滑阀、节止阀移动阻力增大，甚至引起滑阀卡死，导致主活塞动作缓慢或不能动作，造成常用制动不良。

2. 处理

(1)f1、l3、l4 过大时,更换滑阀;

(2)主活塞膜板穿孔、破损时,更换主活塞膜板;

(3)夹心阀破、与座间有砂尘时,更换夹心阀或清洗;

(4)滑阀润滑不良时,加入专用润滑脂;

(5)滑阀、节止阀或阀座研磨不良时,重新研磨滑阀、节止阀或阀座;

(6)滑阀室内混有砂尘等时,清洗滑阀室。

(四)安定性差

1. 分析

安定性差的故障原因:

(1)压差方面的原因

①缩孔Ⅲ过小,常用制动情况下,紧急室来不及通过缩孔Ⅲ向制动管逆流,导至放风阀开放。

②紧急放风阀破损、导向杆密封圈破损及加速缓解阀顶杆密封圈破损等造成制动管的减压速度增大,从而造成安定性差。

(2)动作阻力原因

安定弹簧太弱或折损,造成紧急活塞移动阻力减小,从而造成安定性差。

2. 处理

(1)缩孔Ⅲ过小时,更换紧急阀或用专用通针通缩孔Ⅲ;

(2)紧急放风阀破损、导向杆密封圈破损及加速缓解阀顶杆密封圈破损时,更换膜板或密封圈;

(3)安定弹簧太弱或折损时,更换安定弹簧。

第十二章 高级技师

第一节 通用部分:钳工制作技能

一、制作双三角间接配

(一)毛坯尺寸:102 mm×82 mm×8 mm;材料:45 钢。

(二)设备:划线平台、方箱、钳台、台虎钳、台式钻床。

(三)工具:中扁锉(中齿、细齿各一)、三角锉、什锦锉、划规、划针、手锤、样冲、ϕ2 mm 直柄麻花钻、ϕ5 mm 直柄麻花钻、ϕ7.8 mm 直柄麻花钻、ϕ8mm 手用铰刀、活络铰手、刮刀、毛刷、软钳口。

(四)量具:0～150 mm 游标卡尺、0～300 mm 高度游标尺、0～25 mm 外千分尺、25～50 mm 外千分尺、50～75 mm 外千分尺、75～100 mm 外千分尺、100×63 刀口直角尺、0～150 mm 直钢尺、125mm 刀口尺、万能角度尺、百分表(带表座)、塞尺、ϕ50±0.005测量棒、量块。

(五)图样(图 12-1):

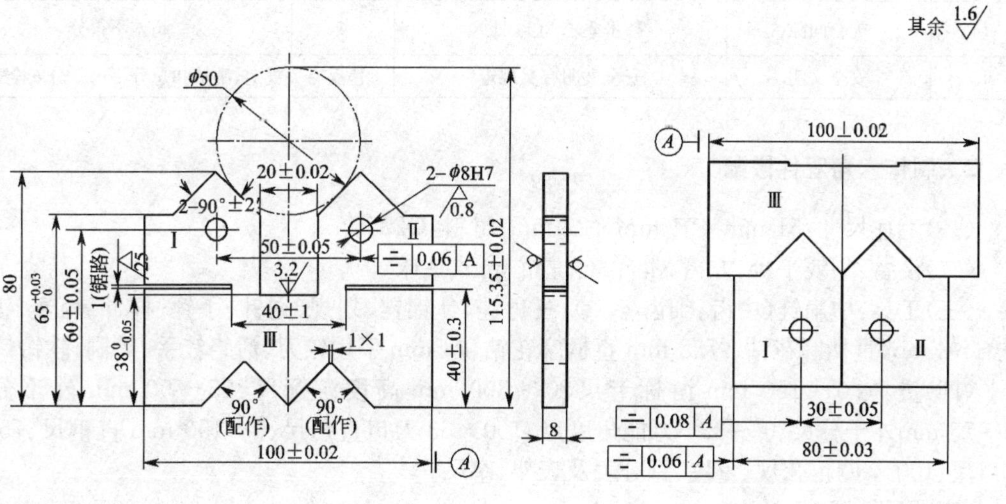

图 12-1

(六)技术要求:

1. 考件不能自行锯开,否则视为弃权。

2. 件Ⅰ、件Ⅱ与件Ⅲ翻边间隙不大于 0.04。

(七)制作时间:6 h。

(八)评分标准(表 12-1):

表 12-1 双三角间接配考件评分标准

序号	考核内容	考核要求	配分	评分标准
1	尺寸精度	20±0.02、100±0.02	6	超差不得分
2	角度误差	90°±2′(2处)	10	超差1′扣2分
3	尺寸精度	115.35±0.02	5	超差不得分
4	尺寸精度	65±0.03(2处)	4	超差不得分
5	尺寸精度	40±0.3(2处)	4	超差不得分
6	尺寸精度	$38_{-0.05}^{0}$、40±0.1	4	超差不得分
7	尺寸精度	50±0.05、30±0.05(2处)	9	超差不得分
8	2个圆孔尺寸精度	2-ϕ8H7	2	超差不得分
9	尺寸精度	60±0.05(2处)	4	超差不得分
10	尺寸精度	80±0.03(2处)	4	超差不得分
11	对称度公差	0.06	8	超差不得分
12	对称度公差	0.08	4	超差不得分
13	表面粗糙度	R_a1.6(14处)、R_a1.6(2处)	8	超差不得分
14	配合间隙	技术要求2(14处)	4	超差不得分
15	安全文明	安全文明有奖规定	违反有关规定,酌情扣总分1~50分安全文明	

二、制作六角双件嵌配

(一)毛坯尺寸:51 mm×51 mm×22 mm;材料:Q235。

(二)设备:划线平台、方箱、钳台、台虎钳、台式钻床。

(三)工具:中扁锉(中齿、细齿各一)、三角锉、什锦锉、划规、划针、手锤、样冲、扁錾、锯弓、锯条、ϕ2 mm直柄麻花钻、ϕ7.8 mm直柄麻花钻、ϕ8 mm手用铰刀、活络铰手、毛刷、软钳口。

(四)量具:0~150 mm游标卡尺、0~300 mm高度游标尺、25~50 mm外千分尺、50~75 mm外千分尺、0°~320°万能角度尺、100×63刀口直角尺、0~150 mm直钢尺、75 mm刀口尺、100×80正弦规、量块、百分表及表架、塞尺。

(五)图样(图12-2):

(六)技术要求:

1. 不得使用钻模或二类工具进行加工。
2. 不得使用研磨、抛光的工具和材料。
3. 工艺倒角C0.3。
4. 件1能翻转三次与件2、件3配合,间隙小于0.03。

(七)制作时间:7 h。

(八)评分标准(表12-2):

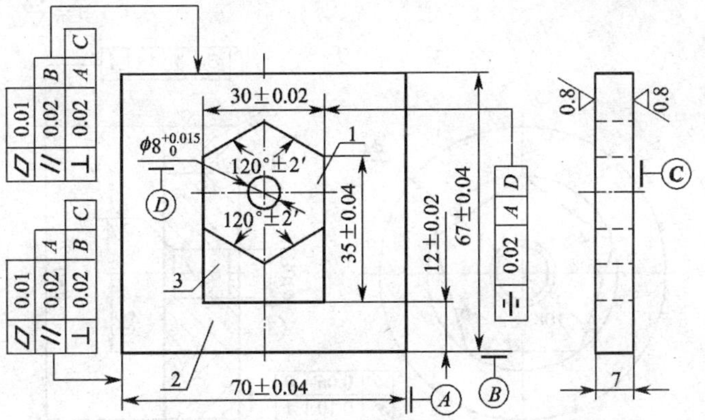

图 12-2

表 12-2 角度样板制作考件评分标准

序号	考核内容	考核要求	配分	评分标准
1	尺寸精度	30±0.02(3处)	6	超差不得分
2	角度误差	120°±2′(6处)	12	超差1′扣1分
3	圆孔尺寸精度	$\phi8^{+0.015}_{0}$	2	超差不得分
4	表面粗糙度	R_a0.8	1	R_a值增大1级无分
5	尺寸精度	12±0.2	3	超差不得分
6	尺寸精度	35±0.04	5	超差不得分
7	尺寸精度	67±0.04、70±0.04	4	超差不得分
8	表面	R_a1.6(20处)	10	R_a值增大1级扣0.5分
9	平面度	0.01(4处)	4	超差不得分
10	平行度	0.02(6处)	6	超差不得分
11	垂直度	0.02(6处)	6	超差不得分
12	对称度公差	0.02(3处)	6	超差不得分
13	配合间隙	技术要求4	35	超差0.1扣4分
14	安全文明	安全文明有奖规定	违反有关规定,酌情扣总分1～50分安全文明	

三、制作五方公母套

(一)毛坯尺寸:φ60 mm×φ20 mm×15 mm;φ42 mm×15 mm;材料:45钢。

(二)设备:划线平台、方箱、钳台、台虎钳、台式钻床。

(三)工具:中扁锉(中齿、细齿各一)、三角锉、什锦锉、划规、划针、手锤、样冲、φ5 mm直柄麻花钻、φ9.8 mm直柄麻花钻、φ10 mm手用铰刀、活络铰手、刮刀、毛刷、软钳口。

(四)量具:0～150 mm游标卡尺、0～300 mm高度游标尺、0～25 mm外千分尺、25～50 mm外千分尺、0°～320°万能角度尺、100×63矩形直角尺、0～150 mm直钢尺、75mm刀口尺、塞尺、块规。

(五)图样(图12-3):

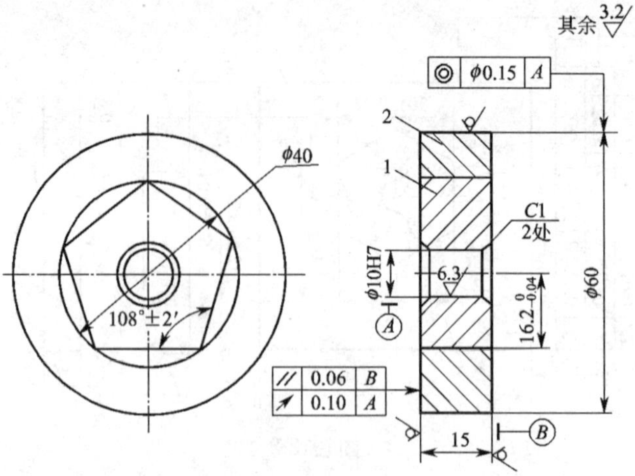

图 12-3

(六)技术要求:

1. 件 2 内五边形按件 1 配作。
2. 配合互换间隙不大于 0.04。

(七)制作时间:7 h。

(八)评分标准(表 12-3):

表 12-3 五方公母套制作考件评分标准

序号	考核内容	考核要求	配分	评分标准
1	尺寸精度	$16.2_{-0.04}^{0}$(5 处)	40	超差 0.01 扣 2 分
2	件 1	φ40(IT12)	5	超差不得分
3	圆孔尺寸精度	$φ10_{0}^{+0.022}$	2	超差不得分
4	表面粗糙度	R_a3.2(7 处)	10	R_a 值增大 1 级扣 2 分
5	垂直度	0.01	8	超差 0.01 扣 2 分
6	配合间隙	技术要求 1、技术要求 2	35	超差 0.01 扣 3 分
7	每处尺寸	超差≥1mm		酌情扣考件总分 10
8	安全文明	安全文明有奖规定		违反有关规定,酌情扣总分 1~50 分安全文明

第二节 客车制动

一、检查、处理集成电空制动系统故障

(一)作业方法、步骤

准备→单车检查并处理故障→单车试验并处理故障→记录→完工

1. 准备

(1)准备配件、材料

25T 型客车。

(2)准备工具、设备

电空单车试验器、管钳、扳手、手锤、电筒、卷尺、深度尺、秒表、压力测试风表。

2. 单车检查并处理故障

(1)检查差压阀、高度调整阀、空重车阀，不良时处理；

(2)检查电控系统各部电路连接，不良时处理；

(3)检查电子防滑各部件，裂损时更换；连接螺栓松动时紧固；

(4)检查气路控制箱，配件安装错误时调整；配件不良时更换；

(5)其他项目的检查及故障处理参见技师职业技能题一之相关要求。

3. 单车试验并处理相关故障

(1)准备

①根据试验需要，对风缸、分配阀均衡部排气口、各转向架构架附加空气室安装带塞门的压力风表；

②单车试验前须进行绝缘测量；用 250 V 级绝缘电阻计测量车辆端头电空连接线各芯对地绝缘，要求不低于 2 MΩ；

③将直流稳压电源调至 110 V(电磁阀须在 DC 80～120 V 范围内正常工作)，并确认与电空制动机相关联的电气接线无异常连接或短路；

④将单车试验器电空连接器插头插入车辆电空连接器的插座内，接通电源；

⑤将单车试验器与风源及车辆相接并贯通。

(2)电磁阀性能试验

①接通单车试验器的电空制动电源，切断操纵阀电接点联锁开关。在进行试验时，逐一按压开关，则同名的指示灯应亮，电流表应指示 100～200 mA(104 阀)或 50～150 mA(F8 阀)；当松开该按钮开关时，同名指示灯应熄灭，电流表指针应回到零。

②制动电磁阀试验，不符合下列要求时，更换电磁阀。

手把置 1 位充风，待副风缸达到规定压力后，将手把移至 3 位，按“常用制动”按钮，常用制动电磁阀排气口应有压力空气排出，制动管减压，制动机发生制动作用；

当制动管减压 170 kPa 时，松开“常用制动”按钮，制动电磁阀排气口停止排气，制动管停止减压。

③缓解电磁阀试验，不符合下列要求时，更换电磁阀。

按“缓解”按钮，制动管压力应回升，制动缸排气，制动机产生缓解作用；当松开“缓解”按钮时，制动管压力停止上升，制动缸应继续排气至缓解完毕。

④保压电磁阀试验(104 型电空阀)，不符合下列要求时，更换电磁阀。

当制动机开始缓解、制动缸排气时，松开“缓解”按钮，同时按“保压”按钮，制动缸应立刻停止排气缓解。维持几秒钟后松开“保压”按钮，制动缸应能够继续排气，制动机继续缓解。间断地按压“保压”按钮，应能实现阶段缓解。

(3)高度调整阀、差压阀试验

不符合下列要求时，更换处理。

按“缓解”按钮，待制动管充至定压后，松开高度调整阀调整杆的锁紧螺母，调高或调低调整杆高度，高度调整阀须有进气或排气作用。待空气弹簧充气至规定高度后，记录 1、2 位摇枕空气室压力值，关闭总风缸与空气弹簧通路的塞门，使空气弹簧风压处于保压状态，先进行一端的差压阀性能试验，将此端一侧的空气弹簧压力表上塞门缓慢排风，当两侧的空气弹簧压力差超过 200kPa 时，关闭塞门停止排风，待空气弹簧压力稳定后，检查这两侧空气弹簧压力差不得超过(150±20)kPa[CW-200K 转向架为(120±20)kPa]。合格后作另一侧空气弹簧试验，方法及要求同上。

(4)电空制动试验

操作“缓解”、“制动”及“保压”按钮,对制动系统进行电空制动试验。

①电空制动试验的其他作业项目及故障处理方法参见职业技能高级工之题六;

②在进行制动机紧急制动试验时,若车辆装有空重车阀,其制动缸最高压力不符合要求时,应调整 U_5A 空重车阀输出压力为(330±10)kPa。

电子防滑器单车试验的作业项目及故障处理方法参见职业技能高级之题五。

(5)气路控制箱试验

①总风管供风试验

a. 关闭各球阀,仅总风管接通 600 kPa 风源;

b. 分别打开球阀 1 和球阀 2,生活风缸和空气弹簧风缸风压须上升到 580 kPa 以上;

c. 关闭球阀 1,2 和总风管供风阀,保压 2 min,压降须不大于 10 kPa。

②副风缸供风试验

a. 关闭各球阀,仅副风缸供风管接通 600 kPa 风源;

b. 分别打开球阀 3 和球阀 4,生活风缸和空气弹簧风缸风压须上升到 580 kPa 以上;

c. 关闭球阀 3,4 和总风管供风阀,保压 2 min,压降须不大于 10 kPa。

3. 制动主管供风试验

a. 关闭各球阀,仅接通制动主管 600 kPa 风源;

b. 分别打开球阀 5 和球阀 6,生活风缸和空气弹簧风缸风压须上升到 580 kPa 以上;

c. 关闭球阀 5,6 和总风管供风阀,保压 2 min,压降须不大于 10 kPa。

(6)试验完毕

试验完毕后,恢复各阀至车辆正常运用状态。

4. 记录

列出故障清单。

5. 完工

(1)配件、工具、材料存放指定地点,摆放整齐;

(2)清扫工作场地,做到工完料净场地清。

(二)质量标准

1. 单车检查并处理故障

(1)电空系统五芯电缆接线应如图 12-4 所示(4 号线截面积为 4 mm^2,其他为 2 mm^2)。

(2)气路控制箱上各阀安装位置符合图 12-5 要求。

(3)其他项目的检查及故障处理标准参见技师职业技能题一之相关要求。

2. 单车检查并处理故障

(1)高度阀调节杆,充风后连杆倾斜度不大于 5°。

(2)差压阀试验时,同转向架不得超过(150±20)kPa[CW-200K 转向架为(120±20)kPa]。

(3)电空制动试验。

操作“缓解”、“制动”及“保压”按钮,对制动系统进行电空制动试验。

①电空制动试验的其他作业项目及故障处理方法参见职业技能高级工题六之相关要求;

②空重车阀试验时,其制动缸压力应为(330±10)kPa;

电子防滑器单车试验的作业项目及故障处理方法参见职业技能高级之题五。

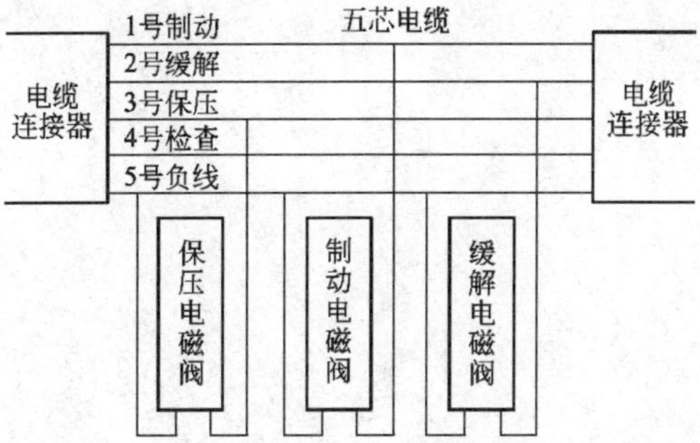

图 12-4　104 型电空制动机配线简图

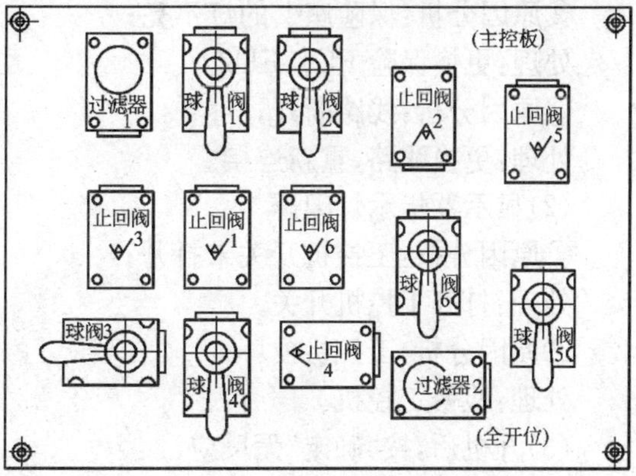

图 12-5　阀类布置图

阀类布置图中，各球阀手柄均处于全开位，手柄顺时针转 90°时，球阀为关闭位。

(三)安全注意事项

1. 注意用电安全；

2. 其他参见技师职业技能题一之相关要求。

二、全面诊断微控试验设备故障

(一)作业方法、步骤

准备→自检→故障判断与处理→完工

1. 准备

(1)准备配件、材料

WD-2 型微控单车试验器、保险、生料带、绝缘胶带、软件

(2)准备工具、设备

读卡器、自检风缸、老虎钳、剥线钳、万用表

2. 自检

(1)自检时将需进行自检单车的列车管与自检风缸连接，安装副风缸传感器到自检风缸上，信号线一端连接副风缸—传感器，另一端连接单车上副风缸插座，接好风源。接通电源。

(2)开机，进入手动窗口，调整风压 515 kPa 左右，调整稳定后进入“系统维护－风路自检”点击开始测试按钮开始自检，计算机会对每个位进行测试，显示测试结果，完成后退出，重新启动计算机。

(3)进入手动窗口：进入系统后，点击开始试验，填入任意车号，选择任意阀型后，进入试验窗口，选择手动，进入手动窗口。

(4)按设备操作规程进行自检操作和试验界面操作，检查并处理故障。

3. 故障判断与处理

(1)指示灯不亮

①原因分析：检查电源未接通；

处理：重新可靠连接。

②原因分析:保险座上的灯不亮;
处理:更换保险 FU1、FU2。
③原因分析:线路断开;
处理:更换线路,重新连接。
(2)显示器指示灯闪烁
①原因分析:工控机开关未打开;
处理:打开工控机开关。
②原因分析:工控机损坏;
处理:检修工控机。
(3)开机后,按"确定"无反应
①原因分析:IC 卡损坏;
处理:更换后重新读写。
②原因分析:读卡器损坏;
处理:更换。
(4)做电空试验时,无 DC110 V 输出
①原因分析:DC110 V 输出线路连接不良;
处理:重新可靠连接。
②原因分析:输出模块无输出;
处理:更换。
(5)其他软件类故障,如试验系统无法启动等;
处理:重新安装软件。
4. 完工
关闭电源、风源,配件、工具、材料等存放指定地点。
(二)作业质量标准
达到设备能正常使用要求。
(三)安全注意事项
1. 不得使用坚硬物体敲打触摸屏,使用后应擦拭。
2. 传感器属精密仪器,严禁敲打、强烈碰撞。
3. 注意用电安全。

第三节 货车制动

一、空重车调整阀单车试验

(一)作业(操作)方法、步骤
准备→试验→打印记录
1. 准备
(1)车辆应处于空车位。装用手动空重车调整装置的车辆,空重车手把置于空车位;脱轨自动制动装置的球阀须处于开放位;车辆上装设的其他风动装置须开放,处于工作状态。
(2)安装货车空气制动阀、空重车阀之前,须用压缩空气将制动管系吹扫干净,并将各风缸内水分及污垢吹净。

(3)在制动缸后盖处安装压力表或传感器。

(4)确认单车试验器总风源压力须不低于 600 kPa,单车试验器压力为 500 kPa(以下简称定压)。

2. 试验

(1)KZW 系列空重车自动调整装置性能试验

①制动机处于缓解状态时,测抑制盘触头与横跨梁触板的间隙。

②空车位试验

将单车试验器置 1 位充气,待副风缸充至定压后,置 5 位减压 160 kPa,置 3 位保压,测制动缸压力应,压力稳定后,保压 1 min。置 1 位缓解。

③半重车位试验

将抑制盘上移,在触头与触板之间插入表 12-4 规定的半重车位试验垫板。单车试验器置 1 位充气,待副风缸充至定压后,置 5 位减压 160 kPa,置 3 位保压。压力稳定后,保压 1 min。置 1 位缓解。

表 12-4 空重车自动调整装置试验垫板厚度表 单位:mm

试验垫板厚度	KZW 系列		TWG-1 系列	
	测重行程 21	测重行程 27	TWG-1A	TWG-1C
空车位	3	6	3	6
半重车位	13	19	12	18
重车位	25	35	30	40

④重车位试验

将抑制盘上移,在触头与触板间插入表 12-4 规定的重车位试验垫板。单车试验器置 1 位充气,待副风缸充至定压后,置 5 位减压 160 kPa,置 3 位保压。压力稳定后,保压 1 min,置 1 位缓解。试验结束后取出抑制盘触头与触板之间的试验垫板。

(2)TWG-1 系列空重车自动调整装置性能试验

制动机处于常用全制动状态时,检查传感阀触头与横跨梁触板间隙。

①空车位试验

单车试验器置 1 位充气,待副风缸充至定压后,置 5 位减压 160 kPa,置 3 位保压,待压力稳定后,检查制动缸压力,保压 1 min,置 1 位缓解。

②半重车位试验

在触头与触板之间插入表 12-4 规定的半重车位试验垫板。单车试验器置 1 位充气,待副风缸充至定压后,置 5 位减压 160 kPa,置 3 位保压,待压力稳定后,检查制动缸压力,保压 1 min,置 1 位缓解。

③重车位试验

在触头与触板之间插入表 12-4 规定的重车位试验垫板。单车试验器置 1 位充气,待副风缸充至定压后,置 5 位减压 160 kPa,置 3 位保压。待压力稳定后,保压 1 min,置 1 位缓解。

3. 关闭单车试验器端折角塞门,排出软管内压缩空气后,摘下单车试验器。

4. 单车试验结果须保存打印。

(二)质量要求

1. KZW 系列空重车自动调整装置性能试验

制动机处于缓解状态时,KZW 系列空重车自动调整装置抑制盘下平面应坐落在支架导管的顶端,抑制盘触头与横跨梁触板的间隙应符合表 12-5 的规定,触头与抑制盘螺杆须用开口销锁定。

表 12-5　触头与横跨梁触板的间隙表　　单位:mm

KZW 系列传感阀		TWG-1 系列传感阀	
测重行程 21	测重行程 27	TWG-1A 型	TWG-1C 型
3±1	6±1	3±1	6±1

(1)空车位试验

取出抑制盘触头与触板之间的试验垫板。将单车试验器置 1 位充气,待副风缸充至定压后,置 5 位减压 160 kPa,置 3 位保压,制动缸压力应符合表 12-6 的规定。压力稳定后,保压 1 min,制动缸压力下降不大于 5 kPa。此时空重车位显示牌不应翻起。置 1 位缓解,制动缸压力须降至零。

表 12-6　KZW 系列空重车自动调整装置单车试验压力值表　　单位:kPa

工　况	制动缸压力						
	KZW-A			KZW-4GAB	KZW-4GCD	KZW-4G	KZW-4
	自重<28t	28t<自重<33t	33t<自重				
空车位	140±20	180±20	220±20	160±20	160±20	160±20	150±20
半重车位	230±40	—	—	240±40	230±40	240±40	240±40
重车位	不做要求						

(2)半重车位试验

将抑制盘上移,在触头与触板之间插入表 12-4 规定的半重车位试验垫板。单车试验器置 1 位充气,待副风缸充至定压后,置 5 位减压 160 kPa,置 3 位保压。制动缸压力应符合表 12-6 的规定。压力稳定后,保压 1 min,制动缸压力下降不大于 5 kPa。置 1 位缓解,制动缸压力须降至零。

(3)重车位试验

将抑制盘上移,在触头与触板间插入表 12-4 规定的重车位试验垫板。单车试验器置 1 位充气,待副风缸充至定压后,置 5 位减压 160 kPa,置 3 位保压。此时空重车位显示牌应翻起。压力稳定后,保压 1 min,制动缸压力下降不大于 5 kPa;置 1 位缓解,制动缸压力须降至零,显示牌落下。

2. TWG-1 系列空重车自动调整装置性能试验

制动机处于常用全制动状态时,检查传感阀触头与横跨梁触板间隙,应符合表 12-5 的规定。调整传感阀触头与横跨梁触板间隙时,可调整触头伸长量,触头在顶杆上的拧出长度应小于 20 mm;或在传感阀安装座与传感阀吊座之间加入调整垫。调整触头伸长量时,须用双扳手,一个扳手固定住顶杆,另一个扳手旋转触头以调整间隙。调整垫材质为钢质,厚度根据实际情况确定,原则上应与心盘垫总厚度基本一致。

(1)空车位试验

单车试验器置 1 位充气,待副风缸充至定压后,置 5 位减压 160 kPa,置 3 位保压,待压力稳定后，制动缸压力应为 160±20 kPa，此时空重车位显示器应完全伸出。保压 1min，制动缸压力下降不大于 5 kPa。置 1 位缓解，制动缸压力须降至零。

(2)半重车位试验

在触头与触板之间插入表 12-4 规定的半重车位试验垫板。单车试验器置 1 位充气，待副风缸充至定压后，置 5 位减压 160 kPa，置 3 位保压，待压力稳定后，制动缸压力应为(250±30)kPa。保压 1 min，制动缸压力下降不大于 5 kPa。置 1 位缓解，制动缸压力须降至零。

(3)重车位试验

在触头与触板之间插入表 12-4 规定的重车位试验垫板。单车试验器置 1 位充气，待副风缸充至定压后，置 5 位减压 160 kPa，置 3 位保压。待压力稳定后，空重车位显示器不得伸出。保压 1min，制动缸压力下降不大于 5 kPa。置 1 位缓解，制动缸压力须降至零。

3. 关闭单车试验器端折角塞门，排出软管内压缩空气后，摘下单车试验器。

(三)安全注意事项

1. 作业前、作业完须插、撤红旗。

2. 作业前，将总风管道中的水及污物排净后再连接单车试验器。

3. 开放折角塞门排风时，须用右手握住编织制动软管总成。

4. 摘除车辆软管风堵时，注意安全。

5. 作业时，穿戴防护用品须齐全。

二、103 型空气制动机单车试验

(一)作业(操作)方法、步骤

准备→试验→填写(打印)记录

1. 试验准备

(1)车辆应处于空车位。装用手动空重车调整装置的车辆，空重车手把置于空车位；脱轨自动制动装置的球阀须处于开放位；车辆上装设的其他风动装置须开放，处于工作状态。

(2)安装货车空气制动阀、空重车阀之前，须用压缩空气将制动管系吹扫干净，并将各风缸内水分及污垢吹净。

(3)准备材质为尼龙 6、直径为 $\phi(25.4+0.05)$mm 的实心尼龙球及安装于软管连接器上的实心尼龙球网状回收器。

(4)在制动缸后盖处安装压力表或传感器。

(5)装用闸调器的车辆应准备 1 块 340 mm×60 mm×16 mm、R420 mm 的弧形垫板，并将闸调器的螺杆调至以下尺寸(全部装用新闸瓦时，螺杆上刻线至护管端部的距离)：

a. ST1-600 型为 500～570 mm；

b. ST2-250 型为 200～240 mm。

(6)确认单车试验器总风源压力须不低于 600 kPa，单车试验器压力为 500 kPa(以下简称定压)。

2. 试验步骤

(1)过球试验

①开放车辆制动主管两端折角塞门，关闭截断塞门。

②将实心尼龙球网状回收器安装于远离单车试验器一端的编织制动软管总成连接器(以下简称：软管)上。

③将实心尼龙球放在车辆另一端的连接器中，然后将单车试验器与之连挂。

④单车试验器置1位充风,实心尼龙球须通过制动主管进入网状回收器。

⑤试毕单车试验器置3位,将网状回收器和实心尼龙球取下后安装软管堵。

(2)制动管漏泄试验

①单车试验器与车辆一端软管连接,关闭该端折角塞门,单车试验器置1位,制动管充至定压后,移置3位保压1 min,检查漏泄。

②另一端软管加软管堵,开放两端折角塞门,截断塞门处关闭位,单车试验器置1位,制动管充至定压后,移置3位保压1 min,检查漏泄。

③关闭另一端折角塞门,卸下软管堵,保压1 min,检查漏泄。

(3)全车漏泄试验

开放截断塞门,单车试验器置1位充风,待副风缸充至定压后,保压1 min,检查漏泄量。

(4)制动、缓解感度试验

①制动感度试验

单车试验器置1位充气,待副风缸充至定压后,将单车试验器移置4位。当制动管减压40 kPa时立即将单车试验器移置3位,局部减压作用终止后,保压1 min。

②缓解感度试验

将单车试验器置2位充气。

(5)制动安定试验

单车试验器置1位充气,待副风缸充至定压后,置5位制动管减压140 kPa。压力稳定后,置3位保压1 min。保压时检查制动缸活塞行程。

(6)紧急制动试验

单车试验器置1位充气,待副风缸充至定压后置6位。

(7)闸调器性能试验

①闸瓦间隙减小试验

单车试验器置1位,待制动机缓解完毕后,将垫板放入任一闸瓦与车轮之间,副风缸充至定压后,单车试验器置5位减压140 kPa,测制动缸活塞行程须变短。反复制动、缓解三次后,测制动缸活塞行程。

②闸瓦间隙增大试验

制动机缓解后,撤去闸瓦与车轮之间的垫板,制动后测制动缸活塞行程。反复制动、缓解三次后,测制动缸活塞行程。

(8)空重车自动调整装置性能试验

①KZW系列空重车自动调整装置性能试验

a. 制动机处于缓解状态时,测抑制盘触头与横跨梁触板的间隙。

b. 空车位试验

取出抑制盘触头与触板之间的试验垫板。将单车试验器置1位充气,待副风缸充至定压后,置5位减压160 kPa,置3位保压,测制动缸压力应,压力稳定后,保压1 min。置1位缓解。

c. 半重车位试验

将抑制盘上移,在触头与触板之间插入表12-4规定的半重车位试验垫板。单车试验器置1位充气,待副风缸充至定压后,置5位减压160 kPa,置3位保压。压力稳定后,保压1 min。置1位缓解。

d. 重车位试验

将抑制盘上移，在触头与触板间插入表 12-4 规定的重车位试验垫板。单车试验器置 1 位充气，待副风缸充至定压后，置 5 位减压 160 kPa，置 3 位保压。压力稳定后，保压1 min，置 1 位缓解。

②TWG-1 系列空重车自动调整装置性能试验

制动机处于常用全制动状态时，检查传感阀触头与横跨梁触板间隙。

a. 空车位试验

单车试验器置 1 位充气，待副风缸充至定压后，置 5 位减压 160 kPa，置 3 位保压，待压力稳定后，检查制动缸压力，保压 1 min，置 1 位缓解。

b. 半重车位试验

在触头与触板之间插入表 12-4 规定的半重车位试验垫板。单车试验器置 1 位充气，待副风缸充至定压后，置 5 位减压 160 kPa，置 3 位保压，待压力稳定后，检查制动缸压力，保压 1 min，置 1 位缓解。

c. 重车位试验

在触头与触板之间插入表 12-4 规定的重车位试验垫板。单车试验器置 1 位充气，待副风缸充至定压后，置 5 位减压 160 kPa，置 3 位保压。待压力稳定后，保压 1 min，置 1 位缓解。

(9)关闭单车试验器端折角塞门，排出软管内压缩空气后，摘下单车试验器。

3. 单车试验结果须保存打印。

(二)质量要求

1. 过球试验：

实心尼龙球须通过制动主管进入网状回收器

2. 制动管漏泄试验：

(1)单车试验器与车辆一端软管连接，关闭该端折角塞门，单车试验器置 1 位，制动管充至定压后，移置 3 位保压 1 min，不得漏泄。

(2)另一端软管加软管堵，开放两端折角塞门，截断塞门处关闭位，单车试验器置 1 位，制动管充至定压后，移置 3 位保压 1 min，用肥皂水检查，管系各接头不得漏泄，制动管漏泄量不大于 5 kPa。

(3)关闭另一端折角塞门，卸下软管堵，保压 1 min，制动管漏泄量不大于 5 kPa。

3. 全车漏泄试验：

开放截断塞门，单车试验器置 1 位充风，待副风缸充至定压后，用肥皂水检查制动主支管及副风缸管系接头不得漏泄，保压 1 min，漏泄量不大于 5 kPa。

4. 制动、缓解感度试验：

(1)制动感度试验

单车试验器置 1 位充气，待副风缸充至定压后，将单车试验器移置 4 位。当制动管减压 40 kPa 时立即将单车试验器移置 3 位，制动机须在制动管减压 40 kPa 以前发生制动作用，其局部减压量：103、120、120-1 型不大于 40 kPa；GK 型不大于 50 kPa。局部减压作用终止后，保压 1 min，制动机不得发生自然缓解。

(2)缓解感度试验

将单车试验器置 2 位充气，制动机均须在 45 s 内缓解完毕。

5. 制动安定试验：

单车试验器置 1 位充气，待副风缸充至定压后，置 5 位制动管减压 140 kPa 前，制动机不得发生紧急制动作用。压力稳定后,置 3 位保压 1 min,制动缸漏泄量不大于 5 kPa。保压时检查制动缸活塞行程,须符合表 12-7 规定。

表 12-7　制动缸活塞行程表　　单位:mm

制动缸规格	装用闸调器	未装闸调器
356×254	125±10	100±15
305×254	155±10	—
254×254	155±10	—
203×254	125±10	—

6. 紧急制动试验:

单车试验器置 1 位充气,待副风缸充至定压后置 6 位,制动管减压 100 kPa 前,制动机须发生紧急制动作用,空车位制动缸压力须为 170～190 kPa。

7. 闸调器性能试验:

(1)闸瓦间隙减小试验

单车试验器置 1 位,待制动机缓解完毕后,将垫板放入任一闸瓦与车轮之间,副风缸充至定压后,单车试验器置 5 位减压 140 kPa,制动缸活塞行程须变短。反复制动、缓解三次后,制动缸活塞行程与初始行程(即未安装垫板时的行程)之差须不大于 10 mm。

(2)闸瓦间隙增大试验

制动机缓解后,撤去闸瓦与车轮之间的垫板,制动后制动缸活塞行程须变长。反复制动、缓解 3 次后,制动缸活塞行程与初始行程(即未安装垫板时的行程)之差不大于10 mm。

8. 空重车自动调整装置性能试验:

(1)KZW 系列空重车自动调整装置性能试验

①制动机处于缓解状态时,KZW 系列空重车自动调整装置抑制盘下平面应坐落在支架导管的顶端,抑制盘触头与横跨梁触板的间隙应符合表 12-5 的规定,触头与抑制盘螺杆须用开口销锁定。

②空车位试验

取出抑制盘触头与触板之间的试验垫板。将单车试验器置 1 位充气,待副风缸充至定压后,置 5 位减压 160 kPa,置 3 位保压,制动缸压力应符合表 12-6 的规定。压力稳定后,保压 1 min,制动缸压力下降不大于 5 kPa。此时空重车位显示牌不应翻起。置 1 位缓解,制动缸压力须降至零。

③半重车位试验

将抑制盘上移,在触头与触板之间插入表 12-4 规定的半重车位试验垫板。单车试验器置 1 位充气,待副风缸充至定压后,置 5 位减压 160 kPa,置 3 位保压。制动缸压力应符合表 12-6 的规定。压力稳定后,保压 1min,制动缸压力下降不大于 5kPa。置 1 位缓解,制动缸压力须降至零。

④重车位试验

将抑制盘上移,在触头与触板间插入空重车自动调整装置试验垫板厚度表规定的重车位试验垫板。单车试验器置 1 位充气,待副风缸充至定压后,置 5 位减压 160 kPa,置 3 位保压。此时空重车位显示牌应翻起。压力稳定后,保压 1 min,制动缸压力下降不大于 5 kPa;置 1 位缓解，制动缸压力须降至零，显示牌落下。

(2)TWG-1系列空重车自动调整装置性能试验

制动机处于常用全制动状态时，检查传感阀触头与横跨梁触板间隙，应符合表12-5的规定，调整传感阀触头与横跨梁触板间隙时，可调整触头伸长量，触头在顶杆上的拧出长度应小于20 mm；或在传感阀安装座与传感阀吊座之间加入调整垫。调整触头伸长量时，须用双扳手，一个扳手固定住顶杆，另一个扳手旋转触头以调整间隙。调整垫材质为钢质，厚度根据实际情况确定，原则上应与心盘垫总厚度基本一致。

①空车位试验

单车试验器置1位充气，待副风缸充至定压后，置5位减压160 kPa，置3位保压，待压力稳定后，制动缸压力应为(160±20)kPa，此时空重车位显示器应完全伸出。保压1 min，制动缸压力下降不大于5 kPa。置1位缓解，制动缸压力须降至零。

②半重车位试验

在触头与触板之间插入表12-4规定的半重车位试验垫板。单车试验器置1位充气，待副风缸充至定压后，置5位减压160 kPa，置3位保压，待压力稳定后，制动缸压力应为(250±30)kPa。保压1 min，制动缸压力下降不大于5 kPa。置1位缓解，制动缸压力须降至零。

③重车位试验

在触头与触板之间插入表12-4规定的重车位试验垫板。单车试验器置1位充气，待副风缸充至定压后，置5位减压160 kPa，置3位保压。待压力稳定后，空重车位显示器不得伸出。保压1 min，制动缸压力下降不大于5 kPa。置1位缓解，制动缸压力须降至零。

9. 当1辆车装设2个及以上制动阀时，每个制动阀均须按上述要求分别进行试验。

10. 调整制动缸活塞行程时，两转向架制动力须均衡，其2根下拉杆(或中拉杆)圆销组装后的销孔相差不超过1孔(装用2个制动缸且在车辆两端布置的车辆不做要求)。

11. 制动时，闸瓦须贴靠车轮，制动缸前、后杠杆与杠杆托的游动间隙不小于50 mm。转K2型、转K5型、转K6型转向架的移动杠杆不得倒向摇枕一侧；转8A、转8AG、转8G、转8AB、转8B、转K4型转向架的移动杠杆不得倒向车轴一侧。未装用闸调器的车辆上拉杆圆销须安装在最外孔，固定杠杆支点须留有调整余量，3孔者留有1孔，其他型须留有2孔及以上。

12. 车辆处于制动状态时，各拉杆、杠杆不得与相邻件或其托、吊有非正常接触。

13. 手动空重车调整装置的转换手把作用须灵活，空重车转换塞门开闭位置准确，缓解阀开、闭作用须良好。

14. 每辆车须在缓解状态以人力推动前制动杠杆，制动缸推杆应复位。

(三)安全注意事项

1. 作业前、作业完须插、撤红旗。

2. 作业前，将总风管道中的水及污物排净后再连接单车试验器。

3. 开放折角塞门排风时，须用右手握住编织制动软管总成。

4. 摘除车辆软管风堵时，注意安全。

5. 作业时，穿戴防护用品须齐全。

三、120/120-1型空气制动机单车试验

(一)作业(操作)方法、步骤

准备→试验→填写(打印)记录

1. 试验准备

(1)车辆应处于空车位。装用手动空重车调整装置的车辆,空重车手把置于空车位;脱轨自动制动装置的球阀须处于开放位;车辆上装设的其他风动装置须开放,处于工作状态。

(2)安装货车空气制动阀、空重车阀之前,须用压缩空气将制动管系吹扫干净,并将各风缸内水分及污垢吹净。

(3)准备材质为尼龙6、直径为$\phi(25.4+0.05)$mm的实心尼龙球及安装于软管连接器上的实心尼龙球网状回收器。

(4)在制动缸后盖处安装压力表或传感器。

(5)装用闸调器的车辆应准备1块340 mm×60 mm×16 mm、R420 mm的弧形垫板,并将闸调器的螺杆调至以下尺寸(全部装用新闸瓦时,螺杆上刻线至护管端部的距离):

①ST1-600型为500～570mm;

②ST2-250型为200～240mm。

(6)确认单车试验器总风源压力须不低于600 kPa,单车试验器压力为500 kPa(以下简称定压)。

2. 试验步骤

(1)过球试验

①开放车辆制动主管两端折角塞门,关闭截断塞门。

②将实心尼龙球网状回收器安装于远离单车试验器一端的编织制动软管总成连接器(以下简称:软管)上。

③将实心尼龙球放在车辆另一端的连接器中,然后将单车试验器与之连挂。

④单车试验器置1位充风,实心尼龙球须通过制动主管进入网状回收器。

⑤试毕单车试验器置3位,将网状回收器和实心尼龙球取下后安装软管堵。

(2)制动管漏泄试验

①单车试验器与车辆一端软管连接,关闭该端折角塞门,单车试验器置1位,制动管充至定压后,移置3位保压1 min,检查漏泄。

②另一端软管加软管堵,开放两端折角塞门,截断塞门处关闭位,单车试验器置1位,制动管充至定压后,移置3位保压1 min,检查漏泄。

③关闭另一端折角塞门,卸下软管堵,保压1 min,检查漏泄。

(3)全车漏泄试验

开放截断塞门,单车试验器置1位充风,待副风缸充至定压后,保压1 min,检查漏泄量。

(4)制动、缓解感度试验

①制动感度试验

单车试验器置1位充气,待副风缸充至定压后,将单车试验器移置4位。当制动管减压40 kPa时立即将单车试验器移置3位,局部减压作用终止后,保压1 min。

②缓解感度试验

a. 制动管长度小于16 m时,将单车试验器移置2位充气。

b. 制动管长度为16～24 m时,在制动感度试验后,将单车试验器置4位,使制动管继续减压30 kPa,然后移置3位,待压力稳定后,将单车试验器置2位充气。

(5)制动安定试验

单车试验器置1位充气,待副风缸充至定压后,置3位保压,开启专用安定试验位。关闭专用安定试验位，保压1 min。

(6)紧急制动试验

单车试验器置1位充气，待副风缸充至定压后，置3位保压，开启专用紧急试验位。

(7)加速缓解阀试验

单车试验器置1位充气，待副风缸充至定压后，将单车试验器置4位减压100 kPa，然后置3位保压，待压力稳定后，单车试验器置2位。

(8)半自动缓解阀试验

①主阀缓解试验

单车试验器置1位，待副风缸充至定压后，将单车试验器置4位减压50 kPa，然后置3位保压，拉缓解阀手柄至全开位3～5 s后松开，待制动缸压缩空气自动排完后，将单车试验器置5位，再减压约50 kPa，然后单车试验器置1位。

②制动缸缓解试验

待副风缸充至定压后，单车试验器置3位，开启专用紧急试验位，施行紧急制动，制动管压缩空气排尽后，拉缓解阀手柄至全开位3～5 s后松开。

(9)闸调器性能试验

①闸瓦间隙减小试验

单车试验器置1位，待制动机缓解完毕后，将垫板放入任一闸瓦与车轮之间，副风缸充至定压后，单车试验器置5位减压140 kPa，测制动缸活塞行程须变短。反复制动、缓解3次后，测制动缸活塞行程。

②闸瓦间隙增大试验

制动机缓解后，撤去闸瓦与车轮之间的垫板，制动后测制动缸活塞行程。反复制动、缓解3次后，测制动缸活塞行程。

(10)空重车自动调整装置性能试验

①KZW系列空重车自动调整装置性能试验

a. 制动机处于缓解状态时，测抑制盘触头与横跨梁触板的间隙。

b. 空车位试验

取出抑制盘触头与触板之间的试验垫板。将单车试验器置1位充气，待副风缸充至定压后，置5位减压160 kPa，置3位保压，测制动缸压力应，压力稳定后，保压1 min。置1位缓解。

c. 半重车位试验

将抑制盘上移，在触头与触板之间插入表12-4规定的半重车位试验垫板。单车试验器置1位充气，待副风缸充至定压后，置5位减压160 kPa，置3位保压。压力稳定后，保压1 min。置1位缓解。

d. 重车位试验

将抑制盘上移，在触头与触板间插入表12-4规定的重车位试验垫板。单车试验器置1位充气，待副风缸充至定压后，置5位减压160 kPa，置3位保压。压力稳定后，保压1 min，置1位缓解。

②TWG-1系列空重车自动调整装置性能试验

制动机处于常用全制动状态时，检查传感阀触头与横跨梁触板间隙。

a. 空车位试验

单车试验器置1位充气，待副风缸充至定压后，置5位减压160 kPa，置3位保压，待压力稳定后,检查制动缸压力,保压 1 min,置 1 位缓解。

b. 半重车位试验

在触头与触板之间插入表 12-4 规定的半重车位试验垫板。单车试验器置 1 位充气,待副风缸充至定压后,置 5 位减压 160 kPa,置 3 位保压,待压力稳定后,检查制动缸压力,保压 1 min,置 1 位缓解。

c. 重车位试验

在触头与触板之间插入表 12-4 规定的重车位试验垫板。单车试验器置 1 位充气,待副风缸充至定压后,置 5 位减压 160 kPa,置 3 位保压。待压力稳定后,保压 1 min,置1 位缓解。

(11)关闭单车试验器端折角塞门,排出软管内压缩空气后,摘下单车试验器。

3. 单车试验结果须保存打印。

(二)质量要求

1. 过球试验

实心尼龙球须通过制动主管进入网状回收器。

2. 制动管漏泄试验

(1)单车试验器与车辆一端软管连接,关闭该端折角塞门,单车试验器置 1 位,制动管充至定压后,移置 3 位保压 1 min,不得漏泄。

(2)另一端软管加软管堵,开放两端折角塞门,截断塞门处关闭位,单车试验器置 1 位,制动管充至定压后,移置 3 位保压 1 min,用肥皂水检查,管系各接头不得漏泄,制动管漏泄量不大于 5 kPa。

(3)关闭另一端折角塞门,卸下软管堵,保压 1 min,制动管漏泄量不大于 5 kPa。

3. 全车漏泄试验

开放截断塞门,单车试验器置 1 位充风,待副风缸充至定压后,用肥皂水检查制动主支管及副风缸管系接头不得漏泄,保压 1 min,漏泄量不大于 5 kPa。

4. 制动、缓解感度试验

(1)制动感度试验

单车试验器置 1 位充气,待副风缸充至定压后,将单车试验器移置 4 位。当制动管减压 40 kPa 时立即将单车试验器移置 3 位,制动机须在制动管减压 40 kPa 以前发生制动作用,其局部减压量:103、120、120-1 型不大于 40 kPa;GK 型不大于 50 kPa。局部减压作用终止后,保压 1 min,制动机不得发生自然缓解。

(2)缓解感度试验

①制动管长度小于 16 m 时,将单车试验器移置 2 位充气,制动缸压力应在 45 s 内缓解至 30 kPa 以下。

②制动管长度为 16～24 m 时,在制动感度试验后,将单车试验器置 4 位,使制动管继续减压 30 kPa,然后移置 3 位,待压力稳定后,将单车试验器置 2 位充气,制动缸压力应在 45 s 内缓解至 30 kPa 以下。

5. 制动安定试验

单车试验器置 1 位充气,待副风缸充至定压后,置 3 位保压,开启专用安定试验位,制动管减压 200 kPa 前,制动机不得发生紧急制动作用。关闭专用安定试验位,保压 1 min,制动缸漏泄量不大于 5 kPa。保压时检查制动缸活塞行程,须符合表 12-7 规定。

6. 紧急制动试验

单车试验器置1位充气，待副风缸充至定压后，置3位保压，开启专用紧急试验位，制动管减压100 kPa前，制动机须发生紧急制动作用。安装手动空重车调整装置的车辆，制动缸压力达到190 kPa前，安全阀须开始排风，压力降至160 kPa前安全阀须停止排风。

7. 加速缓解阀试验

单车试验器置1位充气，待副风缸充至定压后，将单车试验器置4位减压100 kPa，然后置3位保压，待压力稳定后，单车试验器置2位，制动缸开始缓解时，制动管压力应有明显跃升。

8. 半自动缓解阀试验

(1)主阀缓解试验

单车试验器置1位，待副风缸充至定压后，将单车试验器置4位减压50 kPa，然后置3位保压，拉缓解阀手柄至全开位3～5 s后松开，待制动缸压缩空气自动排完后，将单车试验器置5位，再减压约50 kPa，制动机须发生制动作用。然后单车试验器置1位。

(2)制动缸缓解试验

待副风缸充至定压后，单车试验器置3位，开启专用紧急试验位，施行紧急制动，制动管压缩空气排尽后，拉缓解阀手柄至全开位3～5 s后松开，制动缸压力应能下降到零。

9. 闸调器性能试验

(1)闸瓦间隙减小试验

单车试验器置1位，待制动机缓解完毕后，将垫板放入任一闸瓦与车轮之间，副风缸充至定压后，单车试验器置5位减压140 kPa，制动缸活塞行程须变短。反复制动、缓解3次后，制动缸活塞行程与初始行程(即未安装垫板时的行程)之差须不大于10 mm。

(2)闸瓦间隙增大试验

制动机缓解后，撤去闸瓦与车轮之间的垫板，制动后制动缸活塞行程须变长。反复制动、缓解3次后，制动缸活塞行程与初始行程(即未安装垫板时的行程)之差不大于10 mm。

10. 空重车自动调整装置性能试验

(1)KZW系列空重车自动调整装置性能试验

①制动机处于缓解状态时，KZW系列空重车自动调整装置抑制盘下平面应坐落在支架导管的顶端，抑制盘触头与横跨梁触板的间隙应符合表12-5的规定，触头与抑制盘螺杆须用开口销锁定。

②空车位试验

取出抑制盘触头与触板之间的试验垫板。将单车试验器置1位充气，待副风缸充至定压后，置5位减压160 kPa，置3位保压，制动缸压力应符合表12-6的规定。压力稳定后，保压1 min，制动缸压力下降不大于5 kPa。此时空重车位显示牌不应翻起。置1位缓解，制动缸压力须降至零。

③半重车位试验

将抑制盘上移，在触头与触板之间插入表12-4规定的半重车位试验垫板。单车试验器置1位充气，待副风缸充至定压后，置5位减压160 kPa，置3位保压。制动缸压力应符合表12-6的规定。压力稳定后，保压1 min，制动缸压力下降不大于5 kPa。置1位缓解，制动缸压力须降至零。

④重车位试验

将抑制盘上移，在触头与触板间插入表12-4规定的重车位试验垫板。单车试验器置1位充气,待副风缸充至定压后,置5位减压160 kPa,置3位保压。此时空重车位显示牌应翻起。压力稳定后,保压1 min,制动缸压力下降不大于5 kPa;置1位缓解,制动缸压力须降至零,显示牌落下。

(2)TWG-1系列空重车自动调整装置性能试验

制动机处于常用全制动状态时,检查传感阀触头与横跨梁触板间隙,应符合表12-5的规定。调整传感阀触头与横跨梁触板间隙时,可调整触头伸长量,触头在顶杆上的拧出长度应小于20 mm;或在传感阀安装座与传感阀吊座之间加入调整垫。调整触头伸长量时,须用双扳手,一个扳手固定住顶杆,另一个扳手旋转触头以调整间隙。调整垫材质为钢质,厚度根据实际情况确定,原则上应与心盘垫总厚度基本一致。

①空车位试验

单车试验器置1位充气,待副风缸充至定压后,置5位减压160 kPa,置3位保压,待压力稳定后,制动缸压力应为(160±20)kPa,此时空重车位显示器应完全伸出。保压1 min,制动缸压力下降不大于5 kPa。置1位缓解,制动缸压力须降至零。

②半重车位试验

在触头与触板之间插入表12-4规定的半重车位试验垫板。单车试验器置1位充气,待副风缸充至定压后,置5位减压160 kPa,置3位保压,待压力稳定后,制动缸压力应为(250±30)kPa。保压1 min,制动缸压力下降不大于5 kPa。置1位缓解,制动缸压力须降至零。

③重车位试验

在触头与触板之间插入表12-4规定的重车位试验垫板。单车试验器置1位充气,待副风缸充至定压后,置5位减压160 kPa,置3位保压。待压力稳定后,空重车位显示器不得伸出。保压1 min,制动缸压力下降不大于5 kPa。置1位缓解,制动缸压力须降至零。

11. 调整制动缸活塞行程时,两转向架制动力须均衡,其2根下拉杆(或中拉杆)圆销组装后的销孔相差不超过1孔(装用2个制动缸且在车辆两端布置的车辆不做要求)。

12. 制动时,闸瓦须贴靠车轮,制动缸前、后杠杆与杠杆托的游动间隙不小于50 mm。转K2型、转K5型、转K6型转向架的移动杠杆不得倒向摇枕一侧;转8A、转8AG、转8G、转8AB、转8B、转K4型转向架的移动杠杆不得倒向车轴一侧。未装用闸调器的车辆上拉杆圆销须安装在最外孔,固定杠杆支点须留有调整余量,3孔者留有1孔,其他型须留有2孔及以上。

13. 车辆处于制动状态时,各拉杆、杠杆不得与相邻件或其托、吊有非正常接触。

14. 手动空重车调整装置的转换手把作用须灵活,空重车转换塞门开闭位置准确,缓解阀开、闭作用须良好。

15. 每辆车须在缓解状态以人力推动前制动杠杆,制动缸推杆应复位。

16. 关闭单车试验器端折角塞门,排出软管内压缩空气后,摘下单车试验器。

(三)安全注意事项

1. 作业前、作业完须插、撤红旗。

2. 作业前,将总风管道中的水及污物排净后再连接单车试验器。

3. 开放折角塞门排风时,须用右手握住编织制动软管总成。

4. 摘除车辆软管风堵时,注意安全。

5. 作业时,穿戴防护用品须齐全。

四、制动机故障分析、判断及处理

(一)制动机缓解不良

1. 排风口不排风,不缓解。

原因:制动缸活塞杆伸出,列车管向制动缸漏泄,紧急二段阀、局减阀漏泄,滑阀或主活塞阻力大。

判断:先卸下排风管,若排风缓解时,为排风管堵塞故障;若不缓解时,为阀故障。

处理:查找处理漏泄,更换阀。

2. 排风口排风,不缓解。

原因:制动缸缺油、生锈,弹簧力过弱或折断,皮碗变质软化,制动缸活塞筒与活塞分离,以及推杆与杠杆卡死等。

判断:先检查推杆是否卡住,活塞筒是否与活塞分离(用手推拉活塞筒);如状态良好时,再分解制动缸。

处理:分解制动缸,检查、清洗、给油。

3. 排风口排风,制动缸活塞已缩回,而闸瓦紧抱车轮。

原因:手制动机拧紧或基础制动装置卡住。

判断:先检查手制动机是否拧紧,再检查基础制动装置。

处理:松开手闸,处理基础制动装置的不良部位。

(二)制动机自然缓解

1. 排风口不排风,自然缓解。

原因:制动缸及其管路有漏泄。

判断:制动过程或制动后保压时,排风口不排风而制动缸活塞自动回到缓解位或反复的发生制动还是自动缓解。

处理:分解检修制动缸及处理漏泄处。

2. 排风口排风,自然缓解。

原因:节制阀漏,副风缸、压力风缸、缓解阀或管路漏泄。

判断:制动过程或制动后保压时,制动感度试验良好时,为节制阀漏泄;制动感度试验不良时,为副风缸、压力风缸、缓解阀或管路漏泄。

处理:查找处理漏泄,换阀。

(三)制动机不起制动作用

原因:主阀故障,风压不足,管路漏泄。

判断:制动时三通阀、分配阀、控制阀无动作或无局减的排风音响时,为主阀故障;副风缸、压力风缸及其管路漏泄或充风时间不足,产生不制动现象。

处理:换阀,查找处理漏泄,风压充至规定要求。

五、脱轨自动制动阀常见故障及处理方法

1. 故障:空气管路漏泄

   处理:排除漏泄

2. 故障:拉环、顶梁组成变形

   处理:调修或更换

3. 故障:顶梁组成裂纹

处理:更换

4. 故障:调节杆与作用杆螺纹损坏

处理:更换

5. 故障:制动阀杆端头与作用杆孔上、下间隙小于 1.0mm。

处理:更换弹片

复习思考题参考答案

第 二 章

1. 答:基础制动装置是制动装置中用于传递、扩大制动力的一整套杆件连接装置。它的作用是把制动缸活塞上的推力增大若干倍以后平均地传给各个闸瓦,使之压紧车轮而产生制动作用。

2. 答:基础制动装置的摩擦及转动部分涂润滑脂的目的,是为了减小摩擦阻力,使基础制动装置作用灵活,提高制动效率,同时可防止锈蚀,延长零部件的使用寿命。

3. 答:工作原理简述如下:

(1)制动时制动缸活塞行程式超过 200 mm 时,缸内压缩空气进入闸调器风筒;

(2)压缩空气推动风筒活塞杆弹簧使掣子前移并离开掣轮齿;

(3)缓解时调整器风筒和制动缸之压缩空气同时排除,活塞杆弹簧使活塞恢复原位并由掣子钩动掣轮转动一角度;

(4)掣轮转动时通过内螺纹使与之直配的调整螺杆作直线运动外移一段距离;

(5)螺杆的移动带动十字头沿调整器体的导框移动,并使后制动缸杠杆支点改变位置而达到缩短闸瓦间隙之目的。

4. 答:ST1-600 型闸调器系机械作用螺杆式筒体结构闸瓦间隙调整器,其主要优缺点为:

(1)能双向自动调整闸瓦间隙和制动活塞行程;

(2)动作灵活、性能稳定、密封性好、不受空气压力的干扰;

(3)结构复杂、外形尺寸较大,零件加工制作及拆装均不便利;

(4)一旦在使用中出现故障只能拆换,不能现车检修。

5. 答:将制动缸直接装在转向架两端,并在轴上设置制动盘,利用杠杆使闸片压紧制动盘而实施车辆制动,故称为盘形制动。它的主要优点是:

(1)结构紧凑、简化传动装置,可减轻车体自重;

(2)可采用高摩材料,提高制动力及效率,缩短制动距离,提高车辆运行速度;

(3)不用闸瓦直接磨车轮踏面,可延长车轮使用寿命。主要缺点是不能清除轮踏面油污,降低了轮轨黏着系数,并易引起轮踏面表面疲劳而产生剥离。

6. 答:为了施行制动而在车辆上设置的一套机械装置叫车辆制动机。在铁路运输上,为了调节列车运行速度和及时准确地在预定地点停车,保证列车安全正点地运行,每一车辆上都装有制动机。

7. 答:空气制动机是指利用压缩空气作为控制制动的介质,并作为产生制动力的原动力的制动机。空气制动机是目前各国广泛采用的制动机。我国的机车车辆全部装用空气制动机。空气制动机可分为直通空气制动机和自动空气制动机。而自动空气制动机按其制动阀(三通阀、分配阀或控制阀)的作用原理可分为:二压力机构、三压力机构和二、三压力混合机构 3 种。

8. 答:(1)列车运行速度;(2)闸瓦压力;(3)闸瓦温度;(4)闸瓦硬度;(5)闸瓦材质;(6)闸

瓦形状和摩擦面大小;(7)空气湿度。

9. 答:1 号接制动电磁阀,2 号接缓解电磁阀,3 号接保压电磁阀,4 号为检查线,5 号为回线。

10. 答:作用部、充气部、均衡部、局减阀、增压阀。

(1)充气部作用:协调副风缸与工作风缸充气一致,使副风缸和工作风缸充气同时均匀地进行,在充气部还设有充气止回阀,用以防止副风缸风压高于制动管时压力空气向制动管逆流。

(2)作用部作用:根据制动管压力的增减变公,与工作风缸风压形成压力差,使主活塞带着节制阀,滑阀上下移动,而产生充气局减、制动、保压及缓解作用。

(3)均衡部作用:根据容积室压力增减变化,使工作活塞上下移动,开放或关闭工作阀,以控制制动缸压力从而实现制动、保压及缓解作用。

(4)局减阀作用:在第二阶段局减过程中,将制动管的一部分压力空气导入制动缸,当制动缸压达 50～70 kPa 时,切断制动管至制动缸的通路、停止局减。

11. 答:人为地给物体施加阻力,使之减速或停止运动叫制动。

为了施行制动而设置的一套机械装置叫制动机。在铁路运输上,为了调节列车运行速度和及时准确地在预定地点停车,保证列车安全正点地运行,在每台机车上或每一车辆上都装有制动机。装在机车上的叫机车制动机,装在车辆上的叫车辆制动机。

12. 答:(1)闸瓦间隙正常时,只传力而不调整。(2)闸瓦磨耗后间隙大于正常值时,螺杆工作长度将缩短。(3)更换闸瓦后间隙小于正常值时,螺杆工作长度将增加。

13. 答:(1)可以大大减轻车轮踏面的热负荷和机械磨耗。(2)制动盘的优化设计可以改善散热性能,为合成闸片的设计提供了广阔空间。(3)制动平稳,几乎没有噪声。

14. 答:U_5A 型空重车阀的主要作用:保证车辆空载和满载时的制动率不变。

主要组成有:测重部、作用部、杠杆部及给排阀部。

15. 答:(1)701 试验台共有 8 个作用位置,各位置如下:

1 位:快充气

2 位:慢充气

3 位:保压

4 位:制动灵敏度试验

5 位:制动灵敏度试验

6 位:制动安定试验

7 位:紧急制动试验

8 位:紧急制动试验

(2)705 试验台操纵阀共有 8 个作用位置,各位置如下:

1 位:快充气

2 位:慢充气

3 位:保压

4 位:制动灵敏度试验

5 位:货车安定试验

6 位:客车安定试验

7 位:货车紧急灵敏度试验

8 位:客车紧急灵敏度试验

16. 答:(1)非电空制动系统由制动软管总成、各类塞门和远芯集尘器联合体、分配阀、制动缸、管座、各风缸等组成;(2)电空制动系统还有三个电磁阀、充气阀、电子防滑器排风阀等;(3)集成电空制动系统还有气路控制箱、集成板等组成。

17. 答:主要特点有:

(1)主阀为直接作用的三压力阀,有阶段缓解性能且能与二压力阀混编;

(2)辅助阀既是单独设置的紧急制动(二压力)控制机构,又具有能使主阀彻底缓解加快的可能;

(3)制动缸压强由"限压阀"控制;

(4)完全采用橡胶膜板、柱塞O形圈和橡胶夹心阀,检修方便。

18. 答:远心集尘器安装在制动支管上,在截断塞门与制动阀之间,它利用离心力的作用,将制动管压力空气中的尘砂、锈垢、油分、水分等不洁物质沉积在集尘盒内。

19. 答:TFX1 型防滑器系统主要由速度传感部分、TFX1 型防滑器主机、防滑排风阀、压力继电器四部分组成。

20. 答:铁路客车行车安全监控系统在客车运行过程中对客车运行状态进行数据采集,实现设备状态的实时诊断、监控,数据的记录、存贮、传输;在客车入库检修时,利用所采集的数据加以优化运用,提高检修效率、降低作业强度、完善车辆管理。

第 三 章

1. 答:常用制动阀有 GK 型、103 型、120/120-1 型。

2. 答:103 型空气分配阀由主阀、紧急阀和中间体三部分组成。

3. 答:120 阀有充气缓解、减速充气缓解、常用制动、制动保压和紧急制动等五个作用位置。

4. 答:基础制动装置作用是把制动缸活塞上的推力增大若干倍以后平均地传给各个闸瓦,使之压紧车轮而产生制动作用。

5. 答:远心集尘器装于列车管通往分配阀(或三通阀)的列车支管上,前面装有截断塞门。远心集尘器装于列车管通往分配阀(或三通阀)的列车支管上,前面装有截断塞门。当打开塞门时,列车管的压缩气进入远心集尘器,在集尘器的空腔内产生旋转作用,造成离心力,使杂质从空气中分离出来并沉积于集尘器底部,以较干净的空气进入制动机。

6. 答:人力制动机是以人力为原动力的制动装置,它是车辆辅助手段,只有在不能使用空气制动机的情况下使用它,如:车辆在停放中为防止溜走;调车作业时,用以辅助调速和停车;运行中空气制动机失灵时用以处理应急情况等。

7. 答:折角塞门安装在列车管与制动软管之间,用以控制车辆之间列车管的通路,以及关闭列车尾部的通路和安全摘挂车辆。

8. 答:缓解阀安装在车辆的副风缸或工作风缸上,用以直接排出副风缸或工作风缸内的压力空气,以单独缓解该车的制动,在列车编组、解体以及车辆检修中均需使用它。

9. 答:空气压力表用于显示制动管内的空气压力。

10. 答:制动软管的作用是以柔性连接相邻机车、车辆的列车管,使运行中的列车当车辆之间发生各种相对位置变化时(如车钩的伸缩,车辆垂直振动和横向摆动,列车通过曲线时蜿蜒弯曲等),压力空气仍能沿列车管畅通无阻。

11. 答:其构成有制动主管、制动缸、103 分配阀、远心集尘器、空重车指示牌及调整手把、截断塞门、空重车转换塞门、安全阀、降压气室、缓解阀、副风缸、工作风缸、制动软管及连接器、折角塞门等。

12. 答:120阀较之103阀有如下特点:

(1)采用二压力机构阀;

(2)采用直接作用方式;

(3)主控制机构采用橡胶膜板和金属滑阀结构;

(4)设置加速缓解阀;

(5)在紧急阀中增设先导阀结构;

(6)设置半自动缓解阀;

(7)适应于与空重车自动调整装置配套;

(8)适应压力保持操纵;

(9)与103阀的零件通用性和互换性强。

13. 答:(1)紧急活塞漏泄;

(2)安定弹簧过弱;

(3)紧急充气室缩孔(Ⅳ)及紧急活塞杆轴向和中心孔被堵塞,影响紧急室向列车管逆流。

14. 答:(1)主活塞泄漏;

(2)主活塞膜板老化变质或太厚,滑阀和节制阀弹簧太硬,滑阀与滑阀套径向间隙过小,或滑阀、节制阀组装不良等因素均可能使主活塞、滑阀阻抗过大;

(3)列车管系统各结合部漏泄而影响列车管增压;

(4)局减阀密封圈漏泄,局减膜板穿孔等漏泄也影响列车管增压。

15. 答:分单侧闸瓦式和双侧闸瓦式。单侧闸瓦式多用于货车车辆上,双侧闸瓦式多于客车车辆上。

16. 答:车辆使用的闸瓦可分为两大类:铸铁闸瓦和合成闸瓦。在铸铁闸瓦中又可分为灰铸铁闸瓦、中磷铸铁闸瓦和高磷铸铁闸瓦。在合成闸瓦中,按其基本成分,可分为合成树脂闸瓦和石棉橡胶闸瓦;按其摩擦因数高低,又可分为高摩擦系数合成闸瓦和低摩擦系数合成闸瓦。

17答:单车试验器由远心集尘器、给气阀、单阀(即试验操纵削)、双针压力表、放风塞等组成。

18. 答:单车试验器共有6个作用位。

19. 设紧急二段阀,用于在紧急制动时,使容积室的压力分先快后慢两个阶段上升,从而使制动缸的压力也分先快后慢两个阶段上升,可减小长大货物列车在紧急制动时的纵向冲动。

20. 答:120阀设计中,为适应机车的补风功能,在主阀部设置了制动保压位,该位能沟通列车管与副风缸的呼吸小孔,以平衡主活塞两侧压力差,适应机车常用制动时压力保持操纵的需要。

21. 答:空重车自动调整装置的用途,是在制动时能根据车辆载重自动、无级地调整制动缸的空气压力,明显缩小车辆从空车至重车的不同载重下的制动率变化,从而有效地改善车辆的制动性能。由测重装置、传感阀、调整阀、压力开关[仅KZW-4GAB(CD)型空重车调整装置才有]构成。

22. 答:用于在制动时根据车辆载重的变化来使制动缸内的压缩空气进入降压风缸的量发生变化,从而可控制调整阀的作用,使制动缸的压力能根据车辆载重自动调整。

23. 答:用于在制动时根据制动机的制动缸孔压力、制动缸压力及降压风缸的压力来控制制动机向制动缸的进气量,使制动缸的压力能根据车辆载重自动调整。

24. 答:(1)加速缓解活塞膜板破损;

(2)夹心阀处漏泄或夹心阀脱胶;

(3)加速缓解弹簧刚度过大。

25. 答:(1)自动缓解活塞膜板破损;

(2)自动缓解活塞杆密封圈漏泄;

(3)e 孔或 c 孔堵塞;

(4)排风阀脱胶。

26. 答:(1)充气孔尺寸过大;

(2)因加工或组装不当造成主活塞上移阻抗过大;

(3)第一阶段局减气路被堵塞;

(4)主活塞部漏泄。

27. 答:(1)滑阀或滑阀座研磨不良或有拉伤;

(2)主阀体或滑阀套漏泄。

28. 答:设半自动缓解阀,便于人力操纵制动机缓解。利用人工拉动缓解阀拉杆,听到排气声即可松开拉手,制动缸的压缩空气会自动排完。若要排完制动系统内的压缩空气,则手把需一直拉着直至压缩空气全部排完。

29. 答:用于当车辆载重增大时使抑制盘的高度保持不变,并以此作为传感阀的称重依据。

30. 答:微机控制式单车试验器主要由硬件系统和软件系统组成(以 SWDH-1 型微机控制单车试验器为例)。

(1)硬件系统:SWDH-1 型微机控制单车试验器硬件系统主要由机箱、小车、气路部分和电路部分等组成。气路部分:主要由三联件(过滤器、调压阀、油雾器)、单车试验阀组(简称单阀)、双针压力表、管压传感器、缸压传感器等组成。电路部分:SWDH-1 型微机控制单车试验器以高性能的 CPU(80386SX40Hz)为中心,结合两个高精度的压力传感器和高分辨率的 A/D 块等器件组成。人机界面由一个专用的触摸键盘和一个 5.7 英寸的 TFT 显示屏及高质量的打印机构成。还包括一个免维护可充电不间断电源系统,使单车试验器可脱离电网工作。

(2)软件系统:SWDH-1 型微机控制单车试验器软件系统采用模块化设计原则,在功能上除了符合部颁标准外,还着重设置了仪器的自动调零功能、对故障的智能化判断、良好的人机界面、试验资料的储存和检索以及试验资料的统计分析等功能。

第四章

1. 答:制动缸压力计算如下:

(1)主管压力 $r=170$ kPa 时的制动缸压力 P_1:

$P_1=2.6r-0.1(\text{kg/cm}^2)=2.6r-10(\text{kPa})=2.6\times170-10=432(\text{kPa})$

(2)紧急制动时的制动缸绝对压力 $P_{1\max}$:

$$\begin{aligned}P_{1\max'}&=[(V_1+V_2)(P_1+1)+V_3'+V_4'](\text{kg/cm}^2)\\&=[(V_1+V_2)\times(P+100)+(V_3'+V_4')\times100]/(V_1+V_2+V_3+V_4)\\&=[(180+11.5)\times(600+100)+(2.5+4.27)\times100]/(180+11.5+27.64+4.33)\\&=602.9(\text{kPa})\end{aligned}$$

表量压力:$P_{1max}=602.9-100=502.9(kPa)$

2. 答案:制动杠杆倍率计算如下:

(1)车辆总闸瓦制动压力

$\sum K=Q\times\theta=40\times70\%=28(t)\approx280\ 000(N)$

(2)制动缸压力 F

$F=(D^2/4)\times P=[3.14\times(0.356)^2/4]\times400\ 000\approx39\ 795.1(N)$

(3)制动倍率及杠杆倍率计算(N,N_1)

制动倍率 N:

$N=\sum K/F=280\ 000/39\ 795.1=7.036$

制动杠杆倍率 N_1:

$N_1=N/\eta=7.036/0.9=7.82$

第五章

1. 答:投影方向垂直于投影面为正投影。我国国家标准规定采用第一角画法,必要时(如按合同规定等)才允许使用第三角画法。

2. 答:(1)基本视图:按第一角法投视得到的试图。

(2)向视图:向视图是可自由配置的视图。在相应的视图附近用箭头和相同字母表示该向视图的投影方向。

(3)局部视图:局部视图是将物体的某一部分向基本投影面投视所得的视图。

(4)斜视图:斜视图是物体向不平行于基本投影面的投影面投视所得到的视图。

(5)剖视图:假想用剖切面剖开物体,将处于观察者和剖切面之间的部分移去,余下部分向投影面投影得到的图形称为剖视图。

3. 答:(1)装配图中所有的零部件都必须编号。

(2)对于某一个零部件,无论在各视图上出现次数的多少,可只编一个序号。

(3)形状和尺寸完全相同的多个零部件应采用同一个序号,一般只标注一次;多处出现的相同的零部件,必要时也可重复标注。

(4)装配图明细栏中的序号与装配图图形上编写的零部件序号相一致,以便于了解该零部件的名称、材料及数量等内容。

(5)装配图中序号的编排应按水平或垂直方向排列整齐,顺序应分明。

(6)为保证序号排列有顺序,可按顺时针或逆时针方向顺次排列。排列顺序应连续,当无法连续时,可只在每个水平或竖直方向上顺次排列。

4. 答:(1)机件的大小是以图样上标注的尺寸数值为制造和检验依据的,所以必须遵守统一的尺寸注法,并遵循统一的规则。

(2)图样上所标注的尺寸数值是表示机件实际大小的数值,它与绘制图样时采用的比例无关,与画图的精度亦无关。

(3)图样上的尺寸以毫米(mm)为计量单位时,不需要在图样上标注单位名称及代号。若采用其他单位时,必须注明相应的计量单位。

(4)图样上标注的尺寸数值是机件最后完工的尺寸,否则要另加说明。

(5)机件上的每个尺寸,一般只在反映该结构最清楚的图形上标注一次。

5. 答:基本尺寸是通过它应用上、下偏差可算出极限尺寸的尺寸。图样上标注的尺寸通常都是基本尺寸。极限尺寸是指一个孔或轴允许的尺寸的两个极端。孔的最大极限尺寸和最小极限尺寸分别用 D_{max} 和 D_{min} 表示。

6. 答:零线是表示基本尺寸的一条直线,以其为基准确定偏差及公差。在其下方画有向上带有箭头的尺寸线并标有基本尺寸值。零线以上为正偏差,零线以下为负偏差,零偏差与零线重合。公差带是由代表上偏差和下偏差或最大极限尺寸和最小极限尺寸的两条直线所限定的一个区域。它是由公差的大小和其相对零线的位置和基本偏差来确定的。

7. 答:配合公差为组成配合的孔、轴公差之和,它是允许间隙或过盈的变动量。配合公差反映孔、轴的装配精度,即配合部位的松紧变动情况。

(1)基轴制配合:基本偏差为一定的轴的公差带与不同基本偏差的孔的公差带形成各种配合关系的一种配合制度。

(2)基孔制配合:基本偏差为一定的孔的公差带与不同基本偏差的轴的公差带形成各种配合关系的一种配合制度。

8. 答:任何机械产品在加工过程中,不论加工设备和方法如何精密、可靠,功能如何齐全,由于加工设备、刀具、夹具及原材料的内应力、切削力等各种因素的影响,除导致尺寸产生误差外,所加工的零件和由零件装配而成的组件或产品都不可能完全达到图样规定的理想形状和相互间的准确位置。零件在实际加工中所得到的形状和相互间的位置相对于其理想形状和位置的差异就是形状和位置误差。

9. 答:装配图是表示产品及其组成部分的连接、装配关系的图样。装配图中还应包括装配和检验所必需的数据和技术要求。由于装配图使用场合不同,常见的形式有:

(1)在新设计或测绘装配体时,要求画出装配图,用来确定各零件的结构、形状、相对位置、工作原理、连接方式和传动路线等,以便在图上判别、校对各零件的结构是否合理,装配关系是否正确、可行等。这类装配图,要求把各零件的结构、形状尽可能表达完整,基本上能根据它画出各零件的零件图。

(2)当加工好的零件进行装配时,用来指导装配工作能顺利地进行的装配图。这种装配图着重表明各零件之间的相互位置及装配关系,而对每个零件的结构、对同装配无关的尺寸,没有特别的要求。

(3)只表示机器安装关系及各部件之间相对位置的装配图。这种装配图,只要求画出各部件的外形。不论哪一种形式的装配图,都是生产中的重要技术文件。

10. 答:(1)一组视图。用来表达装配体的结构、形状及装配关系。

(2)必要的尺寸。标注出表示装配体性能、规格及装配、检验、安装时所需的尺寸。

(3)技术要求。用符号或文字注写装配体在装配、试验、调整、使用时的要求、规则、说明等。

(4)零件的序号和明细表。组成装配体的每一个零件,按顺序编上序号,并在标题栏上方列出明细表,表中注明各种零件的名称、数量、材料等,以便于读图及进行生产准备工作。

(5)标题栏。注明装配体的名称、图号、比例以及责任者的签名和日期等。

第六章

1. 答:(1)选择哪种形状的锉刀,决定于工件的形状。(2)选择锉刀齿,决定于工件的加工余量、精度和材料性质。

粗锉刀用于锉软金属、加工余量大、尺寸精度等级低和表面粗糙度精度要求低的工件。细锉刀用于跟粗锉刀相反的场合。此外,新锉刀的齿比较锋利,适合锉软金属,新锉刀用一段时间后再锉硬金属较好。

2.答:(1)不准用新锉刀锉硬金属。

(2)不准用锉刀锉淬硬材料。

(3)有硬皮或砂粒的铸件、锻件,要用砂轮磨掉后,才可以用半锋利的锉刀或旧锉刀锉削。

(4)锉刀要先使用一面,只有在该面磨钝后,或必须用锐利的锉齿加工时才用另一面。

(5)不得用手摸刚锉过的表面,以免再锉时打滑。

(6)锉刀不可重叠,或者和其他工具堆放在一起。

(7)被锉屑堵塞的锉刀,要用钢丝刷把锉屑刷去,若嵌入的锉屑大,要用铜片剔去,注意要顺着锉齿的方向剔除。

3.答:锉削时推力的大小由右手控制,而压力的大小是由两手控制的。为了保持锉刀的平移,两手用在锉刀上的力应始终保持锉刀平衡。为此,锉削时右手施加的压力随锉刀推动而逐渐增大,左手所施压力要随锉刀推动而逐渐减小。回程时不施加压力,以减少锉齿磨损。锉削速度应在 40 次/min 左右,推出时稍慢,回程时稍快,动作要自然协调。

4.答:钻孔前,必须按孔的位置、尺寸要求,划出孔位的十字中心线,并打上中心样冲眼。要求冲眼要小,位置要准确;并且按孔的大小划出孔的圆周线;对直径较大的孔,应同时划出几个大小不等的检查圆或几个与孔中心线对称的方格,做为钻孔时的检查线;然后将中心样冲眼敲大,以便准确落钻定心。一般来说,用小钻头钻孔时,转速应快些,走刀量要小些;用大钻头钻孔时,转速要慢些,走刀量要适当大些。钻硬材料时,转速要慢些,走刀量要小些;钻软材料时,转速要快些,走刀量要大些。若用小钻头钻硬材料时,可以适当地减慢速度。

5.答:(1)始套。用右手掌按住铰手中部,沿圆杆的轴向施加压力,左手配合使板牙架顺向旋进,转动要慢,压力要大,并保证板牙端面与圆杆垂直,不歪斜。在板牙旋入 2～3 圈后,要及时检查板牙与圆杆垂直情况并及时借正。

(2)正常套丝。进入正常套丝后,不再加压力,让板牙自然引进,以免损坏螺纹和板牙,要经常倒转以断屑。

(3)冷却润滑。在钢件上套丝时要加冷却润滑液,以减少纹牙表面粗糙度和延长使用寿命。一般情况下用机油或浓缩的乳化液,要求较高时可用工业植物油。

6.答:(1)减少表面粗糙度值。与其他加工方法比较,经过研磨加工后的表面粗糙度值最小,一般情况表面粗糙度值为 $Ra1.6\sim0.1\ \mu m$,最小可达 $Ra0.012\ \mu m$。

(2)能达到精确的尺寸精度。通过研磨后的工件,尺寸精度可达到 0.001～0.005 mm。

(3)能改进工件的几何形状精度,可以使工件得到准确的形状。用一般机械加工方法产生的形状误差都可以通过研磨的方法校正。

(4)能延长使用寿命。由于研磨后零件表面粗糙度值小,形状准确,所以零件的耐磨性,抗腐蚀能力和疲劳强度都相应提高。

7.答:(1)装配前的准备

①研究和熟悉装配图的技术要求,了解产品的结构和零件的作用以及相互间的连接关系。

②确定装配的方法、步骤和所需的工具。

③领取并清洗零件,清洗前,零件表面的毛刺,应用油石磨去,作业时注意不要损伤零件表面的精度。清洗时,可用柴油、煤油去掉零件上的锈蚀、切屑、油污及其他脏物,然后涂一层润滑油。对于橡胶制品,严禁用汽油清洗,以防发胀变形。

(2)装配的两个阶段

①部件装配。将两个以上的零件装配成一体,使其成为完整的或不完整的机构,称为部件。部件装配后,应根据工作要求进行调整和试验,合格后才可进入总装配。

②总装配。将各部件和零件装配成产品的过程。

(3)调整和试车

对产品进行精度检验,并进行调整和试车,使产品达到质量要求。

8.答:(1)安装双螺母,是依靠两螺母间的摩擦力来防松。缺点是会增加被连接零件的重量,同时在高速运转时也不够可靠。

(2)开槽螺母装开口销。缺点是安装难度较高。

(3)成对螺栓或成组螺栓可用铁丝来防松。拴铁丝时,必须把铁丝拉紧并且注意穿铁丝的方向。

(4)在螺母下面垫上弹簧垫圈。

(5)加装止退垫圈,将垫圈的一边弯到螺母的侧边上,另一边弯到被连接零件的侧边,直接锁住螺母回松。

(6)加装带翅垫圈。

9.答:(1)装配的基本原则:不得直接敲击滚动轴承内外圈、保持架和滚动体;装配的压力应直接作用在待配合的套圈端上,绝不允许通过滚动体传递压力。

(2)滚动轴承的安装顺序:对于不可分离型滚动轴承,应先装入内圈,再装入外圈,或者同时装入内外圈。

对于分离型滚动轴承(如圆锥滚子轴承),由于轴承外圈可以自由脱开,装配时内圈和滚动体一起装在轴上,外圈装在座孔内,然后再调整它们的游隙。

(3)滚动轴承的压入方法:装配小型滚动轴承,可采用套筒及手锤均匀地敲击;装配中型滚动轴承,由于过盈量较大,可采用手扳压力机、螺旋压力机压入;装配大型滚动轴承,可采用温差装配法,即将滚动轴承加热到110℃,然后与常温轴配合进行装配。

10.答:(1)分析装配图。了解产品结构特点,确定装配方法。

(2)确定装配的组织形式。根据工厂的生产规模和产品的结构特点,即可决定装配的组织形式。

(3)确定装配顺序。装配顺序基本上是由产品的结构和装配组织形式决定的。产品的装配总是从基准零件开始,从零件到部件,从部件到产品,从下到上,以不影响下道工序的进行为原则,有秩序地进行。

(4)划分工序。在划分工序时,应考虑以下两点:

①流水作业时,整个装配工艺过程划分为多少道工序,必须取决于装配节奏的快慢。

②组件的重要部分,在装配工序完成后必须加以检查,以保证质量。重要而又复杂的装配工序,不易用文字明确表达时,还必须画出部件局部的指导性装配图。

(5)选择工艺设备。根据生产产品的结构特点和生产规模,应尽量选用先进装配工具和设备。

(6)确定检验方法。根据产品结构特点和生产规模尽量选用先进的检验方法。

(7)确定工人等级。和工时定额根据工厂的实际经验和统计资料及现场实际情况确定工人等级和工时定额。

(8)编写工艺文件。装配工艺技术文件主要是装配工艺卡(有时需编写更详细的工序卡),

它包含有完成装配工艺过程所必需的一切资料。

第七章

1. 答:主要包括:刻度间距、刻度值、测量范围、刻度尺示值范围、示值误差、示值稳定性、量程、测量力、测量误差、测量方法极限误差等。

2. 答:(1)读出副尺上零线左面主尺的毫米整数;

(2)读出副尺上哪一条线与主尺刻线对齐,并计算出尺寸(第一条零线不算,第二条线起每格算 0.02 mm)。

(3)把主尺和副尺上的尺寸加起来即为测得尺寸。

3. 答:(1)千分尺在使用前要擦净测量面,并转动棘轮,使两测量面接触,检查有无间隙,套管刻线是否对准零位,如没有对准,须加以调整,25 mm 以上规格应用专用校对棒校零位。

(2)要把被测量零件的毛刺去掉并擦拭干净。

(3)在测量时,最好用双手操作千分尺。在两测量面将要接近零件表面时,就不要再直接旋转活动套管而要转动棘轮。当棘轮发出"卡、卡"声音时,就表示两测量面已和零件表面接触。

(4)读取尺寸时,最好不从零件上取下千分尺读数,因为这样容易使千分尺量面磨损,失去精度。在读尺寸时,要防止在固定套管上多读了半格或少读了半格。

测量时,千分尺的测轴中心线,要与零件的被测长度方向相互平行,不要歪斜。当测量小零件时,必须使用左手握着零件进行测量,用右手单独操作。测量较大零件时,要把零件适当安放后,再进行测量。不允许用千分尺测量正在旋转着的零件,须等零件转动完全停止后,才能进行测量。

4. 答:要在被量零件孔内,用一只手抵住固定端,另一只手做上下前后摆动,以获得接近孔径的最大尺寸。测量尺寸较大的内孔时,应在三个不同的位置上进行测量,在每个位置上,还须在不同的方位上检验 2~3 次。

5. 答:测量时,被测量的零件和块规,都要放在检验平板上,例如零件的基本尺寸是90 mm,用 90 mm 高的块规组放在百分表测头下面,使测头触及块规并转动刻度盘,使指针对准零位,然后移去块规,放上零件,再使百分表的测头与零件表面接触,如果读数还是零,就说明零件的尺寸与块规组的尺寸相同,如果不相同,则零件的尺寸就是块规组的尺寸与百分表读数值的代数和。

6. 答:(1)对不熟悉的量具或量仪,在使用前必须了解该量具或量仪的工作原理、性能和读数方法,仔细阅读使用说明书和有关技术资料。

(2)杜绝使用不合格的量具。

(3)量具应定期检定,及时送检。

(4)对于需在使用前校零的量具和量仪,应在使用前先校零。

(5)使用量具前应擦净量具或量仪的测量面。

(6)使用精密量具或量仪时,不能用力过猛。对于有控测力机构的量具或量仪,在测量时应使用这种机构。

(7)不能用量具或量仪测量运动中的零件。因为在运动中测量不仅容易损坏量具或量仪,同时也极易发生工伤事故。

(8)为了减小测量误差,对于重要尺寸最好在同一位置多测量几次取其平均值。

(9)在测量精密零件时，为防止温度引起测量误差，在有条件时应使测量房间的温度达到要求。

(10)为减小测量读数误差，应在光线充足的地方用双眼正视进行测量读数。

7. 答:(1)不要用油石、砂纸等硬的东西擦量具或量仪的测量面;非计量人员不得随便拆卸量具，量具的维修应由有资质的计量部门进行。

(2)存放量具的地方要清洁、干燥，无腐蚀性气体，也不允许把量具放在磁场近旁，以免磁化。

(3)当手上有汗或潮湿时，不允许用手摸量具或量仪的测量面，以免测量面锈蚀。

(4)对于有光学读数装置的量仪、量具，不要用手摸光学镜面，以免弄脏镜面而影响测量。

(5)对于有电气装置的量具或量仪，使用时要注意使用的电压，千万不能搞错。

(6)量具、量仪在存放时，不要和其他工具放在一起，以防碰伤损坏。

(7)量具、量仪用完后要擦拭干净，松开紧固装置，在测量面涂上少许防锈油后，存放在合适的地方。